Robert P. Harrison

Wälder

Ursprung und Spiegel der Kultur

Aus dem Amerikanischen
von Martin Pfeiffer

Carl Hanser Verlag

Titel der Originalausgabe:
Forests. The Shadow of Civilization
The University of Chicago Press, Chicago und London 1992

ISBN 978-3-446-24374-3

Satz: Fotosatz Reinhard Amann, Aichstetten
Printed in Germany

Inhalt

Wohnen

Epilog

Für Michel Serres

Von Judäa bis Tunis, zu Marokko und andererseits von Athen bis Genua haben alle diese kahlen Gipfel, die von ihrer Höhe auf das mittelländische Meer herabblicken, ihre Krone der Kultur, der Wälder verloren. Wird sie wohl wieder kommen? Wie? wenn die alten Götter, die tätigen und kräftigen Rassen, unter denen diese Gestade blühten, heute aus dem Grabe stiegen, so würden sie sagen: Traurige Völker der Schrift, der Gegenwart und der Worte der eitlen Spitzfindigkeiten, was habt ihr aus der Natur gemacht?

(Jules Michelet, *Bibel der Menschheit*, S. 480, Anm. 1)

Vorwort

Als beim Ansturm der letzten Eiszeit der arktische Frost immer weiter nach Süden vordrang, verschwanden die Wälder, die einst große Teile der nördlichen Halbkugel bedeckt hatten, unter den vorrückenden Eismassen wie Algen unter einer langen, leuchtenden Meereswoge. Als sich viele Jahrtausende später aufgrund weltweiter Erwärmungstendenzen die Gletscher zurückzogen, tauchten die Wälder wieder auf, als hätten sie nur die kalte Zeit im Winterschlaf verbracht: eine Urzeugung von Leben in Gestalt von Bäumen, Blumen und Farnen.

Eiszeiten kamen und gingen, kamen wieder und gingen erneut; und jedesmal wenn sich die Gletscher zurückzogen – das letzte Mal vor etwa zehn- bis fünfzehntausend Jahren –, kehrten die Wälder zurück und nahmen das Land wieder in Besitz. Kurz, der größte Teil des von Menschen bewohnten Abendlands war irgendwann in der Vergangenheit mehr oder weniger dicht bewaldet. Wie weit oder wie eng man es auch sehen möchte, die westliche Zivilisation rodete sich buchstäblich ihren Raum inmitten von Wäldern. Ein dunkler Waldsaum definierte die Grenzen ihres Ackerbaus, die Ränder ihrer Städte, die Begrenzungen ihres institutionellen Herrschaftsbereichs, aber auch die Ausschweifungen ihrer Phantasie. Aus Gründen, die wir in diesem Buch erforschen wollen, etablierten sich die herrschenden Institutionen des Abendlands – Religion, Recht, Familie, Stadt – ursprünglich in Opposition zu den Wäldern, die in dieser Hinsicht von Anfang an die ersten und letzten Opfer der Ausdehnung der städtischen Welt gewesen sind. Die folgende Untersuchung erzählt jedoch keine bloß empirische Geschichte des Prozesses, in dem die Zivilisation die Wälder usurpiert, sie ausgebeutet, kultiviert, verwaltet oder einfach verwüstet hat. Sie erzählt die schwerer zu fassende Geschichte der Rolle, die Wälder in der kulturellen Phantasie des Abendlands gespielt haben.

Die Geschichte ist voller Rätsel und Paradoxa. Wälder erscheinen in unseren Religionen als Orte der Profanität, aber sie erscheinen auch als heilig. Sie wurden sinnbildlich als Orte der Gesetzlosigkeit betrachtet, aber sie boten auch denjenigen Zuflucht, die die Sache der Gerechtigkeit vertraten und gegen den Niedergang des Rechts kämpften. In unserer Vorstellung wecken sie zwar Assoziationen von Gefahr und Preisgabe, doch sie lassen auch Bilder der Verzauberung aufsteigen. Mit anderen Worten, in den Religionen, Mythologien und Literaturen des Abendlands erscheint der Wald als ein Ort, an dem die Logik der Unterscheidung in die Irre geht. Oder an dem unsere subjektiven Kategorien durcheinandergebracht werden. Oder an dem sich Wahrnehmungen miteinander vermischen und latente Dimensionen von Zeit und Bewußtsein zutage treten lassen. Im Wald kann das Unbelebte plötzlich belebt werden, der Gott verwandelt sich in ein Tier, der Geächtete steht für Gerechtigkeit. Rosalinde erscheint als Knabe, der tugendhafte Ritter entartet zu einem wilden Mann, die Gerade bildet einen Kreis, das Alltägliche macht dem Fabelhaften Platz. Auf den folgenden Seiten erforsche ich nicht nur diese Irrwege in der abendländischen Phantasie, sondern erkläre sie auch aus ihren spezifischen historischen Rahmenbedingungen heraus.

Ursprünglich hatte ich die Einheitlichkeit solcher Muster in der Literatur des Mittelalters und der Renaissance bemerkt, aber ich stellte bald fest, daß Wälder, genau wie sie ursprünglich im geographischen Sinne überall verbreitet waren, auch in den fossilen Zeugnissen des kulturellen Gedächtnisses allgegenwärtig sind. Angesichts der Tatsache, daß meines Wissens bisher niemand das Thema als Ganzes behandelt hat, beschloß ich, mich der Mühe zu unterziehen, eine umfassende, wenn auch selektive Geschichte der Wälder in der abendländischen Phantasie zu schreiben. Mit umfassend meine ich, daß das Buch im Altertum beginnt und in unserer Zeit endet und den konventionellen Epocheneinteilungen der Kulturgeschichte folgt (es gibt jedoch signifikante Abweichungen von der Linie der Chronologie). Mit selektiv meine ich, daß ich die Zahl der Waldszenen, zu deren Erörterung ich mich entschloß, radikal begrenzen mußte. Ich wollte um jeden Preis einen bloß enzyklopädischen Katalog des Waldthemas vermeiden und dem Leser in einem anregenden Essay Denkanstöße bieten. Es gibt daher viele Wälder, die ich in diesem Buch auslassen mußte, und ich zweifle nicht, daß es zahlreiche weitere gibt, von denen ich einfach nichts weiß. Ich habe *eine* Geschichte, nicht *die* Geschichte des Themas geschrieben. Ich bin mir sicher, daß an dieser Stelle zahllose andere Versionen möglich sind, die ganz anders sind als meine. Wenn ich im Laufe meiner Arbeit etwas gelernt habe, so dies, daß der Wald sich nicht umschreiben läßt. Ihn zu durchqueren heißt auch, große Teile davon nicht zu berühren.

Ich erhebe nicht den Anspruch, mein Auswahlprinzip auf streng objektiver Basis zu verteidigen. Es ist weder rein objektiv noch rein subjektiv, sondern eher beides. Natürlich habe ich mich auf meine Intuition verlassen, aber auch die erzählerische Zweckmäßigkeit im Kontext eines ziemlich unhandlichen Stoffes war zu bedenken. Meine Hoffnung ist, daß das Buch dazu beitragen wird, eine bisher noch nicht thematisierte Dimension der Kultur- und Literaturgeschichte zu enthüllen, und daß es andere dazu ermutigt, das Waldthema in Bereichen zu verfolgen, die ich bei meiner Untersuchung nicht berührt habe.

Es ist kaum zu glauben, daß vor nur sechs Jahren, als mir zum ersten Mal der Gedanke an ein solches Buch kam, in den Nachrichten kaum von Wäldern die Rede war. Inzwischen ist das Schicksal der Wälder, die es auf der Erde noch gibt, zu einem weltweit wichtigen Thema geworden. In den folgenden Kapiteln wiederhole ich nicht die wohlbekannten Probleme, die mit der Entwaldung des Planeten zusammenhängen – den Verlust der Lebenswelt für die Tiere, der Artenvielfalt, der Klimaregulierung und so weiter –, ich setze sie vielmehr voraus. Was ich zu zeigen hoffe, ist, wie viele ungezählte Erinnerungen, uralte Ängste und Träume, volkstümliche Überlieferungen und Mythen und Symbole aus jüngerer Zeit in den Feuern der Entwaldung aufgehen, von denen wir heute so viel hören und die uns aus Gründen beunruhigen, die wir oft verstandesmäßig nicht voll begreifen, auf die wir aber auf einer anderen Ebene des kulturellen Gedächtnisses reagieren. In der Geschichte der abendländischen Zivilisation stellen Wälder einen undurchsichtigen Außenbezirk dar, der es dieser Zivilisation ermöglicht hat, sich ihrer selbst zu entfremden, sich bezaubern zu lassen, sich in Schrecken zu versetzen und zu ironisieren, kurz, auf die Schatten des Waldes ihre geheimen und innersten Ängste zu projizieren. In dieser Hinsicht zieht der Verlust von Wäldern mehr nach sich als nur den Verlust von Ökosystemen. (Das fünfte und letzte Kapitel des Buches faßt meine Auffassung davon zusammen, was bei den aktuellen ökologischen Diskussionen über Wälder für die abendländische *Kultur*, nicht nur für die Natur, auf dem Spiel steht.)

Seit ich mich mit diesem Thema beschäftige, bin ich verschiedentlich gefragt worden, wie mir der Gedanke dazu gekommen ist. Tatsächlich kann ich mich nicht genau erinnern, wann oder wo ich darauf gekommen bin. Woran ich mich jedoch erinnere, ist eine Reise nach Venetien, wo ich den großen italienischen Dichter Andrea Zanzotto besuchte. Insbesondere erinnere ich mich an einen Ausflug auf den Berg Montello, wo uns Zanzotto durch die Überreste der ausgedehnten *selva antica*, des alten Waldes, führte, der dort jahrtausendelang gestanden hatte, jetzt aber fast verschwunden ist. Dort wurde mir vielleicht klar, daß der Wald in seiner bleibenden Altertümlichkeit das Korrelat zum Gedächtnis des Dichters darstellt und daß mit dem Verschwinden seiner Reste auch der Dichter in Vergessenheit geraten würde.

Robert Pogue Harrison
Stanford 1991

* Dieses Buch enthält keine numerierten Fußnoten oder Anmerkungen. Anmerkungen und Verweise sind in den Abschnitten »Anmerkungen und Literatur« und »Zitierte Werke« zusammengefaßt.

Die Ordnung der menschlichen Dinge schritt so vorwärts: zunächst gab es die Wälder, dann die Hütten, darauf die Dörfer, später die Städte und schließlich die Akademien.

Giambattista Vico, *Die neue Wissenschaft*, 239

Giambattista Vico, *Neue Wissenschaft (Frontispiz)*

Zuerst die Wälder

Nicht nur in der zeitgenössischen Phantasie werfen die Wälder ihren Schatten urtümlichen Alters, von Anfang an erschienen sie unseren Vorfahren als archaisch, als etwas, das der menschlichen Welt vorausgeht. Wir entnehmen der Mythologie, daß ihre ausgedehnte und düstere Wildnis vor der Zivilisation da war, gleichsam als deren Voraussetzung oder Nährboden, oder daß – wie das vorstehende Motto behauptet – es die Wälder *zuerst* gab. Solche Mythen, die überall auf eine bewaldete Erde zurückblicken, erinnern zweifellos an die prähistorische Landschaft des Abendlandes, doch das allein erklärt nicht, warum menschliche Gesellschaften, nachdem sie der Düsternis der Ursprünge entwachsen waren, solche sagenhaften Erinnerungen an die Priorität der Wälder bewahrten. Warum sollten beispielsweise die Gründungssagen der größten Stadt des Altertums erklären, Roms Ursprung habe im Walde gelegen? Als Äneas den Tiber aufwärts fährt und an den Ort der künftigen Kaiserstadt kommt, sieht er sich in einem wundersamen Wald. Euander, sein Gastgeber, erklärt ihm:

> Eingeborene Nymphen und Faune bewohnten die Wälder
> Und ein Geschlecht, das war entstanden aus Stämmen und Kernholz.
> Sitten und Bräuche kannten sie nicht. Vom Schirren der Stiere
> Wußten sie nichts und nichts von Erwerb und Hegen der Habe.
> Sondern sie nährten sich mühsam von Jagd und Früchten der Bäume.
> Aber dann kam Saturn von den Aetherhöhn des Olympus,
> Als er vor Jupiter floh und seines Reiches beraubt war.
> Er vereinte die rohe, im Bergland verlorene Sippe,
> Stiftete ein Gesetz, und Latium hieß er den Landstrich,
> Weil er behütet hier als ein Verborgener lebte.
>
> (*Äneis* VIII, V. 314–323)

Vergils römische Zeitgenossen haben eine solche Passage möglicherweise naiver gelesen, als wir es tun. Sie mochten sich daran erinnern, wie die Hügel der Kaiserstadt vor nicht langer Zeit noch bewaldet gewesen waren, und in ihrer Vorstellung verschmolzen vielleicht zwei Bilder – Wald und Stadt – miteinander und erzeugten eine unheimliche psychische Wirkung. Euanders Beschreibung eines arkadienähnlichen Waldes, dessen eingeborene Bevölkerung von den Eichen abstammte, hätte ihnen nicht nur dazu verholfen, sich in Gedanken einen Wald vorzustellen, sondern auch, gewissermaßen in ihren Adern, eine stammesmäßige Verwandtschaft mit der bewaldeten Welt der Natur zu empfinden. Sicher hätten sie die Verwandtschaft als etwas Verlorenes oder Zerrissenes empfunden, aber die Freisetzung solcher Verlustgefühle ist die eigentümliche Funktion von Ursprungsmythen, die so ausnahmslos unsere rückwärtsgewandten Sehnsüchte ansprechen.

Wir werden in diesem Kapitel noch mehr über die im Walde liegende Vorgeschichte Roms zu sagen haben und ebenso auch über die paradoxe Haltung von Verehrung und Feindseligkeit gegenüber den Ursprüngen, die nicht nur die Gründungssage Roms, sondern so viele Mythen kennzeichnet, die auf die Wälder zurückblicken. Denn wie sehr auch die mythischen Wälder des Altertums in die Vorgeschichte der Zivilisation verwoben sein mögen, sie stehen in fundamentaler Weise in Widerspruch zur Stadt. Wir werden sehen, daß Rom nur dadurch Rom werden kann, daß es die Wälder seiner Ursprünge überwindet oder austilgt. Doch langfristig wird die Stadt ihrerseits von dem überwunden, was sie einst besiegt hat: in den Wäldern des Nordens lauerte Roms Verhängnis. Tacitus sah Vorzeichen dafür in den germanischen Wäldern, deren kühne Stämme einen Kontrast zu Roms moralischer und staatlicher Dekadenz boten. Ebenso leitet, als Dionysos vor Theben erscheint und die rasend gewordenen Bürger in die Wälder des Berges Kithairon führt, der König, der sich Dionysos im Namen des städtischen Gesetzes entgegenstellt, den Fall des Hauses Kadmos ein.

Worum geht es bei diesem Antagonismus, wie imaginär er auch sein mag? Warum definiert sich das Gesetz der Zivilisation von Anfang an im Gegensatz zu den Wäldern? Aus was für dunklen religiösen Gründen ist unser Menschsein in seiner traditionellen Entfremdung vom Tierreich nicht mit dieser ursprünglichen Umwelt vereinbar? Wie kommt es, daß Wälder ein Gegenstand des Abscheus sind? Das sind Fragen, die sich auf die psychischen Ursprünge der Gründungsinstitutionen des Altertums beziehen. Sie fragen nach den archaischsten religiösen Vorstellungen, die zuerst die Beziehung zwischen Menschheit und Natur traumatisierten, ja, die die Beziehung *als* Trauma etablierten. Fragen wie diese lassen sich nicht rein empirisch verfolgen, sondern eher auf dem Wege einer entwicklungsgeschichtlichen Psychologie der frühesten Mythen und Sagen, die in ihren Gestalten die Hieroglyphen jener rätselhaften psychischen Geschichte bewahren, aus der die empirische Geschichte ihre Inspiration bezieht.

Wir haben einen bemerkenswerten Ausgangspunkt, von dem aus wir eine derartige Psychologie verfolgen können. Im 18. Jahrhundert ging Giambattista Vico, der italienische Theoretiker aus Neapel, daran, die frühesten Denkformen der »heidnischen Völker« wiederzuentdecken. In seiner *Neuen Wissenschaft* (1744) wandte er auf antike Mythen eine entwicklungsgeschichtliche Psychologie an, die ihn auf der Suche nach den Ursprüngen dessen, was er die drei »universellen Institutionen« der Menschheit nannte – Religion, Ehe und Bestattung der Toten –, tief in die Wälder der Vorgeschichte führte. Wie die meisten Theorien, die in die Jahre gekommen sind, wird auch diejenige Vicos im Rückblick zur Sage, aber da psychische Ursprünge ohnehin nie faktisch, sondern sagenhaft sind, liefert die *Neue Wissenschaft* die Art von imaginativen Einblicken, die ihre Theorie unwiderruflich macht, auch lange nachdem sie zu einer Sage geworden ist. Ja, gerade als Sage bietet sie ihre wesentlichsten Einsichten, und das ist einer von mehreren Gründen dafür, daß dieses Kapitel in Vicos Ursprungslandschaft seinen Anfang nimmt.

Mit Vico werden wir auch in die Logik der Tragödie eingeführt, die dieses Kapitel dann in den Mythen der Antike, die für unser Thema relevant sind, erkundet. Die Tragödie offenbart sich in diesem Kontext als ein fataler Zusammenstoß zwischen divergierenden Gesetzen. Dieser äußerste Rand, an dem gegensätzliche Gesetze einander widerstreiten und an dem das urtümlichere gewinnt, ist die Grenzlinie, an der die Stadt dem Wald begegnet. Doch noch einmal, worum geht es bei dieser Grenze? Wo und wann wurde sie gezogen?

Vicos Giganten

In jenen Urwäldern verstreut, die sich nach der Sintflut über die Erde ausbreiteten, verloren Noahs Abkömmlinge im Laufe der Generationen allmählich ihr menschliches Wesen und wurden zu vereinzelten, bösen Geschöpfen, die im Schutz von Zweigen und Blättern lebten. Sie wurden zu tierischen »Giganten«. Frühzeitig von ihren Müttern verlassen, wuchsen sie ohne Familie oder Bewußtsein auf, sie lebten von Früchten und suchten nach Wasser. Sie waren scheu, brutal, ruhelos, inzestuös, und ihnen fehlte jede Vorstellung von einem Gesetz, das über ihren Trieben und Begierden stand. Sie kopulierten, wenn sie sich sahen, aggressiv und schamlos, ohne jede Beschränkung ihrer körperlichen Regungen, und sie durchstreiften unablässig die Wälder. Dies bezeichnet Vico als die »tierische Freiheit« der Giganten – eine Freiheit von Terror und Autorität, eine Freiheit von Vätern.

Auf ihren Wanderungen durch Wälder, die infolge der Flut überaus dicht gewachsen waren, hatten die Giganten nicht ahnen können, daß es jenseits des Blätterdachs, das sie beschützte, so etwas wie den Himmel gab. Was ist schließlich der Himmel, wenn nicht die gewaltige Leere einer Abstraktion, an die wir uns als eine Selbstverständlichkeit gewöhnt haben? Eines Tages aber, etwa zwei Jahrhunderte nach der Zeit Noahs, war die Erde genügend getrocknet, um Ausdünstungen oder Materie auszustoßen, die sich in der Luft entzündeten. Bei dieser Gelegenheit ertönte zum ersten Mal seit der großen Flut ein Donner am Himmel, zuckte zum ersten Mal ein Blitz über ihn. Vico schreibt:

> Da erhoben einige wenige Giganten – die die kräftigsten sein mußten, denn sie lebten verstreut in den Wäldern auf den Höhen der Berge, so wie die kräftigsten der wilden Tiere dort ihre Lager haben –, erschreckt und entsetzt von der mächtigen Erscheinung, deren Ursache sie nicht kannten, die Augen und gewahrten den Himmel. Und weil in einem solchen Fall die Natur des menschlichen Geistes es mit sich bringt, daß er der Wirkung seine eigene Natur zuschreibt, ihre Natur aber in einem solchen Zustand die von Menschen war, die alle riesige Körperkräfte hatten und schreiend und brüllend ihre äußerst heftigen Leidenschaften kundtaten, so bildeten sie sich ein, der Himmel sei ein großer belebter Körper, den sie unter diesem Gesichtspunkt Jupiter nannten, den ersten der Götter der sogenannten »älteren« Stämme, der ihnen durch das Zischen der Blitze und das Krachen der Donner etwas mitteilen wollte. (*Neue Wissenschaft*, 377)

Donner rollt, Blitze zucken, erschreckt heben die Giganten ihre Augen auf und gewahren den Himmel. Was aber sahen die Giganten, als sie die Augen aufhoben? Was sieht man in der Höhe oder seitwärts in einem dichten Wald? Die stumme Abgeschlossenheit des Blattwerks. Die grenzenlose Vergessenheit des schlafenden Geistes. Was sahen also die Giganten, als sie ihre Augen aufhoben? Sie sahen nichts: eine plötzliche Erleuchtung von Nichtsheit. Sie hörten das »Zischen der Blitze und das Krachen der Donner«, aber gerade weil sie nichts oder jedenfalls nichts Bestimmtes sahen, mußten sie sich einbilden, der Himmel habe die Gestalt eines riesigen belebten Körpers: eines Körpers, den sie nicht *sahen*, sondern den sie sich als jenseits der Baumwipfel vorhanden *vorstellten*.

Dieser Akt des Erdichtens eines Bildes im Geiste markiert für Vico das erste humanisierende Ereignis der Vorgeschichte. Die Giganten produzieren ein Bild im leeren Raum ihres Geistes – in einem Raum, der so leer und bodenlos ist wie der Himmel selbst. Auf diese Weise wurde die erste menschliche Idee geboren: die Idee Jupiters, des Vaters der Welt, der aus seiner Wohnung im Himmel den Blitz schleudert. In Gestalt von Jupiter und Zeus wird diese Gottheit später die Oberherrschaft über die Götter der Antike führen.

Auf diesen primitiven Blitz führt Vico die ersten Anfänge des Zeitalters der Aufklärung zurück, in dem die Menschheit zur Vollendung gelangt. Vom Blitz aus seiner Erstarrung geweckt, schuf der menschliche Geist in mühsamer Arbeit die Welt der Stadt und erlangte schließlich ihre größten Errungenschaften, nämlich Wissenschaft, Metaphysik und die Institutionen der menschlichen Gerechtigkeit. Als dieser erste Blitz über den Häuptern der Giganten einschlug, verkündete er einen unheimlichen Imperativ jenseits der Abgeschlossenheit des Waldes. Nur durch die Macht seines Schreckens konnte er den ersten Funken menschlichen Bewußtseins im stumpfen Geist der Giganten entzünden und sie so dazu zwingen, ihre tierischen Triebe zu bezähmen.

Von dem Augenblick an, in dem die Giganten von Jupiters göttlicher Autorität Kenntnis nahmen, konnten die Wälder ihr Bewußtsein nicht mehr fassen, denn dieses hatte seinen Ursprung in seiner Unterwerfung unter etwas Äußeres – unter einen Vater, der sich mittels himmlischer Zeichen äußerte. Die gesamte Natur wurde für die Giganten unheimlich, denn sie glaubten jetzt, »daß Jupiter durch Zeichen befehle, daß derartige Zeichen dinghafte Worte seien und daß die Natur die Sprache Jupiters sei« (379). So stand am Anfang der ersten universellen Institution der Menschheit, d.h. der Religion, eine Offenbarung des *logos* oder Bedeutungshorizonts. Die Welt wurde plötzlich bedeutsam. Sie nahm den Charakter eines Phänomens an. Sie wurde eigentlich eine *Welt* – und war kein bloßes Habitat mehr.

Das Trauma dieses Erwachens liegt darin, daß sich Jupiter gerade im Augenblick seiner Offenbarung verbarg. In seiner Verborgenheit teilte er seinen Willen durch Zeichen mit. Von nun an pflegte er mit seinen desorientierten Giganten ein Versteckspiel zu spielen, er nötigte sie, die Vorzeichen zu erforschen, um seine verborgenen Absichten zu erahnen. Vico behauptet, daß die himmlischen Auspizien – Zeichen am Himmel wie der Blitz oder der Vogelflug – die erste aller Sprachen waren und der menschlichen Lautsprache noch vorausgingen. Die Auspizien waren buchstäblich die Sprache Gottes (*theo-logia*), und die Beherrschung dieser göttlichen Sprache hieß später »Divination«. So beinhaltete die erste aller menschlichen Ideen, die Idee der Göttlichkeit, eine Idee der Vorsehung: den absichtsvollen, bedeutsamen und nichtzufälligen Charakter der Ereignisse.

Verstehen wir, was das bedeutet? Mit der Idee einer vorausschauenden Gottheit im Sinn wurden die Giganten in die schreckliche Zukunft der Zeit geworfen. Was aber ist die Zukunft? Was ist diese Dimension, die weder anwesend noch abwesend ist? Die Zukunft war für die Giganten eine unbestimmte Möglichkeit, die sie mit ihrer divinatorischen Theologie bestimmt zu machen suchten. Divination war die Wissenschaft, mit der sie sich Zeichen einer unsicheren Zukunft zu sichern hofften. Jupiter, der die Zeit eröffnete, verdunkelte auch ihr Schicksal – das war seine höchste Macht. Um die Ängste des Schicksals zu lindern, sahen die Giganten Schutz für ihre Familien vor, das heißt, sie sahen voraus in die Zukunft, indem sie die Zeichen deuteten.

Angesichts der Vorherrschaft dieses Gesetzes der Auspizien wurden die Wälder aus einem einfachen Grunde profan: sie behinderten die Mitteilung von Jupiters Willen und seinen Absichten. Mit anderen Worten, ihr Blattwerk verdeckte eine freie Sicht auf den Himmel. Wir finden hier in Vicos Text eine erstaunliche Einsicht, denn der Abscheu vor Wäldern in der abendländischen Geschichte rührt vor allem daher, daß wir zumindest seit griechischer und römischer Zeit eine Zivilisation von Himmelsverehrern, von Kindern eines himmlischen Vaters sind. *Wo die Gottheit mit dem Himmel oder mit der ewigen Geometrie der Sterne oder mit der kosmischen Unendlichkeit identifiziert worden ist, werden die Wälder monströs, denn sie verhüllen die Aussicht auf Gott.*

Die zweite universelle Institution der Menschheit, die Ehe, ist ebenfalls von Natur aus der Waldumgebung feindlich. Vico spekuliert, daß das erste Zeichen von Jupiter – Donner und Blitz – einige der Giganten beim Geschlechtsakt überrascht haben muß. In ihrem Schrecken nahmen sie dieses Zeichen als Befehl, die sexuelle Vereinigung zu verewigen oder monogam zu werden und so die Institution der Ehe mit ihrer linearen Familiengenealogie zu etablieren. Doch die Ehe ließ sich nicht in den Wäldern einführen, denn die Wälder begünstigten Zerstreuung, Unabhängigkeit, Gesetzlosigkeit, Polygamie und selbst Inzest zwischen Vater und Tochter, Mutter und Sohn. Indem sie die Zeit in ihren promiscuen Nährboden einschlossen, hätten die Wälder sogleich die Linie der genealogischen Abfolge durcheinandergebracht. Kurz, damit sich die Familie als göttliche Institution unter freiem Himmel etablieren konnte, mußte sie sich einen Platz inmitten des Waldes roden. Nur auf der gerodeten Lichtung konnte die Familie ihren Zusammenhang bewahren und ihre Genealogie vor der »infamen Promiskuität« der Wildnis schützen.

Oder man könnte sich die Sache so denken: wo ein Urwald bereits die Erde kolonisiert hat, mußten die ersten menschlichen Familien die Eichen roden, um eine andere Art von Baum zu pflanzen, nämlich den Stammbaum. Eine Lichtung im Wald niederzubrennen und sie als den heiligen Boden der Familie zu beanspruchen – das war nach Vico der ursprüngliche Akt der Aneignung, der zuerst den Raum der städtischen Gesellschaft eröffnete. Es war die erste entscheidende Tat aus religiösen Motiven, und sie führte dann zur Gründung von Städten, Nationen und Reichen.

Das bloße Roden des Waldes war jedoch für sich allein nicht hinreichend, um die Familie auf seine Lichtung zu gründen. Um den Stammbaum zu pflanzen und den Wohnort unter den Auspizien Gottes zu sichern, waren Begräbniszeremonien erforderlich. Bestattung garantierte die volle Aneignung des Bodens und seine endgültige Sakralisierung. Durch das Begräbnis der Toten definierte die Familie die Grenze des Ortes, an den sie gehörte, sie verwurzelte sich ganz buchstäblich im Boden oder *humus*, in dem Vorväter unter der Erde lebten. Die Menschheit ist an diese Begräbnisriten gebunden. Der *humus* begründet das Humane. Das Begräbnis bewahrt in seinem Boden die Essenz der Menschlichkeit. So beziehen zwar die universellen Institutionen ihr Gesetz vom Himmel, aber sie müssen schließlich im Boden Wurzeln fassen. Dies ist in der Tat ein Paradox, denn dadurch, daß sie sich der Offenheit des Himmels zuwendet, überantwortet die Menschheit ihr Wesen der Einschließung der Erde.

Auf Grund der Bestattung ihrer Toten konnten die Giganten jetzt behaupten, daß sie einer edlen Familie angehörten, die in dem Sinne »erdgeboren« war, daß ihre Vorfahren im Erdboden lagen. Vico schreibt:

> So zeigten schon durch die Gräber ihrer Bestatteten die Giganten die Herrschaft über ihre Ländereien an. ... Und zu Recht gebrauchten sie jene heroischen Redensarten: wir sind Söhne dieser Erde, wir sind geboren aus diesen Eichen; so wie die Familienhäupter bei den Lateinern *stirpes* (Sträucher)

> und *stipites* (Stämme) hießen und die Nachkommenschaft eines jeden *propago* (Setzling) genannt wurde; und die Familien wurden bei den Italienern *legnaggi* (Stämme) genannt; und die adligsten Häuser Europas und fast alle fürstlichen nehmen ihre Beinamen von den Ländereien, die ihrer Herrschaft unterworfen sind. (531)

Die Giganten auf ihren jeweiligen Lichtungen beanspruchen die Herrschaft über das Land, indem sie auf etwas zeigen: Wir sind Söhne *dieser* Erde, wir sind aus *diesen* Eichen geboren. Welche Erde? Welche Eichen? Sie deuten darauf: diese Erde *hier*, wo die hölzernen Grabpfosten die Anwesenheit unserer Vorfahren im Erdboden markieren. Diese Pfosten sind die Eichen, aus denen wir geboren sind. Wir gehören an diesen Ort, denn unser Baum ist hier gepflanzt worden. Diese Eichen oder diese Grabpfosten sind unter den Vorzeichen Gottes aus dem Boden gewachsen. Der Stammbaum tritt an die Stelle der Eiche und begründet dadurch die universellen Institutionen der Menschheit: Religion, Ehe und die Bestattung der Toten.

Wir haben hier die sagenhaften Ursprünge eines Phänomens, dem wir in dieser Untersuchung immer wieder begegnen werden, nämlich der Aneignung des Waldes als Metapher für menschliche Institutionen. Menschen haben die Wälder keineswegs nur materiell ausgebeutet; sie haben auch ihre Bäume geplündert, um ihre fundamentalen Etymologien, Symbole, Analogien, Denkstrukturen, Identitätsbilder, Kontinuitätsvorstellungen und Systembegriffe zu prägen. *Vom Familienstammbaum zum Baum der Erkenntnis, vom Baum des Lebens zum Baum der Erinnerung haben Wälder in der kulturellen Evolution der Menschheit einen unentbehrlichen Fundus der Symbolisierung bereitgestellt*, und dies so sehr, daß der Aufstieg des modernen wissenschaftlichen Denkens losgelöst von der Vorgeschichte solcher metaphorischer Entlehnungen ganz undenkbar bleibt. Selbst der Begriff des Kreises kommt, so wird uns gesagt, von den inneren konzentrischen Ringen, die das Fällen von Bäumen zutage treten läßt (Bechmann, S. 258–263).

In solcher Weise repräsentieren also die drei universellen Institutionen die drei zeitlichen Ekstasen, die eigentlich die Wohnung der Menschen auf der Erde definieren. Religion, Ehe und Bestattung der Toten verkörpern die lineare Offenheit der Zeit. Die Religion kommt von der Idee des Vorausschauens her. Sie beinhaltet ein Bewußtsein von der Zukunft. Die Bestattung der Toten ist auf die Ehrfurcht vor der Vergangenheit gegründet, vor der Domäne der Vorfahren, kurz, vor dem, was wir Tradition nennen. Die Tradition kommt zu uns aus dem Bereich der Toten. Sowohl Religion als auch Begräbnis dienen dann dazu, den Vertrag der Ehe zu bekräftigen, der die Abstammungslinie in der Gegenwart aufrechterhält.

Diese überirdische Offenheit der linearen Zeit im geschlossenen Kreislauf von Zeugung und Verfall, den die Natur beinhaltet, ist es, die der fortdauernden Feindschaft zwischen der institutionellen Ordnung und den Wäldern, die an ihre Grenzen reichen, auf tiefster Ebene zugrundeliegt. Gerade weil sie jenseits ihres Horizonts linearer Zeit liegen, können Wälder leicht die Psychologie der menschlichen Orientierung verwirren. An einer späteren Stelle werden wir sehen, wie oft ein Held, der durch einen Wald wandert, einen erschreckenden oder verzaubernden Verlust zeitlicher Grenzen erfährt, so als sei er oder sie in eine Welt von Bedeutungen eingetreten, die unsere tiefsten strukturellen Kategorien überflüssig oder unwirklich macht. Denn wie Vicos Theorie der Ursprünge menschlicher Institutionen behauptet, wohnen wir in der Enthüllung der Zeit. Die Geschichte gehört zu Lichtungen, die sowohl buchstäblich als auch in übertragenem Sinn der rein psychischen Wirklichkeit des menschlichen Bewußtseins entsprechen.

Einer von Vicos bleibenden Beiträgen ist seine schöpferische Archäologie der metaphorischen Ursprünge des menschlichen Denkens. Er selbst behauptete, der Durchbruch seiner *Neuen Wissenschaft* habe in der Wiedergewinnung dessen bestanden, was er die »poetische Weisheit« der ersten Zeitalter nannte. Er vertrat die Auffassung, daß der primitive Geist konkret, nicht abstrakt dachte, daß er die Welt mittels »poetischer Charaktere« (*generi fantastici*) auffaßte und bezeichnete. Poetische Charaktere sind imaginative Personifizierungen allgemeiner Begriffe. Im Geist der Giganten war jedes Bild, jede Idee (das lief auf dasselbe hinaus) ein poetischer Charakter, weil, wie Vico erklärt, die ersten Menschen, »unfähig, intelligible Gattungsbegriffe der Dinge zu bilden, einen natürlichen Zwang empfanden, sich die poetischen Charaktere zu ersinnen, das heißt phantastische Gattungs- oder Allgemeinbegriffe, um auf sie wie auf gewisse Modelle oder ideale Porträts alle besonderen, ihrem jeweiligen Gattungsbegriff ähnelnden Arten zurückzuführen« (209).

Diese poetischen Charaktere erklären die Entstehung der verschiedenen Gottheiten der Antike. Neptun zum Beispiel fungierte ursprünglich als imaginative Universalie, durch die die grenzenlose Ausdehnung des Meeres in die Grenzen eines anthropomorphen Bildes gefaßt wurde. Ebenso wurden alle Blumen in ihrer individuellen Verschiedenheit im Bild der Flora, einer beseelten Göttin, zusammengefaßt; Früchte in ihren vielfältigen Abarten wurden im Charakter der Pomona, einer anderen Göttin, wahrgenommen; und die Erde als ganze wurde in der Gestalt der Göttin Kybele verstanden und bezeichnet (402). Als sich später im evolutionären Kreislauf des Geistes die Fähigkeit zu synthetischem Denken weiterentwickelte, personifizierte man eine Abstraktion wie »Mut« durch den poetischen Charakter des Achilles, »Scharfsinn« durch den Charakter des Odysseus. In der *Neuen Wissenschaft* erweisen sich eine Reihe mythologischer und »historischer« Gestalten der Antike als poetische Charaktere. Über ein halbes Jahrhundert bevor Friedrich August Wolf (1759–1824) seine revolutionären Theorien über die Autorschaft der *Ilias* und der *Odyssee* aufstellte, hatte Vico schon behauptet, daß Homer gar kein historisches Individuum gewesen sei, sondern vielmehr ein poetischer Charakter für die Volksweisheit des griechischen Volkes als ganzen. Ebenso hatte Vico, noch bevor Barthold Niebuhr (1776–1831) die Behauptung aufstellte, daß die Geschichte der Gründung Roms im wesentlichen auf antikem Mythos beruhe, die Ansicht vertreten, daß Romulus, der legendäre Gründer Roms, ursprünglich vielleicht ein poetischer Charakter für die versammelten Familienväter war, die in vorgeschichtlicher Zeit den ersten römischen Senat gegründet hatten (414).

Der Fall des Vulkan ist besonders interessant, denn er führt uns auf die ersten Familienlichtungen in den Wäldern zurück. Die ältesten Mythen lassen darauf schließen, daß dieser Gott Vulkan mit dem Geschlecht der Zyklopen verwandt war. Vico meint, daß Vulkan und die Zyklopen ursprünglich zwei getrennte, aber verwandte poetische Charaktere gewesen sein müssen. Die Zyklopen waren poetische Charaktere für die frommen, gottesfürchtigen Giganten auf ihren jeweiligen Lichtungen. Vulkan dagegen war ursprünglich ein poetischer Charakter für den sonst abstrakten Begriff der »technischen Fähigkeit« bei diesen zyklopischen Familienvätern. In einer bemerkenswerten Passage der *Neuen Wissenschaft* erklärt Vico:

> Jeder Hain [wurde *lucus*] genannt im Sinne von »Auge«, wie auch heute die Öffnungen, durch die das Licht in die Häuser dringt, »Augen« heißen: wie denn die wahre heroische Redensart, daß »jeder Gigant seinen *lucus* [seine Lichtung oder sein Auge] hatte«, mit der Zeit mißverstanden, darauf verändert und schließlich verdorben wurde und schon falsch geworden war, als sie zu Homer gelangte; man meinte nämlich nun, jeder Gigant habe ein Auge mitten in der Stirn. Und auf uns ist gekommen, daß Vulkan mit derartigen ein-

> äugigen Giganten in den ersten Schmieden – das waren die Wälder, an die Vulkan Feuer gelegt und wo er die ersten Waffen hergestellt hatte, nämlich, wie wir gesagt haben, an der Spitze angebrannte Speere – für Jupiter die Blitze herstellte (dabei wurde die Idee jener Waffen ausgedehnt); denn Vulkan hatte Feuer an die Wälder gelegt, um bei offenem Himmel zu beobachten, woher Jupiter seine Blitze senden würde. (564)

Lucus, Lichtung, Auge. Dies ist das Auge oder die hineingebrannte Lichtung, deren poetischer Charakter schon falsch war, als er zu Homer gelangte. In einer paradoxen Umkehrung poetischer Logik setzt Homer dieses Auge dem Zyklopen mitten auf die Stirn und läßt es von Odysseus mit der verbrannten Spitze eines entwurzelten Baumstamms ausstechen und so das Dunkel des Waldes wieder über das Auge des Zyklopen bringen.

Als Meister des technischen Geschicks ist Vulkan derjenige, der das Auge öffnet. Er legt Feuer an den Wald, um die Richtung des Blitzes sehen zu können, d.h. um die Vorzeichen deuten zu können. Das Feuer selbst entsprang dieser göttlichen, himmlischen Quelle. Die Technik übernahm seine Verwendung zum Zwecke der Entwaldung. Daher bezieht auch die Technik ihre Anfänge vom Himmel. Vulkan schmiedet den Blitz für Jupiter, er verfertigt die Kriegswaffen der Giganten und schleudert das Geschoß durch den Raum, indem er die Kräfte des heiligen Feuers bezwingt.

Wenn aber das Feuer ursprünglich heilig war, so deshalb, weil es die Giganten dazu befähigte, das Auge zu öffnen, durch das die Absichten Gottes gesehen und erforscht werden konnten. Als Hindernis für die Sichtbarkeit blieben die Wälder auch ein Hindernis für menschliche Erkenntnis und Wissenschaft. Dadurch, daß er eine Lichtung in die Wälder hineinbrannte, ebnete Vulkan der künftigen Wissenschaft aufgeklärter Zeiten den Weg:

> [So wurde] in der Wissenschaft der Auguren bei den Römern *contemplari* gesagt ... für das Beobachten derjenigen Teile des Himmels, von wo die Vorzeichen kamen oder man die Auspizien beobachten konnte; diese Gegenden, die von den Auguren mit ihren Krummstäben beschrieben wurden, nannte man *templa caeli* (Tempel des Himmels), von woher den Griechen die ersten *theoremata* und *mathemata* kommen mußten, göttliche oder erhabene Gegenstände der Betrachtung, die in

> den abstrakten metaphysischen und mathematischen Gegenständen gipfelten. (391)

Der *lucus* war also der ursprüngliche Platz unserer Theologien und Kosmologien, unserer Physik und Metaphysik, kurz, unserer »Kontemplationen«. Die Tempel des Himmels waren die ersten Tafeln der Wissenschaft. Die Wissenschaft ist inzwischen, seit der Zeit ihrer divinatorischen Ursprünge, erheblich fortgeschritten, aber hat sie in irgendeiner Weise ihren Charakter geändert? Bei all ihren Schritten und Durchbrüchen in der Abstraktion hat die Wissenschaft, die Naturwissenschaft, nie ihre ursprüngliche Berufung verloren, und Vulkan hat von seiner Bemühung, das Auge der Erkenntnis offen zu halten, auch nicht abgelassen. Auf die eine oder andere Weise bewahrt die Wissenschaft ihr Bündnis mit dem Himmel. Die Raumfahrt bleibt ihr höchster Ehrgeiz. Sie sagt die Sonnenfinsternis vorher, betrachtet die Sterne, beobachtet den Kometen, läßt die Unendlichkeit des Kosmos zusammenschrumpfen. Auf die eine oder andere Weise fährt sie fort, die Vorzeichen zu erforschen und auf das himmlische Zeichen zu warten; und auf die eine oder andere Weise bleiben die Berufung der Wissenschaft ebenso wie ihre Kriterien die der Vorhersage.

Als Humanist im tiefsten traditionellen Sinne sah Vico in den Wäldern den Ort des Verderbens der Menschheit. Sein Humanismus war jedoch keineswegs triumphalistisch. Vico vertrat mit Nachdruck die Auffassung, daß der traditionelle christliche Gott über die »ideale ewige Geschichte« der Menschheit herrsche, doch trotz ihrer orthodoxen Absichten endet die *Neue Wissenschaft* damit, daß sie eine deprimierende Geschichte über die Ordnung der Institutionen erzählt – eine Geschichte, die wenig oder nichts in Sachen Erlösung verspricht. Von den drei universellen Institutionen der Menschheit bleibt die Bestattung die urtümlichste und unwiderruflichste, denn sie gründet Geschichte auf das, was die Geschichte überwinden möchte. Was die Geschichte inmitten des Waldes eröffnet, wird der Wald einst wieder in seine Abschließung zurückholen, denn Vicos Theorie der institutionellen Ordnung war die eines Systems, das vom Gesetz der Entropie beherrscht ist:

> Die Ordnung der menschlichen Dinge schritt so vorwärts: zunächst gab es die Wälder, dann die Hütten, darauf die Dörfer, später die Städte und schließlich die Akademien. (239)

Die Ordnung ist systematisch, progressiv und autark, aber sie kommt zu einem Ende, von Endlichkeit verfolgt. Ein inneres Gesetz der Auflösung treibt das System zu Unordnung. Diese entropische Tendenz wird klar, wenn wir die Korrelate von Vicos Axiom betrachten:

> Die Natur der Völker ist zunächst roh, dann streng, darauf gütig, später zart, schließlich zügellos. (242)

Und in demselben Zusammenhang:

> Die Menschen empfinden zunächst das Notwendige, darauf achten sie auf das Nützliche, dann bemerken sie das Bequeme, später erfreuen sie sich am Angenehmen, alsdann sind sie im Luxus ausschweifend, schließlich verfallen sie der wahnwitzigen Verschwendung ihres Vermögens. (241)

Die Tendenz zu immer größerer Synthese, die die Ordnung in den Anfangsstadien aufrechterhält, macht schließlich eine Kehrtwendung und weicht der Analyse und dann dem Zusammenbruch. Warum? Was ist es, das zum Zerfall des Systems führt? Warum fallen Zivilisationen nach der langen Mühe des Aufstiegs?

Mit einem Wort, Ironie. In der Trope der Ironie sah Vico die Trägheit der kritischen Analyse. Ironie, so bemerkt er, ist »kraft einer Reflexion, die die Maske der Wahrheit annimmt, aus dem Falschen gebildet« (408). Vico erinnert uns daran, daß der primitive Geist, bevor er zu abstraktem Denken fähig war, nicht in der Lage war, sich einen Unterschied zwischen Wahrheit und Falschheit auch nur vorzustellen (so viele Jahrhunderte dauert es, um sich einer solchen Dichotomie auch nur bewußt zu werden). Sobald aber der Geist seine Abstraktionsfähigkeiten voll entwickelt, wird der kritische Verstand ironisch. Beim Nachdenken über die Frömmigkeiten und Sitten der Vergangenheit entdeckt die Ironie, daß sie auf Irrtümern und willkürlichen Annahmen beruhten. So neigt ein Bewußtsein, welches das Stadium der Ironie erreicht hat, dazu, die Autorität der Tradition zu verwerfen, da ihr entweder die Notwendigkeit oder die Rechtfertigung fehlt. Eine noch größere ironische Distanz von der Vergangenheit führt zu Skeptizismus hinsichtlich der Institutionen, die bis dahin »die Menschheit bewahrt« und ihren Rückfall in die Tiernatur verhindert hatten. Wenn solche Ironie den Weg des uneingeschränkten Zynismus einschlägt, kann sie die Voraussetzungen für eine neue Barbarei mitten in der aufgeklärten Stadt des Menschen schaffen. Vico nennt sie die »Barbarei der Reflexion«. Im »Schluß« der *Neuen Wissenschaft* bemerkt er:

> Doch wenn die Völker in jenem letzten politischen Mißstand dahinsiechen, daß weder sie sich im Innern einem einheimischen Monarchen fügen können noch bessere Völker kommen, sie von außen zu erobern und zu erhalten, dann bringt die Vorsehung gegen dies ihr äußerstes Übel dieses äußerste Heilmittel zur Anwendung: daß – da ja diese Völker es sich in bestialischer Art zur Gewohnheit gemacht hatten, an nichts anderes zu denken, als jeder einzelne an seine besonderen eigenen Vorteile, und sich dem Äußersten der Verwöhntheit oder, besser gesagt, des Eigensinns ergeben hatten, nach Art wilder Tiere, die, wenn sie auch nur von einem Haar angewidert sind, auffahren und wild werden, und sie so, obwohl sie an Ruhm und Zahl zugenommen hatten, wie schreckliche Bestien lebten in einer tiefsten Einsamkeit des Fühlens und des Wollens, kaum zu zweit in der Lage, darin übereinzustimmen, weil jeder von ihnen seiner eigenen Lust und Laune folgte – sie, aufgrund all dessen, mit erbittertsten Parteikämpfen und verzweifelten Bürgerkriegen die Städte zu Wäldern, die Wälder zu Zufluchtsstätten der Menschen machen sollten; und auf diese Weise sollten, im Verlaufe langer Jahrhunderte der Barbarei, die boshaften Spitzfindigkeiten böser Geister allmählich verrosten, die sie mit der Barbarei der Reflexion zu schrecklicheren Tieren gemacht hatten, als sie es während der ersten Barbarei der Sinne gewesen waren. (1106)

Vielleicht war die *Neue Wissenschaft* letztlich eine Warnung an das Zeitalter der Aufklärung hinsichtlich ihrer Kardinaltugend: der kritischen Vernunft. Oder vielleicht glaubte Vico wirklich, daß die christliche Ära die Fatalität der *corsi* und *ricorsi* der Geschichte durchbrechen und die »strahlende Menschlichkeit« verewigen würde, die er unter den wohlwollenden Monarchien Europas im frühen 18. Jahrhundert gedeihen sah. Eins ist jedenfalls gewiß: Vico hatte mehr als eine bildliche Analogie im Sinn, als er davon sprach, daß Städte zu Wäldern würden. Das Bildliche und das Buchstäbliche überschneiden sich in diesem Fall. Am Ende der Ordnung der Institutionen werden Städte wie Wälder im bildlichen Sinn – Orte spiritueller Einsamkeit, wo Wildheit in den Herzen von Männern und Frauen lauert –, aber diese Demoralisierung bereitet nur einer buchstäblichen Metamorphose der Stadt selbst den Weg. Während die Stadt von innen zerfällt, dringen die Wälder von außen vor. Das alte Rom, dessen Schicksal Vico so beschäftigte und faszinierte, wurde schließlich von den Wäldern zurückerobert, zuerst in Analogie, dann in Gestalt der Waldvölker aus dem Norden und schließlich vom Vegetationsgürtel selbst. Das Forum wurde zu unbebautem Weideland für das Vieh des finsteren Mittelalters. Dickicht überwucherte die Straßen, die nach Rom führten. Das Werk der Geschichte fiel auf den Boden, den es unter den Auspizien Gottes zu überwinden gesucht hatte. Dies ist der Erdboden oder *humus* der Vorfahren. Während die unterirdischen Gebote der Toten die ironischen Generationen nicht mehr überzeugen, übernehmen die Wälder allmählich die Lichtungen und schließen die Lider des *lucus*.

Der Dämon Gilgameschs

Vicos Phantasierekonstruktion der Anfänge menschlicher Verhältnisse erzählt die Geschichte einer grundlegenden Feindschaft religiösen Ursprungs zwischen den Institutionen der Menschheit und den am Rande liegenden Wäldern. Für Vico ist die Menschheit in ihrem tiefsten Wesen ein historisches, d.h. außerhalb des Waldes angesiedeltes Phänomen. Mensch zu sein bedeutet, in der Offenheit der Zeit zu wohnen, dem Vergessen der Natur trotzend, und daher vom Gedächtnis, der ursprünglichsten aller menschlichen Fähigkeiten, gelenkt zu werden. Das Gedächtnis hält die zeitliche Kohärenz zwischen Vergangenheit und Zukunft aufrecht. Indem sie die Toten dem Erdboden anvertraut, übergibt die Bestattung die Vorfahren nicht nur der Vergangenheit, sondern sorgt auch in zeremonieller Weise dafür, daß sie im Gedächtnis der Tradition, deren Autorität die Gesellschaft beherrscht und von den Lebenden Ehrfurcht heischt, weiterleben werden.

Gedächtnis in diesem primären Sinn blickt also nicht nur rückwärts auf das Gewesene; es ergreift auch die Zukunft kraft seines Versprechens, alles in der Zeit Existierende vor dem Vergessen zu retten. Auch die Zukunft gehört den Denkmälern des Gedächtnisses, denn *der Trieb, in Erinnerung behalten zu werden,* blickt nach vorn auf das Gedächtnis künftiger Generationen. Dieser Trieb, in Erinnerung behalten zu werden, hat die meisten Taten und Leistungen der Geschichte motiviert und schafft fortwährend die Zukunft – aber eine Zukunft, die wir im voraus als Vergangenheit erfahren. Mit anderen Worten, Menschen sind immer bereits tot. Diese vorweggenommene Kenntnis der Endlichkeit bestimmt im voraus ihre schöpferischsten ebenso wie ihre zerstörerischsten Neigungen.

Nirgends wird diese erbarmungslose Logik der Vergänglichkeit dramatischer oder anrührender als in dem alten Epos von Gilgamesch, dessen sumerische Version als das älteste literarische Werk der Geschichte gilt. Genau wie die Sumerer dank ihrer Erfindung der Schreibkunst (die Gedächtnis *par excellence* ist) die Grenzlinie zwischen Geschichte und Vorgeschichte ziehen, erscheint Gilgamesch als der erste große »Held« der Zivilisation, sowohl im trivialen als auch im nichttrivialen Sinn des Wortes »erster«. Da sich die Historiker weigern, vor der Erfindung der Schrift von Zivilisation zu sprechen, sondern allenfalls von »Kultur« reden, bleibt Gilgamesch der erste städtische Held, der in einem literarischen Werk gefeiert wird; aber darüber hinaus ist er der »erste« auch als ein bleibender Archetyp – eine Art große Summe der geistigen Leiden, die dem inneren, entfremdeten Kern der Zivilisation entspringen. Der eiserne Individualismus des sumerischen Helden, seine zwanghafte Beschäftigung mit dem Tod, seine tragische und vergebliche Suche nach persönlicher Unsterblichkeit, sein kindisches Wüten gegen das Absurde, sein monumentaler Wille zur Macht – diese tiefe Psychologie der Endlichkeit, die sich durch den epischen Zyklus zieht, verleihen *Gilgamesch* in Verbindung mit seinem ehrwürdigen Alter die Würde eines wahrhaft ursprünglichen Dokuments.

Was uns an dem Epos vor allem interessiert, ist die Tatsache, daß der erste Gegner Gilgameschs der Wald ist. In allen wichtigen Versionen der Geschichte erscheint als die bedeutendste Tat des Helden seine lange Reise von Uruk zum Berg der Zedern, wo er Huwawa, den Wächter des Waldes, erschlägt. Warum? Was genau veranlaßt Gilgamesch dazu, diese Reise zu unternehmen und den Zedernberg abzuholzen? Das ist unsere Frage im vorliegenden Abschnitt. Um sie zu beantworten, brauchen wir zunächst einige Hintergrundinformationen.

Gilgamesch war der sagenhafte, aber historische König von Uruk, einer sumerischen Stadt, geboren unter den Auspizien des Himmelsgottes Anu. Er lebte in der Frühen Dynastischen Periode II, um 2700 v. Chr., etwa 600 Jahre vor der Abfassung der ersten sumerischen Epen, die seiner gedenken. In der sumerischen und babylonischen Literatur wird Gilgamesch gewöhnlich als »Erbauer der Mauern von Uruk« bezeichnet. Dieses Epitheton faßt seinen Charakter als städtischer Heros wirkungsvoll zusammen. Mauern definieren nicht weniger als Schrift die Zivilisation. Wie die Schrift selbst sind sie Monumente des Widerstands gegen die Zeit, und sie vermitteln die Erinnerung an Gilgamesch. Mauern schützen, trennen, unterscheiden; vor allem *abstrahieren* sie. Die grundlegenden Aktivitäten, die das Leben erhalten – Landwirtschaft und Viehzucht beispielsweise –, finden jenseits der Mauern statt. Innerhalb der Mauern befindet man sich auf einem Markt; man steht unter der Jurisdiktion einer Bürokratie; man lebt in der abstrakten Identität von Rasse, Stadt und institutionalisierter Religion; kurz, man befindet sich in der einsamen Umschließung der Geschichte. Gilgamesch ist der Erbauer solcher Mauern, die die Geschichte von der Vorgeschichte, die Kultur von der Natur, den Himmel von der Erde, das Leben vom Tode und das Gedächtnis vom Vergessen trennen.

Doch die Mauern, die die Stadt ebenso wie ihren Helden Individualität annehmen lassen, sind auch das, was Gilgamesch unterdrückt, zumindest insoweit, wie ihn der epische Zyklus schildert. In seinen Mauern findet sich Gilgamesch heimtückisch an die Schicksalhaftigkeit des persönlichen Todes – die lineare Endlichkeit der menschlichen Existenz – erinnert. In direkter Reaktion auf sein geschärftes Gefühl für die Vergänglichkeit beschließt Gilgamesch, seine Waldreise zu unternehmen. Im folgenden Abschnitt aus Samuel Noah Kramers Übersetzung des Textes »Gilgamesch und das Land der Lebenden« hören wir, wie Gilgamesch seinem Freund Enkidu erklärt, daß er eine ruhmreiche Tat vollbringen möchte, mit der er sich in die Annalen des historischen Gedächtnisses einschreiben kann:

> O Enkidu, *noch haben Ziegel und Stempel das schicksalhafte Ende* nicht hervorgebracht.
> Ich möchte das »Land« betreten, ich möchte meinen Namen aufrichten,
> An seinen Orten, wo die Namen aufgestellt sind, möchte ich meinen Namen aufstellen,
> An seinen Orten, wo die Namen nicht aufgestellt sind, möchte ich die Namen der Götter aufrichten. (3–5)

Das »Land«, in das Gilgamesch ziehen und in dem er seinen Namen aufrichten möchte, ist der bewaldete Berg der Zedern. Weil Gilgamesch noch keinen bleibenden Ruhm erworben hat, weil er noch nicht *seinen Namen in Ton* (oder in die Tafeln der Schreiber) *geprägt* hat, muß sich Gilgamesch in das »Land« begeben und den Walddämon Huwawa erschlagen. Dies ist die Tat, die ihm in Stein oder Ziegel ein Denkmal setzen wird – die sein Andenken nach seinem Tod bewahren wird.

Doch noch einmal, weshalb gerade eine Waldreise? Bevor wir diese Frage beantworten können, sollten wir uns Gilgameschs Bitte an Utu, den sumerischen Sonnengott, anhören. Utu ist der Gott, der Gilgamesch die Erlaubnis erteilen muß, die Reise zu unternehmen, denn das

Land ist in Utus Gewalt. Der Gott zeigt kein Verständnis für Gilgameschs irrationalen Wunsch, in das Land zu ziehen, und er billigt den Gedanken zunächst auch nicht. Huwawa, den Gilgamesch erschlagen möchte, ist schließlich ein heiliger Walddämon. Utu versteht nicht, warum Gilgamesch den Dämon herausfordern möchte. Um den Gott von seinem verzweifelten Bedürfnis, die Reise zu unternehmen, zu überzeugen, bietet ihm Gilgamesch ein rührendes Bekenntnis an:

»O Utu, ich möchte das ›Land‹ betreten, sei du mein Verbündeter,
Ich möchte das Land *der gefällten* Zeder betreten, sei du mein Verbündeter.«
Utu vom Himmel antwortet ihm:
»... wahrhaftig bist du, aber was bist du für das ›Land‹?«
»O Utu, ein Wort möchte ich zu dir sprechen, meinem Wort dein Ohr,
Ich möchte, daß es dich erreicht, leih ihm dein Ohr.
In meiner Stadt stirbt der Mensch, bedrückt im Herzen,
Der Mensch vergeht, schwer ist das Herz.
Ich *blickte über* die Mauer,
Sah die Leichen ... *schwimmen auf* dem Fluß;
Und ich, auch mir wird es so ergehen; wahrhaftig ist es so.
Der Mensch, der größte, kann sich nicht zum Himmel strecken,
Der Mensch, der breiteste, kann die Erde nicht *bedecken.*
Noch haben Ziegel und Stempel das schicksalhafte Ende nicht hervorgebracht,
Ich möchte das ›Land‹ betreten, ich möchte meinen Namen aufrichten.« (18–31)

In alten sumerischen Bestattungsriten ließ man die Leiber der Toten in zeremoniellen Prozessionen flußabwärts schwimmen. Gilgamesch hat einen Blick über die Mauern seiner Stadt geworfen und hat die Leichen auf dem Fluß schwimmen sehen. Mit anderen Worten, er hat über das Leben hinaus auf den unbelebten Leichnam geschaut – auf das bloße Objekt, das zu Auflösung und Wiedervereinigung mit der Erde treibt. Er hat über die Mauer der Geschichte geblickt und die erbarmungslose Transzendenz der Natur gesehen. Mit Verzweiflung im Herzen hat er auf die Erde in der Ferne geblickt: stumm, träge, unüberwindlich durchläuft sie ihre erbarmungslosen Kreisläufe, verwandelt Könige in Kadaver, wartet gleichmütig darauf, alle Dinge in ihr Vergessen zu ziehen. Ist das nicht unerträglich für einen, der ein Erbauer von Mauern ist, einen, der sich der erinnernden Transzendenz der Geschichte verschrieben hat?

Wir nähern uns einer psychologischen Erklärung für Gilgameschs Wunsch, die Waldreise zu unternehmen. Er will, daß ihn der Ruhm seiner Tat von solchem Vergessen ausnimmt. Welcher Ruhm liegt aber darin, den Walddämon zu erschlagen? Als Gilgamesch von Utu die notwendige Erlaubnis zu seiner Reise erlangt hat, erreicht er die heiligen Zedernwälder, fordert Huwawa zum Kampf heraus und schlägt dem Dämon den Kopf ab. Das Abschlagen von Huwawas Haupt stellt in seinem poetischen Bild das Abholzen des Zedernwaldes dar. Der »Ruhm« dieser Tat läßt sich nur vor dem historischen Hintergrund verstehen. Wir wissen aus den schriftlichen Aufzeichnungen, daß bestimmte sumerische Individuen tatsächlich erheblichen Ruhm dadurch erwarben, daß sie Expeditionen zu den Zedernwäldern unternahmen und sich riesige Mengen von Holz aneigneten. Holz war für die Sumerer eine kostbare Ware, da die Schwemmlandebenen Mesopotamiens zu dieser Zeit keine Wälder mehr trugen. In den Frühen Dynastischen Perioden bezogen die Sumerer ihr Holz anscheinend aus dem Osten, vom benachbarten Elam, aber nach der Entwaldung dieser Regionen mußten sie viel weiter, in die Amanus-Berge im Norden, reisen. Um sich Holz zu verschaffen, mußten sie gefährliche Expeditionen in die Berge unternehmen, die Zedern und Pinien fällen und die Stämme flußabwärts zurück in die Städte befördern. Solche Taten waren riskant und voller Gefahren, besonders da die Wälder oft von wilden Bergvölkern verteidigt wurden, aber ein Führer konnte mit einer erfolgreichen Expedition beträchtlichen Ruhm erwerben.

Wir können daher verstehen, warum Gilgameschs Wunsch nach monumentalem Ruhm ihn dazu führen konnte, eine Waldexpedition zu planen. Doch das Epos erforscht die psychischen Motivationen des Helden noch viel tiefer. Bei Gilgameschs Inspiration geht es um mehr als bloßen kindischen Heroismus und ein Bedürfnis nach Ruhm durch Abenteuer. Wenn Gilgamesch beschließt, den Walddämon zu töten oder den Berg der Zedern zu entwalden, so deshalb, weil Wälder die Quintessenz dessen darstellen, was jenseits der Stadtmauern liegt, nämlich die Erde in ihrer bleibenden Transzendenz. Wälder verkörpern ein anderes, älteres Gesetz als das Gesetz der Zivilisation. Als Gilgamesch Utu erklärt: »Der Mensch, der größte, kann sich nicht zum Himmel strecken«, gibt er zu, daß Menschen, wie groß sie auch sein mögen, keine Götter werden oder Unsterblichkeit erlangen können. Und wenn er erklärt: »Der Mensch, der breiteste, kann die Erde nicht *bedecken*«, so gesteht er, daß sie auch nicht wie Wälder sein können, die die Erde bedecken und die Jahrtausende nach ihren sich selbst erneuernden Kreisläufen überdauern. Gilgamesch ist, mit anderen Worten, in Mauern gefangen, die ihn von zwei Dimensionen der Transzendenz, einer vertikalen und einer horizontalen, abschneiden.

Gilgamesch reist zum Wald als der wahren Grenze der Zivilisation. Der Wald ist das Gegenstück zu seiner Stadt. Er stellt sich vielleicht vor, daß er die Mauern, die ihn einschließen, durch einen massiven Entwaldungsakt übersteigen könnte. Um aber die tieferen psychischen Motivationen des Helden zu verstehen, müssen wir uns vorzustellen versuchen, was wirklich in seinem Geist vorgeht, als er einen Blick über die Mauern von Uruk wirft.

Gilgamesch blickt über die Mauern und sieht menschliche Leichen, die in Bestattungsprozessionen flußabwärts schwimmen. Der Anblick dieser Leichen erweckt in ihm den Gedanken an eine Waldexpedition. Das ist für Gilgamesch ein visionärer Moment. Voller Empörung gegen das Schauspiel der Endlichkeit hat Gilgamesch eine Vision: er wird sich zu den Wäldern begeben, die Bäume fällen und die Stämme flußabwärts in die Stadt senden. Mit anderen Worten, er wird die Bäume das Schicksal derer teilen lassen, die innerhalb der Mauern leben. *Stämme werden die Kadaver werden.* Der Held, der in der Stadt stirbt, wird sein persönliches Schicksal auf die Wälder projizieren. Das ist es zweifellos, was Gilgamesch meint, wenn er sagt, daß er das Land betreten und seinen Namen aufrichten möchte. Denn wenn er nicht breit genug ist, um »die Erde zu bedecken«, so kann er sie doch ihrer Bedeckung berauben.

Es ist eine bedauerliche Tatsache der Geschichte, daß Menschen niemals aufgehört haben, die Geste Gilgameschs zu wiederholen. Der destruktive Impuls in bezug auf die Natur hat nur zu oft psychische Gründe, die über die Gier nach materiellen Ressourcen oder das Bedürfnis, eine Umwelt zu domestizieren, hinausgehen. Zu oft sind im Angriff auf die Natur und ihre Arten bewußte Wut und Rachsucht am Werk, so als wollte man auf das Natürliche die unerträglichen Ängste der Endlichkeit projizieren, die die Menschheit als Geisel für den Tod halten. Es gibt eine Art kindischer Raserei, die das Bedürfnis hat, Opfer in der Außenwelt zu schaffen, um das Gefühl des Opferzustands im Innern zu bannen. Das Epos von Gilgamesch erzählt die Geschichte solcher Raserei; aber während Gilgamesch schließlich als das Opfer seiner eigenen Verzweiflung endet, schwimmen die Stämme derweil wie Leichen flußabwärts.

Dem epischen Zyklus als ganzem in seinen sumerischen und akkadischen Versionen entnehmen wir, daß Gilgameschs Expedition zum Berg der Zedern in der Tat ein vergeblicher Versuch war, die Quelle seiner Leiden zu bezwingen. Zunächst einmal erzürnt die Ermordung Huwawas die Götter. Sie war ein Sakrileg, denn Huwawa besaß den Rang eines heiligen Wesens. In einigen Fassungen der Geschichte muß Enkidu, Gilgameschs geliebter Freund, für die frevelhafte Tötung Huwawas mit seinem Leben bezahlen. Nach dem Tode seines Freundes verfällt Gilgamesch in einen Zustand gesteigerter Melancholie und verzehrt sich in Gedanken an den Tod. Ruhm und die Monumente des Gedächtnisses trösten ihn nicht mehr über die Tatsache des Sterbens hinweg. Das ist der Grund, weshalb sich Gilgamesch auf eine weitere Reise begibt, diesmal auf der Suche nach dem ewigen Leben. Doch die lange und verzweifelte Suche nach persönlicher Unsterblichkeit führt ihn nur zu der Erkenntnis, daß der Tod die unverzichtbare und nicht diskutierbare Bedingung des Lebens ist – daß die Kadaverstämme, die er vom Berg der Zedern hinab in die Stadt gesandt hat, ihm seine allerletzte Reise eben diesen Fluß hinab nicht ersparen können. Und das heißt bei Anbruch der Zivilisation »Weisheit«.

Die jungfräuliche Göttin

Seit der Zeit des Cro-Magnon-Menschen bis zum Ende der letzten Eiszeit und noch bis in die Jungsteinzeit hinein – mehr als 30 000 Jahre seiner Vorgeschichte – war das Menschengeschlecht ein Kind der großen Muttergöttin. In ihrer runden Biosphäre kehrten Leben, Tod und Wiedergeburt ewig wieder, wie die Zyklen des Mondes oder die Menstruation. Sie ließ die Jahreszeiten aufeinanderfolgen und gab das Getreide, sie füllte die Herden wieder auf und nahm die Toten zurück in den Gewahrsam ihres kosmischen Urgrundes. Sie erscheint uns über die Zeiten hinweg als der große Schoß der Welt, der erste aller königlichen Throne. Bemerkenswerte Darstellungen geben sie als riesig, vor Fülle berstend und freigebig wieder. Sie ist die Kybele Kleinasiens, die dicke Dame von Malta, die Venus von Laussel mit dem Horn in der Hand. Es gab vieles, was ihr heilig war: Höhlen, Haine, Seen, Berggipfel ... Der gehörnte Stier war ihr besonders heilig und ebenso auch die Wälder, die er durchstreifte. Diese Wälder waren wahrscheinlich die ersten Labyrinthe, die die heiligen Höhlen umgaben, in deren Tiefen prähistorische Künstler ihren Schoß mit den Gestalten wilder Tiere schwängerten.

Vico hatte wenig über die Vorgeschichte dieser Göttin zu sagen, denn in seiner *Neuen Wissenschaft* bemühte er sich, die Ursprünge des Patriarchats zu rekonstruieren, das heißt, die religiösen Traumen, die zu den Differenzierungen, Oppositionen und Hierarchien der patriarchalen Institutionen führten, die wir in den einleitenden Abschnitten dieses Kapitels erörtert haben. Unter der Herrschaft der Göttin waren jedoch Erde und Himmel einander nicht entgegengesetzt, und Leben und Tod, tierisch und menschlich, männlich und weiblich, unbelebt und belebt, Substanz und Form, Wald und Lichtung waren es auch nicht. Diese unbedingten Unterscheidungen (die der Wald dauernd durcheinanderbringt) liegen der »Zivilisation« im Gegensatz zu bloßer »Kultur« zugrunde. Wir kamen auf diese unter Historikern übliche Unterscheidung schon in unserer Diskussion über Gilgamesch zu sprechen. Die Zivilisation konstituiert und gründet sich auf Gegensätzen. Die große Mutter dagegen hüllte sie ein und zog sie wieder in das urtümliche Chaos und die Einheit der Ursprünge.

Rückblickend könnten wir sagen, daß das Abtreten der Göttin als beherrschender Gottheit der Antike wahrscheinlich die folgenschwerste Kulturrevolution darstellt, die in unserer menschlichen Vergangenheit stattgefunden hat. Es war anscheinend das Ergebnis ihrer gewaltsamen Absetzung durch die männlichen Himmelsgötter, die in der Bronzezeit mit schrecklicher Wildheit auf die Bühne stürmten. Die nomadischen hebräischen Stämme, die ihrem Himmels- und Donnergott Jahwe folgten, führten einen erbarmungslosen Krieg gegen sie. Und auch der Himmels- und Donnergott der plündernden Indoeuropäer war den alteingesessenen Erdreligionen der seßhaften jungsteinzeitlichen Völker, denen sie auf ihren ruhelosen Wanderungen begegneten, nicht weniger feindlich gesinnt. Besonders die Dorer zeigten sich zutiefst intolerant gegen die Göttin, und sie zerstörten ihre Tempel, wo immer sie hinkamen. So total war die Verwüstung, die die Dorer nicht nur unter den einheimischen Kulturen, sondern auch in der mykenischen Zivilisation anrichteten, daß sie dazu beitrugen, die ganze griechische Welt in ein finsteres Zeitalter zu stürzen, das mehrere Jahrhunderte hindurch andauern sollte. Von solcher Art waren die Segnungen der überwältigenden Götter, die vor einigen Tausenden von Jahren vom Himmel auf die Erde fielen.

In Werken der mesopotamischen Kunst wird Gilgamesch oft als ein kräftiger Mann mit Bart dargestellt, der mit gehörnten Stieren kämpft, was zweifellos auf die berühmte Episode in dem epischen Zyklus zurückgeht, die erzählt, wie Gilgamesch den heiligen Stier der Inanna erschlug. Inanna (die semitische Ischtar) war die sumerische Liebesgöttin. Im epischen Zyklus erscheint sie als zügellose Verführerin, die über die Vermessenheit erzürnt ist, mit der Gilgamesch ihre Reize verschmäht, aber was wir in der Gestalt der Inanna sehen, ist eine historisch verwandelte und degradierte Version der Großen Mutter, die einst in ganz Mesopotamien geherrscht hatte. Wie Rachel Levy in ihrem Buch *The Gate of Horn* so überzeugend gezeigt hat, hatten die Hörner des Stieres in der gesamten Vorgeschichte zu den verbreitetsten Symbolen ihrer Fruchtbarkeit gehört. Als der, der den heiligen Stier tötet, fungiert Gilgamesch als poetischer Charakter für den historischen Triumph des sumerischen Patriarchats über die älteren matriarchalischen Religionen Mesopotamiens. Er erschlägt den Stier Inannas und trennt seine Hörner als Trophäe (als Erinnerung) ab, und auf diese Weise durchtrennt er ein Band, das einst das Volk mit einer früheren Religion verknüpft hatte.

Das antike Griechenland erlebte in seiner Vorgeschichte ähnliche religiöse Revolutionen, aber in Griechenland lebte diese Göttin in verschiedenen umgestalteten Versionen auch noch fort, nachdem die olympischen Götter Sieger über die Titanen geworden waren. Ihr Name im Griechischen ist Artemis. Sie ist eine der ältesten und rätselhaftesten griechischen Göttinnen. Ihre Verehrung geht auf die vorgriechische Periode zurück, aber selbst in historischer Zeit wurde sie in Kleinasien, wo ihr Kult in Ephesus beheimatet war, in weiten Kreisen als Fruchtbarkeitsgöttin verehrt. Aus der Stadt Ephesus ist uns die berühmte Marmorstatue überliefert, die sie aufrecht stehend darstellt, mit vom Ellbogen an nach außen gestreckten Armen. Eine Masse wilder Tiere starrt aus ihrem Gewand und ihrer Kopfbedeckung, und ihre Vorderseite wird von zahlreichen rundlichen Auswüchsen niedergedrückt, die an eine Vielzahl weiblicher Brüste denken lassen. Lange Zeit dachte niemand daran zu zweifeln, daß diese Auswüchse Brüste seien, die die überreiche Fruchtbarkeit der Göttin symbolisierten, aber dann sah jemand genauer hin und bemerkte an ihnen einen merkwürdigen Mangel an plastischem Realismus. Eine Gruppe von österreichischen Archäologen bestätigte kürzlich, daß diese Vorwölbungen überhaupt keine Brüste darstellen, sondern vielmehr Stierhoden. Das wird von Belegen gestützt, die in Ephesus entdeckt wurden und die darauf schließen lassen, daß an Festtagen der Artemis ihre Priester mehrere Stiere kastrierten, die Hodensäcke zusammenbanden und die grausigen Girlanden um ein hölzernes Bild der Göttin legten, dem ihre Anhänger dann in ekstatischer Prozession von ihrem heiligen Altar bis zum Stadtzentrum folgten. Dies war das Wesen der »jungfräulichen« Göttin Artemis.

Im Jahre 431 n. Chr. kamen in ihrer Stadt christliche Prälaten zu-

Artemis der Epheser (ca. 2. Jh. v. Chr.), Türkei, Ephesus

sammen, um die beunruhigenden Kulte der Jungfrau Maria zu erörtern, die sich überall in den christlichen Gemeinden verbreitet hatten. Die Kirche war zur damaligen Zeit Maria entschieden feindlich gesonnen, da ihre Verehrung gefährlich an Heidentum erinnerte. Doch die Bischöfe in Ephesus beschlossen, daß ihr Kult zu populär sei und daß die Kirche sie daher am besten kanonisieren sollte. Maria wurde offiziell zur Mutter Gottes erklärt, und der traditionelle Feiertag der Artemis – der 15. August – wurde zum kirchlichen Festtag Mariä Himmelfahrt erklärt. So wurde die jungfräuliche Göttin noch einmal von einer neuen religiösen Ordnung vereinnahmt.

Das war nur das jüngste Kapitel in der Geschichte ihrer verschiedenen Anpassungen an neue religiöse Institutionen. Vor der christlichen Revolution war das olympische Pantheon ebenfalls gezwungen gewesen, Platz für Artemis zu machen, denn ursprünglich war sie unter den Olympiern eine Außenseiterin, dermaßen, daß Hesiod einen Stammbaum für sie erfinden mußte. Homer, der große Vorkämpfer des Olympianismus, mochte diese Göttin nicht sehr und setzte ihre Würde in der *Ilias* sichtlich herab, indem er sie als heranwachsendes Mädchen schilderte, das im Krieg gänzlich fehl am Platze war und von Hera verächtlich gereizt und gescholten wurde (*Ilias* 21, V. 470–514).

Dennoch blieb Artemis für die Griechen eine ehrfurchtgebietende Göttin. Als Hera sie in der *Ilias* schilt, erklärt sie: »Wenn du den Bogen auch führst, weil *dich* für die Weiber zur Löwin / Zeus gemacht und erlaubt, daß du tötest, welche du wolltest« (21, V. 483–484). Diese Worte beziehen sich auf die Rolle, die Artemis als Göttin der Geburt spielte – eine ihrer alten Fruchtbarkeitsfunktionen, die sie sich erhalten konnte. In dieser Eigenschaft wurde sie oft mit Eileithyia, der Göttin der Befreiung, identifiziert, die auf die Schmerz- und Angstschreie schwangerer Frauen im Augenblick der Geburt antwortet. In ähnlicher Weise beherrschte Artemis auch die Initiationsriten für junge Mädchen. Bei ihrem Kult in Brauron in Attika zum Beispiel wurden junge Mädchen für längere Zeiträume in ihren Dienst gestellt und zeremoniell in Bärenhäute gekleidet, zur symbolischen Buße für einen heiligen Bären, den junge Männer aus Attika in einem der Haine der Göttin getötet hatten.

Die traditionellen Kulte und Mythen lassen darauf schließen, daß Artemis auch eine Opfergöttin war. Als Agamemnon in einem ihrer heiligen Haine einen Hirsch tötet, verlangt sie die Opferung seiner Tochter Iphigenie. Diese dunklere, grausamere Seite der Artemis ist ständig gegenwärtig, aber der Aspekt, unter dem sie gewöhnlich geschildert wird und der uns am meisten interessiert, ist der der jungfräulichen Jägerin, die mit ihrem Zug von Nymphen die Waldgebiete durchstreift. Wenn es im griechischen Altertum eine Gottheit der Wildnis gibt, dann ist es Artemis. Homer spricht von ihr als »Gebieterin der Jagd« und »Herrin der Tiere« (*Ilias* 21, V. 470); im *Agamemnon* des Aischylos heißt es von ihr: »Ist so voll Huld die Hehre dem Geheck, dem hilflosen, gewaltger Bergleun, als des flurenbewohnenden Wilds auch brüstesäugenden Jungen liebreich« (V. 140–143). Wir wissen aus den Mythen, daß viele Haine ihr heilig waren und daß ihre Keuschheit unverletzlich war. Ihre Jungfräulichkeit bezog sich unter anderem auf die unberührten Wälder jenseits der Grenzen der Polis und der bebauten Felder. Ihr entlegenes Reich spiegelt in diesem Sinne vielleicht ihren ursprünglichen Status als Außenseiterin unter den olympischen Göttern wider.

Trotz aller Ähnlichkeiten war *Diana nemorensis*, die »Diana der Wälder« – das römische Gegenstück zu Artemis –, nicht dieselbe Göttin, jedenfalls nicht dem Ursprung nach. Gewöhnlich wurde angenommen, daß die Römer Artemis lediglich übernahmen und ihr einen lateinischen Namen gaben, aber tatsächlich war Diana eine einheimische lateinische Gottheit, deren Verehrung ebenfalls in prähistorische Zeiten zurückreicht. Der lateinische Mythos vom Goldenen Zweig, der Frazer zu seinem monumentalen Werk *Der goldene Zweig* inspirierte, ist einer der Hinweise auf ihren alteingesessenen Charakter. Angesichts dieser Diskrepanz zwischen den beiden Göttinnen werden wir also die *Diana nemorensis* Sir James Frazer überlassen und uns hier auf die Artemis der unberührten Wälder konzentrieren.

Ihr jungfräulicher Aspekt verdient größere Hervorhebung, denn in alten Zeiten waren Wälder keineswegs immer unberührt oder jenseits der Grenzen menschlicher Kultivierung. Seit den ersten Anfängen war anscheinend die Ausbeutung und Aberntung von Wäldern ein untrennbarer Bestandteil des jungsteinzeitlichen Lebens. Waldbau ist eine alte Übung, aber unsere Göttin hatte damit nichts zu tun. Sie gehörte zu den dunklen und unzugänglichen Regionen, in denen wilde Tiere – vom Eindringen der unerschrockensten Jäger abgesehen – Schutz vor Störungen durch Menschen genossen. Wie ihr Reich war auch die Göttin fern und unzugänglich. Sie ließ sich weder von einem Mann noch von einer Frau sehen. Selbst ihre begeistertsten Priesterinnen und Verehrerinnen bekamen sie nicht zu Gesicht. Die Geschichte von Hippolytos, dem Sohn des Theseus, bestätigt dies. So total war die Hingabe des jungen Mannes an Artemis, daß er so weit ging, die Macht Aphrodites zu verachten, und diese Göttin ersann ihm aus Rache ein grausames Schicksal, das ihm aus den Händen seiner Stiefmutter Phädra zuteil werden sollte. Im *Hippolytos* des Euripides bringt der junge Jäger Artemis Blumen von einer wilden Wiese, die kein Mensch außer ihm selbst betreten konnte und wo ihm das außerordentliche Privileg zuteil wurde, die Stimme der Göttin zu vernehmen. Doch selbst er konnte sie nicht erblicken. »... darf deine Stimme vernehmen, wenn ich auch dein Auge nicht erblicke«, sagt Hippolytos (*Hippolytos*, V. 86–87). Ebenso heißt es in *Iphigenie auf Tauris*, wo Agamemnons Tochter im barbarischen Land der Taurer als Artemispriesterin auftritt, über die Göttin: »Dunkel sind die Wege aller Götter, kein Sterblicher hat Einblick in die Bahn des Unglücks« (V. 476–477).

Dies also ist die Weise, in der Artemis in den Mythologien erscheint oder sich zu erscheinen weigert: unsichtbar, ungreifbar, rätselhaft, grausam, die menschlichem Zugriff entzogenen Weiten der Wildnis beherrschend. Als Jungfrau der Waldgebiete zieht sie sich hinter die Schatten der Wälder in ihr Gedankenreich zurück, zu dem Menschen keinen Zugang haben können oder haben dürfen. Ihre Jungfräulichkeit unterstellt nicht so sehr Asexualität als vielmehr die urtümliche Keuschheit dieser Waldabgeschiedenheit. Der griechische Mythos von Aktäon dramatisiert auf unvergeßliche Weise diese abwehrende, unverletzliche Natur der Artemis. Der Mythos wird von Ovid, dem römischen Dichter, in den *Metamorphosen* (III, V. 143–252) aufgegriffen und in der folgenden Version entwickelt:

Aktäon war an den Hängen eines Berges mit seinen Freunden und Hunden auf der Jagd gewesen. Als es Mittag wurde, erklärte er seinen Gefährten, sie hätten vollauf genug für den Tag getan; er ließ sie die Netze einsammeln und mit den Hunden nach Hause zurückkehren. In einem Tal am Fuße des Berges lag ein der Artemis geweihter Hain von Pinien und Zypressen, in dem sich ein Wasserfall in einen unverfälschten Teich ergoß. Von der Jagd ermattet, kam Artemis manchmal hierher, um mit ihren Nymphen zu baden. An ebenjenem Tag hatte sie sich bereits entkleidet, hatte ihre Waffen ihren Dienerinnen übergeben und war in den Teich gestiegen, als sich Aktäon auf seiner Wanderung durch unbekanntes Waldland unversehens in den Hain verirrte. Als die Nymphen einen Mann in ihrer Mitte sahen, begannen sie, sich die Brüste zu schlagen und zu schreien, und sie scharten sich um die Göttin, um ihre Nacktheit zu verbergen. Artemis jedoch war größer als sie und blieb Aktäons Blick ausgesetzt. Da sie keine Waffen zur Hand hatte, schöpfte sie eine Handvoll Wasser aus dem Teich und schleuderte sie Aktäon in Gesicht und Haar. »Magst du es jetzt kundtun, daß ohne Gewand du mich schautest – wenn du es kundtun kannst«, sagt sie zu ihm (V. 192–193).

Aktäon wird nicht fähig sein, etwas Derartiges zu erzählen, denn er verliert die Fähigkeit zu menschlicher Rede ganz und gar. Hörner beginnen ihm auf der Stirn zu wachsen; seine Arme werden zu Beinen, seine Hände zu Füßen; seine Haut wird ein Fell. In einen Hirsch verwandelt, ergreift er die Flucht durch den Wald. Das einzige, was ihm von seinem früheren Ich geblieben ist, ist sein Bewußtsein von sich selbst als Person. Während er durch den Wald davonjagt, hört er von ferne, wie seine blutdurstigen Jagdhunde ihm nachhetzen. Der Verfolger wird zum Verfolgten. Als die Meute heranstürmt, will Aktäon seine Hunde anrufen und sagen: »Ich, Aktaion, ja bin's! Erkennt doch euren Gebieter!« (V. 230). Doch die Hunde erkennen nur ein Stück Wild und greifen ihn mit erbarmungsloser Wildheit an. Seine Begleiter spornen die Meute an und fragen sich, was aus Aktäon geworden ist; sie sind enttäuscht, daß er nicht bei ihnen ist und sich an der Jagd beteiligt. Als seine Hunde ihn zerfleischen und zerreißen, gibt Aktäon sein Leben auf, und so »ward – so heißt es – der Zorn der beköcherten Göttin gestillet« (V. 252).

Wenn es darum ging, den bedeutsamen Kern klassischer Mythen zu erkennen und umzusetzen, war Ovid ein unvergleichlicher Meister, und seine Darstellung der Geschichte von Aktäon enthält mehrere Einsichten in die *dea silvarum*, wie er sie nennt. Zunächst einmal, was ist es genau, das die Waldgöttin in dieser Geschichte nackt erscheinen läßt? Die Antwort liegt in einem subtilen Hinweis in Ovids einleitender Schilderung: »Und schon hatte die Schatten der Dinge verkürzet der Mittag, und gleich weit stand ab von jedem der Ziele die Sonne« (*iamque dies medius rerum contraxerat umbras / et sol ex aequo meta distabat utraque*, V. 143–144). Wenn Artemis bei dieser Gelegenheit für menschliche Augen sichtbar wurde, so lag das am zeitweiligen Verlust ihrer natürlichen Deckung zu dieser kritischen Tageszeit, in der der Schatten des Waldes am kürzesten ist. Ihr eigentliches Habitat ist die dunkle Seite der sichtbaren Welt. Ihr Kleid ist nichts anderes als die *umbrae* des Waldes, seine schützenden Schatten.

Ovids Version hebt die unheimliche Dialektik des klassischen Mythos hervor. Auf der offensichtlichsten Ebene wird die Verschleierte entschleiert, der Jäger wird der Gejagte, und der Herr wird das Opfer seiner eigenen Jagdhunde; aber die Logik der Umkehrung und Vergeltung geht hierüber noch hinaus. In einem Augenblick der Indiskretion hat Aktäon tatsächlich teil an der Art von Vision, die Sterblichen verboten ist. Der menschliche Blick ist seiner Natur nach verneinend; er sieht nicht direkt in die Natur der Dinge, sondern er sieht nur die äußere Oberfläche der phänomenalen Erscheinungen. Aktäon überschreitet diese Grenzen. Er schaut die Göttin im Augenblick einer noumenalen im Gegensatz zu bloß phänomenaler Vision. Zur Vergeltung dafür, daß er das ideale Reich verletzt hat, das hinter der Welt der Erscheinungen liegt, führt Artemis Aktäons Erscheinungswandel herbei, während sie sein menschliches Wesen intakt läßt. Er behält seinen inneren Geist (*mens tantum pristina mansit*, V. 203), wird aber äußerlich in einen Hirsch verwandelt. Im Prozeß der äußeren Metamorphose kommt er zu der Erkenntnis, daß seine eigene innere Identität in einem Reich, das von Erscheinungen beherrscht wird, überflüssig ist. Aktäons Hunde wissen nichts von der inneren Identität Aktäons; ebensowenig wie seine Gefährten. Sie erkennen ihn nicht und reagieren allein auf das äußere Phänomen. In ihrer genialen Vergeltung verbirgt die nackte Göttin, die sich nicht unter ihren Schleiern verbergen konnte, Aktäon unter einer seltsamen neuen Form und bestraft so seine Übertretung dadurch, daß sie sein Schicksal mit der verwandelten Erscheinung verknüpft, die seine Identität verschleiert. Auf diese Weise stellt sie mit einem Racheakt den Schleier der Verschwiegenheit wieder her, den Aktäon zerrissen hatte.

Die *Metamorphosen* im allgemeinen und diese Geschichte im besonderen verwenden die Trope der Metamorphose, um eine materialistische Philosophie der Wirklichkeit auszudrücken, die die Auffassung vertritt, daß alle verkörperten Substanzen an derselben ursprünglichen Urmaterie teilhaben. In der mythischen Welt Ovids bewahren alle lebenden Arten infolge ihres Hervorgehens aus einem gemeinsamen Schoß der Schöpfung eine enge Verwandtschaft miteinander. Die Möglichkeit der Verwandlung eines Geschöpfes in ein anderes verweist auf die zugrundeliegende materielle Natur, die sie miteinander teilen. Die Metamorphose selbst (von griechisch *meta* und *morphé*, was »Formwandel« bedeutet) ist eine Art Geburt oder Wiedergeburt, bei der eine materielle Form in ihren Schoß zurückkehrt, um eine neue Form anzunehmen. Diese präformale Verwandtschaft aller Schöpfung, die es möglich macht, daß menschliche Wesen in Tiere, Bäume, Blumen und andere Waldphänomene verwandelt werden, ist das immer wiederkehrende materialistische Thema der *Metamorphosen*.

In der Geschichte von Aktäon ist Artemis sowohl die Urheberin der Metamorphose als auch die Hüterin des geheimnisvollen Formen-Nährbodens der Natur. Indem sie den räuberischen Menschen in die Beute verwandelt, offenbart sie Aktäon in seiner Person die wahre Natur dessen, was er zu Gesicht bekommen hat: die präformale Verwandtschaft aller Schöpfung. Die Geschichte hat eine unmißverständliche psychologische Wirkung auf den Leser, denn während Aktäon buchstäblich entanthropomorphisiert wird, wird der Hirsch, in den er sich verwandelt, vermenschlicht. Nun, da Aktäon zu einem Hirsch geworden ist, können wir an dessen Schicksal leiden, als sei er ein menschliches Wesen. Die Unterscheidungen brechen zusammen. Die Welt offenbart ihre Täuschungen, ihre *unwiderruflichen* Täuschungen. Wie Aktäon werden wir dazu gebracht zu sehen, daß die Formen der Welt vergänglich, illusorisch und umkehrbar sind. Alle Dinge gehen unabhängig von ihrer formalen Natur aus einer urtümlicheren Natur hervor. Das ist die erschreckende Einsicht, die Aktäon an jenem Tag in den Wäldern gewann, wo er das zweifelhafte Privileg hatte, die *dea silvarum* nackt zu sehen.

Es gibt bedeutende Gründe dafür, daß diese materialistische Lehre mythologisch, durch die Trope der Metamorphose, und nicht vielmehr logisch ausgedrückt wird, aber um sie zu verstehen, müssen wir einem Umweg folgen, der uns zu den Anfängen der abendländischen Philosophie zurückführt, als *mythos*, der Mythos, vermutlich *logos*, der logischen Vernunft, Platz machte. Diese Anfänge wurden von einer einfachen Frage beherrscht: Was ist das Wesen von allem, was ist? Die frühgriechischen »Naturphilosophen« suchten die Antwort in einem oder in mehreren Elementen – in Wasser, Feuer, Erde, Luft oder einer Verbindung von ihnen. Ungeachtet ihrer lokalen Meinungsverschiedenheiten über den Vorrang bestimmter Elemente waren sich die materialistischen Philosophen im allgemeinen darüber einig, daß alle Dinge aus dem Schoß einer urtümlichen, undifferenzierten Materie ins Sein treten – Form und Erscheinung annehmen. Während sich Formen ständig wandeln und vergehen, bleibt die Materie, aus der sie bestehen, ewig. In den extremsten Versionen des vorsokratischen Materialismus führt die bloße Tatsache des Entstehens, des Annehmens einer Form, zu einer tragischen Entfremdung von der Quelle des Seins. Das älteste Fragment der abendländischen Philosophie, das Anaximander zugeschrieben wird, drückt die Lehre in einem wunderbaren Satz aus: »Woher die Dinge ihre Entstehung haben, dahin müssen sie auch zu Ende gehen, nach der Notwendigkeit; denn sie müssen Buße zahlen und für ihre Ungerechtigkeit gerichtet werden, gemäß der Ordnung der Zeit.«

Wir nennen die frühen Philosophen »Vorsokratiker«, weil mit der neuen Denkweise, die Sokrates und Platon der Philosophie brachten, das Wesen der Phänomene nunmehr durch Form oder äußere Erscheinung (*eidos*) und nicht mehr durch elementare Materie definiert wurde. Besonders Aristoteles vertrat die Sache der Form in einer Weise, die für die abendländische Philosophie als ganze entscheidend wurde. Aristoteles revidierte überhaupt die Tagesordnung der Philosophie, indem er eine Reihe von logischen Unterscheidungen zwischen den Arten einführte, in denen wir von abstrakten Dingen – Sein, Wandel, Ursache, Bewegung, Substanz, Stoff, Natur usw. – sprechen. Die Unterscheidung, die er zwischen Form und Stoff – *morphé* und *hyle*, wie er es nannte – vornahm, war typisch für seine grammatische Revolution in der Philosophie. Er wies darauf hin, daß das eine logische und keine ontologische Unterscheidung sei. Weder Stoff noch Form haben eine unabhängige Existenz an sich. Wir können beispielsweise nicht die Bronze von der Statue trennen und dennoch reinen Stoff auf der einen Seite und reine Form auf der anderen haben. Nein, Stoff und Form sind lediglich unvermeidliche Kategorien, mit denen wir begrifflich zwischen dem »Zeug« und seiner »Struktur« unterscheiden.

In der *Physik* vertritt Aristoteles die Auffassung, daß, insofern wir beide logisch voneinander trennen, die Form wichtiger sei als der Stoff, wenn man die »Natur« (*physis*) von Substanzen definiert. Er zitiert das geniale Argument des Materialisten Antiphon, das auf dem Wege der Analogie vorgeht. Wenn jemand ein Bettgestell im Boden vergrübe und wenn das faulende Holz Wurzeln triebe und ausschlüge, dann würde Holz und nicht ein Bettgestell fortbestehen. Die Form kann also äußerliche Transformationen durchmachen, aber der Stoff überdauert als die innere »Natur« des Dinges. Indem Antiphon die Analogie auf natürliche Substanzen im allgemeinen ausdehnt, folgert er: da das, was die vielen Transformationen, denen Substanzen unterworfen sind, überdauert, ihr elementarer Stoff ist, ist *physis* der Stoff und nicht die Form von Substanzen.

Aristoteles widerlegt dieses Argument geschickt. Er leugnet nicht die Möglichkeit eines letzten grundlegenden Stoffes, aber er betont, daß wir, wenn wir von der »Natur« eines Dinges sprechen, eher seine formalen Eigenschaften meinen als seinen vor aller Formung bestehenden Stoff. Selbst Antiphons Analogie bestätigt das unwillkürlich. Wenn die Unfähigkeit, sich zu reproduzieren, das ist, was das formale Artefakt von dem Stoff unterscheidet, aus dem es besteht, dann muß die »Natur« natürlicher Substanzen (im Gegensatz zu künstlichen) in ihrer Form ruhen, denn *Substanzen reproduzieren ihre Formen*. Menschen zeugen Menschen, keine Elefanten, und Elefanten zeugen Elefanten, keine Menschen. Die Form ist das *telos*, das Ziel, das die *physis* natürlicher Substanzen lenkt. Die *physis* ist nichts anderes als der Vorgang, daß sich Dinge in ihre natürlichen Formen hinein bewegen.

Was den Stoff angeht, so können wir davon in keiner logischen Weise reden. Für undifferenzierten Stoff gibt es weder Wörter noch

Bilder oder Kategorien, da Form die Voraussetzung für unseren logischen Zugang zur Wirklichkeit ist. (Selbst Antiphons »Holz« hat formale Eigenschaften, durch die wir es als Substanz identifizieren.) Doch es gibt ein Wort, dessen Verwendung Aristoteles nicht vermeiden konnte, als er von dem Unaussprechlichen sprach – *hyle*. Er ist der erste, der diesem Wort seine philosophische Bedeutung »Stoff« gab. Ursprünglich bedeutet *hyle* im Griechischen aber nicht Stoff, es bedeutet Wald. Wir möchten das wiederholen: *hyle* ist das griechische Wort für Wald. Die verwandte Entsprechung zu *hyle* im Lateinischen ist *silva*. Das archaische lateinische Wort war *sylua*, das lautlich *hyle* nahesteht. Es ist seltsam, daß die Römer das aristotelische *hyle* mit dem Wort *materia* übersetzten, obwohl das Lateinische ein solches verwandtes Wort besaß. Doch selbst das Wort *materia* entfernte sich nicht sehr weit von den Wäldern. *Materia* bedeutet Holz – das verwendbare Holz eines Baumes im Gegensatz zu seiner Rinde, seinen Früchten, seinem Saft usw. Und *materia* hat dieselbe Wurzel – ja, Wurzel – wie das Wort *mater*, Mutter.

Die Analogie zur Mutterschaft oder embryonischen Genese zieht sich tatsächlich durch Aristoteles' Diskussion hindurch. Er vergleicht *hyle* mit Embryonalgewebe, welches lediglich das Potential besitzt, eine bestimmte Form anzunehmen, das aber noch nicht die festgelegten Eigenschaften angenommen hat, durch die es sich als diese oder jene Entität kategorisieren läßt. Die folgende Passage aus der *Physik* schließt Aristoteles' Argumentation zugunsten des logischen Primats der Form gegenüber dem Stoff ab: »Was bloß der Potenz nach Fleisch oder Knochen ist, hat weder schon seine eigene Natur, ehe es die begriffliche Form erhalten hat, nach deren Begriffsbestimmung wir sagen, was Fleisch oder was Knochen sei, noch auch existiert es von Natur aus« (*Physik* II, 193b). Solange eine Substanz nicht in das Telos ihrer Form tritt, können wir einfach nicht über sie sprechen. Der *logos* beginnt mit dem Phänomen.

Doch die Tatsache, daß wir nicht logisch über Stoff sprechen können, bedeutet nicht, daß er seinen Primat als entwicklungsgeschichtliche Grundsubstanz verliert. Der Stoff und die Matrix sind eins, aber Aristoteles nimmt die Worte fort. Der walisische Dichter Dylan Thomas kann solche Worte nicht mehr finden, daher muß er von der logischen Unmöglichkeit sprechen, über die unmittelbare Verwandtschaft zu reden, die er mit der Schöpfung empfindet:

> Die Kraft, die Blumen durch die grüne Zündschnur treibt,
> Treibt auch mein grünes Alter; sie sprengt der Bäume Wurzeln,

Zerstört auch mich.
Und ich bin stumm, sag nicht der Krüppel-Rose,
Auch meine Jugend beugt dies Winterfieber.

Diese Verwandtschaft vor allen Worten, die der Dichter der Krüppel-Rose nicht mitteilen kann, findet Ausdruck im *mythos*, wenn nicht im *logos*. Ovid drückt sie in Geschichten aus, in denen sich Menschen in Fauna, Flora, Bäume und andere Erscheinungen des Waldes verwandeln. Die Trope der Metamorphose dramatisiert die letztlich nichtsubstantielle Natur der Formen der Schöpfung, und indem sie das tut, verweist sie auf die verwandtschaftlichen Bindungen, die alle Dinge kraft ihrer gemeinsamen Genese miteinander verknüpfen. Aktäon wird nie in der Lage sein, von dem, was er sah, zu reden, denn seine Einsicht ist prä-logisch und liegt jenseits der Möglichkeit der Rede. »Magst du es jetzt kundtun, daß ohne Gewand du mich schautest – wenn du es kundtun kannst«, sagt Artemis, aber sie weiß, daß Aktäon die Fähigkeit zum Sprechen schon verloren hat. Aktäon hat keine andere Wahl, als eine stoffliche Metamorphose durchzumachen. Er hat einen Blick in die Natur der Göttin geworfen und muß wiedergeboren werden. In seiner Wiedergeburt als Hirsch wird er sogleich von seinen Hunden zerfleischt und erneut der universellen Matrix aller Dinge zurückgegeben werden, denn »woher die Dinge ihre Entstehung haben, dahin müssen sie auch zu Ende gehen, nach der Notwendigkeit«.

Auf diesem gewundenen Wege, der von der alten Artemis über Ovids Version der Aktäon-Geschichte bis zu der materialistischen Lehre führte, die Aristoteles widerlegte, gelangen wir unerwartet an einen Punkt der Konvergenz, an dem die verschiedenen paradoxen Charakteristika der *dea silvarum* ihre verdeckten wechselseitigen Beziehungen offenbaren. Sie ist die Jägerin und Beschützerin wilder Tiere, aber auch die Göttin der Geburt. Sie wurde in der Antike als der große Schoß der Welt verehrt, aber sie besuchte auch die entlegenen Wälder jenseits der Grenzen menschlicher Wohnstätten. Sie ist unsichtbar und unzugänglich, die Hüterin grausamer Mysterien. Sie ist die Mutter, die »des flurenbewohnenden Wilds brüstesäugenden Jungen liebreich« ist, doch sie bringt sie zur Strecke und nimmt ihnen das Leben. Sie ist die Matrix, der Stoff und der Wald in einem.

Wir können noch weiter gehen: Sie ist der noumenale Geist der Wälder, der eine Vielzahl von Arten (Formen) zur Welt bringt, die ihre originäre Verwandtschaft im Netz materieller Interdependenzen der Wälder bewahren. In ihren wilden Waldungen gibt es keine nicht weiter reduzierbaren Unterscheidungen – kein Geräusch, das nicht wie eine

Antwort auf ein anderes Geräusch klingt, keinen Baum, der nicht mit der Wirrnis der Bäume verschmilzt. Die Vielfalt der Arten im Wald gehört derselben Phylogenie an, so sehr, daß sie in gesteigerten Momenten der Wahrnehmung als bloße Abwandlungen voneinander erscheinen – der Farn als Abwandlung der Libelle, das Rotkehlchen als Abwandlung des Zweiges, auf dem es sitzt, das Rascheln des Reptils als Abwandlung des Bachgeplätschers, die wilde Blume als Abwandlung des Lichtstrahls, der sie durch das Blätterdach hindurch trifft. Symbolistische Dichter des 19. Jahrhunderts sprechen vom Wald als dem Ort alter »Entsprechungen« – der gegenseitigen Implikation von Vorstellung und Sinneswahrnehmung. Artemis herrscht über diese unbegreifliche Implikation. In ihren Wäldern werden Jäger und Gejagte eins, genau wie Artemis sowohl Jägerin als auch Beschützerin der wilden Tiere ist. Doch Artemis ist noch mehr als das, wie sie Aktäon so überzeugend durch seine Metamorphose demonstriert. Indem sie ihn in einen Hirsch verwandelt, beherrscht sie seine Initiation in die entwicklungsgeschichtlichen Mysterien ihrer Natur – einer unwägbaren, unaussprechlichen Natur, die aber doch urtümlich genug ist, um den Worten »zuerst die Wälder« eine neue Bedeutung zu geben.

Dionysos

Wenn Artemis die Göttin ist, die niemals erscheint, sondern sich in die wilderen Waldungen jenseits der Polis zurückzieht, dann ist Dionysos ihr Abgesandter in der Menschenwelt. Dieser »Gott, welcher kommt«, um die Worte Walter Ottos zu gebrauchen, erreicht die Stadt aus der Ferne. Er erscheint aus fremden artemisischen Regionen, in Tierfelle gekleidet und mit Efeukränzen gekrönt. Er ist zügellos, ausschweifend und orgiastisch, doch diese Merkmale, die ihn in Widerspruch zu der keuschen Göttin zu stellen scheinen, entstammen einer ursprünglicheren Quelle der Verwandtschaft. In seinen dramatischen Epiphanien unter Männern und Frauen können wir in Dionysos die *Maske* der Artemis erkennen.

Betrachten wir beispielsweise das fröhliche Bild des Dionysos, das uns in einer homerischen Hymne begegnet, die den Gott dem Bereich des Waldes zuweist:

> Auf Dionysos, den efeubekränzten, heb ich mein Lied an!
> Mächtig donnert er, Zeus' und der hochgefeierten Mutter

Semele strahlender Sohn! Vom Vater, dem Herrscher, empfingen
Nymphen in schönen Haaren das Kind und reichten die Brust ihm,
nährten es sorgsam auf Nysas Hügeln. In duftender Grotte
wuchs es der Zahl der Unsterblichen zu; so wollt' es der Vater.
Viel in Liedern gepriesen entwuchs er der Göttinnen Pflege,
zog dann gern von Gehöft zu Gehöft durch die Wälder, mit Efeu
schwer behangen und Lorbeer. Nymphen machten Gefolge,
er war der Führer, die endlosen Wälder hallten vom Donner.
Darum dir auch Heil, Dionysos, Traubenbeladner!
Laß uns die Jahreszeiten in Freude noch einmal erleben,
doch nach den Jahreszeiten noch viele weitere Jahre!

(An Dionysos, 26)

Die Schilderung des Dionysos, der mit einem Gefolge von Nymphen durch die Waldungen streift, gemahnt an traditionelle Bilder der Jägerin und ihres *thiasos*, ihres Gefolges tanzender Nymphen. Das ist nur eines der zahlreichen Merkmale, die die beiden Gottheiten miteinander verknüpfen. Walter Burkert, eine der weltweit führenden Autoritäten auf dem Gebiet der griechischen Religion, unterrichtet uns von anderen:

> Artemis und Dionysos scheinen einander entgegengesetzt wie Morgenfrische und Abendschwüle; und doch haben ihre Kulte viele Parallelen: beide, und sie allein, haben ihren ›Thiasos‹, ihr Gefolge bewegter Tänzerinnen, wobei allerdings die ›Mänaden‹ Frauen, die ›Nymphen‹ Jungfrauen sind; Artemis- wie Dionysostänze kennen die Maske, ja die phallische Kostümierung. Daß ein Lied des Timotheos Artemis selbst als »rasende Thyiade« apostrophierte, rief allerdings Protest hervor. Doch leicht schlägt Artemisisches in Dionysisches um. Zum Heiligtum der Artemis von Karyai gehört eine Geschichte von der Einkehr des Dionysos, der ein Mädchen verführt. Artemis- und Dionysosfest greifen ineinander in Patrai: der zentrale Tempel der ›drei Gaue‹ ist Artemis *Triklaría* geweiht. Knaben ziehen mit Ährenkränzen zum Heiligtum am Fluß Meilichos; sie legen die Kränze ›bei der Göttin‹ nieder, waschen sich im Fluß und legen Efeukränze an, um so Dionysos Aisymnetes zu begegnen. ... Der Mythos malt

> aus, wie Artemis, nachdem ein junges Paar ihren Tempel durch den Liebesakt entweiht hatte, Menschenopfer gefordert hatte, Jüngling und Jungfrau, bis die Ankunft des Aisymnetes dem ein Ende machte. Die ›jungfräuliche‹ Grausamkeit löst sich im nächtlichen Taumel. Umgekehrt findet der ausschweifende Wahnsinn der Proitos-Töchter sein Ende durch den Dionysospriester Melampus im Tempel der Artemis von Lusoi, dem Ort der ›Waschungen‹. (*Griechische Religion*, S. 340)

Diesen Worten Burkerts können wir die Bemerkungen Walter Ottos zur Seite stellen, der das Ausmaß hervorhebt, in dem Dionysos wie Artemis in den Mythen als vollendeter Jäger geschildert wird. Mit Bezug auf die Mänaden in Euripides' *Bakchen*, die in einem Augenblick der Raserei zu Räuberinnen werden und über eine Viehherde herfallen, schreibt Otto:

> Aber die eigentlichen Opfer ihrer grausamen Jagd sind die Tiere des Waldes, eben die, denen sie ihre mütterliche Pflege zuwandten [d.h. Gazelle und Wölfe]. ... So ist aus dem Zauber grenzenloser Mütterlichkeit die Raserei mordlustiger Jägerinnen geworden. Aber der Schwarm folgt nur dem Beispiel seines göttlichen Führers. Dionysos selbst ist ein Jäger. »Dem Hasen gleich« hat er, wie es in Äschylus' Eumeniden (26) heißt, den Pentheus, das Opfer fürchterlichster Zerreißung, zu Tode gehetzt. Einen »kundigen Waidmann« ... nennt ihn Agaue bei Euripides, und der Chor antwortet ihr: »Ja, ein Jäger ist der Gott!« (*Dionysos*, S. 101)

Genau wie Artemis die wilden Tiere sowohl jagt als auch schützt, ist auch Dionysos' Beziehung zu verschiedenen Tieren nicht einfach eine der Jagd, sondern auch eine des Schutzes und sogar der Identifizierung. Dionysos ist der Tiergott, der sich ständig verwandelt – in einen Löwen, einen Eber, einen Panther, eine Schlange, einen Stier oder einen Drachen. So gesehen ist er der Gott der Metamorphose par excellence. In diesem Zusammenhang ist es interessant festzustellen, daß Friedrich Nietzsche behauptete, die Metamorphose sei das eigentliche Wesen der psychischen Ekstase, von der die in die dionysischen Mysterienkulte Eingeweihten erfaßt wurden, die während ihrer Tänze glaubten, sie seien in Satyrn oder in Tiere des Waldes verwandelt:

> Dieser Prozeß des Tragödienchors ist das *dramatische* Urphänomen: sich selbst vor sich verwandelt zu sehen und jetzt zu handeln, als ob man wirklich in einen andern Leib, in einen andern Charakter eingegangen wäre. Dieser Prozeß steht am Anfang der Entwicklung des Dramas. ... Hier ist bereits ein Aufgeben des Individuums durch Einkehr in eine fremde Natur. ... Die Verzauberung ist die Voraussetzung aller dramatischen Kunst. In dieser Verzauberung sieht sich der dionysische Schwärmer als Satyr *und als Satyr wiederum schaut er den Gott*, d.h. er sieht in seiner Verwandlung eine neue Version außer sich, als apollinische Vollendung seines Zustandes. Mit dieser neuen Vision ist das Drama vollständig. (*Die Geburt der Tragödie*, S. 52)

Auch hier ist Metamorphose an den Wald gebunden; er bewahrt, wie wir im letzten Abschnitt bemerkten, die ursprünglichen Verwandtschaftsbeziehungen, die es individuellen Formen ermöglichen, einander in einer promiscuen Vermischung von Identitäten zu weichen. Aktäons Verwandlung in einen Hirsch erscheint als der dionysische Ekstasezustand in seiner höchsten Form – der Zustand, in dem ein Mensch *sieht*, daß er »in einen andern Leib, in einen andern Charakter« eingeht. Dieser visionäre Moment des Sehens charakterisiert noch mehr als die Metamorphose die dionysische Ekstase. Mit anderen Worten, wenn Aktäon die nackte Artemis zu Gesicht bekommen hat, so stellt das den visionären Moment der dionysischen Einsicht als solchen dar. Solche Einsicht ist vielleicht verboten, unaussprechlich, abscheulich – aber die tragische Weisheit der Griechen ist damit eng verbunden.

Das führt uns zum zwingendsten Hinweis auf eine Verwandtschaft zwischen Artemis und Dionysos, nämlich die Blutsverwandtschaft zwischen ihren berühmtesten Opfern: Aktäon und Pentheus. Diese beiden thebanischen Gestalten waren Vettern ersten Grades. Beide waren Enkel des Kadmos, und beide fanden ein tragisches Ende im selben Wald auf dem Berg Kithairon vor Theben. Ihr seltsam paralleles Schicksal verweist auf tieferliegende, untergründige Verbindungen zwischen Artemis und Dionysos, die über die eindeutigen Beweise der Philologie hinausgehen. Das Schicksal Aktäons haben wir bereits behandelt. Im folgenden werden wir uns das Schicksal des Pentheus ansehen, wie es Euripides in den *Bakchen* dramatisiert hat.

Eines Tages erscheint der Gott, man weiß nicht woher, nur daß er aus der Ferne kommt, und die Stadt verliert den Verstand. Frömmigkeit,

Gesetze und die städtische Ordnung brechen vor seiner Epiphanie zusammen. Durch die Gegenwart des Gottes in einen Zustand der Erregung versetzt, stürzen die Frauen aus den Häusern und schwärmen aus in die Berge. Aus ihren Häusern, aus ihrer Stadt, aus ihrem Sinn – sie ziehen in die Wälder.

Hier tragen sie Kränze aus Efeu oder Eichenlaub auf dem Kopf und kleiden sich in Felle von Rehkitzen. Schlangen, die sich um den Pelz ringeln, lecken ihre Wangen. Wie Artemis, die »des flurenbewohnenden Wilds brüstesäugenden Jungen liebreich« ist, halten sie Gazellen- oder Wolfsjunge im Arm und säugen sie mit überfließenden Brüsten. Dann beginnt das lärmende Fest. Die Mänaden versammeln sich und rufen Dionysos an, er solle ihnen erscheinen. Mit ihren Stäben – den phallischen *thyrsoi* – beschwören sie den Gott und beginnen zu tanzen. Der ganze Berg und alle Geschöpfe des Waldes wiegen sich in den Rhythmen ihres trunkenen Liedes.

In diesem Augenblick entdecken die Mänaden einige Hirten in der Nähe und verfallen in eine wilde Paranoia. Sie erkennen, daß sie von Abgesandten der Stadt aufgespürt werden. In wilder Raserei verwandeln sich die Gejagten in Jägerinnen. Sie stürmen hinter ihren Verfolgern her, und als diese sehen, wie der Schwarm in mörderischer Absicht ihnen nacheilt, laufen sie um ihr Leben. Von Dionysos besessen, greifen die Frauen mit bloßen Händen eine Viehherde an und zerreißen die Kühe, Glied für Glied. Selbst den stolzen Stier zwingen sie auf den Boden und reißen ihn in Stücke. Die Mänaden hatten nach dem Erscheinen des Gottes gerufen, und nun ist alles, was sie angreifen, der Gott selbst, denn im Augenblick seiner Offenbarung ist Dionysos alles und überall. Er ist der alte, urtümliche Stoff hinter den Phänomenen der Welt. Indem die Mänaden ihre Opfer in einem Augenblick ekstatischer Vision zergliedern, vernichten sie nur die Illusionen formaler Integrität. Alles wird unbestimmt in der dionysischen Raserei, denn Dionysos kann wie Artemis die Grenzen der Form beseitigen.

Formen erhalten sich in der Welt durch eine Art von Zurückhaltung. Zurückhaltung ist aktiver Widerstand gegen das amorphe Chaos des Stoffes, das beständig die Phänomene zurück in den Urgrund des Lebens ziehen möchte. Der Held solchen Widerstandes in den *Bakchen* ist Pentheus, König von Theben. Als Vorkämpfer der sozialen Ordnung kann er den wahnsinnigen Aufruhr nicht dulden, den die Ankunft eines weibischen Ausländers verursacht hat, der behauptet, Sohn des Zeus zu sein. Daher widersetzt sich Pentheus Dionysos, er leugnet seine Göttlichkeit. Doch er wird für diese Leugnung büßen, denn wie Aktäon wird er gezwungen werden, in seiner Person eine dionysische Auflösung durchzumachen.

Dazu kommt es, als Dionysos den naiven König zum Schauplatz der Orgien auf den Berg lockt. Als Enthusiast verkleidet, um den Frauen nachzuspionieren, klettert Pentheus hoch hinauf in eine Pinie, um einen besseren Überblick über das, was vor sich geht, zu bekommen. Sobald er auf dem Baum sitzt, erschallt die Stimme des Gottes und fordert die Mänaden auf, sich den Mann anzusehen, der ihren Gott geleugnet und ihre Riten verspottet hat, und er befiehlt ihnen, diesen Eindringling zu bestrafen. Die Stimme des Gottes versetzt die Frauen in Trance. Als sie Pentheus auf dem Baum entdecken, werden sie besessen und halten ihn für einen Berglöwen. Von Agaue, der Mutter des Pentheus, angeführt, drängen sie sich um den Baum, entwurzeln ihn mit bloßen Händen und fallen wütend über Pentheus her. Wie Aktäon, der sich seinen Hunden als ihr Herr zu erkennen zu geben versuchte, nimmt Pentheus sein Stirnband ab, damit die Mutter ihren Sohn erkennen kann, aber vergebens. Er wird in Stücke gerissen, zuerst von seiner Mutter, dann von der ganzen manischen Horde. Von Sinnen spießt seine Mutter seinen Kopf, den sie für einen Löwenkopf hält, auf ihren *thyrsos* und tanzt triumphierend umher.

Pentheus wird auf diese Weise zwar zum Opfer des Gottes, aber das wahre Opfer der dionysischen Katastrophe ist die soziale Ordnung, für die er steht. Pentheus' Zerstückelung ist eine poetische Figur für die Zerstörung des Gesetzes, das die Zivilisation hervorbringt – das Gesetz der Bindung. Dadurch, daß Agaue ihren Sohn tötet, zerstört sie ein grundlegendes institutionelles Band, aber die Natur des Mordes an Pentheus weist über den Greuel des Sohnesmordes hinaus auf eine noch unheimlichere Auflösung des »Gesetzes der Menschheit«, wie Vico es nennt. Vico definiert dieses Gesetz als eine Synthese. Die zivile Gesellschaft entsteht durch die Aktivität des Sammelns. Mit der Behauptung, daß sich die Bedeutungen unserer gewöhnlichsten Wörter entsprechend der Reihenfolge der Institutionen verändern (»zuerst die Wälder, dann die Hütten, ...« usw.), gibt Vico das Beispiel des lateinischen Wortes *lex*. Das Wort *lex* bedeutet »Gesetz«, aber Vico schreibt, daß dieses Wort

> anfangs »das Einsammeln von Eicheln« bedeutet haben muß, wonach, wie wir glauben, die Steineiche *ilex*, gleichsam *illex*, genannt wurde (wie sicher *aquilex* derjenige ist, der Wasser sammelt); denn die Steineiche bringt die Eichel hervor, um die sich die Schweine sammeln. Alsdann bedeutete *lex* »das

> Einsammeln von Hülsenfrüchten«, wonach diese *legumina* genannt wurden. Später, zur Zeit, da die gewöhnlichen Buchstaben, mit denen die Gesetze hätten geschrieben werden können, noch nicht erfunden waren, mußte *lex* aus einer Notwendigkeit der Natur des Politischen »Versammlung von Bürgern« oder das öffentliche Parlament bedeuten; daher war die Gegenwart des Volkes das Gesetz, ... Schließlich wurde das Sammeln von Buchstaben, so daß man aus ihnen in jedem Wort gleichsam ein Bündel machte, *legere*, »lesen«, genannt. (240)

Obwohl sich der konkrete Bezugsgegenstand des Wortes entsprechend dem Stadium der gesellschaftlichen Entwicklung wandelt, bleibt das Gesetz der Menschheit insofern konstant, als es das Gesetz des Sammelns, des Bindens repräsentiert. Das Wort für Vicos *lex* im Griechischen lautet *logos*, von *legein*, das die alte Bedeutung »sammeln« oder »erzählen« hat. Durch dieses Gesetz der *lex* oder des *logos* entsteht die zivile Gesellschaft als Versammlung – keine orgiastische Versammlung im Sinne gemeinschaftlicher dionysischer Ekstase, sondern eher eine Versammlung, die durch Grenzen, Identität, Form und Zurückhaltung gebunden ist.

Die erste menschliche Versammlung war für Vico die Familie. Die Institution der Familie bindet ihre Mitglieder zusammen, definiert ihre Beziehungen und bewahrt die Abstammungslinie. Allgemein könnte man sagen, daß die griechische Tragödie, die ihre Ursprünge in den dionysischen Mysterienkulten hatte, mit zwanghafter Wiederholung die Katastrophen schildert, die die Institution der Familie heimsuchen, seien es die Geschichten von Ödipus, Agamemnon, Orest, Antigone oder selbst Pentheus. Die *Bakchen* jedoch nehmen unter den griechischen Tragödien insofern eine Sonderstellung ein, als sie von dem Gott handeln, der die tragische Kunst hervorbrachte, nämlich von Dionysos. In diesem Sinne geben uns die *Bakchen* eine reflektierende Zusammenfassung des Wesens der Tragödie, wie Euripides sie auffaßte (möglich wurde eine solche Zusammenfassung vielleicht nicht nur am Ende der großen Tradition der griechischen Tragödie, sondern auch am Ende von Euripides' Laufbahn, welche die *Bakchen* abschließen).

Dionysos erscheint in diesem Stück als der Gott, der bewußt kommt, um alles zu lösen, was das städtische Gesetz zusammenbindet. Tatsächlich kommt er, um die Zerstreuung des Gesetzes mit anzusehen. In der Zerstückelung des Pentheus sehen wir, wie *lex* allegorisch in den »schändlichen Wäldern« zerstreut wird, in denen nach Vico die erste menschliche Versammlung stattfand.

Das wird dramatisch offenkundig, wenn wir das tragische Porträt betrachten, das Euripides von Kadmos, dem Gründer der Stadt Theben, zeichnet, der als das letzte Opfer des Dionysos in dem Stück auftritt. Vico sah in diesem legendären Helden einen poetischen Charakter für das Gesetz der Synthese, durch das die zivile Gesellschaft aus den Wäldern heraus entsteht. Vico dachte zwar nicht an Euripides' *Bakchen*, aber das griechische Drama macht eine solche allegorische Interpretation des Kadmos als poetischer Charakter glaubhaft. Gegen Ende des Stückes tritt Kadmos mit Dienern auf, die den Leichnam des Pentheus oder das, was davon übrig ist, tragen. Kadmos spricht:

> Folgt mir mit eurer Jammerlast, den Überresten
> des Pentheus, folgt mir, Diener, bis vor den Palast!
> Ich hab's mir sauer werden lassen, seinen Leib
> in des Kithairon Schluchten aufzufinden – ganz
> zerrissen war er, nicht zwei Stücke konnte ich,
> im unwegsamen Wald, von *einer* Stelle sammeln!
> (V. 1216–1221)

Das ist ein zutiefst tragisches Porträt: der Gründer von Theben, der durch die Wälder wandert, um die Überreste von dem zusammenzusammeln, was Dionysos verstreut hatte – den Leichnam des Pentheus. Es ist mehr als nur der Leib eines Enkels, den Kadmos zusammensetzt, es ist das Geschlecht des Kadmos selbst, das von nun an in Verbannung über die Erde verstreut sein wird. In diesem Sinne könnten wir sagen, daß Kadmos auf dem Berg Kithairon seine letzte, traurige Geste als Zivilisator ausführt, indem er die zerbrochenen Reste seines Hauses aus den Wäldern zusammensammelt.

Inzwischen wissen wir, daß Kadmos den Leichnam des Pentheus nicht vollständig wiedergefunden hat, denn in diesem Augenblick betritt Agaue tanzend die Bühne, und auf ihrem *thyrsos* trägt sie Pentheus' Haupt, das sie vor ihrem Vater hin und her schwenkt, wobei sie sich ihrer Tapferkeit als Jägerin rühmt. Noch vom Wahn besessen, beharrt sie auf dem Glauben, es sei der Kopf eines Löwen. Sie spricht:

> O würde nur mein Sohn
> ein guter Jägersmann, nach seiner Mutter Art,
> wenn einst er, in dem Kreis der Jünglinge von Theben,
> dem Wild nachspürt! Doch er vermag bloß gegen Götter
> den Kampf zu führen. Setze, Vater, ihm den Kopf

zurecht! – Wer will ihn her vor meine Augen rufen,
damit er mich in meinem Glücke sehen kann?

(V. 1252–1258)

Kadmos bringt voller Mitleid seine Tochter wieder zur Besinnung und erreicht es, daß sie in ihrer Trophäe das Haupt ihres Sohnes erkennt. Sie wird sich der Wirklichkeit bewußt und schreit auf. Als sie ihn mit Fragen bedrängt, erzählt Kadmos, was geschehen ist:

Kadmos: Du warst es, die ihn umgebracht, und deine Schwestern!
Agaue: Wo starb er? Drin im Hause? Oder anderswo?
Kadmos: Dort, wo die Hunde den Aktaion einst zerrissen.
Agaue: Warum nur kam der Unglückliche zum Kithairon?
Kadmos: Er wollte dort den Gott und deinen Rausch verhöhnen.
Agaue: Auf welche Weise sind denn *wir* dorthin geraten?
Kadmos: Ihr wart von Sinnen, und die ganze Stadt berauscht.
Agaue: Dionysos hat uns vernichtet, jetzt begreif ich.
Kadmos: Er war verletzt, weil ihr ihn nicht als Gott geachtet.
Agaue: Wo ist mein Liebstes, meines Sohnes Leiche, Vater?
Kadmos: Das bring ich her – mit knapper Not fand ich es auf!
Agaue: Ward alles wieder, Glied für Glied, zum Leib verbunden?

(V. 1289–1300)

Wir werden nie die Antwort erfahren, die Kadmos auf diese makabre Frage gibt, denn die folgenden Zeilen des Textes sind verloren, so als sollte durch die historische Ironie der Zerstückelung des Textes angedeutet werden, daß Teile von Pentheus' Leichnam noch fehlen. Wir wissen aber, daß Kadmos, der Gründer der von Dionysos zerstörten Stadt, von dem, was der Gott der Zerstreuung im Walde preisgab, das zusammensammelte, was er konnte. Wir wissen weiter, daß wir in diesem Wald schon früher gewesen sind. Es ist der Wald, in dem Aktäon einst durch Artemis sein Schicksal ereilte. Artemis und Dionysos kommen zusammen in den Schatten des Waldes auf dem Kithairon, dem Abgrund vor-städtischer Finsternis, von der die Zivilisation nur eine Abweichung ist, und zwar eine gefährdete.

In der *Geburt der Tragödie* behauptete Nietzsche, daß Euripides seine lange Laufbahn als Dramatiker damit verbracht habe, das traditionelle dionysische Element der Tragödie zu leugnen (womit er der Tragödie den Todesstoß versetzte), daß er aber schließlich, im Alter, zu dessen Anerkennung gelangt sei, als er die *Bakchen*, eines seiner letzten

Stücke, als Werk der Reue oder der Buße verfaßte. Zu diesem Zeitpunkt war es jedoch schon zu spät, denn die griechische Kultur befand sich bereits im »Niedergang«. Die tragische Weisheit war den triumphalistischen Ansprüchen der sokratischen Philosophie gewichen – ihrer Liebe zu einer abstrakten, nichttragischen Weisheit, die sich zu ihrer Erfüllung an Kontemplation und nicht an dionysisches Leiden hielt. In einer Wendung gegen die vegetativen und animalischen Ursprünge des Lebens idealisierte und formalisierte Sokrates das Wesen der Wahrheit.

Die phänomenalen Erscheinungen der Welt blieben für den Philosophen trügerisch, aber aus anderen Gründen als denen, die wir im Fall der dionysischen Ekstase oder der Metamorphose des Aktäon fanden. Während irdische Formen vormals als etwas betrachtet worden waren, das dem ursprünglichen, präformalen Urgrund der Natur entsprang, wurden sie nun als etwas angesehen, was aus einem idealen Reich körperloser Form stammte oder sich von dort herleitete. Das war die Art von Idealismus, die Sokrates zu einem der größten Apologeten der Stadt machte – ihrer institutionellen Abstraktion von der Natur. Für Sokrates stellte die Stadt eine triumphale Lichtung dar, in deren Aufklärungssphäre die Schatten der dionysischen Drohung zerstreut wurden. Durch die Befürwortung der Revolution der kritischen Vernunft wurden Philosophie und Stadt unwiderruflich aneinander gekoppelt, und die Stadt wurde mehr denn je zur *Akademie* (»zuerst die Wälder ... und schließlich die Akademien«).

Sokrates wurde zwar von der Stadt zum Tode verdammt, aber dieser ironische Abschluß seiner Laufbahn bekräftigt nur sein Bündnis mit der Stadt in seinem idealen Begriff. Der Tod des Sokrates war nicht tragisch. Er war nicht mit dionysischer Katastrophe verknüpft, die überhaupt die Grundlage des Gesetzes aufhebt, denn Sokrates wurde »zu Unrecht« verdammt. Indem er durch sein Martyrium das Skandalon der Verderbnis des Rechts enthüllte, stützte er wirksam das Gerechtigkeitsideal des Rechts. Wer die Unzulänglichkeiten des Gesetzes kritisiert, ist kein Feind des Gesetzes, sondern vielmehr ein Apologet seiner idealen Integrität. Außerdem war der Tod in Sokrates' Augen kein Unglück, er war vielmehr das *Happy-End* der Philosophie selbst. Die Philosophie hat nichts mit tragischen Stürzen zu tun (nur die Umnachteten fallen); im Gegenteil, indem sie uns zeigt, wo wahres Glück, Tugend und Schönheit liegen, verspricht sie, uns die Tragödie zu ersparen. So erschien Sokrates auf der Bühne der griechischen Kultur als der unbesiegbare Gegner des Dionysos – ein Gegner, der nicht nur (wie Pentheus) den Gott leugnete, sondern der ihn in jeder Hinsicht *überwand*.

Wir werden nie die Tatsache genügend würdigen, daß das *Gastmahl* im wesentlichen ein Drama ist, das davon handelt, wie Sokrates über Dionysos – den Gott der Trunkenheit ebenso wie der Tragödie – triumphiert. Zu Beginn von Platons Dialog neckt Sokrates seinen Freund und Feind Agathon, der gerade für eine seiner Tragödien einen Preis gewonnen hat. Agathon, der der Gastgeber der Versammlung ist, antwortet ihm: »Du bist ein Spötter, Sokrates. Aber das von der Weisheit wollen wir hernach bald miteinander ausmachen, ich und du, und den Dionysos zum Schiedsrichter nehmen« (175e). Im späteren Verlauf des Abends erscheint Dionysos tatsächlich auf der Szene, und zwar in Gestalt des Alkibiades, des jungen und blendenden athenischen Aristokraten, der ausgelassen, im Zustand der Trunkenheit, mit einem Efeukranz auf dem Kopf und einem Gefolge von Schwärmern, auftritt.

Als Alkibiades den Raum betritt, ist ihm anfangs nicht bewußt, daß Sokrates zugegen ist, und so nimmt er seinen Kranz ab und krönt Agathon; als er aber Sokrates bemerkt, springt er überrascht auf und sagt: »Agathon, gib mir von den Bändern welche ab, damit ich auch diesem Manne sein wunderbares Haupt umwinde und er mir nicht Vorwürfe mache, daß ich dich zwar bekränzt, ihn aber, der doch in Reden alle Menschen besiegt, nicht nur neulich einmal wie du, sondern immer, dennoch nicht bekränzt habe« (213de). Dionysos richtet zwischen ihnen, genau wie Agathon vorhergesagt hatte. Agathon und Sokrates teilen sich die Krone.

Als aber der Abend seinen Fortgang nimmt, wird klar, wie ironisch dieses zweideutige Urteil ist oder wie weit Sokrates außerhalb der Reichweite dessen liegt, der sich angemaßt hat, über seine Ansprüche auf Weisheit zu urteilen. Alkibiades erzählt die Geschichte seiner erfolglosen Versuche, Sokrates zu einer Liebesbeziehung zu verführen, wobei er Sokrates als fast übermenschlich in seiner Gleichgültigkeit oder Gefeitheit gegen die Reize des Körpers schildert. Wichtiger aber, als das Gastmahl wüstem Trinken und lärmender Festlichkeit Platz macht, bleibt nur Sokrates nüchtern, nicht weil er den Wein des Dionysos verschmäht – tatsächlich trinkt er genauso viel wie seine Gefährten –, sondern wegen seiner außerordentlichen Widerstandsfähigkeit gegen dessen Wirkungen.

Was ist der tiefere Grund für diese Widerstandsfähigkeit? Ist es überhaupt Widerstandsfähigkeit oder etwas anderes? Im wesentlichen überwindet Sokrates Dionysos nicht nur, indem er ihm widersteht, sondern indem er die Trunkenheit des Dionysos auf eine höhere, abstrakte Ebene hebt. Genau wie Sokrates *eros* auf seiner körperlichen Ebene nicht leugnet, sondern ihn über den Körper hinaus zur absoluten

Schönheit hin zu erheben sucht, die mutmaßlich der Gegenstand allen Begehrens ist, so rückt er auch nicht lediglich vom Dionysischen ab, sondern sucht es zu idealisieren. In seiner zu einem früheren Zeitpunkt des Abends gehaltenen Rede über die wahre Natur der Liebe machte Sokrates deutlich, daß die göttliche Seele nur auf dem Wege spiritueller Ekstase wieder in das Reich der absoluten Schönheit aufsteigen kann. Die Seele muß besessen sein, sie muß ihre Grenzen übersteigen, muß sich von allen Zwängen befreien. Nur durch eine Art visionärer Ekstase, die durch eine Reihe innerer Verwandlungen oder Transformationen herbeigeführt wird, kann die Seele die absolute Schönheit erblicken, die das wahre Objekt allen Begehrens ist. Eine seltsame Komplizenschaft verbindet Dionysos, den Gott der Ekstase, mit der verzückten »platonischen Liebe«, wie sie Sokrates beschreibt. Kurz, die sokratische Seele ist nicht immun gegen die Reize der Trunkenheit; sie ist bereits *trunken von Philosophie* – berauscht von Idealismus. Hierin liegt Sokrates' Widerstandskraft gegen Dionysos. Nur eine Leidenschaft kann wirksam einer anderen Leidenschaft widerstehen. Nur das auf eine höhere Ebene erhobene Dionysische kann Dionysos überwinden.

Nachdem alle anderen bei dem Gastmahl in Schlaf gefallen sind, fährt Sokrates fort, Aristophanes und Agathon in eine Diskussion über die vergleichsweisen Vorzüge der Komödie und der Tragödie zu verwickeln. Auch hier finden wir, daß sich Sokrates nicht einfach auf Leugnung oder Zurückweisung verlegt; er zwingt lediglich seine Gesprächspartner zu dem Eingeständnis, »es gehöre sich für einen und denselben, Komödien und Tragödien dichten zu können« (223d). Agathon und Aristophanes sind am Einnicken. In ihrer Müdigkeit geben sie seinen Argumenten nach. Als sie schließlich eingeschlafen sind, macht sich Sokrates bereit zu gehen. Nachdem er Dionysos seinen unbesiegbaren Idealismus entgegengehalten hat, erhebt er sich von seinem Platz und wagt sich hinaus in den anbrechenden Tag – in das Licht Apollons.

Nach zehn Jahren auf seinem einsamen Berg sollte Zarathustra seine Höhle verlassen und der aufgehenden Sonne im Geiste eines platonischen Triumphalismus entgegentreten. »Du großes Gestirn!« erklärt er eines Morgens. »Was wäre dein Glück, wenn du nicht die hättest, welchen du leuchtest!« An jenem Tage beschließt Zarathustra, dem Philosophieren ein Ende zu setzen. Er verläßt seinen lichten Berggipfel und steigt auf seinem Weg zur Stadt hinab in den Wald.

Ob es zutrifft oder nicht, daß Nietzsche, wie einige behauptet haben, die Geschichte der Philosophie, die mit Sokrates und Platon begann, beendete, es besteht kein Zweifel, daß er ein neues Wort einführte, das nicht mehr griechischen, sondern lateinischen Ursprungs ist: *amor fati. Philosophia* – ein Wort, das Platon prägte und das »Liebe zur Weisheit« bedeutet – wird zu *amor fati* oder »Liebe zum Schicksal«. Der Gedanke des *amor fati* läßt sich schon bei den Stoikern finden, aber Nietzsche gibt ihm eine völlig neue Modulation. Man könnte sagen, daß der sogenannte »Umsturz des Platonismus«, von dem wir in bezug auf Nietzsche so viel hören, im Schatten der obskuren, fast unwägbaren Unterscheidung zwischen *fatum* und *sophia* stattfindet. In beiden Fällen bleibt uns Liebe, doch von anderer Art. *Philosophia* ist Liebe in ihrer dynamischsten, projektivsten, vorwegnehmendsten Form; *amor fati* ist Liebe, die ihres Horizonts einer jenseitigen Erwartung beraubt ist. *Philosophia* liebt vorwärts auf eine Aussicht von Wahrheit und Schönheit hin, die den Liebenden mit einem Glücksversprechen weiterlockt; *amor fati* würde rückwärts zu lieben scheinen, ohne Aussicht. Er würde rückwärts zu lieben scheinen, aber in Richtung worauf? Das ist die Frage, die am Ende der Geschichte der Philosophie wieder Dionysos ins Gedächtnis ruft.

Folgen wir Nietzsches Zarathustra bergab. Auf seinem Weg zur Menschenwelt kommt Zarathustra in einen Wald. Dort begegnet er einem einsamen Heiligen, der den Wald zu seiner Wohnung gemacht hat. Der Heilige erinnert sich daran, wie Zarathustra vor zehn Jahren auf seinem Weg zum Berg durch ebendiesen Wald kam. Der Heilige sagt jetzt zu ihm: »Wie im Meere lebtest du in der Einsamkeit, ... Wehe, du willst an Land steigen?« Zarathustra antwortet: »Ich liebe die Menschen.« »Der Mensch ist mir eine zu unvollkommene Sache«, sagt der Heilige, »Liebe zum Menschen würde mich umbringen.« Zarathustra antwortet: »Was sprach ich von Liebe! Ich bringe den Menschen ein Geschenk!« Der Heilige wird eindringlich: »Gehe nicht zu den Menschen und bleibe im Walde! Gehe lieber noch zu den Tieren! Warum willst du nicht sein wie ich – ein Bär unter Bären, ein Vogel unter Vögeln?« (*Zarathustra*, »Vorrede«, 2)

Die Worte des Heiligen haben eine gewisse Berechtigung. Zarathustras Liebe ist im Grunde eine Liebe zur Erde und ihren Arten, aber es gibt ein Problem. Der in seinem Wald von den Ereignissen der Geschichte abgeschnittene Heilige hat noch nicht die Nachricht gehört, daß »Gott tot ist« oder daß das menschliche Zeitalter, das Gott ermordet hat, an der Erde, den Tieren, den Arten Verwüstungen anrichtet. Dem Heiligen ist nicht bewußt, daß Geschichte und Natur jetzt ein gemeinsames Schicksal haben und daß sein Wald bald ein wüstes Land werden wird, wenn die Menschheit zu einer gottlosen Eroberung der Erde aufbricht. Der Tod Gottes hat die Geschichte in einem Zustand sorgloser Ungewißheit zurückgelassen. Zarathustra kann daher nicht im Walde bleiben und ein Bär unter Bären, ein Vogel unter Vögeln sein, denn er muß hinab in die Stadt, wo das Schicksal der Erde von Männern und Frauen entschieden wird, die in Vergessenheit wohnen.

Zarathustra läßt den Heiligen hinter sich und gelangt in eine Stadt am Rande des Waldes, wo er sich auf den Markt begibt (die ganze moderne Stadt ist heute nichts als ein Markt). Dort beginnt er, dem Volk zu predigen: »Ich beschwöre euch, meine Brüder, *bleibt der Erde treu* und glaubt denen nicht, welche euch von überirdischen Hoffnungen reden! ... An der Erde zu freveln ist jetzt das Furchtbarste und die Eingeweide des Unerforschlichen höher zu achten, als den Sinn der Erde!« Der Sinn der Erde ist das »Geschenk«, das Zarathustra der Menschheit aus den Bergen bringt. »Der Übermensch ist der Sinn der Erde«, sagt er, »Euer Wille sage: der Übermensch *sei* der Sinn der Erde!« Also sprach Zarathustra, aber vergeblich, denn an diesem Punkt wird sein Publikum abgelenkt. Ein Seiltänzer hat seine Vorstellung auf dem zentralen Platz begonnen. »Der Mensch ist ein Seil, geknüpft zwischen Tier und Übermensch«, sagt Zarathustra, »er [ist] eine Brücke und kein Zweck.« Die Leute verspotten Zarathustra. Der Seiltänzer schwankt derweil und stürzt dann auf dem Marktplatz zu Tode. Zarathustra begräbt ihn später mit eigenen Händen im Wald (»Vorrede«, 3-4).

An einem späteren Punkt in dem Buch, das heißt genau in seiner Mitte, finden wir Zarathustra auf einer Brücke – gewissermaßen einem anderen Seil –, von Krüppeln, Blinden, Buckligen und Bettlern umgeben. Ein Buckliger fragt ihn, was für eine Erlösung er ihnen für ihr Leiden und ihre Entstellungen bieten kann. Doch Zarathustras Idee der Erlösung hat nichts mit Entschädigung zu tun. Er wendet sich zu seinen Jüngern und sagt: »Wahrlich, meine Freunde, ich wandle unter den Menschen wie unter den Bruchstücken und Gliedmaßen von Menschen. ... Das Jetzt und das Ehemals auf Erden – ach! meine Freunde – das ist *mein* Unerträglichstes; und ich wüßte nicht zu leben, wenn ich nicht noch ein Seher wäre, dessen, was kommen muß.« (II, »Von der Erlösung«)

Zarathustra steht auf der Brücke der Zeit, die sich zwischen Vergangenheit und Zukunft, zwischen Tier und Übermensch spannt. Wenn es überhaupt eine Erlösung geben soll, muß sie von der Zukunft kommen. Doch hierin liegt Zarathustras Dilemma auf der Brücke: die

Erlösung muß irgendwie auch die Vergangenheit erlösen. Er sagt: »Die Vergangnen zu erlösen und alles ›Es war‹ umzuschaffen in ein ›So wollte ich es!‹ – das hieße mir erst Erlösung!« (ebd.) Doch Zarathustra weiß, daß solche rückwärts wirkende Erlösung unmöglich bleibt, denn wenn er der Vergangenheit gegenübersteht, ist der menschliche Wille machtlos:

> Wollen befreit: aber wie heißt das, was auch den Befreier noch in Ketten schlägt? »Es war«: also heißt des Willens Zähneknirschen und einsamste Trübsal. Ohnmächtig gegen das, was getan ist – ist er allem Vergangenen ein böser Zuschauer. Nicht zurück kann der Wille wollen; daß er die Zeit nicht brechen kann und der Zeit Begierde – das ist des Willens einsamste Trübsal. ... Dies, ja dies allein ist *Rache* selber: des Willens Widerwille gegen die Zeit und ihr »Es war«. (ebd.)

Wie aber kann der Wille seinen Widerwillen überwinden, wenn er nicht rückwärts wollen kann? Wie kann er das »Es war« in ein »So wollte ich es« verwandeln?

Der einzige Weg aus dem Dilemma ist, die Vergangenheit vorwärts in Wiederholung zu wollen. Mit anderen Worten, man muß »die ewige Wiederkehr des Gleichen« wollen. Zarathustras berühmte Lehre von der ewigen Wiederkehr biegt die Linie der Zeit zu einem Kreis. Wenn die Zeit zu einem Kreislauf der Wiederholung wird, kann der Wille rückwärts wollen, indem er vorwärts will.

Die Lehre hat jedoch erschreckende Implikationen, denn indem der Wille die ewige Wiederkehr des Gleichen will, verzichtet er tatsächlich auf seine Willenhaftigkeit. Anstatt ermächtigt zu werden, kapituliert er nur vor den schicksalhaften Diktaten der Dinge, wie sie sind. Ist dies der wahre Sinn des *amor fati*: die willentliche Beseitigung des Willens selbst, seine Zerschlagung an der Ordnung der Notwendigkeit? Ist die Zerschlagung des Willens an den Diktaten des Schicksals das, was Nietzsche als die Weisheit der griechischen Tragödie sah? Vielleicht.

Doch sicher ist die Lehre von der ewigen Wiederkehr noch rätselhafter als dies. Zarathustra nennt sie schließlich ein »Rätsel«. In welchem Sinne ist sie ein Rätsel? Wir wollen sehen, was mit Zarathustra geschieht, nachdem er die Lehre von der ewigen Wiederkehr in der Stunde der Dämmerung auf einem Landweg einem Zwerg verkündet hat:

»Und diese langsame Spinne [sagt er zu dem Zwerg], die im Mondscheine kriecht, und dieser Mondschein selber, und ich und du im Torwege, zusammen flüsternd, von ewigen Dingen flüsternd – müssen wir nicht alle schon dagewesen sein?

– und wiederkommen und in jener anderen Gasse laufen, hinaus, vor uns, in dieser langen schaurigen Gasse – müssen wir nicht ewig wiederkommen? –«

Also redete ich, und immer leiser: denn ich fürchtete mich vor meinen eignen Gedanken und Hintergedanken. Da, plötzlich, hörte ich einen Hund nahe *heulen*.

Hörte ich jemals einen Hund so heulen? Mein Gedanke lief zurück. Ja! Als ich Kind war, in fernster Kindheit:

– da hörte ich einen Hund so heulen. Und ich sah ihn auch, gesträubt, den Kopf nach oben, zitternd, in stillster Mitternacht, wo auch Hunde an Gespenster glauben:

– also daß es mich erbarmte. Eben nämlich ging der volle Mond, totschweigsam, über das Haus ...

darob entsetzte sich damals der Hund: denn Hunde glauben an Diebe und Gespenster. Und als ich wieder so heulen hörte, da erbarmte es mich abermals.

Wohin war jetzt Zwerg? Und Torweg? Und Spinne? Und alles Flüstern? Träumte ich denn? Wachte ich auf? Zwischen wilden Klippen stand ich mit einem Male, allein, öde, im ödesten Mondscheine.

Aber da lag ein Mensch! Und da! Der Hund, springend, gesträubt, winselnd – jetzt sah er mich kommen – da heulte er wieder, da *schrie* er – hörte ich je einen Hund so Hilfe schrein?

Und, wahrlich, was ich sah, desgleichen sah ich nie. Einen jungen Hirten sah ich, sich windend, würgend, zuckend, verzerrten Antlitzes, dem eine schwarze, schwere Schlange aus dem Munde hing.

Sah ich je so viel Ekel und bleiches Grauen auf *einem* Antlitze? Er hatte wohl geschlafen? Da kroch ihm die Schlange in den Schlund – da biß sie sich fest.

Meine Hand riß die Schlange und riß – umsonst! sie riß die Schlange nicht aus dem Schlunde. Da schrie es aus mir: »Beiß zu! Beiß zu!

Den Kopf ab! Beiß zu!« – so schrie es aus mir, mein Grauen, mein Haß, mein Ekel, mein Erbarmen, all mein Gutes und Schlimmes schrie mit *einem* Schrei aus mir. –

Ihr Kühnen um mich! Ihr Sucher, Versucher, ... so ratet

mir doch das Rätsel, das ich damals schaute, so deutet mir doch das Gesicht des Einsamsten!

Denn ein Gesicht war's und ein Vorhersehn ...

– Der Hirt aber biß, wie mein Schrei ihm riet; er biß mit gutem Bisse! Weit weg spie er den Kopf der Schlange –: und sprang empor. –

Nicht mehr Hirt, nicht mehr Mensch – ein Verwandelter, ein Umleuchteter, welcher *lachte!* Niemals noch auf Erden lachte je ein Mensch, wie *er* lachte! (III, »Vom Gesicht und Rätsel«)

Dieses Gesicht ist in der Tat ein Rätsel. »Müssen wir nicht alle schon dagewesen sein?« fragt Zarathustra den Zwerg. Ja, denn alles wiederholt sich. »Hörte ich jemals einen Hund so heulen?« fragt er sich. Ja, in ferner Kindheit. Als sich aber Zarathustra diesem Hund nähert, wird das Heulen einzigartig und beispiellos: »Hörte ich je einen Hund so Hilfe schrein?« fragt er. Die abgewandelte Wiederholung der Frage enthält ihre eigene Antwort: Nein, niemals. Zarathustra sieht dann den Hirten und sagt: »Was ich sah, desgleichen sah ich nie.«

Das Wort »gleich« kommt in Nietzsches Wendung *Ewige Wiederkehr des Gleichen* vor. Doch Zarathustra sagt, er habe nie desgleichen gesehen. Und als der Hirte aufsteht und lacht, erklärt Zarathustra: »Niemals noch auf Erden lachte je ein Mensch, wie *er* lachte!« Niemals noch auf Erden ...? Die ewige Wiederkehr des Gleichen?

Wie kann die Zeit zu einem Kreis werden und doch ihre Dimensionen des Beispiellosen bewahren? Das ist das Rätsel, das vom Übermenschen gelöst wird, den Nietzsche als »den Sinn der Erde« bezeichnet. Im Übermenschen stellt sich Zarathustra ein evolutionäres Wunder des Willens vor, das ihn in die Lage versetzt, zugleich rückwärts und vorwärts zu wollen, nicht in einem buchstäblichen Sinne, sondern im Sinn seiner »Rückkehr« zur Erde als Ursprungsort. Indem der Übermensch »der Erde treu« bleibt, *will er die Ursprünge* von allem, was ist, und wird dadurch verwandelt, einer Metamorphose unterworfen. Ursprünge gehören nicht nur der Vergangenheit an; sie vergehen nicht nur wie ein Ereignis in der Zeit; vielmehr dauern sie an als fortwährendes *fatum* des Lebens. Dies ist das *fatum*, das die zeitgenössische Menschheit, die sich in der Mitte zwischen Tier und Übermensch findet, verabscheut. Denn in der Mitte zu sein heißt, nirgends auf der Erde zu sein. Der Übermensch überwindet den Mittelzustand durch eine Umkehrung, und indem er das tut, kommt er wieder zum Ausgangspunkt der Erde und ihrer Arten zurück, er überbrückt den Abgrund, der die Menschheit vom Tierreich trennt. Die Überbrückung ist eine Metamorphose, und sie trägt den Namen Dionysos, der zugleich Tier und Gott ist.

Zarathustras Botschaft an die Leute auf dem Markt – »Bleibt der Erde treu« – ist eine zutiefst konservative Anweisung. In ihr hören wir einen Ruf, die Erde vor denen zu retten, die sie erobert haben, die aber noch nicht ihren Abscheu gegen sie überwunden haben, wie der Hirt in Zarathustras Vision. Wenn Zarathustra nicht im Wald des Heiligen bleibt, so nicht deshalb, weil er nicht den Wunsch hat, mit den Tieren des Waldes eins zu sein. Im Gegenteil, er geht hinab in die Welt, weil der *Hund* des Hirten um Hilfe schreit. Dieser Hund, für den Zarathustra in seiner Vision Erbarmen hat, steht für alle Tierarten der Erde. Um aber dem Hund zu Hilfe zu kommen, muß Zarathustra den Hirten, der sich mit Gilgameschs Ekelschlange im Mund auf dem Boden windet, in den Arten der Selbstverwandlung unterweisen. Das soll heißen, daß Zarathustra, indem er zur Menschenwelt hinabgeht, tatsächlich rückwärts will – rückwärts entlang der Evolutionskette –, in einem Bemühen, die Arten der Erde vor dem Wüten einer nicht verwandelten Menschheit zu retten.

Wer sind diejenigen, die Zarathustra wahrhaft verstehen? Nicht der Heilige im Wald, nicht die Leute auf dem Markt und nicht einmal die »höheren Menschen«, die seine Jünger werden. Nur die Tiere verstehen Zarathustra. Ohne seine Tiere ist Zarathustra nichts. »Gehe nicht zu den Menschen«, sagt der Heilige, »gehe lieber noch zu den Tieren!« Dies ist genau das, was Zarathustra auf seiner elliptischen Reise tut. Nach seiner langen, vergeblichen Odyssee durch das zeitgenössische Menschengeschlecht, das seine halbfertige Natur erst noch überwinden muß, kehrt Zarathustra auf seinen Berg zurück und sagt: »Erst jetzt weiß ich und fühle, wie sehr ich euch liebe, meine Tiere.« Die Liebe zu Tieren – ihre beständige, ursprüngliche Natur in uns – ist der *amor fati*, den Nietzsche am Ende der Philosophie im Sinn hatte.

Nietzsche nannte sich einmal selbst ein »Schicksal«, aber etwa hundert Jahre später wissen wir immer noch nicht, was diese Aussage bedeuten könnte oder ob sie überhaupt etwas bedeutet. Alles, was wir wissen, ist, daß Nietzsche gegen Ende seines aktiven Lebens in Turin sah, wie ein Kutscher ein Pferd peitschte. Von Mitleid mit dem Tier überwältigt, erlitt er einen seelischen Zusammenbruch, von dem er sich nicht mehr erholte. Wir wissen auch, daß er zur Zeit seines Zusammenbruchs an seinen *Dionysos-Dithyramben* arbeitete. Nietzsches Laufbahn als ganze, von der *Geburt der Tragödie* bis zu seinen letzten Werken, war im wesentlichen ein langer Appell an Dionysos, den Geheimnisgott der Erde. Doch Dionysos zeigte sich nicht, und inzwischen haben wir vergessen, was es bedeutet, sich nach einer solchen Epiphanie auch nur zu sehnen. Pentheus ist unser Herrscher, und der Wald auf dem Kithairon ist verschwunden. Überall erstreckt sich die Stadt, während die dionysischen Tiere entweder ausgerottet sind oder sich verbergen. Es ist ein unwahrscheinliches Zeitalter für »den Gott, welcher kommt«. Doch wiederum weiß man nie im voraus, wann oder wie das alte *fatum* geschehen wird oder wer seine Opfer sein werden.

Die Leiden Rhea Silvias

Der feindselige Gegensatz zwischen Wäldern und Zivilisation, den wir in diesem Kapitel verfolgt haben, wird in vieler Hinsicht von der sagenhaften Geschichte Roms, der sogenannten »ewigen« Stadt, zusammengefaßt. Mehr als jede andere Stadt hat Rom wahrhaft mythische Ursprünge. Doch andererseits hat es auch ein wahrhaft mythisches Nachleben, denn die Geschichte Roms ist zu einer erstaunlichen Sage geworden, die immer noch fortlebt. In diesem Sinne sind die Mythen seiner Gründung unwiderruflich. Eine strenge Gemeinschaft von Bauern und Hirten kommt nicht nur durch Fleiß, durch Tapferkeit oder Glück dazu, die Welt zu erobern. Rom wurde Rom durch die Segnungen des Mythos. Ursprungsmythen – die Römer waren von ihnen besessen – enthalten in ihrer poetischen Logik das historische Schicksal einer Stadt, selbst wenn die Stadt »gefallen« ist.

Ist Rom je wirklich gefallen? Seine Sage lebt auf jeden Fall fort und wirft noch heute den Schatten seines Reichs über die Erde. Es genügt, einen genaueren Blick auf die amerikanische Dollarnote zu werfen – auf ihr Großes Amerikanisches Siegel, das in lateinischen Motti spricht (*annuit coeptis* [»Gott segnet unsere Anfänge«] und *novus ordo seclorum* [»eine neue Ordnung der Zeiten ist angebrochen«], aus Vergil) und das das Emblem des glückverheißenden Adlers, des Vogels des Jupiter, trägt –, um zu begreifen, daß Rom durch die Vorzeichen seiner Anfänge ewig bleibt. Das ist der Grund, weshalb es so entscheidend ist, sich immer wieder an die Geschichte der Ursprünge dieser Stadt zu erinnern.

Die traditionellen Sagen von der Gründung Roms erzählen uns auf ihre Weise, daß die Stadt als Kind der Wälder geboren wurde, aber sie geben auch zu verstehen, daß sich Rom gegen seinen Urgrund wenden mußte, um sein Schicksal zu erfüllen. Als Äneas in Buch VI der *Äneis* in die Unterwelt hinabsteigt, zeigt ihm der Schatten seines verstorbenen Vaters die noch ungeborenen Generationen seines Familienstammbaums – die glanzvollen Individuen, die zu Roms künftiger Größe beitragen werden. Der erste in der Reihe ist ein junger Mann, der sich auf einen Speer lehnt. Anchises sagt:

> Dort, der Jüngling, du siehst ihn, gestützt auf die Lanze der
> Ehrung,
> Rückt, dem Lose gemäß, dem Licht am nächsten. Als erster
> Steigt er empor in die Lüfte, vermischt mit italischem Blute.
> Silvius ist es, albanischen Stamms, der letzte der Deinen,
> Den Lavinia spät, wenn du schon lange gelebt hast,
> Dir im Walde zum König und Vater von Königen aufzieht.
> Dank ihm werden die Unsern in Alba Longa gebieten.
>
> (VI, V. 760–766)

Wir wissen nicht sehr viel über diese Gestalt Silvius oder darüber, was es genau bedeutet, daß er »im Wald geboren« wurde. Es könnte bedeuten, daß Roms Mutterstadt Alba Longa einen Waldursprung hatte. Außerdem gibt es einige Verwirrung über die Stellung, die Silvius in der Genealogie hat, denn während Vergil ihn als Sohn des Äneas identifiziert, behauptet Livius, er sei sein Enkel gewesen. Doch auch Livius bemerkt, Silvius sei in den Wäldern geboren worden (*casu quodam in silvis natus*, I, 3, 7) und alle nachfolgenden Könige Alba Longas hätten als letzten den Namen *Silvius* getragen, der wörtlich »aus den Wäldern« bedeutet.

Diese silvische Familie, wie Livius sie nennt, führt von Generation zu Generation in einer Linie bis hin zu Romulus, dem sagenhaften Gründer Roms. Als Anchises dem Äneas in der Unterwelt Romulus zeigt, bemerkt er, daß es Romulus bestimmt sei, zu einem Gott zu werden, und er sagt:

> Unter seinem Zeichen erhebt zum Olympus die Geister,
> Weitet über die Erde ihr Reich die rühmliche Roma.
> Sieben Hügel wird *eine* Stadt mit der Mauer umschließen,
> Reich gesegnet mit Herden. Die berecynthische Mutter
> Fährt so, turmgekrönt, mit dem Wagen durch phrygische
> Städte,
> Froh, daß sie Götter geboren und hundert Enkel umfaßt hält,
> Lauter Himmelsbewohner, der höchsten Höhen Gebieter.
>
> (VI, V. 781–787)

Dieser große Romulus, der das silvische Geschlecht in den Himmel heben und die sieben Hügel Roms mit einer einzigen Mauer umfassen wird, führt auch in die Wälder zurück. Er gehört nicht nur zur silvischen Familie, sondern auch er ist auf seine Weise ein Kind der Wälder. Verfolgen wir die Geschichte.

Rhea Silvia war die Tochter Numitors, des Königs von Alba Longa. Als dessen Bruder Amulius den Numitor seines Throns beraubte und seine männlichen Kinder ermordete, bestimmte er, daß Rhea Silvia Vestalin werden sollte, um so sicherzustellen, daß sie kinderlos bleiben würde. Doch als jungfräuliche Hüterin des heiligen Feuers wurde Rhea Silvia auf ihrem Altar von Mars vergewaltigt und gebar die Zwillinge Romulus und Remus. Amulius, der aus religiösen wie politischen Gründen entsetzt war, erklärte die Kinder zu Ungeheuern und ordnete an, sie sollten im Tiber ertränkt werden. Die Zwillinge wurden jedoch sorglos in einem Korb bei Hochwasser am Fluß ausgesetzt. Livius erinnert uns daran, daß das Land in jenen Tagen völlig »wild und unbebaut« war. Eine Wölfin, die aus den Bergen herabkam, um am Fluß zu trinken, hörte die Kinder weinen und begann sie als Mutter zu säugen. Als die Knaben von dem Hirten Faustulus entdeckt wurden, leckte die Wölfin sie liebevoll mit der Zunge. Faustulus nahm sie nun in seine Obhut, und die beiden Brüder wuchsen in den Wäldern Latiums als Räuber auf.

Romulus war also in mehr als einer Hinsicht ein Kind der Wälder. Er war von Rhea Silvia geboren und gehört zur silvischen Linie; als Säugling wird er von der mythischen Gestalt des Waldes, der Wölfin, bemuttert; und als Kind wächst er in den Wäldern auf. Ebendieser Romulus wird, nachdem er zum Manne herangewachsen ist und seinem Großvater geholfen hat, von Amulius die Königsherrschaft zurückzugewinnen, auf dem Palatin, an der »Stätte seiner Jugend«, die Stadt Rom gründen (Livius, I, 6). Livius berichtet, daß Romulus auf einer Lichtung auf dem Kapitol eine Zufluchtsstätte eröffnete, um die dürftige Bevölkerung seiner neuen Stadt zu vergrößern (I, 8). In dieser Zufluchtsstätte nahm er Waldvagabunden – heimatlose Unglückliche – auf, die in der Wildnis außerhalb der Grenzen häuslicher Religion und ziviler Gesellschaft gelebt hatten. So waren auch die Flüchtlinge, die Romulus in Roms Stadtasyl aufnahm, »Kinder der Wälder«.

Doch die Mythen von der Entstehung Roms erzählen uns auch, daß es der Stadt bestimmt war, sich im Hinblick auf ihren Urgrund antagonistisch zu definieren. Zunächst einmal haben wir die finstere Geschichte von der Beziehung Roms zu seiner Mutterstadt Alba Longa. Denn die sagenhafte Geschichte Roms beginnt tatsächlich mit der Zerstörung Alba Longas. Livius macht deutlich, daß nichts den Krieg gegen Alba Longa hätte abwenden können. Eine unausweichliche Logik diktierte ihn. Um einen berühmten historischen Ausspruch abzuwandeln: *Alba Longa delenda est.* Auf dem vestalischen Altar vom wahren Gott Roms – dem Kriegsgott – vergewaltigt, gebar Rhea Silvia tatsächlich ein Ungeheuer.

Eine paradoxe Ironie liegt außerdem schon allein in der Vorstellung von Rom als einer Zufluchtsstätte. In ihrer Jugend fanden Romulus und Remus in den Wäldern von Latium Zuflucht, aber als Romulus seine Stadt an der »Stätte seiner Jugend« gründet, eröffnet er auf einer Lichtung ein Asyl. Wer die Stadtgrenzen betrat, floh dorthin aus den Wäldern, die zu einer Grenze oder einem Randstreifen wurden, gegen den der städtische, in strengem Sinne institutionelle Raum definiert wurde. Der Gott der heiligen Grenzen in der römischen Religion war Silvanus, die Gottheit der entlegenen Wildnis, und historisch wurden die natürlichen Grenzen der römischen *res publica* durch die Ränder der ungezähmten Wälder gezogen, die im altrömischen Recht den Status einer *res nullius* (»niemandem gehörig«) hatten. Der öffentliche römische Bereich – der Bereich seiner städtischen Rechtsprechung – umfaßte die heilige Stadt ebenso wie die Landgüter der Patrizier, aber er erstreckte sich nicht über den Rand der Wälder hinaus. Die Wälder wurden in der Tat gewöhnlich als *locus neminis*, »Niemandsland«, bezeichnet (es ist wahrscheinlich, daß sogar das lateinische Wort *nemus*, »Waldung«, von *nemo* kommt, was »niemand« bedeutet).

Stadt und Wald waren somit strikt voneinander abgesetzt. In den Wäldern war man niemand – *nemo.* Die *res nullius* stand der *res publica* auf solche Weise gegenüber, daß ein Waldsaum dem städtischen Raum seine natürlichen Grenzen verlieh.

Doch die Ironie des Konzepts der Zufluchtsstätte ist damit nicht zu Ende. In der Präambel zu diesem Kapitel zitierten wir einen Abschnitt aus Buch VIII der *Äneis*, in dem die vor-städtische Landschaft Roms beschrieben wird, die Äneas erblickte, als er Euander besuchte, den mythischen König, der nach seiner Verbannung aus Arkadien in Pallenteum eine Kolonie gründete. Vergil bezeichnet Euander als »Gründer, der Roms große Zitadelle nicht kannte« (413). Euander erhält diese rühmende Bezeichnung nicht nur deshalb, weil er Äneas dabei hilft, seine Feinde auf dem italischen Festland zu überwinden, sondern weil er der erste war, der eine Zitadelle auf dem Gelände errichtete, auf dem sich nachmals Rom erheben sollte. Erinnern wir uns an das, was Euander Äneas über die Wälder erzählt, in deren Mitte er seine »arme und dürftige« Zitadelle errichtete:

Eingeborene Nymphen und Faune bewohnten die Wälder
Und ein Geschlecht, das war entstanden aus Stämmen und Kernholz.
Sitten und Bräuche kannten sie nicht. Vom Schirren der Stiere
Wußten sie nichts und nichts von Erwerb und Hegen der Habe.
Sondern sie nährten sich mühsam von Jagd und Früchten der Bäume.
Aber dann kam Saturn von den Aetherhöhn des Olympus,
Als er vor Jupiter floh und seines Reiches beraubt war.
Er vereinte die rohe, im Bergland verlorene Sippe,
Stiftete ein Gesetz, und Latium hieß er den Landstrich,
Weil er behütet hier als ein Verborgener lebte.
Während er König war, bestand das »goldene Alter«,
Wie man es nennt – so freundlich und friedlich gebot er den Völkern –,
Bis es allmählich verfiel, der frühere Schimmer verblaßte
Und die Zeiten der Habsucht und wütender Kriege begannen.

(VIII, V. 314–327)

Vergil bietet hier eine Umgestaltung des Mythos von Arkadien, Euanders ursprünglicher Heimat auf der Peloponnes, und macht aus dem Gelände Roms einen arkadischen Wald, dessen Waldungen Saturn Bedeckung und Schutz boten, nachdem Jupiter ihn als Anführer der Götter abgesetzt hatte. Vergil verknüpft das Wort *Latium* mit dem Wort *latebra*, »Versteck«, um anzudeuten, daß sich das Wort von der Verborgenheit herleitet, die Saturn vor Jupiter in den Wäldern fand (*Latiumque vocari / maluit, his quoniam latuisset tutus in oris*, »und Latium hieß er den Landstrich / weil er behütet hier als ein Verborgener lebte«). Das Thema von Verbannung und Asyl ist in dieser entscheidenden Szene der *Äneis* vorherrschend. Die vor-städtischen Wälder Roms boten nicht nur Saturn Asyl, der von Jupiter verfolgt wurde, sondern auch Euander, der als Verbannter aus seinem Arkadien kam. Ebensowenig können wir vergessen, daß auch Äneas ein Verbannter auf der Suche nach einem neuen Heimatland ist. Saturn, Euander und Äneas konvergieren an diesem Ort als Flüchtlinge, und der Zufluchtsort ist kein anderer als Latium selbst – seine verborgenen Schutzwälder.

Vergil wußte natürlich, daß, genau wie Saturns goldenes Zeitalter einem »niedrigeren, befleckten Zeitalter« Platz machte, auch jene Wälder um Pallanteum allmählich verschwanden, um der großen Metropole Platz zu machen. Euanders kleine Zitadelle, sagt er, wird »jetzt von römischer Macht himmelwärts gebaut«, so als wollte er damit zu verstehen geben, daß Saturn in dieser Nachbarschaft nicht mehr viel Zuflucht vor Jupiter finden würde. Es gibt in Vergils Szene ein beunruhigendes Bewußtsein dafür, daß Äneas' Ankunft in Italien und Roms vorbestimmtes Schicksal als größte und kriegerischste Stadt auf dem Erdboden das Ende der authentischeren Vorgeschichte Latiums bedeuteten.

Trotz all ihres Glanzes kann uns die Zivilisation nicht über den Verlust dessen hinwegtrösten, was sie zerstört. Sie zerstört ihre vor-städtische Vergangenheit, den Urgrund ihrer Größe, und durchtrennt ihre alten Bindungen zu dem Land, auf dem die Bürger ihre Denkmäler für Macht und städtisches Heldentum bauen. Rom würde himmelwärts wachsen, aber derweil würde es auch seine ursprünglichen, arkadischen Wälder auslöschen, die in der Vergangenheit den verbannten Gründervätern der Stadt Asyl geboten hatten.

Diesen Bemerkungen über Roms sagenhafte Geschichte können wir noch die folgende über seine tatsächliche Geschichte hinzufügen: daß nämlich, als sich Rom gegen seinen Urgrund wandte und daranging, die Welt zu erobern, seine Stadtverwaltung auch daranging, über die große Waldmasse der antiken Welt zu triumphieren. Die Wälder waren buchstäblich überall: in Italien, Gallien, Spanien, Britannien, dem alten Mittelmeerbecken als ganzem. Die abweisende Dichte dieser Wälder hatte einst die vergleichsweise Autonomie und Vielfalt der Familien- und Stadtstaaten der Antike gesichert, gerade weil sie gewissermaßen einen Spielraum für kulturelle Privatheit boten. Man könnte sagen, daß sie tatsächlich kulturelle Verschiedenheit förderten, indem sie die notwendige »Verborgenheit« für eine sich selbst erzeugende Identität in Sprache, Sitten, Gottheiten, Traditionen, Stilen und so weiter boten. Die Wälder waren Hindernisse – für Eroberung, Hegemonie, Homogenisierung. Sie waren, mit einem Wort, Asyle kultureller Unabhängigkeit. Durch ihre Puffer versetzten sie Gemeinschaften in die Lage, sich bodenständig zu entwickeln; folglich trugen sie dazu bei, den Geist des Ortes zu lokalisieren. Das wird dadurch bestätigt, daß in ihren Waldungen Geister und Gottheiten, Faune und Nymphen lebten, die *diesem* Platz und keinem anderen angehörten. Durch diese ortsansässigen Bewohner bewahrten die Wälder den Geist des Unterschieds zwischen dem Hier und dem Da, zwischen diesem Ort und jenem Ort.

In ihrem Trieb, ihr Reich zu universalisieren, fanden die Römer Wege, diese latente Waldmasse entweder abzuholzen oder zu durchqueren. Sie waren nicht nur Invasoren, welche plünderten und brandschatzten und dann weiterzogen; sie waren Erbauer von Straßen, kaiserlichen Landstraßen, Institutionen und einem breiten integrierten »Telekommunikationsnetz«. Durch ihre Verwaltung gliederten sie ihre nahen und fernen Kolonien in die souveräne Ordnung ihrer Institutionen ein. Man braucht nur zu beobachten, wie der römische Architekturstil die Welt eroberte. Wenn wir durch Gallien, den Nahen Osten oder Nordafrika reisen, können wir immer noch die erstaunliche Uniformität der römischen Städte sehen, die alle nach einem einheitlichen Prototyp gebaut sind, mit denselben Strukturprinzipien und denselben Steinschnitten, derart, daß das, was man in den Tälern Galliens findet, mit dem identisch ist, was man auf den Landzungen Kleinasiens antrifft. Das Reich löschte zahllose Variationen lokaler Kultur aus: eine Vielfalt, die durch die Latenz des Lokalen gehegt und bewahrt wurde.

Sage und Geschichte sind sicher voneinander verschieden, doch Rom offenbart, in welchem Umfang das Verhältnis zwischen beiden unbestimmt bleibt. Denn was ist Rom, wenn nicht ein sagenhaftes historisches Phänomen? Gelehrte, Historiker und Archäologen werden mit der Aufdeckung der empirischen Fakten seiner Frühgeschichte fortfahren, aber wenn wir Roms *Schicksal* erklären wollen, müssen wir durch die Wälder seiner fabelhaften Ursprünge wandern, auf dem Weg, den Äneas durch den Avernerwald auf der Suche nach dem goldenen Zweig nahm, der ihm gestatten sollte, in die Unterwelt hinabzusteigen.

Diese Unterwelt war gegen die Außenwelt durch den stygischen Wald geschützt. Man konnte ihn ganz leicht betreten, aber ohne den goldenen Zweig konnte man keinen Weg hinaus finden. Auch wir brauchen eine Art goldenen Zweig, wenn wir die Geschichte von Roms Vergangenheit behandeln, und sei es nur, um unseren Weg zurück in die Gegenwart und die Zukunft zu finden, wo seine Sage fortlebt. Äneas steigt schließlich nicht nur in die Unterwelt hinab, um die Vergangenheit aufzusuchen, sondern vor allem, um das Orakel der Zukunft zu befragen – das aus der Vergangenheit spricht. Ebenso müssen wir, die wir die Mythologie der Ursprünge Roms befragen möchten, rückwärts und auch vorwärts blicken, und in beiden Richtungen sehen wir die Schatten des Mythos.

Einer der Mythen, der über Rom fortbesteht, ist, daß die Geschichte einem Muster von Aufstieg, Niedergang und Verfall folgt. Es gibt genauso viele Ironien in dieser Geschichte wie in denen über die Grundfesten Roms. Nach der Tradition beruhte die Gründung Roms von Anfang an auf dem Fall Trojas. Aber ist es nicht so, daß es Rom, gerade in seinem »Untergang«, wie Troja gelang, ein neues Leben und neue Kontinuität in der Geschichte zu gewinnen? Sein Universalismus wurde nur in neuen Versionen derselben Geschichte fortgeführt. Durch ihren Fall verewigte die ewige Stadt ihre Sage; und noch heute können wir sagen, daß ihre Welteroberung nicht zu Ende gehen wird, bevor alle kulturellen Verschiedenheiten durch neue Formen von Reich, für die Rom unverändert das Modell bleibt, auf eine Gleichheit reduziert worden sind.

Von mythischen Ursprüngen zur Entwaldung

Häufig hören wir, wie die Worte »griechisch und römisch« für eine Konstellation von Ereignissen verwendet werden, die wir uns ziemlich vage als unsere »Antike« vorstellen, ohne an die mehrfachen Unterschiede und Gegensätze zu denken, die in dem bescheidenen Bindewort »und« lauern. Bei heutigen Griechen und Italienern gibt es einen Ausdruck, der auf den Weltkrieg zurückgeht, als diese mediterranen Nachbarn wider Willen für eine Zeitlang Feinde wurden: *una faccia, una razza*. Oder, wie es die Griechen übernahmen, *mia faccia, mia razza*. Es fügt sich, daß sich der Reim, der diese sprichwörtliche Identität zwischen den beiden Völkern lautlich verstärkt, auch im Englischen wiedergeben läßt: *one face, one race*. Es mag sein, daß diese Gesichter und Rassen im Lauf der Jahrhunderte ein einheitliches Erscheinungsbild angenommen haben, so wie die Gesichter von Ehemann, Ehefrau und Hund nach langjährigem Eheleben eine seltsame Ähnlichkeit annehmen. In der Vergangenheit trennte jedoch ein wahres »Meer« von Unterschieden das griechische und das römische Volk, in Gesicht und Rasse ebenso wie im Temperament.

Schon zu Homers Zeiten sahen die Griechen die »weindunkle« Weite des offenen Meeres als Horizont des Schicksals an. Ihre Liebe zu seiner gefährlichen Maßlosigkeit war wachsam, aber tief. Der römische Haß auf das Meer dagegen hatte hartnäckige Wurzeln im benachteiligten, aber verläßlichen Boden von Latium, wo ein Bauernvolk, das aus den Wäldern auftauchte, das Land für den Ackerbau rodete und vor allem die prosaischen Ergebnisse seiner Arbeit liebte. Die römische Furcht vor dem Meer findet nicht nur in der ersten Hälfte von Vergils *Äneis* Ausdruck, sondern auch schon in der Lage Roms, stromaufwärts in sicherer Entfernung von der Mündung des Tiber. Rom bleibt ein Rätsel. Es hatte bewußt auf das Los einer großen Hafenstadt verzichtet und suchte den Schutz des Landes; doch indem es so der Welt den Rücken zukehrte, eroberte es die Welt um so unerbittlicher.

Seine breite Krone erstreckte sich schließlich überallhin, aber sein Stamm war an einem einzigen Ort verwurzelt – dem *lucus* von Latium selbst.

Doch rückblickend könnten wir sagen, daß die Griechen und Römer zumindest insofern dasselbe Gesicht und dieselbe Rasse hatten, als es den Untergang ihrer Zivilisationen betrifft. Dieser Untergang ist es, der in dem Begriff »Antike« liegt. Es ist ein ungewöhnlicher Begriff, wenn man darüber nachdenkt. Er beinhaltet eine vergangene Epoche kultureller Blüte, der ein Niedergang in die Barbarei und eine spätere Wiederbelebung der Vergangenheit folgten. Wo kommt dieser eigenartige Begriff her? Warum hat die abendländische Kultur überhaupt eine Antike? Wo und wann entstand diese zyklische Auffassung von Zivilisation, die sich Vico so gänzlich zu eigen machte?

Sie entstand nicht in der Renaissance, soviel ist sicher. Wir sahen gerade, daß die Gründung Roms mythologisch auf dem Untergang Trojas beruhte. Aus der Asche einer gefallenen Stadt wird eine neue geboren. In dieser Hinsicht ähnelten die Römer den Griechen, die ebenfalls in ihren Ursprungsmythen auf eine verlorene Antike zurückblickten. Im Falle der Griechen erinnerten die Mythen jedoch an eine überprüfbare historische Wirklichkeit. Das Zeitalter der mykenischen Kriegshelden war längst vorbei, als Homer seinen legendären Glanz besang, und Homer hatte keine Zweifel, daß er zur Dunkelheit seiner ausgelöschten Schatten gehörte. Die großen Paläste von Mykene fielen vor 1100 v. Chr. Wirtschaft und Überseehandel brachen zusammen. Schriftliche Dokumente verschwanden völlig. Die Kunst der griechischen Schrift selbst ging verloren und wurde erst etwa fünf Jahrhunderte später von Griechen wiederentdeckt oder neu erfunden. Der Historiker Arthur Slavin schreibt:

> Denn so sicher, wie die Griechen die Schrift verloren, zeigten die größten Denkmäler ihrer Wiederbelebung Menschen, die sich ihrer Verbindung zu einer fernen Vergangenheit über einen Abgrund von 500 Jahren Schweigen hinweg bewußt waren. Homer beanspruchte einen Dialekt der griechischen Sprache als Erbe. Durch ihn beanspruchten spätere Griechen eine historische Tradition als ihr gemeinsames Erbe. Und hierauf führten sie die Ursprünge ihrer Städte, Familien, Götter und Helden zurück. Jeder klassische Kult hatte in seinem Mittelpunkt einen Gott oder Helden, der aus Mythen, Epen und Märchen mykenischen Ursprungs vertraut war. (*The Way of the West*, S. 121)

Mit anderen Worten, das, was wir als griechische Antike betrachten, begann mit einer noch früheren, verlorenen Antike. Wir sind oft nicht genügend davon beeindruckt, daß die *Ilias*, das erste Epos der abendländischen Literatur, eine Geschichte der Zerstörung, nicht der Gründung einer großen Stadt erzählt. Troja wird von den Achäern erobert. Historisch jedoch – und Homer schien das zu wissen – waren die Zerstörung Trojas und der Untergang der Zivilisation, die es zerstörte, gleichzeitige Ereignisse. Thukydides formuliert es zurückhaltend, wenn er feststellt: »Denn da es sich mit der Rückkunft der Griechen von Troja so lange verzog, so veranlaßte dies allerlei Revolutionen und vielfältige Mißhelligkeiten in den Städten« (*Geschichte* I, 12). Als Agamemnon aus dem Krieg heimkehrt, wird er von seiner Frau und ihrem Geliebten im Bad ermordet. Als Odysseus nach zwanzigjähriger Abwesenheit nach Hause zurückkehrt, findet er sein Königreich in Aufruhr – nicht infolge von Krieg oder Invasion, sondern auf Grund von Anarchie im Innern.

Diese Geschichten enthalten ein unleugbares Element historischer Wahrheit und legen nahe, daß sich Homer irgendwie darüber im klaren war, daß, während die Kriegsherren von Mykene die Mauern von Troja bestürmten, die Fundamente ihrer eigenen Gesellschaften zerfielen. Troja wurde von außen zerstört, aber Mykene fiel von innen. Ist es also nicht so, daß die *Ilias* zwar die Geschichte einer Zerstörung erzählt, aber die Geschichte eines Niedergangs verschleiert? Sicher ist, daß dieses »erste« literarische Denkmal der abendländischen Kultur aus der Nacht nach dem Niedergang spricht und für die Griechen eine ruhmvolle, aber auch tragische Antike beansprucht: die einer Gesellschaft, die sich nicht vor der Selbstzerstörung retten konnte.

Diese Erwägungen führen uns zurück zu Vicos Theorie des Entropiegesetzes, das angeblich die Ordnung der Institutionen beherrscht. Bevor wir aber zum Abschluß dieses Kapitels zu Vico zurückkehren, wollen wir wenigstens einen anderen Grund dafür betrachten, daß es Griechen und Römer verdienen, durch jenes unschuldige »und«, das doch nicht so unschuldig ist, miteinander verbunden zu werden. In ihrem Streben nach Förderung ihrer Zivilisationen förderten sowohl Griechen als auch Römer eine gedankenlose Entwaldung des Mittelmeergebiets. Schon im 4. Jahrhundert v. Chr. erinnert sich Platon sehnsüchtig an eine Zeit, als Wälder noch große Teile Attikas bedeckten. Von den Bergen rings um Athen schreibt er im *Kritias*:

> Übriggeblieben sind nun ... im Vergleich zu damals gleichsam nur die Knochen eines erkrankten Körpers, nachdem

> ringsum fortgeflossen ist, was vom Boden fett und weich war, und nur der dürre Körper des Landes übrigblieb. Damals aber, als das Land noch unversehrt war, hatte es seine Berge als große Erdhügel ..., und auf den Bergen hatte es viel Wald, von dem noch jetzt deutliche Spuren sich zeigen. Denn jetzt bieten einige der Berge nur den Bienen Nahrung, es ist jedoch nicht lange her, als von Bäumen, die hier als Dachbalken für die gewaltigsten Bauten geschnitten wurden, die Dächer noch erhalten sind. Es gab viele andere hohe veredelte Bäume, die Erde trug unermeßlich viel Weidefutter für die Herden. (111 bc)

Zu der Entwaldung, auf die Platon in diesem Abschnitt anspielt, kam es weitgehend infolge des Holzbedarfs der athenischen Marine. Wälder wurden zu Flotten und sanken auf den Grund des weindunklen Meeres. Bäume wurden zu Masten und trieben auf den Wellen Poseidons. Der Poseidontempel auf Kap Sunion, der die Wasserstraße überschaut, die zur Bucht von Piräus führt, ist noch heute ein eindrucksvolles Denkmal, aber der unfruchtbare Berg, auf dem er steht, weist genau wie die ganze umliegende Landschaft, die jetzt in jenes gleißende hellenische Licht getaucht ist, keine Spuren der Wälder auf, die sie einst bedeckten.

Bei den agrarischen Römern verschlang der unersättliche Mund des Reiches das Land, indem er es für die Landwirtschaft rodete und in Gegenden, die einst die fruchtbarsten der Welt gewesen waren, irreversible Erosion herbeiführte. Es ist schwer vorstellbar, daß eine so glänzende Zivilisation wie die der Griechen oder ein Reich, das so effizient organisiert und verwaltet wurde wie das der Römer, in ihren Handlungsweisen so blind bleiben konnten, daß sie die Zerstörung des Bodens herbeiführten, auf dem ihr Überleben beruhte. In der folgenden Passage aus seinem Buch *Das erste Eden ... oder das verschenkte Paradies* beschreibt David Attenborough das ökologische Erbe unserer »Antike«:

> Sie [die Römer] waren der Ansicht, der Mensch könne die Natur nach Gutdünken benutzen und plündern, denn ihre Produkte erneuerten sich von selbst und seien unerschöpflich. Bei dieser Einstellung sahen sie keinen Grund, warum die Menschen sich nicht nehmen sollten, was sie wollten. Der Staat vergab das Besitzrecht für Land an jeden, der es urbar machte. So wurden in dem Maße, in dem die Zahl der Men-

schen im Mittelmeerraum zunahm, auch immer mehr Wälder, die einst die Küsten grün umsäumt hatten, zerstört. ... Wenn Staaten Krieg führten, wurden ganze Wälder abgeholzt, um die Landheere mit Fahrzeugen und die Seestreitkräfte mit Schiffen zu versorgen. So wurden überall, wo sich die antiken Reiche längs des Mittelmeers von Osten nach Westen und nordwärts nach Europa hinein ausdehnten, die Wälder nach und nach vernichtet. Die Folgen davon bekamen besonders die Süd- und Ostküsten zu spüren, wo die Niederschläge gering waren. Hier hatten die Wälder wesentlich dazu beigetragen, daß das Land nicht verdorrte. Sie sogen den Regen auf, wenn er im Winter fiel, und hielten die Feuchtigkeit mit ihren Wurzeln im Boden. Im Sommer gaben sie das Wasser nach und nach frei, so daß das von den Bäumen beschattete Land nie gänzlich austrocknete und die Quellen das ganze Jahr über sprudelten. Ihre Vernichtung hatte katastrophale Folgen.

Die nordafrikanischen Provinzen gehörten ursprünglich zu den reichsten im ganzen Römischen Imperium. Nicht weniger als 600 blühende Städte lagen an der afrikanischen Küste zwischen Ägypten und Marokko. ... Gegen Ende des 1. Jahrhunderts n. Chr. erzeugte Nordafrika Jahr für Jahr eine halbe Million Tonnen Getreide und deckte damit zwei Drittel des Weizenbedarfs der riesigen Stadt Rom, die schon lange auf Einfuhren aus anderen Ländern angewiesen war.

Das Ende ließ nicht lange auf sich warten. Es ist bisher umstritten, wieviel der Klimawechsel zum endgültigen Niedergang des Reiches beitrug. Überwiegend scheint sich jedoch die Ansicht durchgesetzt zu haben, daß sich zwar auch die Niederschläge verringerten, daß die entscheidenden Faktoren jedoch das Abholzen der Bäume und die übermäßige Nutzung des zunehmend trockenen Bodens zur Erzielung eines größtmöglichen Ertrags gewesen sind.

Jahr für Jahr wurde so der Mutterboden weniger. Im Sommer wurde er von der Sonne ausgedörrt und von den heißen Winden verweht. Im Winter spülten ihn die heftigen Regenfälle weg, schwemmten Flüsse ihn zur Küste, wo sie ihn in ihren Deltas ablagerten. ...

Auch längs der afrikanischen Küste trocknete das Land überall aus. Weizen konnte nun nicht mehr angebaut werden. Ölbäume, deren Anbau früher verboten war, damit sie nicht

> die lukrativeren Weizenkulturen verdrängten, waren nun die einzigen Nutzpflanzen, die noch gediehen. Dann verdorrten auch sie. Die Bevölkerungszahl nahm ab. Unablässig blies der Wind Sand über die steinigen Felder. Die grandiosen Bauwerke verfielen. Heute ist der Hafen von Leptis Magna, in dem einst große Schiffe anlegten, um ihre Laderäume mit Weizen zu füllen, unter Sanddünen begraben.
>
> (S. 114–118)

Das von Attenborough beschriebene Syndrom wird am besten vom Schicksal der Artemis, der Göttin der Wälder und der überreichen Fruchtbarkeit, zusammengefaßt. Ihr Tempel in Ephesos war eines der Sieben Weltwunder, doch er liegt jetzt ebenso in Trümmern wie ihre Stadt, die vor 2000 Jahren eine der wohlhabendsten in der antiken Welt war. Zu dem Untergang kam es nicht infolge von Kriegen oder einem gewaltsamen Unglück, sondern durch die stetige Verschlechterung der Umwelt der Stadt. Pollenproben in den Sedimentschichten um Ephesos lassen erkennen, daß vor etwa 4000 Jahren, ungefähr zur Zeit der ersten Siedlungen, die Berge von Eichenwäldern bedeckt waren. Einige Jahrhunderte später wurden die Eichenpollen durch die des Wegerich abgelöst, der sich typischerweise auf Land ansiedelt, das zu Weidezwecken gerodet worden ist. Im Jahre 100 v. Chr. herrscht in den Proben dann schon Weizenpollen vor, was bedeutet, daß an die Stelle von Weidewirtschaft intensiver Ackerbau getreten war. Auf dem Wege von Wäldern über Weideland zu bebauten Feldern wurde das Land um Ephesus zwar produktiver, aber der Verlust der umliegenden Wälder führte schließlich zur Katastrophe. Da die Berge keine Feuchtigkeit mehr zurückhalten konnten, strömte das ablaufende Wasser hinab ins Tal. Durch das Pflügen des Landes wurde die Bodenerosion verschärft und führte zu einer erheblichen Ansammlung von Schlamm im großen Hafen von Ephesos; tatsächlich stand die Sache so schlimm, daß die Stadt schließlich gezwungen war, sich ein Stück weiter entlang der Küste zu verschieben. Mindestens viermal versandete der Hafen der Stadt auf diese Weise, und im 9. Jahrhundert n. Chr. war er zu seicht, um die byzantinische Flotte aufzunehmen. Die Stadt der Artemis fiel in Vergessenheit. Heute liegt sie etwa fünf Kilometer vom Meer entfernt, unter den Strahlen von Apollons Glanz hingestreckt.

Und hier können wir schließlich zu Vico zurückkehren, dessen Spekulationen über das Auftauchen der Zivilisation aus den Wäldern uns in diesem Kapitel als Ausgangspunkt dienten. Vico meinte, daß Natur und Geschichte zwei grundlegend verschiedenen Gesetzen gehorchten. Zivilisationen, so glaubte er, erheben sich nach der »idealen ewigen Geschichte« institutioneller Evolution. Sie fallen schließlich nach dem Gesetz der Entropie, das Unordnung in dem System als ganzem herbeiführt. Sobald die Städte fallen, kehren die Wälder zurück und belegen den Boden, auf dem sie gegründet wurden, wieder mit Beschlag. Für Vico war die Natur ein geschlossenes und stabiles System der Selbstregenerierung. Er dachte nie an die Möglichkeit, daß das Entropiegesetz der Zivilisation den Bereich der Natur als ganzer vergiften oder gefährden könnte, und er war, historisch gesprochen, auch nicht in der Lage, so etwas zu ahnen.

Heute, etwa zweieinhalb Jahrhunderte später, wissen wir, daß das, was Vico über die Wiederbewaldung der städtischen Lichtungen sagt, nicht nur unzutreffend ist, sondern auch ironisch. Zwar ergriffen tatsächlich im frühen Mittelalter Wälder wieder Besitz vom städtischen Raum Roms, doch Gleiches gilt keineswegs für die meisten berühmten alten Städte, die ihren Ursprung in der einst dicht bewaldeten Umgebung des Mittelmeers hatten. Man braucht heutzutage nur durch Kleinasien zu reisen und solche Städte – Ephesos, Milet, Aphrodisias, Priene, Pergamon, Side, Kaunos, Halikarnassos – zu besuchen, um zu sehen, wie nackt sie unter der offenen, gnadenlosen Helle des Himmels daliegen. Es gibt wenig in der Nachbarschaft, was heute die himmlischen Vorzeichen verbergen könnte. Der *lucus* hat längst seine Grenzen verloren, und aus seinem weitgeöffneten Auge kann man heute nicht nur die Ruinen einer großen alten Stadt sehen, sondern auch die eines noch älteren Waldes.

Ein Gesicht, eine Rasse. So viele Wüsten.

William Blake, *Dante und Vergil dringen in den Wald ein*

Schatten des Gesetzes

Im frühen Mittelalter waren die nördlichen Wälder Europas noch ausgedehnt, sie erstreckten sich über den Kontinent wie dunkle Dome und die Indifferenz der Zeit. In sie eingestreut lagen kleinere oder größere Siedlungen, die sich in den Schatten des Untergangs der Antike verloren. Im Hinblick auf die mittelalterliche soziale Ordnung, die sich auf der Basis neuer feudaler und religiöser Institutionen reorganisierte, waren die Wälder *foris*, »außerhalb«. In ihnen lebten die Ausgestoßenen, die Irren, die Liebenden, Räuber, Eremiten, Heilige, die Leprakranken, Flüchtlinge, Außenseiter, die Verfolgten, die Wilden Männer. Wohin sonst konnten sie gehen? Außerhalb des Gesetzes und der menschlichen Gesellschaft war man im Wald. Doch der Wald war eine unsägliche Zufluchtsstätte. Man konnte im Wald nicht menschlich bleiben, man konnte sich nur über das menschliche Niveau erheben oder darunter hinabsinken. *Renaud de Montaubon*, ein mittelalterliches Epos, das die Entbehrungen beschreibt, die eine Räuberbande erlebt, rührte seine Leser zu Mitleid mit den Ausgestoßenen im Walde, ganz ähnlich wie heute ein Dokumentarfilm über Obdachlose die Zuschauer rühren könnte. Das Publikum empfand eine gewisse Scham, denn der Wald beherbergte tatsächlich solches Elend.

Die christliche Kirche, die Europa unter dem Zeichen des Kreuzes zu einen suchte, stand diesem unbewegten Grenzgebiet nicht humanisierter Natur im wesentlichen feindlich gegenüber. Bestialität, Gefallenheit, Fehlbarkeit, ewige Verdammnis – das sind die Assoziationen, die sich in der christlichen Mythologie an Wälder knüpften. Aus theologischer Sicht repräsentierten Wälder die Anarchie der Materie selbst – mit all der benachteiligten Finsternis, die mit diesem neuplatonischen Begriff einherging, den die Kirchenväter schon früh übernahmen. Als die Kehrseite der verordneten Welt stellten Wälder für die Kirche die letzten Bastionen heidnischen Gottesdienstes dar. In den düsteren keltischen Wäldern herrschten die Druiden; in den Wäldern Germaniens standen jene heiligen Haine, in denen unbekehrte Barbaren heidnische Rituale vollzogen; in den nächtlichen Wäldern am Rande der Stadt brüteten Zauberer, Alchemisten und all die hartnäckigen Überlebenden des Heidentums ihr Unheil aus.

Die Kirche hatte gute Gründe, diese Zufluchtsstätten mit Mißtrauen zu betrachten (Bedas *Kirchengeschichte der Angelsachsen* legt hiervon beredtes Zeugnis ab). Uralte Dämonen, Feen und Naturgeister gingen immer noch in den konservativen Waldungen um, deren schützende Schatten es dem Volksgedächtnis erlaubten, kulturelle Kontinuitäten zur heidnischen Vergangenheit zu bewahren und fortzusetzen. Wenn gewisse Elemente heidnischer Kultur die christliche Revolution in verdeckter Form überlebten und ihr Erbe in populären Legenden, Märchen und traditioneller Folklore hinterließen, so war das zum Teil der Tatsache zu verdanken, daß sich der christliche Imperialismus nicht berufen fühlte, die Wälder in einer Raserei religiöser Inbrunst niederzubrennen, trotz der Aufforderung gewisser zweideutiger Passagen aus dem Alten Testament. Im 5. Buch Mose beispielsweise befiehlt Moses seinem Volk, die heiligen Haine der Heiden zu zerstören: »Sondern also sollt ihr mit ihnen tun: ihre Altäre sollt ihr zerreißen, ihre Steinsäulen zerbrechen, ihre heiligen Haine abhauen und ihre Götzenbilder mit Feuer verbrennen.« (7,5) »Und reißet um ihre Altäre und zerbrechet ihre Säulen und verbrennet mit Feuer ihre heiligen Haine.« (12,3) »Du sollst keinen Hain von Bäumen pflanzen bei dem Altar des Herrn, deines Gottes.« (16,21) Zum Glück für die Wälder und für das alte Brauchtum, das sie bewahrten und fortführten, organisierten die Christen keine Kreuzzüge auf der Grundlage solcher Sätze. All das trägt dazu bei, uns daran zu erinnern, daß, wenn Wälder vernichtet werden, nicht nur eine angesammelte Geschichte natürlichen Wachstums verschwindet. Ein Reservat kultureller Erinnerung verschwindet ebenfalls.

Mittlerweile sollte es uns nicht überraschen, daß es auch hier reichlich Paradoxa gibt. Wir sahen bereits, wie Wälder die Eigenart haben, die Begriffe zu destabilisieren oder gar umzukehren, die sie auf einer der beiden Seiten einer imaginären Dichotomie ansiedeln möchten. Während die christliche Einstellung zu Wäldern im allgemeinen feindselig war, erzählen die Heiligenlegenden von vielen frommen Seelen, die sich in die Wildnis begaben und weit von der Verderbtheit menschlicher Gesellschaft als Einsiedler lebten. Dort, in der Zuflucht der Wälder, wohnten sie in der intimen Gegenwart ihres Gottes. Ihre heilige Verwirrung half ihnen, die Seele von Sünde zu reinigen und sie heilig zu machen. Das mittelalterliche Epos *Valentin et Orson* zum Beispiel berichtet davon, wie Orson, ein halbtierischer Wilder Mann, der in den Wäldern lebt, von Jägern gefangengenommen und in die menschliche Gesellschaft zurückgebracht wird. Dort macht er eine vollständige Erziehung durch, er erlernt die Regeln der Zivilisation, die Eloquenz der Rede und die fundamentalen Lehren des Christentums. Seine natürliche Tapferkeit macht ihn zu einem außerordentlichen Ritter, während seine moralische Bildung diese Tapferkeit auf würdige und tugendhafte Taten lenkt. Nach einer ruhmreichen Karriere als Ritter beschließt Orson endlich, die menschliche Gesellschaft zu verwerfen und in den Wald zurückzukehren, um sich ausschließlich Gott zu widmen. Er kehrt als heiliger Eremit an den Ort seiner Ursprünge zurück. Alles ist verwandelt, und doch ist alles dasselbe, da der Raum des Profanen und des Heiligen eins werden. Die Menschenwelt, die Orson hinter sich läßt, liegt zwischen zwei Extremen, die sich im Walde berühren.

Die Geschichte von Orson ist nur ein Vorspiel zu den faszinierenden Mustern, die wir in diesem Kapitel aufsteigen sehen werden, wenn wir das Verhältnis zwischen Wäldern und Zivilisation in der christlichen Ära untersuchen. Wir werden sehen, wie das Gesetz der Identität und das Prinzip der Widerspruchsfreiheit in den Wäldern in die Irre gehen und wie gewisse konventionelle Unterscheidungen zusammenbrechen, wenn sich der Schauplatz aus der gewöhnlichen Welt in die Wälder verlagert, die außerhalb ihres Bereiches liegen. Das Profane wird plötzlich heilig. Der Geächtete wird zum Hüter einer höheren Gerechtigkeit. Ein tapferer Ritter verwandelt sich in einen Wilden Mann. Die gerade Linie wird zu einem Kreis. Oder das Gesetz des Geschlechts wird verwirrt. Ob religiöses, politisches, psychologisches oder selbst logisches Gesetz, die Wälder erschüttern anscheinend seine Stabilität. Wälder liegen »jenseits« des Gesetzes, oder besser, sie erscheinen als Orte der Gesetzlosigkeit.

Es wäre historisch nicht richtig zu sagen, daß Wälder in dieser Epoche buchstäblich außerhalb des Gesetzes lagen. Ein englischer Geächteter zum Beispiel, der im Wald Zuflucht suchte, übertrat dadurch das sogenannte Forstgesetz des Königs (siehe die Abschnitte »Forstrecht« und »Geächtete«). Dennoch betrat er als Geächteter, der im Wald Zuflucht suchte, gewissermaßen den *Schatten des Gesetzes*. Der Schatten des Gesetzes – sei es sozialer, religiöser oder sonstiger Natur – ist kein Ort der Gesetzlosigkeit; er liegt jenseits des Gesetzes wie ein Schatten, der die Substanz eines Körpers auflöst. Der Schatten des Gesetzes steht nicht im Widerspruch zum Gesetz, sondern er verfolgt ihn wie sein zweites Ich oder sein schlechtes Gewissen.

Wie Lichtenberg einmal über Bücher sagte: »Ein Buch ist ein Spiegel: wenn ein Affe hineinguckt, so kann freilich kein Apostel heraussehen« (*Gesammelte Werke*, S. 297). Ebenso sehen wir, wenn wir in die Wälder schauen – wenn wir uns ansehen, was in ihnen geschieht, wie sie dargestellt werden, welche allegorischen Bedeutungen sie haben –, eine seltsame Widerspiegelung der Ordnung, jenseits von der sie stehen. Aus dieser externen Perspektive offenbart die institutionelle Welt ihre Absurdität oder Verderbtheit, ihre Widersprüche, ihre Willkür oder gar ihre Vorzüge. Doch auf die eine oder andere Weise offenbart sie etwas Wesentliches über sich selbst, das für die interne Perspektive oft unsichtbar oder unzugänglich bleibt.

In unserer Erörterung der Antike wurden wir dazu veranlaßt, vor allem die Logik der Tragödie zu betrachten, die die Beziehung zwischen Wäldern und Zivilisation verfolgte. In diesem Kapitel werden wir dazu gebracht werden, die Logik der *Komödie*, im weiten Sinn des »Happy-End« verstanden, zu betrachten. Der Unterschied ist ebenso grundlegend wie der Unterschied zwischen Heidentum und Christentum. Die Waldwelt war für die Alten kein bloßer Schatten der Zivilisation; sie hatte für sie eine substantielle eigene Wirklichkeit, manchmal substantieller als die Zivilisation selbst. Die Tragödie, so behaupteten wir, war eine Erinnerung daran, daß jedes begründende Gesetz auch eine fatale Übertretung ist – eine Übertretung eines anderen Gesetzes. Das ist das Wesen des Polytheismus: eine Pluralität von Gesetzen, die gleichen Anspruch auf Legitimität erheben, oft im Streit miteinander. In der jüdisch-christlichen Lehre dagegen herrscht das Gesetz eines einzigen, universalen Gottes über die Gesamtheit der Schöpfung. Infolgedessen braucht dies Gesetz nur seinen eigenen Schatten zu fürchten. Die christliche Revolution im Abendland macht der Tragödie als höchster Form der Weisheit ein Ende, denn das Christentum verspricht (wie der Platonismus) ein Happy-End. Man braucht sich nur dafür zu entscheiden, indem man sich dem Licht Gottes zuwendet. In seinem Beharren darauf, daß das glückliche oder leidvolle Ergebnis (Errettung oder Verdammnis) vom freien Willen abhängt und nicht mehr von einer schicksalhaften Ordnung der Notwendigkeit (gegen die der tragische Held machtlos war), zerstört das Christentum wirksam die ideologische Basis der Tragödie. Diese Revolution wird überall in unserem Thema widergespiegelt, wie indirekt oder latent auch immer, selbst in Sphären, die nicht unbedingt spezifische Verbindungen zur christlichen Lehre haben. Eine neue »Komödie« durchdringt die Ideologie des Gesetzes in all seinen Beispielfällen.

Selbst in säkularen Bereichen hat das herrschende Gesetz kein anderes Gesetz als Antagonisten; es hat vielmehr seinen eigenen Schatten von Korrumpierung oder Arglist oder Unvollkommenheit. Man kann auch nicht sagen, daß das göttliche und das weltliche Gesetz einander in der christlichen Ära fundamental oder ideologisch entgegengesetzt sind; im Gegenteil, zu einer Opposition zwischen ihnen kommt es nur, wenn letzteres seine erklärte Berufung verfehlt oder seine legitimen Grenzen überschreitet.

Die christliche Theologie erklärt zumindest teilweise die Tatsache, daß Wälder in dieser Periode so oft zum Schauplatz komischer Umkehrungen, Irrtümer, Verwandlungen und so weiter werden. Wenn es zutrifft, daß Wälder in der christlichen Ära als Orte des Schattens des Gesetzes auftreten, dann scheint es nur natürlich, daß sie auch als Schauplatz der Komödie fungieren sollten, die ihrem Wesen nach ironisch, dialektisch und kritisch ist. Die Komödie, mit anderen Worten, *beschattet ihren Gegenstand*. In diesem weiten Sinn verstanden, ist das Komische nicht unbedingt lustig; es kann streng, bitter, ironisch oder sogar verzweifelt sein. Doch anders als die Tragödie dient es dazu, uns daran zu erinnern, daß es jenseits des herrschenden Gesetzes nur den verfemten Schatten des Gesetzes gibt.

Das Abenteuer des Ritters

Die Literatur und die Ikonographie des Mittelalters unterrichten uns vom Überleben einer alten Gestalt, deren Stammbaum bis zum Epos von Gilgamesch zurückreicht. Dieses tierhafte Geschöpf lebt allein im Wald, es ist nackt und behaart, stark und aggressiv, meistens ohne Sprache, es lebt von Kräutern oder dem rohen Fleisch von Wildbret, doch es hat im wesentlichen Menschennatur. Im Mittelalter wird es als *l'homme sauvage*, der Wilde Mann, bezeichnet. In der Literatur begegnen wir ihm erstmals in der Gestalt Enkidus, des getreuen Freundes von Gilgamesch, der unter wilden Tieren aufwuchs und von einer Dirne zu menschlicher Gesellschaft buchstäblich verführt werden mußte; wir finden ihn viel später in der Gestalt Tarzans und, erst kürzlich, als Italo Calvinos Baron auf den Bäumen. Vicos Giganten gehören ebenfalls zu dieser Art von Geschöpfen.

Die mittelalterliche Phantasie war von Wilden Männern fasziniert, aber letztere waren während des Mittelalters keineswegs nur in der Einbildung vorhanden. Solche Männer (und auch Frauen) wurden immer wieder einmal in den Wäldern entdeckt – gewöhnlich geistesgestörte Menschen, die sich in die Wälder geflüchtet hatten, um dort ihre Wohnung aufzuschlagen. Wenn Jäger in den entfernteren Tiefen des

Waldes auf einen Wilden Mann stießen, versuchten sie häufig, ihn lebendig zu fangen und ihn zu ihrer Gemeinschaft zurückzubringen, damit die Leute ihn bestaunen konnten. Angesichts der christlichen Lehre von der Erschaffung der Arten, die zwischen Tier und Mensch stehende Arten ausschließt, sah man den Wilden Mann im allgemeinen als menschliches Wesen an, das die Gabe der Vernunft entweder verloren oder nie erworben hatte und so auf das Niveau eines Tieres herabgesunken war.

In Chrétien de Troyes' Versroman *Yvain* begegnet der Ritter Calogrenant auf einer Lichtung im Wald von Brocéliande einem solchen Wilden Mann. Dieser »ungeschlachte Kerl«, wie er genannt wird, hütet eine Herde wilder Stiere und ist unglaublich häßlich. Anders als die meisten Wilden Männer kann dieser jedoch sprechen. Von Calogrenant nach seiner Natur befragt, erklärt er, daß er in der Tat ein »Mensch« sei. Nun ist die Reihe an Calogrenant, sich diesem seltsamen Artgenossen vorzustellen. »Ich bin, wie du siehst«, sagt Calogrenant zu dem Wilden Mann, »ein Ritter, der sucht, was er nicht finden kann; lange habe ich schon gesucht und finde nichts.« Der Wilde Mann fragt: »Was möchtest du denn finden?« Calogrenant antwortet: »Abenteuer, um meine Rittertugend und meine Kühnheit zu erproben.« (*Yvain*, V. 358--363)

Calogrenant stellt sich als Ritter vor, der auf der Suche nach *avanture*, nach Abenteuer, ist. Der Wilde Mann versteht den Begriff Abenteuer nicht. Es ist tatsächlich ein nicht leicht zu verstehender Begriff. Was ist denn die *avanture*, nach der Artusritter suchen, wenn sie in die Wälder ziehen? Nach Calogrenants eigenem Eingeständnis fungiert das Abenteuer als Gelegenheit, um jenseits der Mauern des Hofes die eigene Rittertugend und Kühnheit zu erproben. Wenn der Wilde Mann den Begriff nicht versteht, so deshalb, weil er ganz natürlich eben die Tapferkeit und Kühnheit verkörpert, die Calogrenant in sich zu erproben sucht. Selbst die wilden Stiere fürchten diesen ungeschlachten Kerl. »Denn wenn ich eines [der Tiere] zu fassen bekommen kann, so packe ich es mit meinen Fäusten, die derb und kräftig sind, bei den beiden Hörnern, so daß alle andern vor Furcht zittern und sich rund um mich her scharen, wie um mich um Gnade zu bitten« (V. 346–351). Tapferkeit und Kühnheit des Wilden Mannes sind unstrittig. Er braucht nicht zu erproben, was ihm von Natur aus zukommt. Nur eine entfremdete Natur sucht das Abenteuer.

Im selben Roman zieht Yvain – einer der berühmtesten Artusritter – auf der Suche nach Abenteuer hinaus und begegnet dem Wilden Mann, von dem ihm sein Vetter Calogrenant erzählt hat. Als Herr des

Waldes zeigt der Kerl Yvain den Weg, den er durch den Wald nehmen muß, um zur Zauberquelle zu gelangen. Yvain dankt ihm und verabschiedet sich, »aber er bekreuzigte sich mehr als hundertmal vor Verwunderung, wie Natur ein so häßliches und garstiges Werk hatte bilden mögen« (V. 796–799). Yvain verabschiedet sich voller Schrecken von dem Wilden Mann, aber in Wirklichkeit zieht er nur aus, um dieses Ungeheuer in sich selbst zu suchen. Denn der Wilde Mann und der Ritter haben in Wirklichkeit eine gemeinsame Natur.

Was Yvain von seinem natürlichen Gegenstück unterscheidet, ist nur das Gesetz des Gesellschaftsvertrags, das der Ritter verteidigen muß. Die Ritter der mittelalterlichen Romane sind im Grunde Wilde Männer, die zu Helden der gesellschaftlichen Ordnung geworden sind, doch es scheint, daß sie von Zeit zu Zeit in die Wälder zurückkehren müssen, um in sich die entfremdete Quelle ihrer Tapferkeit, die Tapferkeit des Wilden Mannes, wiederzuentdecken. Kurz, der Wilde Mann definiert den eigenen Schatten des Ritters – den Schatten seines Heroismus, seiner Tapferkeit, seiner Wut.

Das wird an einer späteren Stelle in Chrétiens Roman auf dramatische Weise bestätigt, als Yvain in einem Anfall von Liebeskummer völlig wahnsinnig wird und sich in einen rasenden Wilden Mann verwandelt. Von der Frau, die er liebt, zurückgewiesen, verliert er den Verstand und verschwindet in die Wildnis. Die folgende Passage beschreibt die Umgestaltung des Ritters:

> Da steigt ihm plötzlich ein so gewaltiger Wirbel ins Hirn, daß er den Verstand verliert, da reißt er seine Kleider in Fetzen und flieht querfeldein und läßt seine Leute voller Bestürzung zurück, die sich fragen, wo er wohl sein mag. Sie durchsuchen die ganze Gegend nach ihm, die Herbergen der Ritter, die Hecken und Gärten, und suchen ihn überall, wo er nicht ist. (V. 2804–2813)

Yvains Leute werden ihn nicht finden, wo sie ihn suchen, denn sie suchen die mittelalterliche ländliche Gegend ab. Doch Yvain hat die Behausungen, die Hecken und Gärten verlassen, kurz, er hat die Grenze der Menschenwelt überschritten und sich in die nichtmenschlichen Tiefen des Waldes begeben. Dort, an seinem dunklen und wilden Zufluchtsort, stellt er »den Waldtieren nach und tötet sie und verzehrt das Fleisch roh, und so weilte er als vernunftloser Wilder in der Waldung« (V. 2824–2828).

Wenn Yvain der einzige ritterliche Held wäre, der im Laufe seiner *avanture* zu einem Wilden Mann wird, bestünde kein Grund, auf der entscheidenden Episode seiner Metamorphose im Wald zu beharren, doch Tatsache ist, daß die meisten berühmten Ritter des mittelalterlichen Romans ähnliche Degenerationen durchmachen, daß sie für kürzere oder längere Zeit zu Wilden Männern werden. In allen wesentlichen Versionen der Tristan-Sage wird Tristan im Wald von Morois zeitweilig zu einem Wilden Mann. Der Fall Lancelots ist extremer. Lancelot verliert bei vier verschiedenen Gelegenheiten den Verstand, und er verbringt Jahre als Wilder in den Wäldern. Besonders der Fall Lancelots zerstreut die oberflächliche Auffassung, daß solche Episoden buchstäblicher Verwirrtheit nur als konventionelle Hyperbeln dienten, die die liebevolle Ergebenheit der Ritter gegenüber ihren Damen oder ihre Verzweiflung über die Zurückweisung ihres Werbens zum Ausdruck bringen sollten. Nur im Falle des vierten und letzten Auftretens von Lancelots Wahnsinn wird die Degeneration durch Liebe herbeigeführt. Mit anderen Worten, diese Episoden haben einen durchaus unheimlichen, untergründigeren Sinn, der jenseits des Topos der amourösen Hingabe auf ein geheimnisvolles Gesetz der Selbstüberwindung verweist, das dem Gesetz der mittelalterlichen Gesellschaft selbst zugrunde liegt. Es ist, als ob sich die ritterlichen Verfechter der sozialen Ordnung (die Adligen) von Zeit zu Zeit draußen verlieren müssen, um sich drinnen zu finden, und sich dadurch in ihrer Fähigkeit als Verteidiger der sozialen Ordnung regenerieren. (Ist das vielleicht die tiefere Moralität des Krieges in unsicheren Zeiten?)

Im Falle Yvains ist klar, daß seine Verwandlung in einen Wilden Mann es ihm ermöglicht, dem Schatten seiner eigenen hohen Ritterschaft zu begegnen. Am äußersten Punkt seiner Entartung macht er eine Regeneration oder besser eine Verwandlung durch. Seine Verwirrtheit im Wald markiert den Wendepunkt seiner *avanture*. Als Yvain schließlich seinen Verstand wiederfindet, ist er befähigt für eine höhere Ebene des moralischen Gleichgewichts und ist zugleich auf sie gehoben. Nachdem er sich selbst überwunden hat, ist er nun heroischer und tapferer denn je. Seine nachfolgenden Taten lassen das deutlich werden. Alle Abenteuer, die zu suchen Yvain ausgezogen war, begegnen ihm jetzt von allen Seiten und geben ihm reichlich Gelegenheit, seine Rittertugend gegen böse Riesen und unmenschliche Unterdrücker unschuldiger Menschen zu wenden. Ja, wie der Wilde Mann, der eine Herde Stiere bezwingt, wird jetzt Yvain Herr über einen treuen und dankbaren Löwen, den er im Wald vor einer bösen Schlange rettete. Die Tötung der Schlange – eine seiner ersten Taten, nachdem er den Verstand wiedererlangt hat – ist in höchstem Grade symbolisch. Sie deutet darauf hin, daß Yvains Löwe, der von nun an bei den nachfolgenden Abenteuern an seiner Seite bleibt, mehr ist als nur ein Tier von großer Tapferkeit wie die Stiere des Wilden Mannes. Der Löwe ist ein Symbol von Tapferkeit, die mit Tugend gepaart ist. Mit anderen Worten, er ist ein Zeichen, daß Yvains Metamorphose im Wald ihn in eine *erlöste* Version des Wilden Mannes verwandelt hat, der ihm zuerst zu Beginn seiner Irrfahrten den Weg durch den Wald gezeigt hat.

Die Erfahrung der Verwirrtheit befähigt Yvain nicht nur, sondern sie ermöglicht ihm auch, seine Tapferkeit neu zu orientieren und sie gegen die feindlichen Kräfte zu richten, die die soziale Ordnung umzustürzen drohen. Solche Episoden liefern Einsichten in das, worum es in der mittelalterlichen Phantasie der Menschen, die das Publikum dieser Romane darstellten, beim fahrenden Rittertum ging. Es ging um die Neuorientierung oder soziale Rehabilitation der gesetzlosen Natur, gegen die sich die gesellschaftliche Ordnung definiert. Der Ritter muß in ihre Schatten hinabsteigen, um so ihre Bedrohung zu überwinden. Aus dieser Perspektive können wir nicht sagen, daß das fahrende Rittertum lediglich eine Gelegenheit für Ritter darstellt, »sich in der Wildnis schadlos für die Spannung [zu halten], welche eine lange Einschließung und Einfriedigung in den Frieden der Gemeinschaft gibt«, wie Nietzsche einst schrieb (*Genealogie der Moral*, S. 786). Solch eine Theorie der Repression, die behauptet: »es bedarf für diesen verborgenen Grund von Zeit zu Zeit der Entladung, das Tier muß wieder heraus, muß wieder in die Wildnis zurück« (ebd.), erklärt nicht die Art und Weise, in der der Held des mittelalterlichen Romans seine entfremdete Natur neu entdeckt, nur um das Gesetz ihrer Überwindung erneut zu bestätigen. Die natürliche Tapferkeit des Wilden Mannes ist dieselbe *neuorientierte* Macht, die eine gefährdete soziale Ordnung vor den Gefahren schützt, die sie sowohl von innen als auch von außen bedrohen.

Aus derselben Perspektive müssen wir die komischen Muster verstehen, die den mittelalterlichen Versroman beherrschen. Komödie bedeutet in diesem Fall die Wiederherstellung der Norm von Gesetz und Zeremoniell. Irrfahrten durch die Wälder sind ein komisches Abenteuer insoweit, als sie die Welt von innen nach außen kehren oder von oben nach unten, nur um die richtige Ordnung wiederherzustellen. Typischerweise endet der Roman damit, daß der Ritter von seiner Dame wiedererkannt und erneut in das System aufgenommen wird, aber das sind nur oberflächliche Aspekte des komischen Schlusses. Der wesentlichere Schluß liegt darin, daß der Ritter das Gesetz bestärkt, das seine Entfremdung von seinem eigenen Schatten aufrechterhält. Dieses Gesetz ist ständig durch die Natur im Innern und im Äußern bedroht, aber der Ritter kehrt von seinem Abenteuer als sein sich selbst übertreffender Verteidiger zurück.

Forstrecht

Mittelalterliche Ritterromane neigen dazu, Wälder als etwas darzustellen, das jenseits der Grenzen der städtischen Welt und ihrer Rechtsinstitutionen liegt. Doch schon früh im Mittelalter waren viele Wälder bereits unter die Zuständigkeit des Rechts gekommen. Tatsächlich ist das Wort Forst ursprünglich ein juristischer Begriff. Ebenso wie seine verschiedenen Entsprechungen in anderen europäischen Sprachen (*foresta, forêt, forest* usw.) leitet es sich vom lateinischen Wort *foresta* her. Dieses Wort erscheint erst in der Merowingerzeit. In römischen Dokumenten ebenso wie in den früheren Gesetzen des Mittelalters war das gebräuchliche Wort für Wälder und Waldgebiete *nemus*. Das Wort *foresta* taucht zum erstenmal in den Gesetzen der Langobarden und den Kapitularien Karls des Großen auf, und hier bezieht es sich nicht auf Waldungen allgemein, sondern nur auf die königlichen Wildgehege. Das Wort hat eine unsichere Herkunft. Der wahrscheinlichste Ursprung ist das lateinische *foris*, das »draußen« bedeutet. Das unklare lateinische Verb *forestare* bedeutete »fernhalten, den Zutritt verwehren, ausschließen«. In der Tat hatten in der Merowingerzeit, als das Wort *foresta* Eingang ins Wörterbuch fand, Könige sich berufen gefühlt, weite Flächen bewaldeten Landes mit einem öffentlichen Verbot zu belegen, um das Überleben ihrer wildlebenden Tiere sicherzustellen, was dann das Überleben eines fundamentalen königlichen Rituals sicherte – nämlich der Jagd.

Ein »Forst« war also ursprünglich eine juristische Bezeichnung für Land, das durch königlichen Erlaß für den Zugang gesperrt worden war. Sobald eine Region zu einem Forst erklärt worden war, konnte sie nicht bebaut, genutzt oder durch Eingriffe verletzt werden. Sie lag außerhalb des öffentlichen Bereichs und war für das Vergnügen und die Erholung des Königs reserviert. In England lag sie auch außerhalb der gewöhnlichen Rechtssphäre. Wer das Gesetz übertrat, war nicht nach gewöhnlichem Recht zu bestrafen, sondern nach einer Reihe sehr spezieller »Forstgesetze«. Die königlichen Forste lagen auch noch in einem anderen Sinne »außerhalb«, denn der von den Mauern eines königlichen Gartens umschlossene Raum wurde manchmal als *silva* oder Wald bezeichnet. *Forestis silva* bedeutete die uneingefriedeten Wälder »außerhalb« der Mauern.

Zwei weitere Bemerkungen zum Ursprung des Wortes. Erstens spricht das Wort selbst von der »Außenlage« der Forste in bezug auf den öffentlichen Bereich. Zweitens kann ein Ökologe heute nicht umhin, irgendwie Monarchist zu sein. Bis zum Niedergang der großen europäischen Monarchien war nichts für Bauern so anstößig wie das königliche Jagdprivileg, aus einer Reihe guter Gründe. Dennoch treten diese königlichen Jäger als die ersten öffentlichen oder institutionellen Umweltschützer in der Geschichte auf. Wenn nicht im Mittelalter »Forste« im juristischen Sinne eingeführt worden wären, dann hätte es gut sein können, daß Forste im natürlichen Sinn schon vor langer Zeit begonnen hätten, von der Karte des zivilisierten Europa zu verschwinden.

Es existiert eine Abhandlung über Forstgesetze, die 1592 von einem Mann verfaßt wurde, der Otto Ranks Auffassung glaubhaft werden läßt, wonach es Menschen bestimmt ist, die Bedeutung ihres Nachnamens auszuleben: *Abhandlung über die Gesetze des Forstes, worinnen nicht nur die Gesetze dargetan werden, so jetzt in Kraft sind, sondern auch der Ursprung und Beginn der Forste: desgleichen, was Forste sind und wie sie verschieden sind von Jagden, Lustwäldern und Gehegen; mit allen Dingen, so beiden eigen sind* von John Manwood. Die Abhandlung verdient wegen ihres einzigartigen Charakters als historisches Dokument Beachtung. Wie ein bewundernder Herausgeber in seinem Vorwort zu einer späteren Ausgabe schrieb: »Es ist das einzige wertvolle Buch über diesen Gegenstand. ... [Es enthält] viele nützliche Dinge, die in keinem einzigen anderen Gesetzbuch zu finden sind« (Manwood, »Vorwort«). Zweieinhalb Jahrhunderte später trifft die kühne Bemerkung dieses Herausgebers immer noch zu.

John Manwood schrieb gegen Ende der Regierung von Königin Elizabeth, zu einer Zeit, als das Forstrecht zahlreichen Mißbräuchen unterworfen war und die Forste in England rapide verfielen. Als Jurist, als Wildhüter des Waltham Forest und Richter im New Forest breitete er systematisch die alten Gesetze aus, die sich auf die Einrichtung von Forsten und die Erhaltung der Wildnis bezogen. Er räumte ein, daß nur wenige von den alten Gesetzen noch durchgesetzt wurden, und er beklagte die weitverbreitete Laxheit bei ihrer Durchsetzung. Man könnte sagen, daß es Manwood nicht so sehr deshalb unternahm, diese Gesetze zu verteidigen, weil er Monarchist war, sondern weil er Naturschützer war. Nur der Monarch, so glaubte er, konnte die Wildnis vor den verheerenden Auswirkungen der Ausbeutung durch den Menschen retten.

Durch Manwoods Abhandlung zieht sich eine Sehnsucht nach vergangenen Zeiten, in denen der König nach Belieben Forste errichten konnte und Übertretungen der Forstgesetze streng bestraft wurden, manchmal bis hin zu Blendung oder Kastration des Täters. Mit dem Abfassen seiner Abhandlung hoffte Manwood, nicht nur die Forstgesetze wiederzubeleben, sondern sie auch auf eine solche Weise zu definieren und zu formalisieren, daß dadurch ihre Legitimität behauptet wurde. Wir können hier keinen Überblick über den Reichtum an Fakten und Einzelheiten geben, den dieses außerordentliche Werk eines Liebhabers enthält, aber einige von Manwoods Bemerkungen über das Forstrecht sollten wegen ihrer historischen und ebenso auch symbolischen Bedeutung vorgestellt werden.

Wir können mit der Erklärung beginnen, die Manwood für die Entstehung der ersten Forste im juristischen Sinn gibt. Er schreibt:

> Bevor diese Nation von Einwohnern erfüllt war, gab es viele große Wälder voller wilder Tiere aller Art, wie man sie damals in England kannte; und als sich in derselben dann Menschen angesiedelt hatten, wurden die Wälder nach und nach zerstört, besonders in der Nähe der Häuser; und als das Land an Bevölkerung zunahm, da wurden die Wälder und Dickichte täglich zerstört, und damit zogen sich die wilden Tiere in diejenigen Wälder zurück, welche stehengeblieben waren und die von ihren Behausungen entfernt lagen. (Manwood, S. 139)

Diese Darstellung am Anfang, die 1592 geschrieben wurde und den Zustand vor der Zeit Wilhelms des Eroberers wiedergibt, erzählt eine universelle Geschichte darüber, wie die Menschheit verzehrend in unberührte Waldgebiete eindringt. Man muß sich fragen, wie es kommt, daß es nach so vielen Jahrhunderten des Genannten überhaupt noch Wälder in Europa gibt, über die man herfallen kann. Was konnte einen Rest von Waldgebieten und wilden Tieren vor den räuberischen Anforderungen einer vorrückenden Menschheit schützen? In jenen Zeiten blieb da nur der König. Manwood fährt fort:

> Doch es gab weiterhin und selbst zu Zeiten der Sachsen viele große Wälder, die nicht vernichtet waren, und die hießen *Walds*, das heißt Wälder, in denen Wölfe und Füchse ihre Zuflucht fanden, und als diese hernach von Edgar, einem Sachsenkönig, Anno 959 vernichtet wurden und sehr wenige übrigblieben, zahlten ihm die Waliser einen jährlichen Tribut

> von Wolfsfellen; und da diese und dergleichen raubgierige Tiere so vernichtet wurden, wonach nur noch Jagdtiere sowie köstliches Fleisch übrig blieben, fingen die Könige dieses Landes an, sich um ihre Erhaltung zu sorgen und zu diesem Zweck gewisse Wälder und Orte zu privilegieren, so daß niemand sie dort verletzen oder vernichten mochte; und so wurden besagte Orte zu Forsten. (S. 139f.)

Mit anderen Worten, die »besagten Orte« wurden durch königlichen Erlaß für den Zutritt gesperrt. Es ist wichtig, auf die Logik zu achten, die hier gilt. Nach Manwoods Darstellung kam es erst nach der Ausrottung von Englands »raubgierigen Tieren« wie dem Wolf zur Einrichtung von Forsten. Was blieb, waren die »Jagdtiere«. Das waren die wilden, aber nicht räuberischen Tiere der Wälder, zu denen in Manwoods Katalog Hirsch, Hirschkuh, Hase, Rehbock, Reh, Fuchs, Kaninchen, Fasan und Rebhuhn gehörten. Manwood bietet dann eine strenge Definition für das, was einen Forst ausmacht. Das ist die Definition, die uns interessiert, denn sie hat zugleich juristischen, natürlichen und symbolischen Charakter:

> Ein Forst ist ein gewisses Territorium bewaldeten Geländes und fruchtbarer Weiden, welches bevorrechtet ist für wilde Tiere und Vögel des Waldes, der Jagd und des Wildgeheges, daß sie dort ruhen und wohnen unter dem sicheren Schutz des Königs, zu seiner Freude und Lust; und dieser so mit einem Vorrecht ausgestattete Geländebezirk ist mit unverrückbaren Zeichen, Einfriedungen und Grenzen eingefriedet und begrenzt, welche entweder durch verbürgte Tatsachen oder durch Verordnung bekannt sind; und er ist auch mit wilden Tieren des Waidwerks und der Jagd angefüllt und mit herrlichen Schlupfwinkeln von Dickicht zum Schutz der besagten Tiere, daß sie dort wohnen; und zum Schutz und zur Erhaltung dieses besagten Ortes zusammen mit dem Dikkicht und dem Wildbret gibt es bestimmte Beamte, Gesetze und Privilegien, die denselben zukommen und die zu diesem Zweck erforderlich sind und die nur einem Forst angemessen sind und keinem anderen Ort.
>
> Und daher besteht ein Forst vornehmlich aus diesen vier Dingen: aus Dickicht und Wildbret; aus bestimmten Gesetzen und entsprechenden Beamten.
>
> Sie sind alle dazu bestimmt, daß derselbe besser geschützt

> werden möge als ein Ort der Erholung für Könige und Prinzen. (S. 143)

Diese Definition dessen, was einen Wald ausmacht, ist von dem Gedanken des Privilegs beherrscht – des Privilegs, das der König seinen wilden Tieren gewährt, daß sie in den zu Forsten erklärten Gebieten seines Reiches in Freiheit und Sicherheit leben können. Manwood betont wiederholt, daß es ein solches Privileg ist, was einen Forst von anderen Orten unterscheidet, »denn viele andere Orte haben Wälder, Dickichte und fruchtbare Weiden, sind aber doch keine Forste; so daß es dieses Privileg ist, welches einen Forst von jenen Orten unterscheidet« (S. 144). Der Forst sollte von Wildbret erfüllt sein, schreibt Manwood, »denn sonst ist es kein Forst; und in einem solchen Falle können Männer ihre Wälder fällen, die sie im Forst haben, und ihre Dickichte zerstören, weil es keine Tiere gibt, die dort Zuflucht suchen, und können auch ihre Weide in Ackerland verwandeln« (ebd.).

Der Begriff eines Forsts wird so immer präziser und immer fragwürdiger: ein Forst ist in dem Augenblick kein Forst mehr, in dem er die wilden Tiere verliert, die er schützen soll. Wenn der Forst aufhört, ein *Schutzgebiet* für wilde Tiere zu sein, ist er kein Forst mehr.

Entscheidend für die königlichen Forste sind die »besonderen Gesetze«, die die Erhaltung von »Dickicht und Wildbret« erzwingen, wobei ersteres für das Überleben und das Wohlbefinden des letzteren unentbehrlich ist. »Und diese Gesetze des Forstes«, schreibt Manwood, »heißen besondere Gesetze, nicht weil sie sich auf *einen* Forst beziehen und mehr nicht; denn sie gelten allgemein für alle Forste gleichermaßen; sondern weil sie nur besondere sind und den Forsten eigentümlich und keinem anderen Ort« (S. 146). Als Ort für sich wie kein anderer erfordert ein Forst seine eigenen besonderen Gesetze. Die Existenz solcher Gesetze erklärt den Unterschied zwischen einem Forst und einer »Jagd« beispielsweise, denn Gesetzesbrecher in letzterer wurden nach Gewohnheitsrecht bestraft.

Unter der Voraussetzung, daß ein Forst die wilden Tiere »umfaßt«, die für eine Jagd, einen Park und ein Wildgehege charakteristisch sind (Manwood differenziert und klassifiziert die Spezies), erhalten alle derartigen Tiere den Schutz des Königs, sobald sie die natürlichen Grenzen überschreiten, die einen Forst definieren: »und wenn daher derartige Tiere oder Vögel der Jagd, des Parks oder des Wildgeheges in einem Forst gejagt oder getötet werden, so handelt es sich um ein Forstvergehen und muß nach den dafür geltenden Gesetzen bestraft werden und nach keinem anderen Gesetz sonst« (S. 148). Die Durchsetzung des Forstrechts ist die Aufgabe der speziell ernannten Beamten des Königs: Jagdaufseher, Forstsheriffs und so weiter. Diese Rechtsbeamten haben darüber hinaus die Jurisdiktion nur für ihre bestimmten Forste. Ohne diese spezifizierte juristische Bürokratie können Forste nicht existieren.

Fassen wir zusammen. Für Manwood ist ein Forst ein Naturschutzgebiet. Die königlichen Forste gewährten den wilden Tieren dieselbe Art von Zuflucht, die die Kirche Verbrechern oder Flüchtlingen gewährte, die ihr Gebiet betraten. Forste und Kirchen werden daher gleichbedeutend in ihrer Befugnis, Schutz zu gewähren, der eine für Menschen oder Verbannte und der andere für Jagdtiere. Manwood glaubte, daß das Wort *forest* selbst in seiner ursprünglichen Bedeutung den Begriff des Asyls enthielte. Er bemerkt, daß die Wörter *silva* und *saltus* keine richtigen lateinischen Entsprechungen für »Forst« sind, denn sie bezeichnen nur einen Wald: »Auch wenn das Wort *sylva* oft für einen Forst genommen und wiedergegeben wird, und ebenso das Wort *saltus*, so sind doch beide nicht das richtige Wort für einen Forst, sondern für einen Wald« (S. 151). Ein Forst ist zwar ein »Ort voller Wälder. ... Aber es folgt daraus nicht, daß jeder Wald ein Forst ist, auch wenn es dort Rehe und andere wilde Tiere gibt, *sofern nicht der Ort vom König mit dem Vorrecht für die Ruhe und den Schutz der wilden Tiere dort ausgestattet ist*« (ebd.).

Unter Heranziehung von Wendungen aus Budaeus' *Liber de Philologia* stellt Manwood fest, daß das richtige lateinische Äquivalent für Forst *sylva sacrosancta* oder *saltus sacrosanctus* – ein sakrosankter Wald – wäre. Er behauptet dann, daß Latinisten das Wort *foresta* aus den Wörtern *fera* und *statio*, »das heißt ein sicherer Aufenthalt für wilde Tiere«, zusammengesetzt hätten. Er äußert dann die Ansicht, daß das englische Wort »forest« aus den Wörtern *for* und *rest* zusammengesetzt sei, »wobei sich der Name von der Natur des Ortes herleitet, der vom König für die Rast und als Wohnung der wilden Tiere privilegiert ist« (S. 151f.). Eine alte Philologie kommt einer alten Sammlung von Forstgesetzen zu Hilfe.

Das natürliche Gesetz selbst, so Manwood, ist es, welches dem König das Recht gibt, Forste einzurichten, *ubicumque eam habere voluit*, wo immer es ihm so beliebt (S. 140). Sein Status als der transzendente Souverän des Landes verleiht dem Monarchen die Verantwortung für die natürliche Welt, auf der sein Reich beruht. Hinter dem göttlichen Recht des Monarchen und seinen Verantwortlichkeiten steht in Manwoods Abhandlung, wenn auch niemals ausdrücklich formuliert, ein unbedingter Imperativ: du sollst die Wildnis vor völliger Vernichtung retten. Indem der König gewisse Orte als Forste privilegiert, deklariert er sie als unzugänglich für die Übergriffe der Geschichte. Schon der Raum der Geschichte muß eingedämmt, beschränkt, in Schach gehalten werden, und die gefräßige Welt der gesellschaftlichen Menschheit muß daran gehindert werden, das Land völlig ihren Zielen anzupassen. Schutzgebiete für eine ursprüngliche Natur müssen weiterhin existieren. Der Souverän erbt daher mit seiner Krone und seinen Privilegien eine doppelte Verantwortung: er muß die häusliche Welt seines Königreichs regieren, aber er muß auch ihre Grenzen abstecken und einen Randbezirk der Wildnis bewahren.

Was wir manchmal nicht verstehen und was Kritiker des königlichen Jagdprivilegs nicht akzeptieren wollten, ist, daß eine wesentliche Dimension der Personalität des Königs dem Wald gehörte. Die Wildnis jenseits der Mauern seines Hofes gehörte ganz genauso zu seiner Natur wie die zivilisierte Welt innerhalb eben dieser Mauern. In dieser Wildnis verfolgt der König begierig das flüchtige Reh in einer Jagd, die den Charakter eines heiligen Rituals annimmt. Die Jagd ritualisiert und bestätigt die alte Natur des Königs als Zivilisator und Eroberer des Landes. Seine Forste sind Schutzgebiete, in denen die königliche Jagd in rein symbolischer Weise die historische Eroberung der Wildnis wiederholen darf. Der König kann dieses Symbolismus nicht beraubt werden, denn dieser gehört ebenso wie seine Souveränität zu seiner Natur. Der König verkörpert und repräsentiert in seiner Person die zivilisierende Kraft der Geschichte, aber andererseits hegt er in seiner Souveränität eine Wildheit, die größer und mächtiger ist als die Wildnis selbst. Besäße er nicht diese urtümlichere Natur, könnte er weder Beschützer noch Herrscher seines Reiches sein. Als Souverän des Landes überwindet der König die Wildnis, weil er von Natur aus der Allerwildeste ist. Eine Doppelnatur verknüpft daher den König mit dem Forst nicht weniger als mit dem Hof.

Wer ist also letztlich Manwoods König? Er ist der Retter der Jagdtiere der Wälder, aber er ist auch ihr Verfolger. Die »räuberischen Tiere« Englands waren gegen Ende des 1. Jahrtausends von Edgar, »einem sächsischen König, Anno 959« vernichtet worden. Nach einer solchen Ausrottung kam der Schutz, aber unter einem völlig neuen Rechtssystem. In den königlichen Forsten gibt es jetzt nur noch ein räuberisches Tier: den König selbst. Alle anderen Wölfe sind fort. Die überlebenden Jagdtiere, die einst von anderen räuberischen Tieren gejagt wurden, werden jetzt ausschließlich von dem Monarchen mit der Wolfsnatur in den geschützten Grenzen seiner Forste gejagt. So gehört die souveräne Natur des Königs zur Natur, und so kehrt sie immer wieder zu den Schutzgebieten zurück, um das Gesetz ihrer Überwindung zu ritualisieren. Forste liegen jenseits der königlichen Mauern als Schatten des Hofes. Wie der tapfere Ritter des mittelalterlichen Romans irrt auch der König durch seine Forste, aber in diesem Fall nimmt die Komödie die Gestalt einer langen und eifrigen Jagd an, die voller Umkehrungen und Peripetien, voller Schall und Wahn ist und die mit dem Tod eines Jagdtiers endet.

Geächtete

Das Forstrecht, das Manwood erörtert, wurde in England in rigoroser Weise von Wilhelm dem Eroberer eingeführt, der im 11. Jahrhundert wie eine Katastrophe über die Sachsen hereinbrach. Der normannische Eindringling verwüstete die Insel derart, daß noch zwanzig Jahre nach seiner Ankunft das *Domesday Book* berichtete, viele Dörfer lägen immer noch in Trümmern und in einigen Gegenden des Landes ließe sich nicht feststellen, ob überhaupt noch jemand am Leben sei. Die meisten englischen Adligen waren getötet, gefangengesetzt oder in die Verbannung getrieben worden. Neue Herren nahmen den Platz der alten ein, und Knechtschaft wurde das Los vieler freier Lehnsmänner des dänischen Gebiets. Die Normannen brachten ihre fremde Sprache mit, zwangen den Engländern mit schroffer Intoleranz ihre Gesetze und Gebräuche auf und machten sich ganz allgemein verhaßt. Der Haß wich allmählich einem Groll, aber er hielt noch sehr lange an.

Wilhelms Passion für die Eroberung wurde nur von seiner Passion für die Jagd übertroffen. »Er liebte die Hirsche so sehr / als ob er ihr Vater wär«, lesen wir in einem Gedicht aus der *Chronik von Peterborough*. Wilhelms Leidenschaft war derart, daß er große Gebiete des Landes zu Forsten erklärte, *ubicumque eam habere voluit*, wo immer es ihm beliebte. Ganze Dörfer wurden abgerissen und ihre Bewohner vom Land vertrieben, als Wilhelm beschloß, die Gegend zu einem Forst zu machen, die dann den Namen *New Forest* erhielt. Dieser Name hat mittlerweile etwas Ironisches, denn dieser Wald ist bis auf den heutigen Tag der älteste Wald Englands; doch zur damaligen Zeit war die Bezeichnung angemessen, denn große Teile davon waren damals nicht einmal bewaldet.

Das Forstrecht des Normannen war ebenso streng, wie es unverletzlich war. Übertretungen wurden unbarmherzig geahndet, und Gesetzesbrecher wurden durch Blendung oder Kastration bestraft. In den Eintragungen zum Tode Wilhelms des Eroberers in der *Chronik von*

Peterborough (im Jahre 1087) spielt das altenglische Gedicht, das jetzt als »Das Gedicht von König Wilhelm« bezeichnet wird, auf die zügellosen Maßnahmen an, die dieser legendäre Held des Naturschutzes, Wilhelm der Eroberer, der Vater der Hirsche, ergriff. Das »Gedicht« verdient es, in voller Länge zitiert zu werden:

> Burgen ließ er bauen
> Und arme Menschen heftig unterdrücken.
> Der König war sehr streng
> Und nahm von seinen Untertanen manche Mark
> Von Gold und mehrere hundert Pfund Silber.
> Er nahm dieses Gewicht mit großer Ungerechtigkeit
> Von seinem Volk, aus geringer Not.
> Er fiel in Habgier,
> Und er liebte Habsucht sehr.
> Er errichtete viele Wildgehege und erließ auch Gesetze,
> Wer einen Hirsch oder eine Hirschkuh tötete,
> Der sollte geblendet werden.
> Er belegte Hirsche und auch Eber mit einem Verbot.
> Er liebte die Hirsche so sehr,
> Als ob er ihr Vater wär.
> Er machte auch Gesetze über Hasen, daß sie frei laufen sollten.
> Seine großen Männer beklagten es, und die Armen betrauerten es,
> Aber er [war] so streng, daß ihn all ihr Haß nicht kümmerte.
> Aber sie mußten dem Willen des Königs folgen,
> Wenn sie leben oder Land besitzen wollten,
> Land oder Eigentum, oder besonders seine Gunst.
> Ach! daß ein Mann so stolz sein sollte,
> Sich erheben und sich über alle Menschen erhaben schätzen sollte.
> Möge der allmächtige Gott seiner Seele gnädig sein
> Und ihm Vergebung seiner Sünden gewähren.
>
> (Rositzke, S. 121)

Ironischerweise wurden die Wälder, die Wilhelms Gesetze außerhalb der Reichweite menschlichen Eingreifens stellte, dadurch nicht allein Zufluchtsstätten für Wilhelms geliebte Hirsche, sondern auch für englische Adlige, die ihrer Ländereien und ihrer alten Rechte beraubt waren. Viele, die die Unterwerfung nicht akzeptieren oder das Land als Arbeiter bearbeiten konnten und die zu stolz zum Betteln waren, begaben sich in die Wälder und lebten dort, so gut sie konnten, indem sie jagten und die Normannen belästigten. Aus ihren Verstecken in den Wäldern setzten sie den Widerstand gegen die Invasoren mit einem erbitterten Guerillakrieg fort, indem sie ihren Feinden Fallen stellten und sie in Hinterhalte lockten. Diese Banden englischer Verbannter stellten sich außerhalb des Gesetzes – eines Gesetzes, dessen Legitimität sie nicht anerkannten. Ihr Haß gegen die Normannen wurde von der einheimischen Bevölkerung weitgehend geteilt, und einige der kühneren Geächteten erwarben beträchtlichen Ruhm im Land. Ihre rücksichtslosen Überfälle und Vergeltungsmaßnahmen gegen juristische Beamte wurden zum Stoff von Sagen und volkstümlichen Balladen, und das ließ in England eine sagenhafte Gestalt entstehen, die die Volksphantasie noch jahrhundertelang faszinieren sollte: die des heroischen Geächteten, der aus seinem Versteck im Wald heraus die Kräfte der Ungerechtigkeit bekämpft.

Herewald, Fulk Fitzwarin, der Mönch Eustachius – das sind historische Gestalten, die legendären Ruhm als Geächtete errangen. Die beiden letztgenannten gehören der Regierungszeit von König Johann an, Herewald dagegen kämpfte gegen Wilhelm selbst. Zusammen mit den Dänen plünderte er das Kloster Peterborough und trug dessen Schätze davon. Die Insel Ely im Marschland wurde sein Stützpunkt. Anderthalb Jahrhunderte später zog der Baron Fulk Fitzwarin in die Wälder, um einen Guerillakrieg gegen König Johann zu führen, der ihm Unrecht getan hatte, und auch er erlangte durch seine Taten allgemeine Berühmtheit. Zu jener Zeit war die normannische Eroberung nur noch eine ferne Erinnerung in den Überlieferungen vom Geächteten, und als die Geschichten von Gamelyn, Robin Hood und Adam Bell aufkamen (die frühesten Balladen wurden im 14. und 15. Jahrhundert niedergeschrieben, auch wenn eine mündliche Überlieferung vermutlich schon seit viel früherer Zeit existierte), spielte die normannische Eroberung in den Sagen von den Geächteten keine Rolle mehr, und die Geächteten waren als solche keine historischen Gestalten. Doch wie ihre historischen Vorgänger waren diese Geächteten der volkstümlichen Überlieferung auch keine bloßen Verbrecher oder Feinde der Gerechtigkeit. Sie tauchen in den Sagen als Rebellen auf, die ein Gesetz in Frage stellen, das gegen sie Ungerechtigkeiten verübt hatte, daher als Feinde nicht des Rechts, sondern vielmehr dessen Niedergangs. In ihren Wäldern verfolgen sie den Schatten des Rechts, aber indem sie dies tun, bringen sie die konventionelle Dichotomie zwischen Licht und Schatten durcheinander. Indem sie sich außerhalb eines willkürlichen oder korrupten Rechts stellen, erscheinen sie als die wahren Verfechter der natürlichen Gerechtigkeit, während das institutionelle Recht als der bloße Schatten seines leuchtenden Ideals erscheint.

Robin Hood, der berühmteste Geächtete der englischen Folklore, ist kein Lancelot oder Yvain, der auf der Suche nach Abenteuern durch die Wälder irrt. Er ist jedoch auch kein Revolutionär, der die etablierte Ordnung, die die ritterlichen Helden repräsentieren, umstürzen will. Wie die meisten legendären Geächteten ist Robin Hood in Wirklichkeit ein Vorkämpfer von Recht und Ordnung in ihrem idealen Verständnis. Seine Gesetzlosigkeit repräsentiert das schlechte Gewissen eines Rechts, das stellenweise verderbt oder korrupt geworden ist. Seine Außenseiterposition im Hinblick auf die Institutionen der Gesellschaft deutet die Unfähigkeit des Gesetzes an, zwar nicht dem Buchstaben, aber dem Geist des Rechts treu zu sein, und seine Sage dreht sich um ein ironisches Paradox, wonach Ungerechtigkeit dem Raum der Rechtsprechung angehört, während die gerechte Sache keine andere Wahl hat, als in den Wäldern Zuflucht zu suchen.

Um das Ausmaß zu verstehen, in dem der britische Geächtete in seiner Weltanschauung alles andere als revolutionär ist, wollen wir einen Augenblick bei der Rhetorik eines historischen Dokuments verweilen, das uns aus dem 14. Jahrhundert überliefert ist. Im Jahre 1336 schrieb Lionel, ein echter Geächteter, den folgenden Brief an Richard de Snaweshill, der damals Kaplan von Huntington war:

> Lionel, König der Rotte der Räuber, grüßt, doch mit wenig Liebe, seinen falschen und treulosen Richard de Snaweshill. Wir befehlen dir, bei Strafe des Verlusts von allem, was unseren Gesetzen verfallen sein kann, daß du unverzüglich den aus seinem Amt entfernst, den du in dem Vikariat von Burton Agnes hältst; und daß du den Abt von St. Mary's seine Rechte in dieser Sache haben läßt und daß die Wahl des Mannes, den er ausersehen hat, welcher einer Beförderung würdiger ist als du oder jemand deines Stammes, bestätigt wird. Und wenn du dies nicht tust, so erklären wir feierlich zuerst vor Gott und dann vor dem König von England und unserer eigenen Krone, daß du von uns solche Behandlung erfahren sollst, wie sie der Bischof von Exeter in Cheep bekam; und wir werden dich aufspüren, selbst wenn wir dazu in die Coney Street in York kommen müssen. Und zeige diesen Brief deinem Herrn, und heiße ihn abstehen von falschen Verträgen und Bündnissen, und Recht geschehen lassen dem, den der Abt vorgestellt hat; sonst soll er von uns und unseren Männern einen Schaden erfahren, der tausend Pfund wert ist. Und wenn du unsere Befehle nicht zur Kenntnis nimmst, haben

> wir unseren Statthalter im Norden geheißen, solch große Beschlagnahme über dich zu vollstrecken, wie oben gesagt ist. Gegeben in unserer Burg des Nordwinds, im Grünen Turm, im ersten Jahr unserer Regierung. (Keen, S. 200)

Das ist nicht die Stimme eines Mannes, der die etablierte Ordnung umstürzen möchte oder der sie in ihrer Grundlage in Frage stellt. Es ist die Stimme eines Geächteten, der vor Gott und dem König von England schwört, daß er die Dinge in seine eigenen Hände nehmen und diejenigen zermürben wird, die das Gesetz durch »falsche Verträge und Bündnisse« mißbrauchen. Lionel spricht von »Treulosigkeit«, von »Gesetzen«, von »Rechten« und von »Würdigkeit«. Er bezeichnet sich als »König«, der die profanen und »räuberischen« Tiere der Gesetzlosigkeit jagt. Er wird Richard de Snaweshill »aufspüren« – als einen Wolf in den Gemächern der Institutionen. Als König der Rotte der Räuber ist Lionel der Bluthund der Gerechtigkeit in einer Welt, die deren Prinzipien auf den Kopf stellt und sie von innen nach außen kehrt.

Wir haben es hier mit der Logik der Komödie auf ihrer rudimentärsten Ebene, nämlich der des Absurden, zu tun. Die Komödie bringt nicht immer Zynismus mit sich – Lionel ebenso wie die legendären britischen Geächteten sind in ihrem moralistischen Glauben an die Gerechtigkeit das genaue Gegenteil von Zynikern –, aber sie bringt immer Absurdität mit sich. Absurdität beruht auf der Tatsache, daß etwas als etwas anderes erscheint als das, was es zu sein beabsichtigt oder vorgibt. Solche Absurdität kann komisch werden, wenn es eine *Entlarvung* der täuschenden Erscheinung gibt. Im Falle der heroischen Gesetzlosigkeit ist es der Geächtete selbst, der die Institutionen entlarvt, die unter dem Mantel der Legitimität ihre Pervertierung des Gesetzes verbergen. Lionel der Geächtete will die falschen Verträge und Bündnisse jener Räuber, die ihre Profanität in das Gewand der Legitimität kleiden, nicht gelten lassen.

Angesichts dieser Logik des Absurden, wodurch Erscheinungen eine konträre Wirklichkeit verdecken und der Geächtete zum Apologeten des Gesetzes wird, ist es nicht überraschend, daß sich durch Geschichten von britischen Geächteten ein Motiv zieht, daß für die Komödie im üblichen Sinne typisch ist, nämlich das Motiv der *Verkleidung*. In den Sagen von Herewald finden wir, daß sich der Geächtete als Töpfer verkleidet und das Lager des Königs in der Nähe der Insel Ely betritt. Robin Hood und seine Schar verkleiden sich ständig, um den Sheriff zu überlisten oder eine sagenhafte Heldentat zu vollführen.

In der *Kleinen Geschichte von Robyn Hood und seiner Schar*, einer der ältesten erhaltenen Balladen von Robin Hood, ist es König Edward selbst, der sich als Mönch verkleidet, um in Robin Hoods Versteck im Wald einzudringen. Das Motiv der Verkleidung schafft zwar eine Reihe komischer Wirkungen, aber thematisch geht es in diesen Geschichten viel tiefer, als es auf den ersten Blick aussehen würde. Die List, die Schliche und Verstellungen, kurz, die verschiedenen Kunstgriffe der *Täuschung*, die die Strategien der Geächteten kennzeichnen, scheinen alle auf dieselbe grundlegende oder zugrundeliegende Absurdität zu verweisen, nämlich die Travestie des Gesetzes durch seine angeblichen Wächter. Korrupte Sheriffs, bestochene Richter, willkürliche Rechtssprüche – das ist das gängige Inventar in Geschichten, die eine Welt vor Augen führen, in der die Gewänder der Gerechtigkeit nur allzuoft bloß deren Gegenteil verhüllen. Die Verkleidung ist also zuallererst der Skandal des Rechtssystems, welches Gerechtigkeit zu üben scheint, in Wahrheit aber Ungerechtigkeit fördert. Sobald der Skandal offenkundig wird, nimmt der Geächtete seine eigene Verkleidung an, um auf das System zu antworten, wobei er durch seine Listen dessen hinterhältige Täuschung widerspiegelt. Kurz, er erscheint als Schatten des Systems.

Das Phänomen der Verkleidung erscheint schon im Namen *Robin Hood*, der ganz sicher davon abgeleitet ist. Die Haube (*hood*) ist das, was verbirgt (*hides*), was eine schützende Hülle für den Kopf des Geächteten bietet. Der Name Robin wiederum ist von dem französischen Wort *robe* abgeleitet, welches das Gewand bezeichnet, das den Körper schützt. Wir könnten also sagen, daß Robin Hood von Kopf bis Fuß unter einer Bedeckung, im Schatten des Gesetzes, existiert. Doch die allererste und wichtigste Bedeckung für den Geächteten ist keine andere als der Wald selbst. Der Wald stellt seinen Ort der Verbergung dar. Sein Blätterdach ist sein Schirm und sein Blattwerk sein Gewand. In seinen Schatten findet der Geächtete sichere Zuflucht vor der etablierten Ordnung und kann seine Feinde wie eine unsichtbare Erscheinung angreifen, die sich von Zeit zu Zeit plötzlich und unvermutet offenbart, nur um sich wieder in den Schutz des Waldes zurückzuziehen. Robin Hood trägt also den Schutz des Waldes, wo immer er hingeht.

Andererseits ist der Wald mehr als nur ein strategisches Versteck in den Sagen von Geächteten; er ist der Sicherungsort, der symbolisch die komische Absurdität beherrscht, die die Beziehung zwischen Wirklichkeit und Erscheinung oder der institutionellen Ordnung und ihrem Schatten definiert. Wälder stellen eine *verkehrte* Welt oder den Schatten der Ironie selbst dar. Die Listen der Täuschung, die von Geächteten in ihrer Guerillataktik eingesetzt werden, ergeben sich als Reaktion auf eine bereits existierende Täuschung. In der Logik dieser Geschichten dient die Täuschung also letztlich dazu, die täuschenden Beschönigungen der gewöhnlichen, regelrechten Welt zu entlarven. Solch paradoxe Logik trägt zweifellos dazu bei, zu erklären, warum Wälder in der Literatur dieser Periode typischerweise zum Ort komischer Umkehrungen und Verkleidungen werden. Sie sind auch nicht nur auf diese Epoche beschränkt. In Komödien der elisabethanischen Zeit liefern Wälder ebenfalls den Schauplatz für Verkleidungen, Schliche, Geschlechtsumwandlungen, Identitätsverwirrungen und so weiter, und sie werden zu dem Bereich, in dem die konventionelle Wirklichkeit ihre Überzeugungskraft verliert und in einem Drama der Irrungen und Wirrungen verschleiert oder entlarvt wird. Wenn es eine der Hauptfunktionen der Komödie ist, die Instabilität oder Absurdität der Welt, wie sie von Menschen definiert wird, zu dramatisieren, so stellen Wälder einen natürlichen Schauplatz für die Inszenierung ihrer ironischen Logik dar, dank ihrer Schatten der Äußerlichkeit gegenüber der Gesellschaft.

Mittelalterliche Sagen von Geächteten gehören noch auf andere Weise als durch ihre ironische Umkehrung der Erscheinungen der Welt zum komischen Genre. Genau wie die Komödie eine Situation umkehrt, um sie schließlich wieder richtigzustellen, enden auch die Geschichten von Geächteten, die die Travestie der Gerechtigkeit entlarven, typischerweise mit Versöhnungen, die das Vertrauen des Geächteten auf die Gerechtigkeit rechtfertigen. Die würdige Sache, die sich zeitweilig außerhalb des Gesetzes stellt, schließt endlich Frieden mit dem Gesetz, sobald Gerechtigkeit die Oberhand gewinnt. Fast alle mittelalterlichen Geschichten von Geächteten haben ein Happy-End, welches offenbart, wie sehr sie tatsächlich die Grundprinzipien der Gesellschaftsordnung bestätigen. Wie Yvain und die mittelalterlichen Ritter, die, nachdem sie im Wald in Verwirrung geraten sind, schließlich ihren Verstand wiedergewinnen, wird der Geächtete früher oder später wieder in das System aufgenommen, dessen Korruptheit er entdeckte. In den *Gesta Herewaldi* wird Herewald vom König begnadigt und wieder in seine frühere Würde eingesetzt. Ebenso werden Fitzwarin, Gamelyn und Robin Hood, nachdem sie die Willkür des Gesetzes angegriffen haben, für ihre Bemühungen durch feierliche Versöhnungen mit dem König belohnt. Der König, der schon in seiner Person die Legitimität des Gesetzes verkörpert, gewährt ihnen typischerweise Verzeihung, er läßt sie wieder in die menschliche Gesellschaft ein und erstattet ihnen ihre vollen Rechte zurück.

Diese Happy-Ends bedeuten, daß heroische Gesetzlosigkeit einen Angriff auf das Rechtssystem darstellt, der von *innen* geführt wird – aber aus dem Inneren seines Schattens heraus. Der Schatten des Rechts ist in diesem Fall kein anderes Recht wie in den tragischen Mythen der Antike. Dionysos gehört nicht dem Schatten des Rechts von Theben an; er entfesselt eine Anarchie, die derjenigen, auf die sich die städtische Gesellschaft gründet, fundamental entgegengesetzt ist. Der Geächtete des Waldes hat eine ganz andere Berufung. Er greift das Gesetz in seinen eigenen Kategorien an, indem er seine inhärenten Widersprüche, Unzulänglichkeiten und Ironien, kurz, die Tatsache enthüllt, daß seine Ansprüche nicht mit seiner Wirklichkeit in Einklang stehen. Seine Berufung stellt eine praktische Kritik dar. Als Hüter der idealen Gerechtigkeit des Gesetzes begibt er sich in den Wald, um seinen Krieg zu führen, aber das Happy-End liegt in seiner Rechtfertigung - in seiner Wiederaufnahme in das System. Tragische Weisheit weicht komischem Heroismus. Sobald der Geächtete freigesprochen ist, läßt er den Wald hinter sich und tritt in das Licht der Erlösung.

Dantes Irrtumslinie

Die Wälder der Komödie nehmen in Dantes *Göttlicher Komödie* eine neue Bedeutungsdimension an, aber eine, die mit dem, was wir bisher gesehen haben, nicht unvereinbar ist. Als sich Dante zu Beginn des *Inferno* in einem dunklen Wald verloren sieht, steht auch er im Schatten des Gesetzes, nur ist es in diesem Fall nicht das weltliche Gesetz, sondern Gottes moralisches Gesetz. Auch hier ist der Pilger eine Art Geächteter, und der Wald, in dem er umherirrt, ist ebenso eine verkehrte Welt, aber der Unterschied ist, daß Dante kein »Unschuldiger« ist. Anders als das weltliche Gesetz ist Gottes Gesetz unfehlbar. Der »dunkle Wald« ist also keine Zuflucht vor der Ungerechtigkeit des Gesetzes, sondern eine Allegorie für christliche Schuld im allgemeinen. Der Prozeß der Erlösung folgt jedoch gewissen komischen Mustern, die uns bereits vertraut sind.

Unsere hermeneutische Annäherung an Dantes Dichtung erfordert besondere Aufmerksamkeit und Vorsicht. Wenn Wälder allegorisch werden, werden sie bereits trügerisch; wenn aber die Allegorie, wie in Dantes Fall, theologischer Natur ist, werden sie es in noch höherem Maße. Es gibt kein besseres Beispiel hierfür als die Anfangsverse der *Göttlichen Komödie*, die zu den berühmtesten in der Literaturgeschichte gehören:

Nel mezzo del cammin di nostra vita
mi ritrovai per una selva oscura,
che la diritta via era smarrita.
(*Inferno* I, V. 1–3)

Wohl in der Mitte unsres Lebensweges
geriet ich tief in einen dunklen Wald,
so daß vom graden Pfade ich verirrte.

Sündhaftigkeit, Irrtum, Irrwege, Entfremdung von Gott – das sind die allegorischen Assoziationen von Dantes *selva oscura*, seinem dunklen Wald. Der Wald steht für die säkulare Welt als Ganzes, die des Lichtes Gottes beraubt ist, oder besser, für die ewige Verdammnis einer Seele, die von Gottes rettender Gnade abgeschnitten ist. Der Held sieht sich in der Mitte seines sterblichen Lebens desorientiert und verwirrt. Der gerade Weg ist verloren. Der Wald der moralischen Verwirrung ist abweichend, weglos, ausgangslos, erschreckend. Wenn wir seine allegorische Bedeutung einen Augenblick beiseite lassen, können wir bemerken, daß der Anfang der *Göttlichen Komödie* durchaus die erste Stelle in der Literatur sein kann, an der ein Motiv vorkommt, das später archetypisch werden wird: Furcht vor dem Wald. In der früheren mittelalterlichen Literatur begegnen wir Protagonisten, die sich vor wilden Tieren oder bösartigen Räubern im Wald fürchten, aber Dantes Furcht in der »Prologszene«, wie sie manchmal genannt wird, richtet sich auf keinen bestimmten Gegenstand. Sie ist eine vage und unbestimmte Furcht, die an existentielle Angst grenzt. Tatsächlich ist es die Entfremdung des Waldes selbst, die ihn erschreckt:

Ahi quanto a dir qual era è cosa dura
esta selva selvaggia e aspra e forte;
che nel pensier rinova la paura!
(V. 4–6)

Oh, schwer wird's mir, zu sagen, wie er war,
der wilde Wald, so finster und so rauh;
Angst faßt aufs neue mich, wenn ich dran denke!

Die Prologszene von Dantes *Inferno* ist im Laufe der Jahrhunderte endlos von Gelehrten kommentiert und analysiert worden, doch eine Reihe grundlegender Fragen bleibt erstaunlicherweise entweder ungestellt oder unbeantwortet. Das kommt daher, daß man es einfach für selbstverständlich nimmt, daß die *selva oscura* einen Ort der Verwirrung darstellt, an dem sich der Pilger verirrt oder vom geraden Weg der moralischen Rechtschaffenheit abirrt. Und warum sollte man so etwas schließlich nicht für selbstverständlich halten? Ist der Wald nicht typischerweise der Ort, an dem man die Orientierung verliert, an dem der gerade Weg verlorengeht? Solche selbstverständlichen Annahmen machen es leicht, die Tatsache zu übersehen, daß die allegorische Logik in *Inferno* I sie nicht ganz stützt.

Eine der Fragen, die ungestellt bleiben, betrifft genau den Status der geraden Linie. Die ersten Verse sprechen sowohl vom »Lebensweg« als auch vom »geraden Pfad«. Wir nehmen spontan an, daß sterbliches Leben hier mit einem linearen Weg verglichen wird, der sich im Wald verliert. Doch vielleicht ist das überhaupt nicht der Fall. Die »Mitte unseres Lebenswegs« ist kein Halbierungspunkt auf einer linearen Bahn; sie ist vielmehr ein Wendepunkt, der zur Konversion oder Umkehr im christlichen Sinne ruft. An diesem Halbierungspunkt kann man nicht länger auf einer geraden Linie weitergehen, oder wenn man es tut, geht man in die Irre. *Gerade weil sich Dante auf einer geraden Linie bewegt, verliert er sich in der »selva oscura«.*

Das wird offensichtlich, wenn wir eine andere von Wissenschaftlern übergangene Frage zur Prologszene aufwerfen, die ebenso einfach wie entscheidend ist: Wie kommt Dante aus der *selva oscura* heraus? Wir wissen es nicht. Die Dichtung sagt es uns nicht. Alles, was wir wissen, ist, daß er sich unversehens in einer anderen Art von Landschaft wiederfindet – dem verlassenen Hang eines Berges, dessen Gipfel im Licht der Transzendenz erstrahlt. Die Szenerie wechselt abrupt. Dante befindet sich plötzlich auf einer *piaggia deserta*, einem öden Strand. Auf unerklärliche Weise weicht der Wald der Öde. Wie kommt Dante aus der geschlossenen Dichte des Waldes in die offene Leere einer Öde? Warum diese Umkehrung der Landschaft? Und was hat diese Umkehrung mit der christlichen Bekehrung zu tun?

Wenn unsere Behauptung zutrifft – daß Dante, indem er einen geraden Weg verfolgt, in die Irre geht –, dann hat diese Umkehrung der Landschaft durchaus einen Sinn. Da sich Dante nicht mehr in einem Wald befindet, sondern auf einem öden Abhang, ist er jetzt frei, in einer geraden Linie bergan zu gehen. Und er schickt sich auch an, das zu tun. Der Pfad wird jedoch sogleich unpassierbar, da unser Pilger drei Tieren begegnet, die ihm den Weg versperren – einem Leoparden, einem Löwen und einer Wölfin (Allegorien für die drei Hauptkategorien der Sünde: Betrug, Gewalttätigkeit und Zügellosigkeit). Dante hat den Wald eigentlich nicht verlassen, denn diese Tiere gehören seiner Wildnis an. (Bei der Auswahl der Tiere ließ sich Dante anscheinend von

Jeremia inspirieren: »Darum wird sie auch der Löwe, der aus dem Walde kommt, zerreißen, und der Wolf aus der Wüste wird sie verderben, und der Parder wird um ihre Städte lauern.« [Kap. 5, V. 6]) Wir könnten daher sagen, daß sich die Landschaft in eine Öde verwandelt und dabei im Grunde ein Wald bleibt. Indem Dante die Topographie der Szene umkehrt, ohne ihren Charakter zu ändern, gelingt es ihm, dem Leser nachdrücklich zu veranschaulichen, daß die gerade Linie, die *diritta via*, die Irrtumslinie ist.

Dantes einsamer Versuch, den Berg zu ersteigen, ist von einigen Kritikern angemessen als verfehlter Versuch zu *direktem* intellektuellen Transzendieren der materiellen Welt in neuplatonischer Manier interpretiert worden. Die Flucht der Seele hin zu ihrem spirituellen Ursprung auf einer gerade aufsteigenden Achse erweist sich für Dante als falsches Versprechen, denn es bringt den *Willen* nicht in Übereinstimmung mit dem *Intellekt*. In der christlichen Lehre trägt der Wille die Last der Sünde, denn er trägt das Gewicht des Leibes selbst. Während die Gabe des Verstandes vielleicht das Gute begreift, muß der Wille einen Weg finden, um die Schwerkraft der materiellen Welt zu überwinden. Er kann das nur mittels moralischer Konversion tun – indem er sich in Glauben und Demut Gott zuwendet – und nicht lediglich durch intellektuelle Aufklärung. In der Prologszene *sieht* Dante das Licht der Transzendenz auf der Spitze des Berges, aber er kann zu ihm nicht voranschreiten, insofern sein Wille Behinderungen unterworfen ist. Die *selva oscura* erscheint also als der Schauplatz der Ohnmacht oder der Selbstvergessenheit des Willens.

Wir wissen aus Dantes literarischen Autobiographien, daß er tatsächlich unmittelbar vor dem Beginn der Arbeit an der *Göttlichen Komödie* einen strikt intellektuellen Kurs verfolgt hatte. Sein früheres Werk, das *Convivio*, erzählt die Geschichte seiner stürmischen Liebesaffäre mit der Philosophie, die ihm Transzendenz durch intellektuelle Versenkung versprach. Dieses Versprechen erwies sich für Dante als leer und gegenstandslos, und dies so sehr, daß wir sagen könnten, daß es die *diritta via* seines philosophischen Engagements ist, die ihn direkt in die *selva oscura* führt. Ja, in der allgemeinen Ökonomie von Dantes Laufbahn erscheint das unvollendete *Convivio* als das, was die Deutschen einen Holzweg nennen: ein Weg durch den Wald, der nirgendwohin führt.

So kann der Pilger nicht in einer geraden Linie auf den Berg der Erlösung steigen. Drei Tiere versperren ihm den Weg. Er wird aus seiner Zwangslage von Vergil erlöst, einer Weisheitsgestalt, die auf dem Schauplatz erscheint und ihm mitteilt, daß der Weg bergauf tatsächlich *hinab* durch den Schwerpunkt führt – direkt durch den Kern der materiellen Welt. Unter seiner Führung wird Dante durch die Kreise der Hölle hinabsteigen, den Mittelpunkt der Erde durchqueren und dann auf ihrer anderen Hemisphäre wieder auftauchen, wo er sich an den Ufern des Läuterungsberges findet. Seltsamerweise ist dies *derselbe* Berg, den er zu Beginn seiner Reise vergeblich zu ersteigen versucht hatte. Nachdem der Pilger die weitere, umständlichere, abwärts führende Route eingeschlagen hat – die Route der Demut und nicht die der Arroganz –, macht er eine wunderbare Verwandlung durch. Die Welt wird von oben nach unten gekehrt oder mit der richtigen Seite nach oben, und Dante ist jetzt endlich in der Lage, den Weg aus der *selva oscura* heraus zu finden.

Wenn der Wald der Prologszene eine Wildnis von Sünde und Tierhaftigkeit repräsentiert – die materielle Welt in ihrem ganzen gefallenen Zustand –, so wäre anscheinend Entwaldung im weiten allegorischen Sinn das Wesen des Läuterungsprozesses, der Dante hinauf zum Läuterungsberg führt. Doch das ist wirklich eine seltsame Art von Entwaldung, denn auf dem Gipfel des Berges sieht sich Dante tatsächlich erneut in einem Wald. Es ist nicht mehr die *selva oscura*, sondern die *selva antica* oder der »alte Wald« des irdischen Paradieses. Etwas Unheimliches liegt hier über der Dichtung. Der Wald ist nicht nur ein Ort der Abreise, sondern auch ein Ort der Ankunft, so sehr, daß hier im irdischen Paradies eine Reihe auffallender wörtlicher Parallelen an die Prologszene erinnert. Die Berührungspunkte zwischen den beiden Szenen legen nahe, daß die *selva antica* eine erlöste *selva oscura* ist oder eine, wie sie vor dem Sündenfall war. Dieser erlöste Wald flößt keine Furcht mehr ein, sondern weckt Entzücken. Der Läuterungsprozeß hat Dantes Willen »frei und aufrecht« gemacht, wie Vergil ihm erklärt (*Purgatorio* XXVII, V. 140–141), aber »aufrecht« ist in diesem speziellen Zusammenhang ein ironisches Adjektiv. Es läßt sich nicht in einem geradlinigen Sinn verstehen. Im Gegenteil, was Vergil Dante auf dem Berggipfel zu verstehen gibt, ist, daß er jetzt frei ist, *ziellos* durch die schönen Wälder zu wandern, ohne Irrtum oder Schrecken. Er hat sich von der *diritta via* – der Irrtumslinie – befreit.

Tatsächlich ist das erste, was Dante tut, nachdem er in dem alten Wald allein gelassen worden ist, daß er hierhin und dorthin umherwandert:

> Vago di cercar dentro e dintorno
> la divina foresta spessa e viva,
> ch'a li occhi temperava il novo giorno,
> sanza più aspettar, lasciai la riva,

prendendo la campagna lento lento
su per lo suol che d'ogni parte auliva.
(*Purgatorio* XXVIII, V. 1–6)

Begierig, zu durchstreifen drin und draußen
den heilgen, dichten, lebendfrischen Hain,
dess' Grün dem Auge dämpft den jungen Tag.
Nicht länger ließ ich hinter mir den Rain,
und langsam wandelnd schritt ich durch das Land
über die Erde hin, die Duft verströmte.

Das Wort *vago*, das den Gesang eröffnet, bedeutet »begierig« (es erinnert daher an die Kraft des Willens), aber *vagare* heißt im Italienischen auch »umherwandern«. Dantes Wille ist nunmehr frei, zu wandern, umherzustreifen, mit einem Wort, zu *vagabundieren*. Die Freiheit des Willens und selbst seine Geradlinigkeit nimmt die Form des Vagabundierens an. Mit anderen Worten, wenn Dante das irdische Paradies erreicht hat, hat er gelernt, *die Wege des Waldes zu beherrschen*. Er ist ein Wäldler geworden. Als er in ebendiesem Wald Beatrice begegnet, wird sie das ausdrücklich bestätigen:

Qui sarai tu poco tempo *silvano*;
e sarai meco sanza fine cive
di quella Roma onde Christo è Romano.
(XXXII, V. 100–102)

Hier wirst du kurze Zeit ein *Waldbewohner* sein,
und ohne Ende wirst mit mir du Bürger sein
des Rom, in dem auch Christus Römer ist.

Die nächste Frage, die wir an diesem Punkt stellen müssen, ist die, warum Dantes irdisches Paradies als alter Wald erscheint? Was zuvor profan war, ist zwar jetzt heilig geworden, aber dieser erlöste Wald bleibt dennoch ein Rätsel. Was unterscheidet ihn von dem dunklen Wald der Prologszene? In welchem Sinne ist er »erlöst«? Und was hat eine solche Erlösung mit der Erlösung des menschlichen Willens zu tun? Wir können uns bei unserer Interpretation hier nicht zurückhalten, sondern müssen zum Kern der Sache vordringen.

Der entscheidende Unterschied zwischen dem erlösten und dem unerlösten Wald ist folgender: Dantes *selva antica* ist nur eine denaturierte *selva oscura*. Nur weil sie so denaturiert ist, kann der Pilger im alten Wald frei und nach Belieben umherwandern. Die *selva antica* ist die *selva oscura*, der ihre Gefahren, ihre Wildheit, kurz, ihre wilden Tiere, genommen sind. Hier gibt es keine Löwen, keine Leoparden, keine Wölfinnen mehr. Dank dem Läuterungsprozeß hat dieser Wald aufgehört, eine natürliche Wildnis zu sein, und ist zu einem Stadtpark unter der Jurisdiktion der Stadt Gottes geworden. In der Erlösungsvision des Christentums werden die ganze Erde und ihre gesamte Natur ebensolch ein Park oder künstlicher Garten.

Die Tiere in Dantes Prologszene sind zwar allegorisch, aber in ihrem allegorischen Status behalten sie eine buchstäbliche Verknüpfung zu den wilden Tieren der Erde bei, denn die *selva oscura* bezieht sich letztlich auf die nicht humanisierte Natur. In der christlichen Lehre bedeutet die Erlösung der Natur – und hierzu gehört auch die menschliche Natur in ihrem gefallenen Zustand – ihre völlige Rehumanisierung, denn Gott schuf Adam ursprünglich nach seinem eigenen Bild und gab ihm die Herrschaft über die Tiere. Wenn man sagt, daß der menschliche Wille erlöst worden ist, so heißt das, daß er über die Natur triumphiert hat, daß er seine Wildnis bezwungen hat (Dante der Waldbewohner). Die Überwindung der Natur ist Gottes Wille und daher sein Gesetz, das sich durch die menschliche Geschichte hindurch herausbildet. Ob wir es Erlösung nennen oder Bezwingen, dieses Gesetz garantiert das Happy-End der Komödie als ganzer. Die Komödie ist in diesem Fall »Heilsgeschichte«. Ihr Gesetz erklärt, daß die abenteuerlich diversifizierte Freiheit der Natur überwunden werden und nur der menschliche Wille »frei« – in Übereinstimmung mit Gottes Gesetz – bleiben soll. Der Triumph des Willens über seinen Schatten – seine Ohnmacht – ist das, was die Allegorie der *Göttlichen Komödie* trägt.

Was jedoch an Dantes Erlösungsschema rätselhaft bleibt, ist sein Bedürfnis, einen denaturierten Wald auf die Spitze des Läuterungsberges zu setzen. Angesichts des christlichen Humanismus, der die Dichtung stützt, würde es passender erscheinen, an diesem Endpunkt der Läuterungsreise eine Stadt und nicht einen Wald zu finden. Der Apostel Johannes scheint konsequenter als Dante, wenn er sich am Ende seines Buchs der Offenbarung ein geometrisch entworfenes »neues Jerusalem« vorstellt. Eine solche Stadt, die »viereckig« liegt und bei der »die Länge und die Breite und die Höhe der Stadt« gleich sind – eine solche Stadt »nach Menschenmaß« scheint insgesamt viel angemessener als allegorisches Gegenstück zu Dantes *selva oscura*. Statt dessen haben wir am anderen Ende des dunklen Waldes einen weiteren Wald oder denselben denaturierten Wald, in dem Dante frei umherwandern und ein Waldbewohner werden kann.

Dantes Reise endet natürlich nicht im irdischen Paradies, sondern führt ihn darüber hinaus in jenes »Rom, in dem auch Christus Römer ist«, nämlich ins Paradies selbst. Aus der *selva oscura* gelangt er zu der *selva antica*, und danach steigt er die Himmelssphären empor und kommt schließlich zu der großen »himmlischen Rose« des Paradieses, wo die besseren Seelen ihren Sitz haben. Diese himmlische Rose erscheint als die letzte Metamorphose des Waldes, der Dante in der Prologszene so in Schrecken versetzte. Auf dem Wege vom Wald über den Garten zur himmlischen Rose verliert die Erde ihre Schwerkraft. Das verdünnte Bild der Rose bringt den christlichen Traum der Levitation zu seinem komischen Abschluß. Doch in diesem Traum liegt noch mehr als die Phantasie der Levitation. Levitation bedeutet, daß die Natur überwunden und nicht einfach zurückgelassen worden ist und daß ihre Wildnis unter die Herrschaft des Gesetzes gebracht worden ist. Mit einem Wort, beherrscht oder wieder beherrscht.

Wir haben eingangs behauptet, daß Wälder trügerisch werden, wenn sie allegorisch werden, denn die Allegorie verschleiert leicht die Verbindungen zwischen Wäldern im bildlichen und buchstäblichen Sinn. Die *Göttliche Komödie* entfaltet in der Tat einen beängstigenden allegorischen Apparat, aber wir, die wir uns mit Lichtgeschwindigkeit einem neuen Jahrtausend nähern, sind in einer historischen Position, uns der Dichtung gewissermaßen aus einer historischen Distanz zu nähern, und aus dieser Perspektive offenbart sie sich als heimtückische Allegorie des Willens – des Willens der Zivilisation, die Wildnis zu überwinden und im Namen von Gottes Gesetz bedingungslose menschliche Herrschaft über die Erde zu erlangen. Ob man es Erlösung oder Heil nennt, dieser Wille ist der Wille zur Macht.

Andererseits sind wir in einer Position, genau den Sinn zu sehen, in dem die *selva oscura* in Dantes Prologszene den Schatten des Gesetzes darstellt. Wenn das Gesetz die absolute Ermächtigung des Willens bedeutet, so fungiert sein Schatten als die Ohnmacht des Willens – seine Unfähigkeit, sich zu ermächtigen. Diese Ohnmacht ist der Schrecken von Dantes *selva oscura*. Doch Dante muß durch seinen Schatten hindurch, um seine Finsternis zu überwinden, denn nach der christlichen Lehre schließt der Erlösungsprozeß die Erlösung der Erde als ganzer ein, nicht nur ihre Transzendierung. Das bedeutet, daß auch die Natur in die Komödie mit einbezogen werden muß. Wenn die Neuplatoniker damit zufrieden waren, sich über die materielle Welt zu erheben oder sie allein durch intellektuelle Aufklärung (die *diritta via*) hinter sich zu lassen, so beharrt das Christentum darauf, zum Schwerpunkt der Natur hinabzusteigen und ihn durch die Kraft des Willens zu bezwingen. Dante kann daher nicht einfach in gerader Linie den Berg hinaufsteigen, als er sich in der *selva oscura* verloren sieht, denn die Erde als ganze muß erneut zum legitimen Erbe der Menschheit werden.

Schatten der Liebe

In der Literaturgeschichte erscheinen Wälder schon früh als Schauplatz für das, was später als das »Unbewußte« der menschlichen Psyche bezeichnet wird. Eine Geschichte aus Boccaccios *Dekameron* wird uns als Beispiel dienen. Das *Dekameron* ist eine »menschliche Komödie« genannt worden, im Gegensatz zur »göttlichen Komödie« von Boccaccios Vorgänger, und mit gewissen Einschränkungen ist diese Charakterisierung recht treffend. Die Geschichte, die uns interessiert, ist besonders komisch, denn das Thema für den ganzen fünften Tag des *Dekameron* (an dem diese Novelle erzählt wird) schreibt ein Happy-End vor: »Hier beginnt der Fünfte Tag, an dem unter Fiammettas Regiment von den Glücksfällen erzählt wird, die nach widrigen und betrübenden Ereignissen Liebende betrafen« (Bd. 3, S. 1).

Die dritte Geschichte des fünften Tages erzählt von zwei jungen Liebenden, die von zu Hause fortlaufen und sich schließlich in einem Wald verirren. Pietro Boccamazza kommt aus einer aristokratischen römischen Familie. Agnolella ist die Tochter eines angesehenen, aber bürgerlichen Vaters. Pietro will Agnolella heiraten, aber seine Familie verweigert ihre Zustimmung und droht, ihn zu verstoßen, und dadurch zwingt sie Agnolellas Vater, die Hand seiner Tochter zu verweigern. So entfliehen Pietro und Agnolella eines Morgens zu Pferde und begeben sich in eine Stadt, in der Pietro Freunde hat. Unterwegs stoßen sie auf eine böse Schar von Soldaten. Agnolella entkommt in einen »riesigen Wald«, aber Pietro wird gefangengenommen. Als es Pietro sogleich gelingt, aus den Klauen der Übeltäter zu entfliehen, zieht auch er in den Wald, aber er kann seine Gefährtin nicht finden. Beide sind allein gelassen, und beide verirren sich völlig auf ihren Wanderungen durch die unwegsamen Wälder, in denen jeder den anderen sucht.

Nach einem Tag verzweifelten Umherirrens stößt Agnolella auf eine Hütte und genießt Gastfreundschaft bei einem älteren Ehepaar. In der Nacht jedoch wird das Haus von Banditen überfallen. Agnolella versteckt sich in einer Heumiete im Hof. Einer der Räuber, der gerade nichts Besseres zu tun hat, schleudert seine Lanze unversehens in die Heumiete und tötet sie beinahe. Die Lanzenspitze durchdringt ihre

Kleidung und streift ihre linke Brust. Sie bleibt unverletzt, aber die Banditen entfernen sich mit ihrer Stute. Währenddessen hat auch der unglückliche Pietro den Tag damit zugebracht, unter Rufen und Wehklagen durch den Wald zu irren, »wobei es denn oft geschah, daß er in die Richtung, woher er gekommen war, zurückkehrte, während er vorwärts zu reiten glaubte«. Als es Abend wird, ist er erschöpft und klettert auf einen Baum, um dort die Nacht zu verbringen; seine Stute bindet er an eine Eiche. Während der Nacht aber wird er von Entsetzen übermannt, als er sieht, wie sich ein Rudel Wölfe seiner geliebten Stute nähert, die von Panik ergriffen vergebens zu fliehen versucht. Pietro ist Zeuge, wie die Wölfe näher kommen. Sie werfen die Stute zu Boden, zerreißen sie und schlingen ihre Innereien in sich hinein.

Am nächsten Tag wird Agnolella von dem freundlichen älteren Ehepaar zu einer nahegelegenen Burg geleitet, während Pietro auf einige Hirten stößt, die ihn zu derselben Burg führen. Die Burg gehört einer Familie, die in enger Verbindung zu den Familien der beiden Liebenden steht. Als die edle Dame die Geschichten der Liebenden gehört hat und sieht, wie entschlossen sie noch immer zur Heirat sind, richtet sie eine glänzende Hochzeit auf ihrem Bergwohnsitz aus, »wo denn die beiden Liebenden mit unbeschreiblicher Lust die ersten Freuden der Liebe kosteten« (S. 43). Dieselbe Dame setzt sich dann bei der Verwandtschaft für sie ein, und so leben Pietro und Agnolella hinfort »in Ruhe und im Frieden bis zu ihrem weiteren Alter« (ebd.).

Dies ist kaum eine der bemerkenswerteren Geschichten des *Dekameron*, aber wie alle reicht sie tief in die *selva oscura* des gesellschaftlichen Rechts. Boccaccio psychologisiert seine Helden im *Dekameron* nie, doch er enthüllt durch literarische Figuren die dunkle Unterwelt ihrer Leidenschaften. Wir müssen uns jeder seiner Novellen mit der Gewißheit nähern, daß sie eine verborgene, aber bewußte literarische Logik besitzt, denn Boccaccio ist nach wie vor der größte literarische Geschichtenerzähler. Im Falle dieser Novelle scheint das Happy-End auf der Entfremdungserfahrung zu basieren, die die beiden Liebenden durchmachen, als sie sich im Walde verlieren. Pietro und Agnolella werden nicht nur wiedervereinigt, nachdem sie sich verloren haben, vielmehr finden sie sich in diesem Happy-End zum ersten Mal. Als sie sich auf ihre Flucht begeben, kennen sie weder sich selbst noch einander, denn sie hatten keine Ahnung von der Natur des Begehrens, das sie zueinander zog. Kurz, sie waren beide jungfräulich – jungfräulich im buchstäblichen wie im psychologischen Sinn. Mit charakteristischer Feinheit bemerkt Boccaccio, daß die Liebenden auf ihrer Reise nicht mehr taten, als gelegentlich einen Kuß zu tauschen: »Unterwegs ließ ihnen die Furcht, daß man sie verfolgen möchte, keine Zeit, ihre Hochzeit zu vollziehen, und so konnten sie denn unter fortwährenden Gesprächen über ihre Liebe nichts tun, als zuweilen einander küssen« (S. 33). Später erfahren wir, daß sie erst nach ihrer Hochzeit »mit unbeschreiblicher Lust die ersten Freuden der Liebe« kosteten.

Die wechselseitige Entfremdung der Liebenden im Wald stellt also ihre symbolische Initiation in die Geheimnisse der Sexualität dar. Zu Anfang mochten sie der Autorität ihrer Familien getrotzt und die Hindernisse überwunden haben, die sie getrennt hielten, aber sie mußten noch mit dem zwanghaften Begehren fertigwerden, das sie zur Ehe drängte. Dieses Begehren hat einen paradoxen Charakter, denn genauso sicher, wie es die Liebenden zueinander zieht, treibt es sie auch auseinander. Es ist, als ob sich dieses vereinigende Begehren erst in sich selbst – in seine ursprünglichen Quellen – zurückziehen muß, bevor es in der sexuellen Begegnung aus sich heraustreten kann.

Als sich die Liebenden im Wald verirren, betreten sie also den Schatten des sexuellen Impulses, in dem die Wohltat der Liebe Dramen von Gewalttätigkeit weicht. Sie werden beide, jeder auf seine Weise, symbolisch vergewaltigt, Agnolella durch den Speer, der ihre Kleider zerreißt und ihre Brust streift, und Pietro durch die Szene mit den Wölfen, die seine schutzlose Stute angreifen. Davor ist Pietro sogar von dem Trupp Soldaten ergriffen und seiner Kleider beraubt worden, bevor er fliehen konnte. Aus dieser Perspektive fungiert der Wald als der Ort, an dem die Sexualität ihren tieferen Ursprung in Gewalttätigkeit und Tiernatur erkennen läßt. Doch diese symbolischen Vergewaltigungen bedeuten mehr als ein adoleszentes Bewußtwerden der dunkleren Seite des sexuellen Begehrens. Sie dramatisieren vor allem den einzigartigen Zustand der *Einsamkeit* oder der Konstellation Einer gegen viele, die in der Vergewaltigungsszene enthalten ist. Einsamkeit ist der Zustand, den die Ehe heilt, indem sie sozusagen zwei in eins verwandelt, doch bevor sie eins werden können, müssen Pietro und Agnolella zuerst zwei werden, was bedeutet, daß sie sich zuerst im Wald entfremden müssen.

Was sie in ihrer Entfremdung entdecken, ist, daß Einsamkeit sie der Bedrohung einer überwältigenden Vielfältigkeit aussetzt. Die beiden Liebenden, die einander durch ihre Leidenschaft ausgewählt haben, werden in Boccaccios Geschichte ständig von Bildern der Vielzahl bedroht. Ihre anfängliche Trennung wird von einem Dutzend feindlicher Soldaten verursacht; Agnolella verliert fast das Leben (und ihre Jungfräulichkeit) an eine Gruppe herumstreifender Banditen; und Pietros einsame Stute wird von einem Wolfsrudel angegriffen. Es scheint, daß die Liebenden in diesen Erfahrungen dem Gegenteil von dem begegnen müssen, was Liebe vorgeblich begehrt, nämlich des alleinigen und legitimen Besitzes ihres Gegenstandes. Die Eins-zu-Eins-Gleichung der Liebe weicht einer anderen: der Gleichung Einer gegen viele.

Anders gesagt, das gewaltsame Ergreifen, das in dem Akt der Vergewaltigung oder des räuberischen Überfalls enthalten ist, erscheint in dieser Novelle als der Schatten der Liebe – der Schatten des Impulses der Liebe, sich ihr Objekt anzueignen. Der Unterschied liegt im wesentlichen im Element der Einwilligung. Liebe, und das bedeutet vor allem die sexuelle Begegnung, die sie vollzieht, erscheint als Selbstenteignung nach dem Gesetz der Einwilligung, aber im Schatten der Liebe wird dieses Element der Einwilligung mißachtet. Im Wald sind Pietro und Agnolella Zeugen, wie der Gegenstand des Begehrens entweder willkürlich von Räubern ergriffen wird (sie stehlen ihre Stute) oder grausam von Wölfen angegriffen wird.

Dieses Gesetz der persönlichen Einwilligung ist genau das, was Boccaccios Novelle in ihrer tiefsten Dimension erkundet. Da Pietro und Agnolella die legitime Einwilligung ihrer Familien nicht erlangen, entfliehen sie im Namen eines authentischeren Gesetzes – der gegenseitigen Einwilligung der Liebe selbst. Pietro kommt aus einer aristokratischen Familie, die sich weigert, ihn an eine Familie aus der Mittelklasse herzugeben, da sie ihn als ihren Besitz betrachtet. Pietro lehnt sich gegen den Willen einer solchen institutionellen Autorität auf und mißachtet ihn. Agnolella tut das gleiche. Dabei handeln die Liebenden auf der Grundlage ihres persönlichen Willens, doch ihre Entscheidung, sich auf so radikale Weise zu individuieren, bedeutet, daß sie für sich die grundlegende Einsamkeit des persönlichen Willens entdecken müssen. Wenn sie in den Schatten der Liebe eintreten, entdecken sie, daß das Einwilligungsgesetz der Liebe verletzbar ist, daß es der Wille anderer leicht überwältigt und daß Einsamkeit bedeutet, der Beliebigkeit des Begehrens ausgesetzt zu sein. Mit anderen Worten, sie entdecken im Wald die unpersönliche Natur des Begehrens selbst.

Der Wald offenbart, daß Begehren keine Jungfräulichkeit hat. Es gehört nicht sich, es gehört allem, was an dem Lebensimpuls selbst teilhat. Begehren ist eine promiske Art von Willen, die sich ihr Objekt aneignet und ihr Subjekt enteignet. Der Vertrag der persönlichen Einwilligung sublimiert dieses Begehren zu Liebe, aber er ändert seine Natur nicht.

Wenn Einwilligung das Element ist, welches Begehren personalisiert, so ist die Ehe die Institution, die es legitimiert. Die beiden sind einander anfangs entgegengesetzt, doch die Geschichte endet mit ihrer Versöhnung. Eine solche Versöhnung kann jedoch erst stattfinden, wenn die Liebenden durch den Schatten der Entfremdung hindurchgegangen sind, was in diesem Fall bedeutet, daß das, was am intimsten zum Individuum gehört – sein oder ihr persönlicher Willen –, sich zuerst von den aneignenden, unpersönlichen Zwängen anderer enteignet sehen muß. Mit anderen Worten, der Wald ist der Ort, an dem die Liebenden zuerst ihre Jungfräulichkeit, das heißt ihren Selbstbesitz, verlieren; erst nach ihrer Entjungferung werden sie zum sexuellen Vollzug der Liebe selbst bereit.

Der Vollzug fällt mit ihrer Ehe oder dem Gesellschaftsvertrag zusammen, der die Sexualität stabilisiert und institutionalisiert, aber wir wissen aus Boccaccios *Dekameron* als ganzem, daß dieses Happy-End weder endgültig noch absolut ist, denn der Schatten der Liebe verschwindet nie. Er kehrt immer wieder in die Welt der Legitimität zurück und stürzt sie in eine Krise. Genau wie Pietro und Agnolella dem Willen ihrer Familien trotzten, trotzt auch das Begehren jedem Versuch, es unter die Herrschaft eines stabilen Gesetzes zu bringen, sei es das Gesetz der Einwilligung oder das Gesetz der Ehe. Im *Dekameron* erscheint das Begehren als der Rand der Außenwelt im System des sozialen Gesetzes oder als das Maß des Ich für Selbstenteignung oder ganz einfach als der Wald der Entfremdung, in dem sich die Liebenden verirren.

Das menschliche Zeitalter

Wir könnten für die fragliche Epoche fast den Begriff »Moderne« verwenden, aber der Begriff »menschliches Zeitalter« scheint insofern angemessener, als sich der Begriff der Moderne strenggenommen auf Kulturgeschichte bezieht. Der Begriff »menschliches Zeitalter« spielt einerseits auf Vicos »Zeitalter der Menschen« an (das auf das sogenannte »Zeitalter der Heroen« folgt) und andererseits auf die humanistische Wiederbelebung der italienischen Renaissance, die die moderne Epoche als solche hervorbrachte. Doch darüber hinaus evoziert er das Zeitalter einer Spezies – das Zeitalter des Triumphs einer Spezies. Es ist das Zeitalter, in dem Boccaccios Wölfe buchstäblich zu verschwinden beginnen, da Menschen zu den einzigen Erben der Erde werden.

Wir wissen beispielsweise, daß das 14., 15. und 16. Jahrhundert in Europa die weitgehende Ausrottung derjenigen Arten von wilden Tieren brachten, die sich weder zähmen noch als Nutztiere verwenden ließen, und daß die Entwaldung rings um das Mittelmeer und in England ungeahnte Ausmaße annahm. Die italienische Halbinsel hatte bereits im 11. und 12. Jahrhundert eine bedeutende Entwaldung erlebt, aber der Aufstieg Venedigs zu einer gewaltigen Seemacht im 15. Jahrhundert bedeutete für große Teile der verbliebenen Waldgebiete eine Katastrophe. Zur damaligen Zeit erstreckten sich Wälder noch von der Lagune von Venedig bis zum Fuß der Alpen, und Schiffbauer bedienten sich wahllos der Lärchen, Fichten, Tannen, Walnußbäume, Buchen und Ulmen – alles Arten, die sich gut zur Herstellung von Planken, Masten, Steuern, Rudern beziehungsweise Ankerwinden eigneten. Gegen Ende des Jahrhunderts, als die Holzvorräte zu schwinden begannen, ergriff die Republik außerordentliche Maßnahmen, um die noch bestehenden Wälder auf ihren Festlandterritorien zu schützen, aber die Bemühungen kamen zu spät. Die Venezianer waren jetzt gezwungen, ihre Schiffe von anderen Schiffbauern am Mittelmeer zu beziehen. Der Krieg zwischen Christen und Türken im 16. Jahrhundert besiegelte das Schicksal für den größten Teil der verbliebenen Wälder rings ums Mittelmeer. Gegen Ende des Jahrhunderts konnte die Mittelmeerregion den Schiffbau nicht mehr tragen, und daraufhin wanderte dieser nach Norden ab.

Die Geschichte enthält keine Überraschungen. In anderen Teilen der Welt und zu anderen Zeiten in der Geschichte hatte die Menschheit Arten ausgerottet und die Natur ihren eigenen Zielen unterworfen, und zwar systematisch. Was jedoch am menschlichen Zeitalter beispiellos war, war die humanistische Ideologie, die seine Beherrschung der Mittel und seinen Ehrgeiz begleitete. Nie zuvor hatte eine Ideologie so gründlich die menschliche von den tierischen Arten getrennt und die Erde als ganze als natürliches Erbe der ersteren betrachtet.

Doch unsere Geschichte läßt sich nicht erzählen, indem man lediglich die Art und Weise verfolgt, in der die Menschheit auf die Wildnis übergriff, die Wälder rodete, über das Tierreich herfiel und neue Welten jenseits der Meere kolonisierte. Auch nicht einmal, indem man den Glauben des Humanismus an Selbstlenkung und menschliche *virtù* verfolgt. In Einklang mit dem Geist von Vicos *Neuer Wissenschaft* geht es uns darum, eine »poetische Geschichte« zu erzählen, die ihre Basis in empirischer Geschichte und Kulturgeschichte hat, die sich aber auf keine von beiden reduzieren läßt. Wir fragen also, was diese sowohl kulturellen als auch empirischen Transformationen für die Wälder in der abendländischen Phantasie bedeuteten.

Ein sicheres Zeichen für den Anbruch des menschlichen Zeitalters ist die Verwandlung von Wäldern in Stätten lyrischer Nostalgie. In einem von Petrarcas berühmtesten Gedichten, »Chiare, fresche, e dolci acque«, erscheint der Wald als Zuflucht vor der lärmenden Welt der menschlichen Gesellschaft, in die sich der Dichter zurückzieht, um sich mit seliger Eigenliebe zu sammeln. In diesem freundlichen Wald findet seine Einsamkeit eine vertraute lyrische Entsprechung in der belebten Landschaft von Bäumen, Blumen und fließenden Strömen, und das so sehr, daß der Dichter rhetorisch erklären kann: »Anderswo finde ich keinen Frieden.« Bestimmt sind wir nicht mehr in einer *selva oscura*. In Petrarcas Wald gibt es keine Wildheit mehr, auch keine Wilden Männer oder Ungeheuer und kein Irren außer dem »lieblichen Taumeln« imaginärer Blätter, die durch die Luft schweben und im Schoß der wohlwollenden Laura landen. Petrarca strebt nicht mehr in seinen Laura-Wald, um Abenteuer zu finden oder seine ursprüngliche Natur wiederzuentdecken; er zieht sich dorthin zurück, um sich in psychologischer Selbstbetrachtung zu üben. Auch hier erscheint der Wald als Zuflucht – doch nicht mehr für einen Geächteten, sondern für einen Weltmann, der an der Belastung und den Unmäßigkeiten der Zivilisation leidet.

Wir kommen auf Petrarcas Wald des privaten Lyrizismus noch zurück, aber zuerst wollen wir einen Umweg einschlagen, der uns durch die Wälder in einem der größten Epen der italienischen Renaissance, in Ariosts *Orlando furioso*, führt. Die Dichtung enthält einige der märchenhaftesten Wälder der Literaturgeschichte, die voll von Zauberei, Ungeheuern, Rittern und seltsamen Abenteuern sind. Sie sind auch utopische Orte, aber nicht in demselben Sinn wie die Petrarcas. In Anknüpfung an die Tradition des mittelalterlichen Romans in einer Zeit, in der Rittertum zu einer Sage der Vergangenheit geworden war, ist Ariosts Dichtung von einer bitter-komischen Ironie im Hinblick auf die unruhige geopolitische Lage der damaligen Zeit durchzogen. Abgesehen vom bedrohlichen Vormarsch der Türken auf Europa war Italien in eine Reihe unsinniger Kriege auf der Halbinsel verwickelt, deren Akteure die großen Stadtstaaten Italiens, der Kirchenstaat, Ludwig XII. von Frankreich, Ferdinand von Spanien und Schweizer Söldnerarmeen waren. Allianzen verschoben sich ständig je nach wechselnden Umständen, so daß sich Ariosts Stadt Ferrara in einem Moment mit Papst Julius II. gegen die Venezianer verbündet sah und im nächsten Augenblick mit den Franzosen gegen die habgierigen Ambitionen von Julius. Die einzige Motivation dieser Kriege lag anscheinend im Willen zur Macht und widerstreitenden persönlichen Ambitionen, und vor diesem Hintergrund müssen wir die Wälder von Ariosts Epos sehen, dessen erste Fassung 1516 veröffentlicht wurde.

Die geopolitische Lage der damaligen Zeit ließ die humanistische Rhetorik von *virtù* und Selbstlenkung zum Gespött werden. Politisch wurde Italien von fremden Mächten beherrscht, und die Italiener wirkten an dem Prinzip ihrer Unterdrückung mit. Der uneingeschränkte Realismus von Machiavellis *Fürsten* steht als letzter verzweifelter Ruf zu Ordnung, Kontrolle und Selbstvertrauen, kurz, als letzter Ruf zu *virtù* im traditionellen humanistischen Sinn. Ariost teilte Machiavellis Ernsthaftigkeit nicht. Während Machiavelli von politischer Erlösung träumte, unterwarf Ariost den Begriff *virtù* der Ironie, und gerade in den Wäldern des *Furioso* geht solche *virtù* in ihrem eigenen Schatten in die Irre.

Das ist schon zu Beginn der Dichtung klar, wo wir unverzüglich die fehlbaren Seitenwege des Waldes betreten. Das Werk beginnt mit Angelicas Flucht aus der Gefangenschaft. Sie ist die betörende sarazenische Prinzessin, die von mehreren Paladinen Karls des Großen, darunter auch dem großen Orlando selbst, in Liebesleidenschaft verfolgt wird. In der Einleitungsszene der Dichtung flieht die Prinzessin vor Rinaldo und Ferraù, zwei christlichen Rittern, die auf der Suche nach ihr verschiedene Wege durch die Wälder einschlagen. Als wir Rinaldo in den frühen Oktaven des ersten Gesangs begegnen, wandert er ziellos auf der Suche nach seinem Pferd umher. Dies ist der erste von mehreren Anlässen im *Furioso*, bei denen furchterregende Ritter von ihrem Pferd fallen oder es durch Diebstahl oder Nachlässigkeit verlieren. Diese Ritter ohne Pferd beschwören die berühmte platonische Analogie zwischen Tugend und Reiterkunst herauf, die in der Renaissance zu einer Art Gemeinplatz geworden war. Diesem Vergleich zufolge ist die tugendhafte Seele wie ein Wagenlenker, dem es gelingt, seine beiden Rosse (Willen und Intellekt) auf einer geraden Bahn zu halten. Die Pferde von Ariosts *Furioso* werden kaum auf diese Weise unter Kontrolle gehalten. Ohne daß sie Tugend auf einer geraden Bahn hält, rasen sie in beliebige Richtungen davon, fort durch den Wald – den Ort erotischer Irrfahrten. Die Ironie des Dichters im Hinblick auf *virtù* ist also schon im einleitenden Bild des heroischen Rinaldo zusammengefaßt, der auf der Suche nach seinem Pferd durch die Wälder schweift.

Was Ferraù angeht, den anderen Ritter, der ebenfalls Angelica durch den Wald verfolgt, so treffen wir ihn am Ufer eines Flusses an, wo er Halt gemacht hat, um seinen Durst zu löschen. Als er sich zum Trinken hinabbeugt, fällt sein Helm ins Wasser. Dieser Helm, den Ferraù Orlando gestohlen hat, ist das traditionelle Emblem tugendhaften Verstandes. Orlando hat ihn verloren, und jetzt fällt er von Ferraùs Kopf in den Strom: eine symbolische Ankündigung kommender Ereignisse, daß nämlich Orlando völlig den Verstand verlieren und zu einem Wahnsinnigen herabsinken wird.

Diese beiden Episoden signalisieren von Anfang an eines der Hauptthemen des *Furioso*, nämlich das Unvermögen der großen Paladine, Kontrolle über ihr Begehren auszuüben. Der größte Teil der Handlung in der Dichtung spielt sich in den Wäldern ab, die den Schauplatz für die launischen Leidenschaften und Impulse liefern, durch welche die Paladine ständig von ihrer erhabeneren Mission (nämlich der Verteidigung des Christentums gegen die eindringenden Heiden) abgelenkt werden. Fast alle Gestalten bei Ariost erleiden die Entfremdung erotischen Begehrens – Angelica ist genau die Figur dafür –, und die Wälder, durch die sie schweifen (meistens ziellos, ohne je an den Ort zu gelangen, den sie erreichen möchten), sind die Orte ihres Selbstverlusts. Auf ihrer Wanderung durch die Wälder sind sie Kräften ausgeliefert, die sie nicht kontrollieren oder lenken, von denen sie häufig nichts wissen und deren Verführungskraft den verborgenen Tiefen ihrer eigenen zügellosen Leidenschaften entspringt.

Eben diese erotischen Irrfahrten sind meisterhaft in der gesamten narrativen Struktur des *Furioso* verkörpert, die den abschweifenden Erzählstil verschärft und zugleich perfektioniert. Anstatt einer Hauptlinie der Geschichte zu folgen, verliert sich die Erzählung ständig in episodischen Nebenwegen, die sich beliebig schneiden, ohne in kohärenter, linearer Weise zu konvergieren. Es gibt keine Haupthandlung – selbst Orlandos Verfolgung der schönen Angelica hat weitgehend episodischen Charakter –, und es gibt auch keinen zentralen Ort, der dazu dient, die Handlung zu lokalisieren (theoretisch sollte die von Sarazenen belagerte Stadt Paris als topographisches Zentrum dienen, aber die Dichtung führt uns nur selten dorthin). Kurz, Ariost läßt die Geschichte ständig sozusagen von den Hauptwegen abschweifen und lenkt sie in die Wälder. Wenn dieses sogenannte »polyzentrische« Gedicht überhaupt ein narratives Zentrum hat, so ist es der Ausbruch von Orlandos Wahnsinn in den Gesängen XXIII und XXIV (der *Furioso* hat 45 Gesänge). Doch Orlandos Raserei im Mittelpunkt der Dichtung zerstört jeglichen Begriff eines Zentrums und verwandelt ihn statt dessen in einen Strudel von Selbstenteignung, der das Begehren in einen Abgrund von Irrationalität und Gewalttätigkeit zieht. Wenden wir uns dieser »zentralen« Episode des *Furioso* zu und sehen wir, was hier auf dem Spiel steht.

Orlando, der tapferste und furchterregendste Ritter in der Armee Karls des Großen, hat Angelica bereits einige Zeit lang erfolglos, aber mit großer Entschlossenheit und Hingabe verfolgt. Sie hat inzwischen einen schmächtigen, unbedeutenden und verwundeten sarazenischen Krieger getroffen – er heißt Medoro – und hat sich in ihn verliebt. Orlando weiß davon nichts, aber er wird unwiderlegliche Beweise für die Liebesgeschichte infolge seines Kampfes mit Mandricardo, einem schreckenerregenden sarazenischen Krieger, entdecken. Im Verlauf des fürchterlichen Zusammenstoßes zwischen diesen beiden Kämpfern, in dem Orlando große Tapferkeit beweist, geht Mandricardos Pferd durch und sprengt davon, wobei es seinen sarazenischen Reiter mit sich fortträgt. Orlando macht sich auf die Suche nach Mandricardo, aber es gelingt ihm nicht, ihn zu finden. Statt dessen kommt er in einen schönen, idyllischen, bezaubernden Wald. Hier sieht er Liebesgedichte, die in die Rinde der Bäume geschnitten sind. Von Medoro und Angelica verfaßt, besingen sie die selige wechselseitige Liebe zwischen den beiden. Orlando ist erschüttert und weigert sich, an ihre Echtheit zu glauben; er hofft, daß ihm jemand einen bösen Streich gespielt hat. Später an demselben Tag erzählt ihm jedoch ein Hirte, der ihm ein Nachtquartier anbietet, wie Angelica und Medoro einander viele Male in gerade dem Bett genossen, in welchem Orlando eben sein Haupt zur Ruhe legen wollte. Der Hirte bestätigt unwissentlich die schreckliche Wahrheit dessen, was die Verse ausgesagt hatten, und Orlando kann sie sich nicht mehr verhehlen. Verwirrt und außer sich geht der Paladin hinaus in die mondlose Nacht, er wandert verloren durch den Wald und weint wie ein Kind. Die ganze Nacht weint er und wandert blind in seinem Kummer umher. Bei Tagesanbruch stolpert er zufällig in denselben Wald, in dem Angelica und Medoro die Liebesgedichte auf der Rinde mit ihren Namen gezeichnet hatten. Das geschriebene Zeichen seiner Kränkung raubt ihm den Verstand, und der einstmals höfliche Ritter wird nun zum rasenden Orlando.

Orlandos rächende Raserei verleiht ihm übermenschliche Kräfte, die er jetzt gegen den Wald selbst entlädt. Mit bloßen Händen entwurzelt er die Bäume und wirft sie in den Fluß, sein klares Wasser verschmutzt er mit Baumstümpfen und Schutt. Sein Rasen kennt wie seine Stärke keine Grenzen. Er entwurzelt nicht nur riesige Eichen, Ulmen und Pinien, sondern spaltet auch fast mühelos ihre Stämme. Er verwüstet den ganzen Wald, der nie wieder einem Hirten oder seinen Herden Schatten bieten wird (»ch'ombra né gielo / a pastor mai non daran più, né a gregge«). Vier Tage und Nächte läßt Orlando so seinem Leiden freien Lauf. Am vierten Tag legt er seine ganze Rüstung und Kleidung ab und durchstreift das Land nackt. Er ist ein echter Wilder Mann geworden, wie Lancelot und Yvain, nur wilder und zerstörerischer.

Von dem großen Lärm aufgeschreckt, der aus den Wäldern dringt, versammeln sich Hirten, um zu sehen, was vor sich geht. Als sie den rasenden Orlando, nackt und wild, erblicken, laufen sie davon. Doch Orlando rennt ihnen nach, er fängt einen von ihnen und reißt diesem unschuldigen Hirten mit der Leichtigkeit den Kopf ab, mit der man einen Apfel vom Baum pflückt (»con la facilità che torria alcuno / da l'arbor pome«). Dann benutzt er den kopflosen Leichnam, den er an einem Bein hält, um die anderen Hirten zu züchtigen. So stürmt der rasende Orlando durchs Land, entwurzelt Wälder, verwüstet Felder, tötet Bauern und überfällt sogar ihr Vieh. Als Nahrung erlegt er mit bloßen Händen wilde Eber und Bären in den Wäldern, und er ernährt sich von ihrem rohen Fleisch, um seinen bestialischen Hunger zu stillen. So wird unser Orlando vor Liebe wahnsinnig.

Da Orlando von dem Krieg, der um Paris tobt, abgelenkt ist, erleiden die Christen erhebliche Niederlagen durch die Sarazenen. Karl der Große braucht Orlando dringend, denn Orlando ist im wesentlichen eine Kriegsmaschine, die zeitweilig Amok läuft. Sein Wahnsinn hat die Orientierung seiner Zerstörungskräfte unterbrochen. Diese Kräfte sind nicht mehr in die richtige Richtung, nämlich auf den Feind, gerichtet, und daher muß Orlando um jeden Preis wieder richtig ausgerichtet werden. Mit anderen Worten, seine »geistige Gesundheit« muß wiederhergestellt werden. Dank Astolfo wird Orlando seinen Verstand wiedergewinnen, denn an einer späteren Stelle in der Dichtung wird Astolfo zum Mond reisen, um die Bruchstücke von Orlandos entfremdetem Hirn zu holen. Als Orlando wieder bei Verstand ist, kann er seine Raserei erneut gegen den Feind richten und Verwüstungen bei den Sarazenen anrichten, womit er die Lage für die Christen rettet.

Die Szene von Orlandos Wahnsinn gibt Ariosts Dichtung einen unheimlichen historischen Bezug, denn im Hintergrund können wir die zerstörerischen Kriege sehen, die Italien damals verheerten. Die Welt des *Furioso* ist kein von der Geschichte losgelöstes Utopia; sie ist vielmehr, im Reich der Literatur, eine Offenbarung der dunklen Leidenschaften, die die Gesellschaft zerrütteten und das menschliche Zeitalter in irrationale Kriege stürzten. Die Politik war zu einer Arena für absurde Konflikte zwischen rivalisierenden Gelüsten nach Expansion, Eroberung und Beherrschung geworden: zur Arena eines anarchischen Willens zur Macht. Mit der Art von Freiheit und Einsicht, die allein der Literatur eigen sind, verbindet Ariost Begehren und Politik miteinander auf eine Weise, die letztere ihrer Rhetorik von Rechten und Vernunft entkleidet. In den Wäldern des *Furioso* überschneiden sich ständig auf ungeraden und verdeckten Wegen der sexuelle Impuls und der Wille zur Macht. Begehren, Gewalttätigkeit, Rivalität und Kampf – Ariost enthüllt die untergründige Fatalität dieser Impulse ebenso wie ihre verhüllte wechselseitige Verbundenheit. Die abschweifende Freiheit seiner Dichtung führt zu unerwarteten Überschneidungen, nicht nur zwischen Gestalten und Ereignissen, sondern auch zwischen Leidenschaften. Durch seinen abschweifenden Stil gelingt es Ariost, das menschliche Zeitalter seiner Ansprüche auf Selbstbeherrschung zu berauben, denn wenn er die Handlung in den Wald abschweifen läßt – oder in das promiske Reich der wechselseitigen Verbundenheit –, ist das, was im Tageslicht der Wirklichkeit der Fall zu sein schien, plötzlich nicht mehr der Fall, und was zuvor ein Geheimnis war, wird jetzt ein Ärgernis.

Wir könnten also sozusagen von einem *verdeckten Realismus* Ariosts sprechen. Dies ist nicht der aufgeklärte Realismus Machiavellis, der im harten Licht der Wirklichkeit (der »verità effettuale delle cose«, wie er es nannte) antritt, sondern vielmehr ein Realismus in poetischer Verkleidung, der in den Schatten dessen blickt, was in ebenjenem Licht erscheint. Durch die komische Ironie eines solchen verdeckten Realismus bewahrte Ariost die Ernsthaftigkeit der Literatur in einer Epoche, die ihre Bedeutungslosigkeit förderte. In dieser Periode stand die Literatur nämlich völlig unter der Herrschaft der starren und künstlichen Konventionen des Petrarkismus. Als literarische Bewegung förderte der Petrarkismus eine bloß formale Nachahmung von Petrarcas lyrischen Gemeinplätzen. Er trat bewußt die Flucht vor Geschichte und »Wirklichkeit« an, da die Petrarkisten die idyllischen Landschaften auswählten, die Petrarca selbst anderthalb Jahrhunderte zuvor mit solchem Erfolg sentimentalisiert hatte. Jeder petrarkische Dichter hatte seine Laura mit blonden Locken und allem anderen; jeder suchte den fließenden, einschmeichelnden Lyrizismus von »Chiare, fresche e dolci acque« (Petrarcas berühmtester *canzone*) nachzuahmen; und jeder suchte die stille, freundliche Waldlandschaft, die dieser idealen petrarkischen Lyrik den Rahmen geliefert hatte.

Dieser Rückzug in einen rein privaten und lediglich formalen Lyrizismus stellte für Ariost das Versagen der Literatur im Hinblick auf ihre wesentlichste Berufung dar. Eine Literatur, die sich gänzlich bedeutungslos macht, die sich weigert, die verschleierte Wahrheit der Zeit in ihr imaginäres Reich einzuführen, die in pastorale Landschaften als bloßes Utopia des Lyrizismus flüchtet – solch eine Literatur war für Ariost keine Literatur in einem authentischen historischen Sinn. Ariosts Polemik gegen diese Art von Literatur tritt genau in der Episode von

Orlandos Raserei offen zutage. Kehren wir zu dieser Episode zurück.

Angelica und Medoro verlieben sich und sind in ihrer Umarmung glücklich. Was aber hat ihr Glück mit den Kriegen zu tun, die um Paris toben? Was hat ihr Glück mit dem *Furioso* zu tun? Nichts, denn die beiden Liebenden verschwinden völlig aus dem Werk, sobald sie ihr Glück gefunden haben. Sie werden praktisch überflüssig. Sie hinterlassen ihre Gedichte auf den Baumstämmen, aber was wird mit diesen Gedichten? Was mit diesem Wald, den Orlando im Gesang XXIII entwurzelt? Es ist die petrarkische Landschaft par excellence, die er nach seiner Nacht voll Weinen und Wandern verwüstet. Es ist derselbe idyllische Wald, von dem Petrarca selbst in »Chiare, fresche e dolci acque« gesprochen hatte und dessen Schilderung die Petrarkisten in ihrer Lyrik fortgesetzt hatten. Wir haben dieses Gedicht bereits erwähnt und versprachen, zu ihm zurückzukehren. Wir kehren jetzt zu ihm in der Szene von Orlandos Wahnsinn zurück, denn das Gedicht, das Medoro auf einen Baumstumpf schrieb, läßt keinen Zweifel daran, daß er Petrarcas Lyrik in petrarkischer Manier nachahmt. Das Gedicht beginnt folgendermaßen:

Liete piante, verdi erbe, limpide acque,
spelunca opaca e di fredde ombre grata,
dove la bella Angelica che nacque
di Galafron, da molti invano amata,
spesso ne le mie braccia nuda giacque ...

Oh froh Gesträuche! Gras, wo Wellen spielen
Und Schatten kühlend um die Höhle rückt,
Drin oftmals, die umsonst begehrt von vielen,
Tochter des Galafron, mich hat beglückt,
Angelika, nachdem die Hüllen fielen,
In meinem Arm!

Dies ist der Petrarkismus, den Ariost in seinem *Furioso* parodiert und verwüstet, gerade in der Szene, in der Orlando den Wald verheert und seinen klaren Strom mit Baumstämmen und Schutt verschmutzt. Dank Petrarcas Gedicht »Chiare, fresche e dolci acque« war dieser Strom zu einer konventionellen Metapher für die inspirierte Stimme des Lyrizismus geworden, in dem Worte von allein fließen. Orlando entwurzelt diesen lyrisch belebten Wald und schüttet seine Trümmer in den Strom. Und für die Hirten oder die traditionellen *pastori*, die zu

Angelica und Medoro so gastlich gewesen waren, und für ihre Herden wird Orlando eine Geißel, wie wir sahen. In Orlandos Gewalttätigkeit gegen die Hirten erhalten wir eine gute Vorstellung von Ariosts Einstellung zu den pastoralen Nostalgien des vorherrschenden Petrarkismus. Wie kann man, fragt Ariost in diesen Szenen, in solchen Zeiten Petrarkist sein?

Doch Orlandos zerstörerische Raserei enthält noch einen weiteren versteckten Hinweis auf die Wirklichkeit der Geschichte seiner Zeit. Es war die Epoche, die die Erfindung der Feuerwaffe erlebte. In einer berühmten Beschimpfung im *Furioso* prangert Ariost die *machina infernale* oder Höllenmaschine an, die Schießpulver verwendet. In Gesang XI tötet Orlando den König von Friesland, der mit der Feuerwaffe in Holland eingefallen war, und wirft die höllische Waffe ins Meer, um die Menschheit von ihrem Fluch zu befreien. Sie war nicht nur wegen ihres Zerstörungspotentials ein Fluch, sondern auch, weil sie die Kriegführung unpersönlich machte und allen ritterlichen Regeln von Tapferkeit und Mut zuwiderlief. Doch die Feuerwaffe hatte ebenso wie die schwere Artillerie der Kriegführung bereits eine nie dagewesene Zerstörungskraft verliehen, als Ariost den *Furioso* schrieb. Es ist ironisch, daß es Orlando sein sollte, der die Feuerwaffe ins Meer wirft, denn seine wahllose und übermenschliche Zerstörung von Wäldern, Dörfern und Bauern entfesselt allegorisch die Kraft der Höllenmaschine. Ja, Orlandos Raserei *ist* das Schießpulver.

Die Wälder des *Furioso* sind literarisch, imaginär, extravagant und wundersam, aber sie liefern nicht den Schauplatz für bloße Unterhaltungsliteratur. Sie sind utopisch, aber in einem anderen Sinn als Petrarcas Wald des Lyrizismus. In letzterem betritt man den Schatten des modernen Ich – seine psychischen Paradoxien und seinen Narzißmus; in ersterem betritt man den Schatten des menschlichen Zeitalters als ganzen – den Willen zur Macht, der hinter seiner Geopolitik ebenso lauerte wie hinter seinem Humanismus. Der *Furioso* hat zwar ein Happy-End, aber in den Wäldern seiner komischen Ironie offenbart die moderne Stadt ihre Ungeschütztheit gegen Impulse und Kräfte, die sie nicht kontrolliert, die aber die Komödie vorwärts bis zu ihrem herausragenden Schluß führen.

Macbeths Schluß

Wälder treten vom städtischen Horizont zurück, sie erscheinen durch das Pathos der Distanz, lassen ihre Schatten in der kulturellen Phantasie länger werden. Selbst John Manwoods 1592 verfaßte Abhandlung über Forstgesetze war ein Werk der Nostalgie. Die königlichen Forste waren damals schon in einem Zustand des Verfalls, und Verstöße blieben nur zu oft ungeahndet. Manwood hoffte, das alte Korpus von Gesetzen, die einst die Unversehrtheit, wenn nicht Heiligkeit der Wälder bewahrt hatten, wiederbeleben zu können, indem er ihren Ursprung und Zweck definierte. In seinem Land war das Problem brennender als anderswo. England war schon stark entwaldet, als Wilhelm im 11. Jahrhundert eintraf, aber die Rodung von Waldgebieten (nicht von königlichen Forsten) ging in der Zeit der Tudors und Stuarts ungeordnet weiter. Erst im 17. Jahrhundert zwang das Problem des Holzmangels für Kriegsschiffe, vor allem dank der Veröffentlichung von John Evelyns *Silva* (1664), den Behörden ein neues Bewußtsein für die lebensnotwendige wirtschaftliche und nationale Bedeutung von Waldgebieten auf. Bis dahin hatten sich die Engländer im allgemeinen zu ihren Abholzungsbemühungen beglückwünscht, da sie Wälder als Hindernisse für den Fortschritt oder Zufluchtsstätten für Diebe und andere Entartete betrachteten.

Die sich wandelnde Landschaft erklärt wenigstens zum Teil die bemerkenswerte thematische Umkehrung, die wir im Werk Shakespeares finden: die Wildheit, die einst traditionell in die Wälder gehörte, lauert jetzt in den Herzen der Menschen – der Stadtmenschen. Die Gefahren liegen innen, nicht außen. Während die Stadt unheimlich wird, werden die Wälder unschuldig, pastoral, unterhaltend, komisch. Die Shakespeareschen Komödien, die sich in den Wäldern abspielen – zum Beispiel *Ein Sommernachtstraum* und *Wie es euch gefällt* –, folgen den komischen Mustern, die wir bereits an früherer Stelle in diesem Kapitel umrissen haben: Verkleidung, Umkehrungen und eine allgemeine Verwirrung der Gesetze, Kategorien und Identitätsprinzipien, die die gewöhnliche Wirklichkeit beherrschen. In dieser Hinsicht gibt es an Shakespeares Wäldern in bezug auf die zugrundeliegende Logik der Komödie nichts Neues (was keineswegs heißt, daß seine Komödien für das Genre nichts Neues bringen). Gleiches läßt sich jedoch nicht von seinen Dramen über städtische Barbarei sagen. Diese Dramen sind einzigartig wegen der Art und Weise, in der sie den Schatten des natürlichen Gesetzes auf die religiösen, moralischen und gesellschaftlichen Krisen anwenden, die damals die traditionellen Grundfesten der Gesellschaft erschütterten.

Am Anfang dieses Kapitels haben wir behauptet, daß die christliche Ära der Tragödie als höchster Form der Weisheit ein Ende macht, indem sie ihre ideologische Basis umstürzt. Wenn wir annehmen – und das ist eine fragliche Annahme –, daß die Tragödie, nicht nur als Genre, sondern vor allem als *Einsicht*, mit Shakespeare wieder möglich wird, müssen wir tatsächlich am Ende der christlichen Ära nach einer Erklärung suchen. Dieses Ende ist in vieler Hinsicht das anhaltende Drama der Tragödien Shakespeares. Historisch gesprochen ist das Ende der christlichen Ära ein sich hinziehendes und unbestimmtes Ereignis – es stellt selbst eine Ära dar –, und Shakespeare erlebte sicher nicht selbst dessen Ende. Was er jedoch sah, war der Schatten seiner Auflösung, der in den Herzen städtischer Helden lauerte.

Er schilderte die Auflösung nicht so sehr in christlichen Begriffen, sondern vielmehr als grobe Verletzungen des Naturrechts. Das Naturrecht liegt dem positiven Recht zugrunde; es stellt nicht das Gesetz der Natur als solcher dar, sondern vielmehr die transzendenten Grundlagen menschlichen sozialen Rechts. Die verderbten Shakespeareschen Gestalten – Jago, Edmund, Macbeth und so weiter – mißachten die heiligsten natürlichen Bande, und sobald solche Bande ihre bindende Kraft verlieren, verfallen Shakespeares Gestalten in eine Wildheit des Geistes, die an Vicos Worte über jene verräterischen Menschen des menschlichen Zeitalters denken läßt, die »mit der Barbarei der Reflexion zu schrecklicheren Tieren gemacht [worden waren], als sie es während der ersten Barbarei der Sinne gewesen waren. Denn jene brachte eine großzügige Wildheit, vor der ein anderer sich verteidigen oder flüchten oder vorsehen konnte; diese jedoch stellt, mit einer feigen Wildheit, inmitten von Schmeicheleien und Umarmungen dem Leben und dem Vermögen der eigenen Vertrauten und Freunde nach« (*Neue Wissenschaft*, 1106). Für Vico signalisierte solche Barbarei den Anfang vom Ende des menschlichen Zeitalters und die drohende Metamorphose von Städten zu Wäldern – sozusagen eine Rückkehr zum gesetzlosen Naturzustand. In Shakespeares Werk wird sie als gottlose Auflehnung in der natürlichen Ordnung der Dinge, das heißt der *gesetzlichen* Ordnung der Dinge, geschildert. Und hier wird der Begriff »Natur« zu einem zweideutigen Wort. Auf der einen Seite bedeutet er den präsozialen oder vorrechtlichen Zustand der Anarchie, auf der anderen Seite bedeutet er die »natürliche«, das heißt nichtkonventionelle Basis des menschlichen Rechts selbst.

In einem berühmten Monolog in *König Lear* erklärt der Bastard Edmund seine Ergebenheit der Natur, nicht der Sitte gegenüber. Er spricht von den »Plagen der Gewohnheit«, als seien Sitten eine Krankheit der Natur; er spricht von »der Völker Eigensinn«, als sei das sogenannte »Völkerrecht« nicht mehr als eine Abweichung vom Naturrecht; und schließlich spricht er von »Echtbürtigkeit«, als sei sie eine künstliche Erfindung, die nichts mit dem »Gesetz« seiner Göttin zu tun habe (I, 2). Doch wir wissen aus *König Lear* als ganzem, daß Edmunds Auffassung von Natur als bloßem Willen zur Macht die Natur selbst beleidigt. Die Sturmszene im III. Akt erscheint als kosmische Antwort auf die moralische Verwirrung, die den Verfälschungen des Naturrechts durch Edmund und Lears Töchter folgt.

Vielleicht die verdorbenste Shakespearesche Gestalt in diesem Sinne ist Lady Macbeth. Anders als Edmund erkennt Lady Macbeth jedoch an, daß menschliches Recht seine Grundlage in der Natur hat. So drückt sie in einer ihrer Reden den Wunsch aus, ihre Natur zu verlieren, damit sie erfolgreich und ohne Reue ihren mörderischen Plan gegen den König von Schottland ausführen kann:

> Kommt Geister, die ihr lauscht
> Auf Mordgedanken, und entweibt mich hier;
> Füllt mich vom Wirbel bis zur Zeh', randvoll,
> Mit wilder Grausamkeit! verdickt mein Blut;
> Sperrt jeden Weg und Eingang dem Erbarmen,
> Daß kein anklopfend Mahnen der Natur
> Den grimmen Vorsatz lähmt; noch friedlich hemmt
> Vom Mord die Hand! Kommt an die Weibesbrust,
> Trinkt Galle statt der Milch, ihr Morddämonen!
> Wo ihr auch harrt in unsichtbarer Kraft
> Auf Unheil der Natur! Komm, schwarze Nacht,
> Umwölk dich mit dem dicksten Dampf der Hölle,
> Daß nicht mein scharfes Messer sieht die Wunde,
> Die es geschlagen; noch der Himmel,
> Durchschauend aus des Dunkels Vorhang, rufe:
> Halt! halt! (I, 5)

Lady Macbeths Trotz gegen die Natur hat seine Ursache in etwas mehr als einem entarteten Willen zur Macht; er kommt eigentlich aus einem Geist der Rache. Die Natur selbst hat ihr Unrecht getan, denn wir wissen, daß Macbeth und seine Frau keine Kinder haben. Sie sind mit Unfruchtbarkeit geschlagen. Das Leben ist eine Geschichte voller Schall und Wahn, die nichts bedeuten, doch dies ist eine Sache von einiger Bedeutung. In ihrer Rede eignet sich Lady Macbeth ihre Unfruchtbarkeit erneut an, wenn sie bittet, »entweibt« zu werden. In diesem entweibten Schoß ersinnt sie all ihre Pläne und Komplotte. Vielleicht aus ebendiesem Grunde sind sie dazu bestimmt, fruchtlos zu bleiben.

Besagte Unfruchtbarkeit hat ihre symbolische Entsprechung in einer natürlichen Landschaft. Diese Landschaft ist die Heide oder der wüste Ort, an dem die drei Hexen Macbeth ihre Weissagungen mitteilen. Dieses unfruchtbare wüste Land bleibt der Ursprungsort für alle Verbrechen, die Macbeth gegen seinen Mitmenschen begehen wird (Verbrechen, die bedeutsamerweise mit der Zerstörung von Familienstammfolgen verbunden sind). Doch die dort geäußerten Prophezeiungen, die Macbeths fruchtlose Intrigen und seinen Untergang ahnen lassen, erfüllen sich ironisch. Eine der Weissagungen hat mit einem Wald zu tun:

> Macbeth wird nie besiegt, bis einst hinan
> Der große Birnams-Wald zum Dunsinan
> Feindlich emporsteigt. (IV, 1)

Es ist typisch für Macbeth, daß er die Prophezeiung mißversteht; seine Blindheit für prophetische Absicht ist das Gegenstück zu seiner bösen Natur. In seiner Reaktion auf die Äußerung der Hexe liegt beträchtliche Ironie:

> Das kann nimmer werden.
> Wer wirbt den Wald? heißt Bäume von der Erden
> Die Wurzeln lösen? Wie der Spruch entzückt!
> Aufruhr ist tot, bis Birnams Waldung rückt
> Bergan, und unser Macbeth hochgemut
> Lebt bis ans Ziel der Tage, zahlt Tribut
> Nur der Natur und Zeit. –
> Doch klopft mein Herz, nur eins noch zu erfahren;
> Sprecht, kann mir eure Kunst dies offenbaren:
> Wird Banquos Same je dies Reich regieren? (IV, 1)

Wer kann den Wald werben? Das Wort »werben« (*impress*) bedeutet hier auch anwerben – zum Militärdienst anwerben –, und genau das geschieht, als der Birnams-Wald gegen Macbeth zieht. Doch in Macbeths Frage liegen noch andere Untertöne, nämlich: Wer kann den Wald veranlassen? Wer kann dem Willen der Natur einen menschlichen oder politischen Willen aufzwingen? Wer kann den Wald in seinen Dienst zwingen? Das sind Fragen, die uns vom Anfang dieses Kapitels an begleitet haben. Die Menschheit »wirbt« den Wald immer auf die eine oder andere Weise, sie entblößt ihn, erobert ihn, kultiviert ihn, zieht ihn ein. Ebenso wirbt der Wald immer diejenigen, die in seinem Labyrinth den Weg verlieren. Die Beziehung zwischen Wäldern und

Zivilisation während der christlichen Ära ist weitgehend eine des Werbens – was wir auch als den Schatten des Gesetzes bezeichnet haben.

Die Ironie dieser Prophezeiung über den Birnams-Wald liegt darin, daß sie sich auf den optischen Eindruck eines sich bewegenden Waldes bezieht, aber Macbeth – der während des ganzen Stücks von Visionen und Halluzinationen bedrängt wird – nimmt ihre Intention wörtlich. Kurz, er ist das Opfer seiner eigenen Impressionen – gewissermaßen der Waldesschatten, die von den Geistern der »rebellischen Toten« bevölkert sind.

Im letzten Akt des Stücks, als Macbeths Schicksal über ihn hereinbricht, ziehen die rebellischen Toten unter dem Eindruck des Birnams-Waldes gegen Macbeth. Die Soldaten des feindlichen Heers rücken gegen die Burg vor und tarnen sich dabei mit Zweigen, die von den Bäumen dieses Waldes geschnitten sind. Während der Wald gegen Macbeth zieht, findet das Stück ein Ende, das eine Lösung poetischer Gerechtigkeit zu sein scheint. Die Gesetzlosigkeit, die Vico mit den »ruchlosen Wäldern« verband, hat hier in Macbeths städtischer Barbarei eine Zuflucht gefunden, aber am Ende des Stücks symbolisiert dann der wandernde Birnams-Wald die Kräfte des Naturrechts, das seine Gerechtigkeit gegen die moralische Wüste von Macbeths Natur mobilisiert. Unter diesem mächtigen Bild erscheint das Recht in seiner natürlichen Grundlage. Wenn sich das Heer hinter den Zweigen versteckt, gebraucht es dieselben täuschenden Listen, mit denen Macbeth seine Verbrechen ausführte, nur kehrt jetzt die Tarnung die Reihenfolge des Bösen um. Dieser Wald ist von »Banquos Samen« angeworben. Wir sehen in dem Bild des Birnams-Waldes das Gesetz der Genealogie – den Familienstammbaum sozusagen –, das seinen unfruchtbaren Feind besiegt. Wir sehen, wie sich das Gesetz von Verwandtschaft und Königtum rächt. Wir sehen das Gesetz des *Landes* in einer seltsam realistischen Verkleidung.

Der komische Schluß von *Macbeth* gibt uns ein letztes Bild des Rechts und seines Schattens – ein Bild, mit dem wir dieses Kapitel beschließen. Von einem Standpunkt aus ist *Macbeth* eindeutig eine Tragödie, aber sein wenn nicht glücklicher, so doch komischer Schluß erinnert uns an die Logik, der wir die ganze Zeit gefolgt sind. Wenn *Macbeth* tragisch ist, so nicht im vorchristlichen Sinne. Der Grund dafür ist nicht sein komischer Schluß. Mehrere griechische Tragödien enden komisch, mit dem Triumph der Gerechtigkeit, aber Gerechtigkeit bedeutete in ihrem Fall die Versöhnung entgegengesetzter Gesetze, von denen jedes seinen legitimen Anspruch hatte. Als Orest seine Mutter ermordete, rächte er den Tod seines Vaters und gehorchte dabei den Geboten eines alten Gesetzes; als die Furien ihn zu verfolgen begannen, rächten auch sie ein Gesetz, das sein Muttermord verletzt hatte. Der Schluß von Aischylos' Trilogie stellt eine triumphierende Versöhnung dieser beiden Gesetze dar, aber bei *Macbeth* geht es nicht um zwei legitime Gesetze, die einander widerstreiten; das Drama behandelt das Gesetz und seine Verfälschung, das Gesetz und seine Negation, das Gesetz und seinen *Schatten*. In diesem Fall ist der »wandelnde Schatten« Macbeth selbst, aber als der Birnams-Wald gegen ihn marschiert, ist seine Stunde auf der Bühne vorüber. Und wir, die wir in diesem Fall die Zuschauer sind, gehen zu einer anderen Epoche, einer anderen Geschichte und ganz anderen Arten von Wäldern über.

Michael Kenna, *Holzhaufen, Karlstein, Tschechoslowakei* (1990)

Aufklärung

Die Arten von Wäldern, die in diesem Kapitel behandelt werden, gehören mehreren unterschiedlichen Kategorien an. Manche sind so real wie die Holzplantagen der modernen Waldwirtschaft, andere so vergeistigt wie Hamms leerer Traum in Samuel Becketts *Endspiel*. Manche liegen im Herzen der Finsternis, andere im Licht der Vernunft. Manche weisen in der Zeit vorwärts, andere rückwärts. Manche rufen Phobien hervor, während andere zu Träumereien anregen. Wenn wir uns dieser Waldvielfalt nähern, müssen wir im Gedächtnis behalten, daß die Dinge ebenso sicher, wie sie im Wald in die Irre gehen, sich auch am Ende wieder berühren. Wir werden also vorab annehmen, daß die verschiedenen Arten von Wäldern, um die es sich handelt, auf die eine oder andere Weise zusammenkommen werden, um eine offene oder verdeckte Geschichte der nachchristlichen Ära zu erzählen, in deren Horizont wir jetzt eintauchen.

Die nachchristliche Ära wird hier allgemein im Sinne einer historischen Loslösung von der Vergangenheit verstanden. Der erste Abschnitt des Kapitels äußert die Ansicht, daß sich die Ära unter den cartesianischen Auspizien der Aufklärung entfaltet. Wenn Petrarca der »Vater des Humanismus« genannt werden kann, dann kann Descartes der Vater der Aufklärung genannt werden. In seinem *Diskurs über die Methode* vergleicht Descartes die Autorität der Tradition mit einem Wald des Irrtums, hinter dem das gelobte Land der Vernunft liegt. Sobald er dieses gelobte Land erreicht hat, definiert Descartes seine Beziehung nicht nur zur Tradition, sondern auch zur Natur in ihrer Totalität neu. Die neue cartesianische Unterscheidung zwischen der *res cogitans* oder dem denkenden Ich und der *res extensa* oder der verkörperten Substanz bestimmt die Begriffe für die Objektivität der Naturwissenschaft und die Abstraktion des »Subjekts« von Geschichtlichkeit, Standort, Natur und Kultur.

Was uns in diesem Zusammenhang an Descartes interessiert, ist, daß er das Subjekt des Wissens auf solche Weise zu stärken suchte, daß die

Menschheit durch seine Anwendung der mathematischen Methode das erlangen konnte, was er als »Beherrschung und Inbesitznahme der Natur« bezeichnete. Einer der Wege, auf denen dieser Traum von Herrschaft und Besitz in der nachchristlichen Ära Wirklichkeit wird, verläuft über den Aufstieg der Forstverwaltung im späten 18. und im 19. Jahrhundert. Wälder werden zum Gegenstand einer neuen Wissenschaft, der Forstwissenschaft, wobei der Staat die Rolle von Descartes' denkendem Subjekt übernimmt. Wie leicht abzusehen, reduziert die moderne Forstwissenschaft Wälder auf ihren buchstäblichsten oder »objektivsten« Status: auf Nutzholz. Eine neue »Forstmathematik« geht so weit, sie unter dem Aspekt ihres Volumens von verfügbarem Holz zu messen. Die Methode verschwört sich so mit den Gesetzen der Wirtschaft, um sich Wälder unter dem allgemeinen Begriff von »Nutzen« anzueignen, selbst in denjenigen Fällen, in denen Nutzen ästhetisch aufgefaßt wird: Wälder als Erholungsparks beispielsweise oder als »Museen« der ursprünglichen Natur.

Selbstverständlich sind wir über solche Auffassungen keineswegs hinausgelangt. Die Aufklärung ist immer noch unser beherrschendes kulturelles Erbe. Mit anderen Worten, noch heute setzen wir uns für den Schutz von Wäldern auf Grund ihrer zahlreichen Verwendungsmöglichkeiten und Nutzanwendungen ein. Warum sollten wir die tropischen Regenwälder erhalten? Ihr Reichtum an einzigartigen Pflanzenarten kann sich nach Ansicht von Naturwissenschaftlern eines Tages als nützlich für Wissenschaft und Medizin erweisen. Dieser Begriff des Nutzens ist hinterhältiger und stärker historisch determiniert, als es auf den ersten Blick aussieht, und ein Teil der Aufgabe des vorliegenden Kapitels besteht darin, seine Ursprünge zu erklären.

In diesem Sinn so gut wie in anderen geht das Kapitel über die bekannte Geschichte von der Unterwerfung der Natur unter eine programmatische Kontrolle und Ausbeutung hinaus. Wie in den vorangegangenen Kapiteln werden wir feststellen, daß auch hier Wälder einen trüben Spiegel der Zivilisation darstellen, die in bezug auf sie existiert. In diesem Fall werden uns die verschiedenen Formen, in denen Wälder aufgefaßt, wiedergegeben oder symbolisiert werden, Zugang zum Schatten der Aufklärungsideologie verschaffen – zu ihren Phantasien, Ängsten, Nostalgien, Selbsttäuschungen und selbst zu ihrem Pathos. Was wir in diesen Schatten finden, ist das Gespenst der Ironie. Auf dem Weg von der Tragödie zur Komödie bewegen wir uns jetzt entschieden auf die Ironie als diejenige Trope zu, die in ihren verschiedenen Versionen oder Abwandlungen die nachchristliche Ära als ganze beherrscht. Die Ironie ist die Trope der Distanziertheit. Im folgenden werden wir sehen, auf wie verschiedene Weise die wirklichen ebenso wie die imaginären Wälder der neuen Ära ihre dunkleren Rätsel offenbaren.

Die Wege der Methode

In der *Fröhlichen Wissenschaft* erzählt Nietzsche das Gleichnis von dem tollen Menschen, der am hellen Vormittag mit einer Laterne in der Hand auf den Markt stürzt und die Neuigkeit ausruft: »Gott ist tot!« Wir waren auf diesem Markt schon mit Zarathustra. »Wir haben ihn getötet – ihr und ich! Wir alle sind seine Mörder!« erklärt der tolle Mensch. Als sich die Leute über seine Äußerung lustig machen, sagt der tolle Mensch zu sich: »Ich komme zu früh ... Taten brauchen Zeit, auch nachdem sie getan sind, um gesehn und gehört zu werden. Diese Tat ist ihnen noch ferner als die fernsten Gestirne – und doch haben sie dieselbe getan!« (*Die fröhliche Wissenschaft*, 125)

Nehmen wir an, wir gingen auf diesen tollen Menschen zu, beruhigten ihn und fragten ihn: »Wann und wo ist Gott gestorben?« Und stellen wir uns vor, er antwortete: »Im Jahre 1637, in Teil IV des *Diskurs über die Methode*!« Ein toller Mensch kann es sich schließlich leisten, in solchen Dingen genau zu sein.

Teil IV stellt zweifellos einen entscheidenden Abschnitt von Descartes' berühmtestem Werk dar. Hier kommt er zu dem Schluß: »Ich denke, also bin ich.« *Ego cogito, ego sum.* Bevor Descartes dazu gelangt war, hatte er beschlossen, die Richtigkeit von allem anzuzweifeln, was er je für wahr gehalten hatte; doch die Selbstverständlichkeit dieser Tatsache – »Ich denke, ich existiere« – ist so überzeugend, daß sie als das *fundamentum inconcussum*, die unerschütterliche Grundlage, für das neue Gebäude des Wissens dienen wird, das Descartes errichten möchte. Auf der Grundlage ihrer Gewißheit beansprucht Descartes, die Existenz Gottes zu beweisen. Genau an dieser Stelle findet Gottes Ableben statt, könnte der tolle Mensch sagen. Die Gewißheit der subjektiven Existenz des *cogito* wird zum Grund für die Gewißheit von Gottes Existenz, nicht umgekehrt.

Descartes rettet zwar für Gott eine Rolle in seiner Philosophie, denn Gott fungiert jetzt als der metaphysische Garant für die wahre Entsprechung zwischen meinen klaren und deutlichen Ideen und den äußeren Objekten, die diese Ideen für meinen Geist repräsentieren. Doch solch ein Gott ist nicht mehr der christliche Gott des Glaubens. Er ist kein Gott, zu dem ich beten, den ich anrufen, vor dem ich niederknien, von dem ich Heil erbitten oder den ich verehren kann. Descartes' Gott ist bereits kalt vor Totenstarre – vor Metaphysik. (Blaise Pascal sah den Rückzug des christlichen Gottes in Descartes' Philosophie deutlich und drückte seinen Zorn darüber mehrfach in den *Pensées* aus.)

Im Hintergrund von Descartes' Entscheidung, die Richtigkeit von allem anzuzweifeln, was er je als selbstverständlich betrachtet hatte, liegt die kopernikanische Revolution der Astronomie, die die Sinneswahrnehmung zum Gespött gemacht hatte. Es war eine Revolution in Ironie – Ironie in ihrer verheerendsten Form. Ironie, sagt Vico, ist »kraft einer Reflexion, die die Maske der Wahrheit annimmt, aus dem Falschen gebildet« (408). Dies war die Art von ironischem Bewußtsein, die unausweichlich wurde, nachdem der Geozentrismus als Sinnestäuschung enthüllt worden war. Die Verläßlichkeit der Sinneswahrnehmung war natürlich schon seit den ersten Anfängen der antiken Astronomie, vom Platonismus ganz zu schweigen, angezweifelt worden, aber an der kopernikanischen Revolution war deutlich etwas Beispielloses. Ganz plötzlich wurde die sichtbare Welt zu einer bewußten Täuschung, einem großen kosmischen Schwindel, einem ironischen Schleier der Irreführung.

Aus solchen Zweifeln sollte jedoch Gewißheit hervorgehen. In den Teilen II und III des *Diskurses über die Methode* erzählt Descartes die Geschichte des Weges, auf dem er zu dieser Einsicht gelangte. Er beschreibt die Zeit in seinem Leben, die vor seiner Entdeckung stabiler Grundlagen für das Wissen lag – die Zeit, da er noch in einer Welt unzuverlässiger Meinungen und Glaubensvorstellungen verloren war, ohne zu wissen, wie er wirksam zwischen Wahrheit und Falschheit unterscheiden sollte. Er war bereits durch die Wirksamkeit der »algebraischen Geometrie« als Methode der Wahrheitssuche überzeugt worden, aber der Methode fehlte noch eine metaphysische Grundlage. Er beschloß daher, bis zu dem Zeitpunkt, an dem er eine Grundlage für seine mathematische Methode fände, im praktischen Leben einen »provisorischen Moralkodex« einzuhalten und bei seiner zeitweiligen Handlungsweise fest und entschlossen zu bleiben, ganz gleich, wie zweifelhaft dieser Kurs erscheinen mochte:

> Hierin ahmte ich die Reisenden nach, die, wenn sie sich im Walde verirrt finden, nicht umherlaufen und sich bald in diese, bald in jene Richtung wenden, noch weniger an einer Stelle stehen bleiben, sondern so geradewegs wie möglich immer in derselben Richtung marschieren und davon nicht aus unbedeutenden Gründen abweichen sollten, obschon es vielleicht im Anfang bloß der Zufall gewesen ist, der ihre

> Wahl bestimmt hat; denn so werden sie, wenn sie nicht genau dahin kommen, wohin sie wollten, wenigstens am Ende irgendeine Gegend erreichen, wo sie sich wahrscheinlich besser befinden als mitten im Wald. (S. 41)

Auch wenn sich diese Analogie speziell darauf bezieht, eine Handlungsweise mit Entschlossenheit zu verfolgen, könnten wir sagen, daß sie zum Cartesianismus in derselben Beziehung steht, in der das Höhlengleichnis zum Platonismus steht. Sie entwirft gewissermaßen die Wege der Methode. Die Methode (vom griechischen *meta-odos*, »neben dem Wege«) bedeutet wörtlich den »Weg«, und daher ist der Vergleich mit einem Weg, den man durch den Wald verfolgt, in einer Abhandlung über die Methode besonders passend. Descartes' Gleichnis ruft natürlich andere Szenen in Erinnerung – Dantes dunklen Wald zum Beispiel, in dem der »gerade Weg« verloren ist und nicht verfolgt werden kann. In Descartes' Gleichnis ist der Wald ebenfalls ein Ort des Irrtums und der Verlassenheit, aber anders als Dante erscheint Descartes zuversichtlich, daß es tatsächlich eine *Möglichkeit* gibt, in gerader Linie durch den Wald zu wandern.

Diese Zuversicht kommt aus der Zuverlässigkeit der Methode selbst. Dantes Pilger war von göttlichem Beistand abhängig, um aus dem Wald herauszugelangen. Dieser Beistand wurde ihm in Gestalt Vergils zuteil. Sobald aber Descartes' Wissenssubjekt seine Grundlage in der *res cogitans* findet, kann es sich dank seinem Festhalten am linearen Weg der mathematischen Analyse strikt auf seine eigenen Kräfte verlassen, um dem Reich der Beliebigkeit und des Irrtums zu entfliehen. Descartes' Vergleich mit geradlinigem Laufen durch den Wald ist, wie Michel Serres bemerkt hat, »isomorph« mit der Methode der algebraischen Geometrie selbst (*Le système de Leibniz*, S. 452, Anm.). Die mathematische Analyse folgt dem Weg von Zahlen und noch mehr Zahlen in linearer Folge, bis sie zu ihrem Endergebnis kommt. Der Triumph der Methode in einem Wald von Zweifeln bedeutet die Fähigkeit, an der geraden Linie mathematischer Deduktion festzuhalten.

Doch in Descartes' Gleichnis steckt noch mehr, denn der Wald ist eine umfassende Analogie für alles, was unter dem Namen Tradition läuft, die für Descartes die angehäuften Falschheiten, unbegründeten Glaubensvorstellungen und irregeleiteten Annahmen der Vergangenheit bedeutet. Descartes bezieht in dem Augenblick Position gegen die Tradition, in dem er beschließt, ihre Autorität zu bezweifeln und sich bei der Suche nach Wahrheit auf seine ganz persönlichen Kräfte zu verlassen. Diese Distanzierung von den Wegen der Vergangenheit und

Descartes' Anspruch, in Sachen des Handelns und Wissens methodisch unabhängig zu werden, weisen auf das nachchristliche Phänomen, das den Namen Aufklärung trägt. Im nächsten Abschnitt werden wir uns gründlicher ansehen, was in solcher Distanzierung auf dem Spiel steht. Einstweilen gibt es gute Gründe für die Annahme, daß sich Descartes' Wälder unter anderem auf die Tradition beziehen oder auf alles, was im Laufe der Zeit nicht nach rationalem Plan, sondern nach Gewohnheit gewachsen ist. Denn das Waldgleichnis im *Diskurs* erinnert deutlich an einen anderen Vergleich in demselben Text, der den richtigen Gebrauch der Vernunft mit der rationalen, geometrischen Planung von Städten vergleicht. Im Zweiten Teil des *Diskurs* beklagt sich Descartes:

> Ebenso sind jene alten Städte, die – anfänglich nur Burgflekken – erst im Laufe der Zeit zu Großstädten geworden sind, verglichen mit jenen regelmäßigen Plätzen, die ein Ingenieur nach freiem Entwurf auf einer Ebene absteckt, für gewöhnlich ganz unproportioniert; zwar findet man oft ihre Häuser – betrachtet man jedes für sich – ebenso kunstvoll oder gar kunstvoller als in anderen Städten, – wenn man jedoch sieht, wie sie nebeneinanderstehen, hier ein großes, dort ein kleines, und wie sie die Straßen krumm und uneben machen, so muß man sagen, daß sie eher der Zufall so verteilt hat und nicht die Absicht vernünftiger Menschen. (S. 19–21)

Genau wie Descartes Städte, die im Geist eines einzelnen Architekten entworfen worden sind, denen vorzieht, die im Laufe der Zeit vielfältig wachsen, so sind auch, wie er sagt, die »einfachen Gedankengänge« eines Individuums (seiner selbst) dem Wissen vorzuziehen, das man der Tradition und Büchern oder den angesammelten Meinungen verschiedener Menschen im Laufe der Zeit entnehmen kann. Diese alten Städte, die im Laufe der Zeit vielfältig, mit krummen Straßen und ungleichen Gebäuden, gewachsen sind, sind die Zitadellen der Kultur. Für Descartes sind sie die Ergebnisse von Zufall, Verschiedenheit und Beliebigkeit. Kurz, sie sind die Wälder der Verwirrung, in der sich der cartesianische Rationalismus entfremdet sieht.

Wenn sich Descartes im Wald – oder der historisch verkörperten Welt als solcher – entfremdet sieht, so kann uns nicht überraschen, daß er sich in der Wüste zu Hause findet. Die Wüste bedeutet in diesem Fall die »leere Ebene« des Ingenieurgeistes, wo die geraden Linien der Geometrie auf keine Hindernisse stoßen. Sie bedeutet die Abstraktion des

Geistes von der Geschichte – seine materielle und kulturelle Entkörperlichung. Tatsächlich zeichnet der *Diskurs* Descartes' Entschluß nach, sich von seinem Heimatland zu trennen, seine Freunde hinter sich zu lassen und sich in den fremden Polizeistaat Holland zurückzuziehen, um seiner philosophischen Arbeit nachzugehen. Über seine neue Heimat erklärt Descartes mit Befriedigung: »Hier konnte ich ... ebenso einsam und zurückgezogen leben wie in der entlegensten Wildnis« (S. 51).

Descartes verfaßte den *Diskurs über die Methode* (den er an einer Stelle eine »Fabel« nennt) als hagiographische Geschichte, die mit dem einsamen Rückzug des Heiligen in die Wüste endet. Doch eine Ironie durchzieht die Fabel, denn die geraden Linien der algebraischen Geometrie, die in den Wüsten der Abstraktion zu Hause sind, führen am Ende im Kreis zu der materiellen Welt zurück, von der sich das cartesianische *cogito* abstrahiert. Am Ende des *Diskurses* offenbart Descartes die wahren Ambitionen seiner Methode. Mit Bezug auf gewisse »allgemeine Grundbegriffe«, die er von der Physik erworben hatte, schreibt er:

> [Diese allgemeinen Grundbegriffe] haben mir gezeigt, daß es möglich ist, zu Kenntnissen zu kommen, die von großem Nutzen für das Leben sind, und statt jener spekulativen Philosophie, die in den Schulen gelehrt wird, eine praktische zu finden, die uns die Kraft und die Wirkungsweise des Feuers, des Wassers, der Luft, der Sterne, der Himmelsmaterie und aller anderen Körper, die uns umgeben, ebenso genau kennen lehrt, wie wir die verschiedenen Techniken unserer Handwerker kennen, so daß wir sie auf ebendieselbe Weise zu allen Zwecken, für die sie geeignet sind, verwenden und uns so zu Herren und Eigentümern der Natur machen könnten. (S. 101)

Das Wissen, nach dem der cartesianische Rationalismus auf dem Wege der Methode strebt, ist nicht bloß von spekulativer Art wie in den traditionellen Schulen. Es hat einen aktiven und praktischen Ehrgeiz. Es ist ebensowenig Wissen um seiner selbst willen wie das technische Know-how des Handwerkers. Die Wege der Methode versprechen weder Heil noch Weisheit, sondern vielmehr *Macht*. Sie führen zur Beherrschung und Inbesitznahme der Natur, das heißt zur Aneignung der Macht, die traditionell Gott zugeschrieben wird. Vernunft, Methode und technische Handwerkskunst kommen am Ende des *Diskurses* in einem säkularen Bekenntnis des Willens zur Macht zusammen.

Das Ziel der Beherrschung und Inbesitznahme der Natur stellt die höchste Form des praktischen Aktivismus dar. Der neue Philosoph ist mehr ein Ingenieur als ein Heiliger, und die »leere Ebene« der Vorstellungskraft des Ingenieurs, auf die die Vernunft ihre Pläne projiziert, bleibt auch nicht lange leer, denn eine geometrische Stadt wächst aus ihrer Wüste empor. Ebenso bleiben die Wälder keine Orte ungeordneten Durcheinanders, sobald Beherrschung und Inbesitznahme auf die Tagesordnung der Ära gesetzt sind. Wie wir im folgenden Abschnitt sehen werden, kehrt die Methode, wenn sie einen Weg aus dem Wald heraus findet, zurück, um sie der Strenge der Methode selbst zu unterwerfen.

Als Schluß können wir anmerken, daß Descartes 1650 stirbt. 1657 wird Fabio Chigi Papst Alexander VII. Während seiner elfjährigen Herrschaft verwandelt der Papst die alte Stadt Rom, die im Laufe der Zeit zu der Art von »wuchernder Stadt« geworden war, über die sich Descartes im *Diskurs über die Methode* beklagt hatte. Wo es früher ein Straßengewirr, gewundene Gassen, historisch verschiedene Bauwerke, lokale Nachbarschaften und polyzentrische Lichtungen inmitten von alledem gab, befindet sich jetzt die Hauptlichtung der Piazza del Popolo mit ihren drei radikal linearen Hauptstraßen, die sich mehrere Kilometer weit nach Süden erstrecken. Die Hauptstraße in der Mitte, die die Piazza del Popolo mit der ebenso triumphalen Lichtung der Piazza Venezia verbindet, wäre falsch benannt, hätte sie einen anderen Namen als »Via del Corso«. Via del Corso: der Weg der Wege; die Tautologie der Methode; der Kurs des *Diskurses*. Wie sich ein römischer Papst im 17. Jahrhundert die Ansteckung durch den cartesianischen Rationalismus zuzog, bleibt ein Rätsel, aber Krautheimers Buch *Roma Alessandrina: The Remapping of Rome Under Alexander VII* erzählt die vollständige Geschichte dieser Verwandlung einer Stadt. So kehren wir zu unserem tollen Menschen zurück und stellen ihm eine letzte Frage: »Wie geht man in gerader Linie durch den Wald?« Antwort: »Methodische Abholzung.«

Was ist Aufklärung? Eine Frage für Förster

In einer 1784 erschienenen Schrift mit dem Titel »Eine Antwort auf die Frage: Was ist Aufklärung?« gab Immanuel Kant eine kurze, aber berühmte Antwort auf diese Frage. Er definierte Aufklärung als das Mündigwerden eines Zeitalters. Mündig zu werden hieß für Kant, sich auf das Gesetz der Vernunft als höchste Autorität in weltlichen Angelegenheiten zu berufen. Was aber bedeutet das? Daß Aufklärung ein historisches Ereignis ist, das an einem bestimmten Punkt stattfindet? Daß sie eine ideologische Revolution ist? Die Reform der politischen Verfassung? All das zugleich? Lassen wir Kants Schrift für einen Augenblick beiseite und legen wir unsere Antwort auf seine Frage vor.

Aufklärung ist eine projektive Loslösung von der Vergangenheit – eine Art des Denkens, die die Gegenwart von der Vergangenheit ablöst und sie vorwärts in eine ideale säkulare Zukunft hinein projiziert, die in idealer Weise vom Gesetz der Vernunft beherrscht wird. Die Zukunft ist immer noch das wahre Erbe der Aufklärung, während die Gegenwart ihrer Vernunftrepublik hinterherhinkt. Da die Gegenwart all die sozialen und politischen Reformen, die von der Vernunft diktiert werden, erst noch zu vollenden hat, steht die Aufklärung in einem kritischen Verhältnis zu ihrem gegenwärtigen Zeitalter. Aufklärung ist das, was bereits geschehen ist und noch nicht geschehen ist. Es ist insofern geschehen, als man wagt, das Gesetz der Vernunft zu bekräftigen – »wage es, zu wissen!«, wie Kant sagte –, aber sie ist insofern noch nicht geschehen, als die Zukunft ihre Gebote erst noch erfüllen muß. Aufklärung ist immer unterwegs. Es ist eine nicht endende Arbeit, mündig zu werden. Um die zweideutige Metapher zu verwenden, die im Hinblick auf das kulturelle Erbe der Vereinigten Staaten gebraucht wird – Aufklärung ist das »Kind der Aufklärung«.

Die historische Gegenwart der Aufklärung bleibt somit zweideutig. Die Autorität der Tradition beherrscht weiterhin die Gegenwart, doch sie weicht auch langsam dem Druck des Vormarschs der Vernunft. Diese Auffassung von Aufklärung gestattet uns, zu verstehen, warum Vico von einem »Zeitalter der Reflexion« spricht, zu dem der Bewußtseinsmodus, der Ironie heißt, gehört. Wie die Trope der Losgelöstheit bedeutet Ironie ein kritisches Verhältnis zur Vergangenheit. Aus einer »aufgeklärten« Perspektive erscheinen die Wege der Vergangenheit irrig, voller Selbsttäuschung und in Aberglauben getaucht. Was die Tradition für wahr hielt, sieht die Aufklärung als falsch (den Himmel hielt man einst für einen belebten Stoff, aber »wir wissen es besser«). Auf der grundlegendsten Ebene entmystifiziert also die Ironie die Dogmen des Glaubens und läßt ihre Verwurzelung in Falschheit hervortreten. Es ist die Trope der Aufklärung selbst, die durch kritische Reflexion mündig wird.

Wenden wir uns jetzt unserem Thema zu, um zu sehen, ob die Wälder die Geschichte genauer und konkreter erzählen können. Unsere Leitvorstellung von Anfang an war, daß eine historische Epoche etwas Wesentliches über ihre Ideologie, ihre Institutionen und ihr Recht oder ihr kulturelles Temperament in den vielfachen Aspekten offenbart, unter denen Wälder in dieser Epoche betrachtet werden. Hier werden wir uns auf eines der großen Dokumente des Zeitalters der Aufklärung konzentrieren, nämlich auf die französische *Enzyklopädie*, die im 18. Jahrhundert von Diderot herausgegeben wurde. Unter dem Stichwort *forêt* in der *Enzyklopädie* liefert Monsieur Le Roy, der Aufseher des Parks von Versailles, eine typisch aufgeklärte Definition von Wäldern, die wir hier näher untersuchen wollen.

Le Roy beginnt sein Stichwort mit einer formalen, umfassenden Definition des Waldes. Ein Wald (*forêt*), schreibt er, ist ein ausgedehntes bewaldetes Gebiet im Gegensatz zu den kleineren Gebieten, die *bois* heißen. Die Definition unterscheidet sich bereits wesentlich von Manwoods *foresta*, einem Rechtsbereich, zu dem durch königlichen Erlaß der Zugang gesperrt ist und der für das Vergnügen und die Erholung des Königs bestimmt ist. Für Manwood bestand ein Wald aus vier Dingen: Grünpflanzen und Wildbret, besonderen Gesetzen und Beamten. In Le Roys Definition wird der Wald technisch auf Grünpflanzen reduziert. Der Wald ist nicht mehr als ein Konglomerat von Bäumen. So stellt Le Roy fest, daß ein großer Wald fast immer aus Bäumen aller Altersklassen und Arten besteht, die er folgendermaßen aufzählt: *taillis*, ein Gehölz jüngerer Bäume bis zu 25 Jahren; *gaulis*, ein Gehölz zwischen 25 und 50 oder 60 Jahren; *demi-futaye*, zwischen 60 und 90 Jahren; und *haute-futaye* oder alte Bäume von über 90 Jahren.

Nach dieser formalen Definition eines Waldes tritt Le Roy einen Schritt zurück und stellt die Begriffe des Ansatzes auf, den er im Rest seines Artikels verfolgen wird. »Es scheint«, schreibt er,

> daß man zu allen Zeiten die Wichtigkeit des Schutzes der Wälder empfunden hat; sie sind immer als das Eigentum des Staates betrachtet und in seinem Namen verwaltet worden: die Religion selbst hatte die Wälder geweiht, zweifellos um durch die Verehrung das zu schützen, was für das öffentliche Interesse (*utilité publique*) geschützt werden mußte. Unsere Eichen geben keine Orakel mehr, und wir bitten sie nicht mehr um die heilige Mistel; man muß diesen Kult durch die Sorgfalt ersetzen; und welchen Vorteil man auch einst in der Achtung gefunden haben mag, die man für die Wälder hatte, man muß noch mehr Erfolg von der Wachsamkeit und der Ökonomie erwarten. (Le Roy, S. 129)

Dieser bemerkenswerte Absatz verleiht unserer abstrakten Definition der Aufklärung als projektiver Loslösung von der Vergangenheit einen konkreten Körper. Die Behauptung, daß Wälder immer als Eigentum des Staates betrachtet und in seinem Namen verwaltet worden sind, ist eine falsche Darstellung der historischen Fakten, aber Le Roys Fehler entspringt einer Ideologie, die den Staat als den universellen, transzendenten Hüter des nationalen »Eigentums« betrachtet. Die Behauptung ist um so zweifelhafter im Lichte der Bemerkung des Autors, wonach in vergangenen Zeiten die Religion die Wälder geweiht hatte, um die Art von Ehrfurcht einzuflößen, die sie um des öffentlichen Interesses willen schützen würde. Le Roy gibt hier zu verstehen, daß die Religion als primitiver Agent der öffentlichen Verwaltung fungierte. Er entmystifiziert ihren sakralen Charakter zugunsten dessen, was er als den einzigen wahrhaft bleibenden heiligen Wert ansieht, nämlich *l'utilité publique*, das »öffentliche Interesse«. Darin offenbart er sich als Mann der Aufklärung.

Le Roys Einstellung gegenüber der historischen Vergangenheit ist von Ironie durchzogen. Seine Ironie ist eine Ironie zweiten Grades, denn sie sieht nicht nur Falschheit, die in der Vergangenheit die Maske der Wahrheit trug (Wälder als etwas Heiliges), sondern auch das Umgekehrte. Wahrheit, die für Le Roy das öffentliche Interesse bedeutet, trug in der Vergangenheit die Maske der Falschheit und verbarg sich hinter einem abergläubischen religiösen Gefühl der Verehrung. Er entschleiert die alten abergläubischen Vorstellungen, aber gleichzeitig sieht er eine latente Wahrheit hinter ihren Falschheiten liegen, nämlich das Bedürfnis nach Schutz des Waldes. Seine Ironie enthüllt daher eine tiefere Wahrheit, die in der Vergangenheit verborgen blieb.

Der Begriff des Mündigwerdens nimmt hier eine neue Dimension an. Mündigwerden heißt, daß die Wahrheit aus ihrer Latenz hervor in das ernüchternde Licht der Vernunft eintritt. Die Aufklärung braucht die Maske des falschen Aberglaubens nicht mehr, denn sie kann die Wahrheit in ihrem eigenen richtigen Licht sehen, das heißt im Licht der Vernunft. So bemerkt Le Roy ironisch, daß unsere Eichen keine Orakel oder heiligen Mistelzweige mehr liefern und daß wir diese alten (wenn auch einstmals nützlichen) abergläubischen Vorstellungen durch Wachsamkeit und Ökonomie ersetzen müssen.

Auch wenn das Eichenorakel verstummt ist, wird seine Orakelfunktion jetzt vom aufgeklärten Enzyklopädisten selbst übernommen, der für die Zukunft der Forstverwaltung eine rationale Tagesordnung vorlegt. Die Tagesordnung ist im projektiven Modus formuliert. Wie der Rest des Stichworts deutlich macht, sind Wachsamkeit und Ökonomie für die Forstverwaltung in Frankreich noch nicht Wirklichkeit geworden. Im Gegenteil, Le Roy weist darauf hin, daß die gegenwärtige Praxis in Frankreich noch weitgehend unwachsam und unökonomisch ist, wenn es um Wälder geht. Dadurch, daß sie die Holzressourcen aus Nachlässigkeit und Ignoranz verschwendet, bleibt die gegenwärtige Ordnung des Forstwesens blind für die Zukunft. Sie blickt nicht genügend nach vorn, sie versäumt es, das Orakel der Vernunft zu befragen, das langfristige Strategien zum Schutz der nationalen Holzvorräte bis weit in die Zukunft hinein vorschlägt.

Die Lebenswichtigkeit von Wäldern, schreibt Le Roy, ist zu allen Zeiten empfunden worden. Das wird durch die große Zahl von Forstgesetzen, die es gibt, bewiesen. Ihre große Zahl verweist jedoch nur auf ihre Unzulänglichkeit: »Die Gesetze sind ihrer Natur nach fest, und die Ökonomie muß ständig Umstände berücksichtigen, die sich wandeln«, schreibt er. »Eine Verordnung kann nur Verbrechen, Mißbräuche und Plünderungen verhindern; sie setzt Strafen gegen Arglist fest, aber sie bietet keine Belehrung für Unwissenheit.« (S. 129) Gesetze selbst können die Aufgabe von Wachsamkeit und Ökonomie nicht erfüllen, denn sie sehen nicht klar in die Zukunft. Beweise hierfür lassen sich in dem weitverbreiteten Verfall der französischen Wälder, den hohen Brennholzpreisen und der extremen Knappheit von Holz für Bau und Handwerk finden. (Tatsächlich fluktuierten die Preise für Rohstoffe in Frankreich während des 18. Jahrhunderts erheblich, der Preis für Bauholz dagegen stieg das ganze Jahrhundert hindurch stetig an, ein klarer Hinweis auf das schwindende Angebot von Holz für alle Verwendungsarten [Corvol, S. 50].)

Das Problem hat also mit dem Abstellen von Unwissenheit in Sachen Forstwirtschaft zu tun. Die Wiederherstellung von Wäldern ist ein langfristiges Projekt, welches das genaueste empirische Wissen verlangt. Forstverwaltung erfordert nicht nur präventive Gesetze, sondern vor allem Sachkenntnis, ein informiertes Urteil und langfristige Perspektiven, die über den Horizont einer einzigen Generation hinausschauen können. Le Roy:

> Wenn die Wälder wegen ihres allgemeinen Nutzens als Eigentum des Staates betrachtet werden müssen, so ist ein Forst auch oft nur eine Ansammlung von Gehölzen, die Eigentum mehrerer Privatleute sind. Aus diesen beiden Gesichtspunkten ergeben sich verschiedene Interessen, die eine gute Verwaltung versöhnen muß. Der Staat braucht Holz aller Art und zu allen Zeiten; er muß vor allem große Bäume kultivie-

ren. Wenn man sie für die gegenwärtigen Bedürfnisse verwendet, muß man sie schützen und sie im voraus für die kommenden Generationen bereitstellen. Andererseits haben es die Eigentümer eilig, zu profitieren, und manchmal ist ihre Bestrebung gerechtfertigt. ... Diejenigen, die damit beauftragt sind, für den Staat über die Aufrechterhaltung der Forste zu wachen, müssen daher viel gesehen und viel beobachtet haben; sie müssen genug davon wissen, um die Besitzer nicht zu verletzen, und sie müssen den Lauf der Natur kennen, um dafür zu sorgen, daß mehr der Geist als der Buchstabe der Verordnung erfüllt wird. (S. 129)

Das Interesse der Eigentümer ist auf sofortige Ausbeutung gerichtet. Der Staat hat ebenfalls sein Interesse an Ausbeutung, doch er muß auch das öffentliche Interesse im allgemeinen und für alle Zeiten schützen. Le Roy glaubt, daß die Interessen aller beteiligten Parteien ebenso wie das öffentliche Interesse künftiger Generationen durch kompetente Forstverwaltung nicht nur versöhnt, sondern auch gefördert werden können. Alles hängt von der Aufklärung des Försters ab, davon, daß er diese »Ignoranz« überwindet, die Le Roy mit Forstgesetzen in der Vergangenheit in Verbindung brachte.

Nun erwirbt der Förster seine Sachkenntnis durch direkte Erfahrung und Beobachtung vieler Wälder und Landschaften. (»Man kann nur durch genaues Verfolgen traditioneller Erfahrungen lernen ... oder durch Beobachtungen, die man in vielen Wäldern und auf verschiedenem Terrain macht.« [S. 129]) Unser Enzyklopädist offenbart hier seine Treue zum herrschenden philosophischen Geist der *Enzyklopädie*, der den Primat von *expérience* in Sachen des Wissens vertritt. Die *Enzyklopädie* als Ganzes ist eine große Apologie für Sensualismus, Empirizismus und eine Art Proto-Positivismus. In diesem Sinne scheint sie in direktem Gegensatz zu Descartes' mathematischem Deduktionismus und seinem Mißtrauen gegen Sinnesdaten zu stehen; doch in Wahrheit verzichtet sie nur auf Descartes' Metaphysik, bleibt aber innerhalb der Sphäre der cartesianischen Unterscheidung zwischen dem Subjekt der Erkenntnis und den Objekten seiner Analyse. Wie immer man dazu gelangt, das Objekt zu erkennen – durch empirische Beobachtung oder logische Deduktion –, das Subjekt bewahrt seine Subjektivität als das Organisationsprinzip der Erkenntnis. Wie wir weiter unten sehen werden, liegt ein identischer »Humanismus« sowohl dem cartesianischen Rationalismus als auch dem Empirizismus der *Enzyklopädie* zugrunde, ein Humanismus, der Erfüllung in dem findet, was Descartes als Beherrschung und Inbesitznahme der Natur bezeichnete.

Le Roy charakterisiert den aufgeklärten Förster also als jemanden, der sein Wissen aus Beobachtung und Erfahrung bezieht, der seine Urteile nicht auf spekulative Prinzipien gründet, sondern eher auf die empirische Natur sich wandelnder örtlicher Bedingungen. Wie er in seiner Kritik der unflexiblen Forstgesetze der Vergangenheit erklärt, muß »die Ökonomie ... ständig Umstände berücksichtigen, die sich wandeln«. Der Förster ist ein Mann der Ökonomie par excellence. Seine Kenntnis von verschiedenen Terrains, den Wachstumsmerkmalen verschiedener Arten, klimatischen Bedingungen und so weiter dient dazu, sein Urteil im Hinblick auf seine einzige wichtige Aufgabe zu verfeinern, nämlich die Festlegung des richtigen *Zeitrahmens* für das Fällen von Bäumen. In Fragen des Forstwesens hängt alles vom Zeitpunkt ab.

Le Roy behandelt ausführlich, worum es beim Wissen aus erster Hand bezüglich der Wachstumsraten von Bäumen geht. Wir wissen, sagt er, daß das Fällen von Wäldern ihr Wachstum verjüngt und daß sie danach jährlich bis zu einem gewissen Punkt weiterwachsen. Um den Nutzen, der sich von einem bestimmten Wald erhalten läßt, zu maximieren, muß man genau seinen Wachstumszyklus und den Punkt kennen, an dem er aufhört, mit optimaler Geschwindigkeit zu wachsen. Man muß den Wald bis zu einer Zeit stehenlassen, in der er diesen Punkt erreicht. Andererseits ist der zu erzielende Nutzen noch beträchtlicher (»l'avantage devient plus considérable«), wenn man vor allem für die *Erhaltung des Bodens* sorgt, in dem die Bäume ihre Wurzeln haben. Übermäßige Verjüngung ändert das Wachstum und erschöpft den Erdboden. Da jedes Gelände eine gewisse Tiefe hat, über die hinaus die Wurzeln nicht reichen können, wird übermäßiges Fällen nur den Zeitpunkt vorverlegen, an dem Bäume zu verfaulen beginnen. Der Förster muß über solches Wissen in allen empirischen Einzelheiten verfügen, wenn er den Zeitpunkt des Fällens festsetzen soll. Er muß entscheiden, einige Wälder mehrere Generationen hindurch unberührt zu lassen, so daß hochwachsende Bäume gedeihen und in Zukunft zu den ihnen angemessenen Zwecken ausgebeutet werden können; er muß wissen, welche Terrains sich am besten für welche Baumart eignen, und er muß die optimale Vielfalt oder Menge von Arten für ein gegebenes Gebiet kennen. Dieses Wissen führt zu einer aufgeklärten öffentlichen Verwaltung von Waldgebieten:

> Die öffentliche Wachsamkeit ist also dazu verpflichtet, sich der falschverstandenen Habgier der Privateigentümer entgegenzustellen, die die Fortdauer ihrer Wälder dem augenblicklichen Profit opfern möchten; sie ist die Wächterin der Rechte der Nachwelt; sie muß sich um deren Bedürfnisse kümmern und im voraus deren Interessen verwalten: aber es wäre gefährlich, dieses Prinzip zu übertreiben, und man muß hier genau zwischen der Nutzung der *taillis* und der Zurückhaltung von *futaies* unterscheiden. Da die *taillis* ein gegenwärtiges Objekt von Besteuerung sind, darf man ihr Fällen nur so lange hinziehen, wie, in einer ganz bestimmten Weise, die jährliche Progression dauert, von der wir gesprochen haben: dadurch gleicht man aus, was der gegenwärtigen Generation zukommt und derjenigen, welche folgen wird. Der Eigentümer wird für das Warten entschädigt, das man von ihm verlangt hat, und der Boden der Wälder wird so weit wie möglich erhalten. (S. 129)

Ein rationaler Zugriff auf die Verwaltung von Forsten, dem empirische Sachkenntnis zugrunde liegt, wird die unterschiedlichen Interessen versöhnen, indem er das öffentliche Interesse im allgemeinen verwaltet. Das öffentliche Interesse steht nicht per se in Widerspruch zum Privatinteresse der Eigentümer; es repräsentiert die langfristigen Interessen aller und schließt sie sogar in sich ein. Es ist *universell.* Es transzendiert, umschließt aber auch, die unmittelbaren und besonderen Interessen in der Gesellschaft als ganzer. Wegen seiner Universalität wahrt es die Rechte der Nachwelt (mit »Rechten« meint Le Roy im wesentlichen *Interessen*). Die Rechte der Nachwelt stehen den Interessen der gegenwärtigen Generation nicht entgegen; im Gegenteil, Rechte sichern von Natur aus die Rechte aller. Die Rechte der Nachwelt dienen daher als Regulativ einer aufgeklärten Forstverwaltung, die angesichts des langsamen, sich über mehrere Generationen hinziehenden Wachstums von Wäldern ihre Planungen weit in die Zukunft projizieren muß.

An diesem Punkt können wir die kritische Frage nicht länger aufschieben: Was meint Le Roy mit dem »öffentlichen Interesse«? Wovon ist der Förster ein Hüter? Die Antwort liegt nicht fern; sie liegt in dem wiederkehrenden Begriff der Nützlichkeit oder *l'utilité publique.* Wälder sind für viele menschliche Zwecke nützlich: Heizen, Energie, Fabrikation, Schiffbau, Steuern und selbst ungreifbarere Dinge wie ästhetisches Vergnügen, Landschaft, Parks und so fort. Im Zeitalter der Aufklärung wird der Wald völlig unter diesen Begriff des Nutzens subsumiert. Angesichts der Tatsache, daß die Aufklärung so sehr ein Teil unseres kulturellen Erbes ist, erfassen wir auf den ersten Blick nicht den revolutionären Aspekt dieses neuen, allumfassenden Begriffs der Nützlichkeit. In dem Begriff lauert natürlich die Idee des Profits – Wälder als Quelle von Abgaben und Steuern –, und wir wissen, daß Profiterwägungen bald das gesamte europäische Unternehmen der Verwaltung von Forsten durch den Staat ebenso wie durch die privaten Waldbesitzer beherrschen sollten. Die Aufklärung leitet die Reduktion von Wäldern auf den Status einer materiellen Ressource, die einer straffen Verwaltung bedarf. Diese Auffassung vom Wald als rein materieller Ressource ist bei unserem Enzyklopädisten so vorherrschend, daß er sie in die Vergangenheit zurückprojiziert und uns glauben machen möchte, daß die Religion einst dazu beitrug, Wälder zu weihen, um eine so kostbare Ware zu schützen.

Um die Neuheit des Begriffs der Nützlichkeit des Waldes zu ermessen, brauchen wir ihn nur mit Manwoods Begriff in seiner Abhandlung über das Forstrecht zu vergleichen. Für Manwood war ein Forst im wesentlichen eine Zufluchtsstätte vor der Menschenwelt, ein Naturschutzgebiet, in dem wilde Tiere sicher unter dem Schutz des Königs leben konnten. Er hatte nichts mit dem öffentlichen Interesse, nichts mit Nutzen zu tun. Im Gegenteil, Forste markierten die Grenzen menschlicher Ausbeutung der Wildnis. Die königliche Sperre für Wälder schützte sie um ihrer wilden Tiere willen, was wiederum mit »dem Vergnügen und der Erholung« des Königs zusammenhing. Wir müssen Manwoods Wort »Erholung« (*recreation*) im radikalen Sinn verstehen. In den königlichen Schutzgebieten betrieb der König eine rituelle Jagd, die symbolisch seine Rolle als Eroberer und Unterwerfer der Wildnis »neu schuf« (*recreated*).

In Le Roys Artikel werden Wälder der symbolischen Dichte beraubt, die sie einst besessen haben mögen. Sie werden auf die wörtlichste aller Bedeutungen reduziert, nämlich »eine große Fläche von Waldgebieten ... bestehend aus Bäumen aller Art«. Le Roy erwähnt nicht ein einziges Mal die Frage der wilden Tiere. *Der Wald als Lebensraum ist verschwunden.* Wenn Lebensraum für Le Roy kein Problem ist, so deshalb, weil der Wald schon unter dem Gesichtspunkt von Nutzholz aufgefaßt worden ist. Dieses Nutzholz wiederum ist unter dem Aspekt seines Nutzwerts verstanden. Der Nutzwert wiederum ist mit dem Begriff von »Rechten« verknüpft worden – den Rechten des Staates, den Rechten der Privateigentümer und den Rechten der Nachwelt. Nirgends gibt es eine Erwähnung der Rechte der Tiere des Waldes. Manwoods Definition des Waldes dagegen ist genau von dem beherrscht, was er als die natürlichen Rechte der Jagdtiere betrachtet, die vom göttlichen Recht der Souveränität selbst garantiert und nicht von ihm zu trennen sind.

Auf den ersten Blick erscheint es seltsam, daß Le Roy, ein Jagdhüter, über den Wald als natürlichen Lebensraum so auffälliges Stillschweigen bewahren und ihn nur als Summe von Bäumen definieren sollte. Bei näherer Überlegung erscheint das jedoch weniger seltsam, denn Le Roys Artikel ist nur ein Beispiel für den Hyper-Humanismus der französischen *Enzyklopädie* als ganzer. Dies ist derselbe Humanismus, der sich zu Beginn des menschlichen Zeitalters ankündigte und der Descartes' Unternehmen den Weg bahnte. In seinem Stichwort »Encyclopédie« ergriff Diderot die Gelegenheit, über die Philosophie der *Enzyklopädie* zu reflektieren und sie klarzustellen. Sein Artikel bekräftigt den alten humanistischen Glauben in Termini, die uns mittlerweile vertraut sind: »Der Mensch«, schreibt er, »ist der einzigartige Begriff, von dem man ausgehen und auf den man alles zurückführen muß« (S. 641). Für diese Art von aufgeklärtem Humanismus, den Le Roy teilt, kann der Wald als geweihter Ort von Orakelverkündungen, als Ort seltsamer oder monströser oder bezaubernder Erscheinungen, als imaginäre Stätte lyrischer Nostalgie und erotischer Irrfahrten, als Naturschutzgebiet, in dem wilde Tiere in Sicherheit vor den Verheerungen der Menschheit wohnen können, die das Geschäft betreibt, sich um ihre »Interessen« zu kümmern, nicht zur Debatte stehen. Es kann nur die Ansprüche der menschlichen Beherrschung und Inbesitznahme der Natur geben – die Reduzierung von Wäldern auf Nutzanwendung.

Le Roys Artikel offenbart die Mentalität, die dann die Zukunft der Forstverwaltung in Europa und den Vereinigten Staaten beherrscht. In diesem Sinne fungiert Le Roy in der Tat als das neue Waldorakel. Bald nachdem Le Roy seinen Artikel für die *Enzyklopädie* schrieb, sollte die Definition eines Waldes als einer ausgedehnten bewaldeten Fläche, die aus Bäumen besteht, einem noch verdinglichteren Begriff weichen: der Wald als quantifizierbares Volumen von nutzbarem (oder der Besteuerung unterliegendem) Holz. Die Nützlichkeit des Waldes wird in Termini einer quantifizierbaren Masse gemessen. Ihre fortwährende maximale Verfügbarkeit und ihre ständige Erneuerung werden zum Hauptanliegen einer neuen *Wissenschaft* des Forstwesens.

Diese Wissenschaft wurde in Deutschland in der zweiten Hälfte des 18. Jahrhunderts geboren. Neue Methoden der Forstverwaltung, die auf der Masse oder dem Volumen von Holz basierten, traten an die Stelle des alten, flächenbezogenen Forstwesens. Diese Methoden wurden durch die Begründung der »Forstmathematik« ermöglicht, einer technischen Wissenschaft, mit der Förster das Holzvolumen in einem gegebenen Gelände berechnen, die Wachstumsraten von Wäldern weit in die Zukunft hinein projizieren und Zeitrahmen für den Holzeinschlag nach genauen mathematischen Tabellen festsetzen konnten. Algebra, Geometrie, Stereometrie und Xylometrie verbanden sich miteinander zur *Forstwissenschaft* eines auf Dauerertrag ausgerichteten Forstwesens. Förster wurden zu staatlichen Wissenschaftlern, und es entstand eine neue Berufskategorie: der *Forstgeometer*, der die Grenzen von Forsten vermaß, Karten zeichnete und die wesentlichen Daten ausrechnete. Die Helden aus der Gründerzeit der neuen Forstmathematik – Namen wie Hartig, Cotta, Beckmann und andere – verwandelten das deutsche Forstwesen in eine wahrhaft strenge Wissenschaft des Messens und Quantifizierens. Daß die Wälder mathematischer Analyse unterworfen wurden, war ein Triumph für das deutsche Forstwesen und verschaffte ihm bis in unser Jahrhundert hinein eine Spitzenstellung vor dem aller anderen Nationen. Noch 1938 konnte Franz Heske amerikanischen Forstleuten gegenüber bekräftigen: »Für alle Zeiten wird dieses [das 19.] Jahrhundert der systematischen Forstverwaltung in Deutschland, in dem die erschöpften, mißbrauchten Wälder in gutgeführte Forste mit ständig steigenden Erträgen verwandelt wurden, ein leuchtendes Beispiel für das Forstwesen in der ganzen Welt darstellen.« (Lowood, S. 342)

Unsere Absicht ist nicht, hier einen Überblick über die technische Geschichte der modernen Forstverwaltung zu geben. Dennoch müssen wir sagen, daß das Reduzieren von Wäldern auf quantifizierbare Holzvolumen zur Verwandlung der Wälder selbst führte. Natürliche Wälder mit ihren Bäumen verschiedener Art und verschiedenen Alters wurden schrittweise durch Wälder einheitlichen Typs mit vorgeschriebenen Pflanzzeiten ersetzt. Die neuen Monokultur-Forste wurden nach dem abstrakten Konzept des »normalen« Waldes eingerichtet: eines idealen Waldes, dessen zufällige und natürliche Variablen auf ein Minimum reduziert wurden. Henry Lowood beschreibt in seinem originellen Werk über die Geburt der deutschen Forstmathematik die Resultate folgendermaßen:

> Der deutsche Wald wurde zum Archetyp des Verfahrens, der unordentlichen Natur die sorgsam arrangierten Konstrukte der Wissenschaft überzustülpen. Man denke nur an den Wald, den Cotta als Exempel seiner neuen Wissenschaft auswählte: im Laufe der Jahrzehnte verwandelte sein Plan ein verwildertes Flickwerk in ein ordentliches Schachbrett. Praktische

> Ziele hatten einen mathematischen Utilitarismus gefördert, der seinerseits geometrische Perfektion als äußeres Zeichen des gut verwalteten Waldes zu fördern schien; die rational bestimmte Anordnung von Bäumen wiederum bot neue Möglichkeiten zur Kontrolle der Natur. (Lowood, S. 341)

Wir haben seit Beginn dieser Untersuchung viele Umwege gemacht; auf diesem hier kommen wir wieder zu Descartes, der den Anspruch erhob, den Weg aus einem Wald von Beliebigkeit und Verwirrung heraus zu finden, indem er der geraden Linie der Methode folgte. In seinem *Diskurs über die Methode* verwendete Descartes eine bloße Analogie, aber wir sind jetzt in der Lage, zu sehen, inwiefern die Analogie wahrhaftig eine Dimension eigener Art annimmt. Algebra und Geometrie, die als Grundlage für die Methode dienten, mit der Descartes zu unbezweifelbarer Wahrheit gelangen wollte, werden zur Grundlage der neuen Wissenschaft des Forstwesens. Dank solcher Methode hört der Wald auf, der Ort des zufälligen Umherirrens zu sein, und wird ein ordentliches Schachbrett. Da er eine kalkulierbare Quantität wird, wird er auch geometrisch. Wie wandert man in gerader Linie durch den Wald? Zunächst pflanzt man seine Bäume in geradlinigen Reihen, wie es deutsche Förster taten. Die algebraische Geometrie duldet keine Hindernisse. Die geraden Linien der Geometrie kommen zu den Wäldern der Aufklärung, und die Wege der Methode sind vorherrschend.

Wir können zum Schluß feststellen, daß das Erbe solcher aufgeklärten Einstellungen zu Wäldern noch heute die Regierungspolitik beherrscht. Besonders die Vereinigten Staaten sind in dieser Hinsicht das »Kind der Aufklärung«. Ihre Behandlung des Forstwesens beruht weitgehend auf dem französischen und dem deutschen Modell. Doch andererseits sind die Vereinigten Staaten das Kind mehrerer Eltern. Sie haben den Puritanismus, die Aufklärung, die Romantik und noch mehr als Teile ihres Erbes. Wir könnten sagen, daß heute in den Vereinigten Staaten ein Krieg zwischen Monsieur Le Roy und John Manwood geführt wird. Der Krieg spielt sich zwischen zwei grundlegend entgegengesetzten Auffassungen vom Wald ab. Die eine ist die Auffassung vom Wald als Ressource; die andere ist die Auffassung vom Wald als Schutzgebiet.

Diese widerstreitenden Auffassungen stehen sich gegenwärtig in der Auseinandersetzung um die gefleckte Eule in den alten Wäldern des pazifischen Nordwestens gegenüber. In den Vereinigten Staaten haben wir keine Gesetze, die Lebensräume schützen, doch seit Verabschiedung des Gesetzes zum Schutz von gefährdeten Arten haben wir jetzt

Gesetze, die bedrohte Tierarten schützen. Diejenigen, die sich in ihrem Kampf zum Schutz des Lebensraums der gefleckten Eule auf das Gesetz zum Schutz von gefährdeten Arten berufen, sind sozusagen die Manwoodianer, die den Wald als Schutzgebiet für wilde Tiere betrachten oder als Zuflucht vor der erbarmungslosen Logik der Ökonomie, die die Institutionen der aufgeklärten Gesellschaft beherrscht. In diesem Sinn ist die gefleckte Eule zum Symbol für die gespenstische und posthume Existenz des Waldes in einem Zeitalter der Waldesdämmerung geworden. Wie Hegels Eule der Philosophie erscheint sie am Ende – aber am Ende wovon? Am Ende der Überbleibsel von alten Wäldern? Am Ende der Poesie? Am Ende der Geschichte der Beziehung der Phantasie zu dem Bereich, der so oft Asyl vor dem Licht der Wirklichkeit geboten hat? Was symbolisiert diese Eule? In David Lynchs Fernsehserie »Twin Peaks«, die in der Nähe der alten Wälder des pazifischen Nordwestens spielt, erfährt Sonderagent Dale Cooper vom Orakel der übernatürlichen Kräfte, daß »die Eulen nicht das sind, was sie scheinen«. Vielleicht ist diese Eule der Geist des Bösen, der noch immer in den Wäldern lauert, aber auf die eine oder andere Weise braucht sie ein Asyl, und diejenigen, die dafür kämpfen, die Wälder in Naturschutzgebiete für die Eule zu verwandeln – ganz gleich, was die Eule ist, was sie zu sein scheint oder nicht zu sein scheint, wovon sie das Ende verkündet –, diese Manwoodianer von heute gehören zu denen, an die Nietzsche dachte, als er vom Übermenschen als dem »Sinn der Erde« sprach.

Diejenigen, die die Manwoodianer bekämpfen, sind, mit einem Wort, Nihilisten. Sie sind natürlich nicht annähernd so aufgeklärt wie unser Enzyklopädist Le Roy, denn die Abholzungsverfahren in Amerika sind zum größten Teil auf lange Sicht weder wachsam noch ökonomisch, doch für sie ist ebenso wie für Le Roy der Wald als Lebensraum vollständig verschwunden. Der Wald als Lebensraum ist im wesentlichen belanglos geworden, »nutzlos«.

Die Manwoodianer von heute sind jedoch gezwungen, die Sprache derer zu sprechen, die sie bekämpfen. Das ist genau die Sprache der Nützlichkeit. In ihren Bemühungen, die Waldschutzgebiete zu erhalten, müssen sie die Wissenschaft ebenso wie Regierungen daran erinnern, daß sich eines Tages die unerhörte Vielfalt von Pflanzenarten, die an keinem anderen Ort als in den Wäldern existieren, als nützlich und förderlich für solche Dinge wie die Behandlung von Krebs oder von anderen Krankheiten erweisen wird. Sie müssen tausend überzeugende oder nicht überzeugende Argumente für die Nützlichkeit des Waldschutzes ersinnen. Im Augenblick ist dies die einzige Sprache, die ein Recht zu sprechen hat, denn sie spricht von den »Rechten«, das heißt den ökonomischen Interessen der Menschheit. Es bleibt abzuwarten, ob eines Tages eine weniger kompromittierte, weniger ironische Sprache möglich werden wird – eine Sprache von anderen Rechten und anderen Interessen, kurz, eine Sprache von anderen Welten.

Rousseau

Wir haben schon gesagt, daß Wälder im Zeitalter der Aufklärung in vielfältigen und bisweilen sogar antithetischen Formen erscheinen, was einige Zweifel an der Identität des fraglichen Phänomens aufwerfen kann. Ähnliche Zweifel können auch hinsichtlich der Identität eines bestimmten Individuums auftauchen, das einmal als Mann der Aufklärung spricht und dann wieder als Rebell, der sich gegen die Dünkel und die Verlogenheit seiner Epoche auflehnt. Jean-Jacques Rousseau ist solch ein Individuum (vielleicht besser, ein »Dividuum«). Er ist voller Widersprüche nicht nur für diejenigen, die mit der Kohärenz seiner Lehren rechnen, sondern vor allem in seinem Innern, besonders im Hinblick auf seinen Diskurs über Wälder.

Ist es wirklich der narzißtische Träumer, der Apologet der natürlichen Unschuld, der Kritiker der institutionellen Gesellschaft, der das *Projet de constitution pour la Corse* (»Entwurf einer Verfassung für Korsika«) verfaßt hat? In dieser Abhandlung aus dem Jahre 1765 spricht Rousseau wie ein echter Jünger der *Enzyklopädie*, der für die Herrschaft der Vernunft eintritt, *prévoyance* oder vorausschauendes Verhalten befürwortet und empirische Genauigkeit bei der Verwaltung von Korsikas politischer und wirtschaftlicher Zukunft verlangt. Das erste Wort des Titels der Schrift – *Projet* – deutet bereits auf den Geist der aufgeklärten Projektion, der sich durch das Dokument zieht. Projektion in die Zukunft war nicht Rousseaus beherrschende Leidenschaft; eher das Gegenteil. Wir kennen ihn als einen Mann, der die menschlichen Ursprünge mystifizierte und den Fortschritt als Verderbnis brandmarkte. Doch der Geist der optimistischen Projektion ist nicht der einzige anomale Zug dieser Abhandlung Rousseaus. Daß der Autor die Natur auf ihren Status von Nützlichkeit – ihre potentielle Ausbeutung für gesellschaftliche und politische Zwecke – reduziert, ist noch auffälliger im Falle eines Mannes, der sich sonst für das Lieblingskind einer großzügigen, aber viel mißbrauchten Mutter Natur hielt. Im *Projet de constitution pour la Corse* wird Korsikas natürliche Geographie vorwiegend unter ökonomischen Gesichtspunkten wahrgenommen. Unter

Hinweis auf die Fähigkeit der Insel zu fast völliger ökonomischer Selbstgenügsamkeit hebt Rousseau die Wichtigkeit einer aufgeklärten und pragmatischen Verwaltung ihrer verschiedenen Ressourcen, vor allem ihrer überreichen Wälder, hervor. In dieser letztgenannten Hinsicht klingt er ganz ähnlich wie unser Enzyklopädist Le Roy. An die Adresse der Korsen gerichtet schreibt er:

> Man wird damit beginnen, sich der notwendigsten Rohmaterialien zu versichern, nämlich Holz, Eisen, Wolle, Leder, Hanf und Leinen. Die Insel verfügt über reichlich Holz sowohl zum Bauen als auch zum Heizen, aber man darf sich auf diesen Reichtum nicht verlassen und die Nutzung und den Einschlag der Wälder allein dem Belieben der Eigentümer überlassen. In dem Maße wie die Bevölkerung der Insel wächst und das Fällen zunimmt, wird es in den Wäldern zu einer rapiden Verschlechterung kommen, die sich nur sehr langsam beheben lassen wird. Hierüber kann man von dem Land, in dem ich lebe, Lektionen der Vorausschau lernen. Die Schweiz war einst derart reichlich von Wald bedeckt, daß sie fast darunter begraben lag. Doch wegen der Ausdehnung des Weidelands wie auch wegen der Errichtung von Manufakturen hat man sie ohne Maß und Regel (*sans mésure et sans règle*) abgehauen; jetzt zeigen diese unendlichen Wälder nur fast kahle Felsen. Zum Glück haben die Schweizer, durch das Beispiel Frankreichs gewarnt, die Gefahr gesehen und dort soviel Ordnung geschaffen, wie an ihnen lag. Es bleibt abzuwarten, ob ihre Vorkehrungen nicht bereits zu spät sind; denn wenn trotz dieser Vorkehrungen ihre Wälder täglich weniger werden, so ist klar, daß sie schließlich zugrunde gehen müssen.
>
> Wenn Korsika die Sache langfristiger anpackt, wird es nicht dieselbe Gefahr zu fürchten haben. Man muß rechtzeitig eine genaue Ordnung für die Wälder festlegen und deren Fällen so regeln, daß die Reproduktion dem Verbrauch gleichkommt. Man darf es nicht wie in Frankreich machen, wo die Herren von Wasser und Wald, da sie ein Recht auf das Fällen der Bäume haben, daran interessiert sind, alles zu vernichten. … Man muß die Zukunft langfristig vorhersehen: auch wenn es nicht angebracht ist, gegenwärtig eine Marine aufzustellen, wird die Zeit kommen, wo diese Gründung wird stattfinden müssen, und dann wird man sehen, wie vorteilhaft es war, die schönen Wälder, die nahe am Meer liegen,

> nicht fremden Flotten ausgeliefert zu haben. Man muß die Wälder, die alt sind und nicht mehr gedeihen, ausbeuten oder verkaufen, aber man muß alle diejenigen stehen lassen, die in ihrer Kraft sind; sie werden zu ihrer Zeit Verwendung finden (*ils auront dans leur tems leur emploi*). (Rousseau, *Projet*, S. 926f.)

Wie in Le Roys Artikel in der *Enzyklopädie* erscheint der Wald auch hier allein als potentielle Ressource der Ausbeutung. Selbst die *belles forêts* der korsischen Küste werden mit Blick auf ihre schließliche Verwendung beim Bau einer nationalen Flotte betrachtet. Ist dies also wirklich Rousseau – der Brandmarker des *homo faber*, der menschlichen Selbstbestimmung, der großen »Stadt des Menschen«, wie sie in ihrer idealen Zukunft vom aufgeklärten Humanismus vorgestellt wurde –, spricht hier wirklich der romantische Rebell?

Die widersprüchlichen Elemente in Rousseaus Werk als ganzem ergeben sich aus seinem Entschluß, ein Kritiker des Zeitalters der Kritik zu sein. Dieser Entschluß stellt ihn klar in die Krise der Ironie. Wir sprachen von der Aufklärung als kritischer Beziehung zur historischen Gegenwart kraft einer Loslösung von der Vergangenheit, die in die Zukunft projiziert wird. Rousseau teilt den Drang seines Zeitalters – nämlich die projektive Loslösung –, aber er neigt im allgemeinen dazu, die positiven und negativen Vorzeichen der historischen Laufbahn umzudrehen. In der uranfänglichen Vergangenheit, behauptet Rousseau, liegt die verlorene natürliche Unschuld des Menschen (ihr Bild dient als Maß der Kritik für die Gegenwart). Die Zukunft dagegen stürzt nur die Geschichte in den nihilistischen Abgrund des menschlichen »Fortschritts« oder der Entfremdung vom ursprünglichen Zustand menschlichen Glücks. Man könnte sagen, daß man bei Rousseau ein *dédoublement* oder eine Verdoppelung der Aufklärungsironie findet, wenn er sich daran macht, die Ideale der Aufklärung zu entlarven und die authentischere Wahrheit des Naturzustands zu verfechten, den das Zeitalter der Vernunft überdeckt und verfälscht.

Das führt uns zu zwei Bemerkungen. Erstens kann die Reduktion von Natur auf bloße Ressource für aufgeklärte Ausbeutung, die Rousseau in seinem *Projet de constitution pour la Corse* vornimmt, nicht der einzige oder auch nur der hauptsächliche Weg sein, auf dem sich die Natur diesem Dichter der Nostalgie offenbart. Im Gegenteil, die Natur als nutzbares Rohmaterial für das menschliche Projekt steht weiterhin in deutlichem Gegensatz zu Rousseaus Lehre von der Natur als wohlwollendem Ursprung und als Hüterin der menschlichen Seele in ihrer natürlichen Echtheit. Die zweite Bemerkung ähnelt mehr einer

Frage, die Rousseaus Spekulationen über Ursprünge durchzieht. Wenn diese Ursprünge seit langem verloren, verfälscht, von menschlicher Verschlagenheit und Gesellschaftsverträgen überdeckt sind, wie kann Rousseau den Anspruch erheben, sie wiederzugewinnen? Wo immer man hinblickt, ist der ursprüngliche Naturzustand, sowohl im Innern als auch in der Außenwelt, von der Geschichte ausgelöscht worden. In seinem *Diskurs über die Ungleichheit unter den Menschen* (1755) behauptet Rousseau, daß es nicht möglich sei, empirisch festzustellen, worum es sich beim Naturzustand gehandelt habe, oder auch nur wissenschaftliche Mutmaßungen über den Menschen in seinem Urzustand anzustellen. Alle derartigen Versuche, der Sache von außen beizukommen, sind zum Scheitern verurteilt. Im Vorwort zu diesem Werk schreibt er:

> Was noch grausamer ist, ist, daß wir uns – da alle Fortschritte der menschlichen Art diese unablässig von ihrem anfänglichen Zustand entfernen –, je mehr wir neue Kenntnisse ansammeln, um so mehr der Mittel berauben, die wichtigste von allen zu erlangen, und daß wir uns in gewissem Sinne durch das viele Studieren des Menschen außerstande gesetzt haben, ihn zu erkennen. (S. 45)

In demselben Vorwort erklärt Rousseau, daß der einzige Weg, um den »natürlichen Menschen« kennenzulernen, darin bestehe, reflektierend in das eigene innere Ich zu tauchen und dort, durch natürliche Intuition, die Spuren jener ursprünglichen Menschennatur zu entdecken, die im Laufe der Zeit so entstellt und verdorben wurde und die doch in ihrer Wahrheit so unvergänglich ist. Diese Wahrheit liegt tief unter der entfremdeten Oberfläche der Geschichte und gesellschaftlichen Evolution, tief unter den Sitten, Konventionen, Ideen und Vorurteilen der Zeit, doch irgendwie bleibt sie für die natürliche Sensibilität der Seele zugänglich. Wenn sich die Menschennatur nicht empirisch demonstrieren läßt, kann sie doch in Wahrheit erschaut werden.

Durch eine Aktivierung der Ressourcen solcher Intuition unternimmt es Rousseau im *Diskurs über den Ursprung der Ungleichheit*, in sich selbst ein Bild oder einen Schauplatz oder eine Empfindung der Natur zu entdecken, die wahrer sind als das, was die Wissenschaft je erreichen könnte. Intuition versetzt ihn in die Lage, sich den »natürlichen Menschen« vorzustellen, wie er einsam durch die großen Urwälder der Erde wandert und ein einfaches, unschuldiges und, was das wichtigste ist, ein *glückliches* Leben führt. Diese Wälder befriedigten seine menschlichen Bedürfnisse und versicherten ihn seiner natürlichen Freude daran, lebendig zu sein. Rousseaus Intuition oder reflexive Introspektion befähigt ihn auch dazu, in der Menschennatur zwei Ur-»Prinzipien« zu entdecken, von denen das eine, schreibt er, »uns brennend an unserem Wohlbefinden und unserer Selbsterhaltung interessiert sein läßt, das andere uns einen natürlichen Widerwillen einflößt, irgendein empfindendes Wesen, und hauptsächlich unsere Mitmenschen, umkommen oder leiden zu sehen« (S. 57). Diese Einsichten bilden die Grundlage für Rousseaus Idee einer menschlichen Natur vor dem Sündenfall, aus einer Zeit, als Menschen sorglos und glücklich die Urwälder durchstreiften.

Uns geht es hier mehr um die Basis von Rousseaus Intuition als um seine Spekulationen über den »natürlichen Menschen«, der als glücklicher Wilder durch die Wälder wandert. Was ist die Basis einer solchen Intuition und wie funktioniert sie? Was ruft ihre Offenbarungen hervor? Wie befreit Rousseau die Schätze einer Intuition, die die Macht hat, nicht nur die Entstellungen von Zeit und Geschichte zu überwinden, sondern auch die beiden Urprinzipien der menschlichen Natur zu entdecken? Nach Antworten auf diese Fragen können wir uns in einer Passage aus Rousseaus *Bekenntnissen* umsehen, die die Umstände beschreibt, unter denen sein *Diskurs über die Ungleichheit unter den Menschen* abgefaßt wurde. Im letztgenannten Werk erscheint der Wald als der imaginäre Schauplatz der Ursprünge. In den *Bekenntnissen* jedoch können wir anfangen zu verstehen, wie der Wald für Rousseau zum unentbehrlichen Korrelat seiner Intuitionen wird. Der entscheidende Abschnitt findet sich in Buch VIII:

> In eben diesem Jahre [1753] erschien, wie ich glaube, das Programm der Akademie von Dijon: »Über den Ursprung der Ungleichheit unter den Menschen«. Diese große Frage beeindruckte mich, und ich war überrascht, daß die Akademie sie zu stellen gewagt hatte; da sie diesen Mut aber nun einmal besessen, so konnte ich auch wohl den Mut haben, die Frage zu behandeln, und ich unternahm es.
>
> Um über diesen großen Gegenstand ungestörter nachdenken zu können, machte ich mit Thérèse, mit unserer Wirtin, die eine recht wackere Frau war, und mit einer ihrer Freundinnen eine kleine Reise von sieben oder acht Tagen nach Saint-Germain. Ich rechne diesen Ausflug unter die angenehmsten meines Lebens. Es war prachtvolles Wetter, und jene beiden guten Frauen nahmen alle Mühe und Kosten auf sich; Thérèse vertrieb sich heiter mit ihnen die Zeit, und ich, den keine

> Sorge drückte, ich erschien nur um die Essensstunden, um mich zwanglos in ihrer Gesellschaft zu erholen. Den ganzen übrigen Tag verbrachte ich tief innen im Walde und suchte und fand dort das Bild der Urzeit, deren Geschichte ich kühn entwarf. Ich deckte schonungslos all die kleinen Lügen der Menschheit auf, wagte ihre Natur bis zur Nacktheit zu entblößen, ihre fortschreitende Entstellung durch Zeiten und Dinge zu erweisen und, indem ich den Menschen, so wie er durch den Menschen geworden, mit dem Menschen der Natur verglich, ihm gerade in seiner vermeintlichen Vollkommenheit die wahre Quelle seines Elends aufzudecken. Meine durch so erhabene Betrachtungen emporgehobene Seele stellte sich an die Seite der Gottheit, und da ich von dort gewahrte, wie meine Mitmenschen in der Blindheit ihrer Vorurteile den Weg des Irrtums, des Leidens und des Verbrechens gingen, rief ich ihnen mit einer schwachen Stimme, die sie nicht zu vernehmen vermochten, zu: Ihr Toren, die ihr unaufhörlich über die Natur klagt, lernt doch endlich, daß all eure Leiden in euch selber ihren Ursprung haben! (S. 544 f.)

Rousseau erzählt dann, wie er nach seiner Rückkehr nach Paris von Abscheu über die eitlen Dünkel der menschlichen Gesellschaft ergriffen wird und wie er, um Erleichterung von seinen Beklemmungen zu finden und sein Nachdenken über die Wahrheit der Natur fortzusetzen, stundenlang durch den Bois de Boulogne, einen bewaldeten Park am Rande der Stadt, zu wandern pflegte:

> Sogar im Umgang mit meinen Freunden fand ich so wenig Geneigtheit, Offenherzigkeit und Freimütigkeit, daß ich, von all diesem rauschenden Lärm gründlich angewidert, mich glühend nach einem Aufenthalt auf dem Lande zu sehnen begann, und da ich nicht sah, wie es mir mein Beruf möglich machen konnte, dorthin überzusiedeln, so beeilte ich mich, wenigstens meine freien Stunden draußen zu verbringen. Mehrere Monate lang ging ich, anfangs sofort nach Tisch, allein im Boulogner Wäldchen spazieren, überdachte dabei die Stoffe zu meinen Arbeiten und kehrte erst mit einbrechender Nacht zurück. (S. 546f.)

Kehren wir jetzt zum ursprünglichen Schauplatz der Intuition zurück. Der Wald von Saint-Germain ist nicht mehr der Urwald alter Zeiten, doch die *natürliche Verwandtschaft* zwischen diesem gepflegten Forst und seinem entfernten Urbild ermöglicht Rousseaus Vision des Naturzustandes. Hier unter den hohen Bäumen, im Dämmerlicht des Verstandes, verbindet sich die Intuition mit der suggestiven Umgebung des Waldes, um über die Zeit, über die Geschichte und ihre Institutionen hinaus auf die Wahrheit des »natürlichen Menschen« in seiner engen Verbindung zur Quelle seiner Natur zu greifen. Der Ursprung steigt in Rousseaus Phantasie auf, während sich der Wald von Saint-Germain um das reflektierende Ich schließt und der Intuition direkten Zugang zu den Tiefen der Zeit verschafft. Der Wald von Saint-Germain ließe sich als Schutzgebiet bezeichnen, in dem die Phantasie Bilder längst vergangener Zeiten aufbewahrt. Die Intuition verbindet sich mit der Erscheinung des Waldes, um im Geist ein Bild von Ursprüngen hervorzubringen. Oder besser, in den Tiefen des Waldes wandert der einsame Wanderer durch die Tiefen der Zeit selbst. Der Wald von Saint-Germain wird ganz buchstäblich zum *Phänomen* der Ursprünge.

Das Mindeste, was wir anmerken können, ist, daß dieser Wald für Rousseau ein ganz anderes Aussehen hat als die Wälder von Korsika, für die er eine aufgeklärte Politik der Wachsamkeit und Ökonomie vorschreibt. Der Wald von Saint-Germain offenbart sich nicht in Nützlichkeit, sondern in seiner Verbindung zur intuitiven Erinnerung des Ich an eine menschliche Natur vor dem Sündenfall. Der Unterschied zwischen diesen beiden Wahrnehmungsweisen entstammt dem Unterschied zwischen einem Standpunkt im Wald und einem außerhalb des Waldes. Im ersten Fall, als Rousseau von seinen turmhoch ragenden Geheimnissen eingeschlossen ist, wird der Wald zum Schauplatz von Einsicht oder zum Ort, an dem das Erblicken der Wahrheit stattfindet. Im letzteren Fall brechen die entwicklungsgeschichtlichen Geheimnisse zusammen und verschwinden hinter dem bedrohlichen Äußeren des Waldes, das dem Außenstehenden als seine seelenlose Erscheinung bloßen Rohmaterials entgegentritt.

Wir können auch anmerken, daß Rousseaus rebellischer sozialer Diskurs ein wesentliches Bedürfnis hat, sich an den Rändern der Stadt, aus dem Innern des Waldes heraus, zu erzeugen. Dieses Bedürfnis hat ebensoviel mit der suggestiven Umgebung des Waldes zu tun wie mit der topischen Marginalität im Hinblick auf die Stadt, denn Rousseau muß sich in einem exzentrischen Raum postieren. Wenn er nach seiner Woche in Saint-Germain in die Stadt der Aufklärung zurückkehrt, fühlt er sich geistig von der eitlen und prätentiösen Gesellschaft von Paris abgeschnitten, und er beeilt sich, mehrere Stunden am Tag mit Spaziergängen im Bois de Boulogne zu verbringen und dabei die

Stoffe zu seinen Arbeiten zu überdenken. In Fortsetzung seiner Suche nach dem richtigen Rahmen für seine Meditationen findet Rousseau sie in den Wäldern eines Stadtparks. Diese täglichen Spaziergänge an den Rändern der Stadt bieten uns ein räumliches Bild für die Distanzierung Rousseaus von seiner Zeit. Das ist allerdings ein zweideutiges Maß, denn er bleibt auf seinen Ausflügen in den Park zugleich innerhalb und außerhalb der Stadt. Überdies signalisiert seine »Distanzierung« zugleich seine Unterordnung unter die Epoche, denn die Aufklärung ist, wie wir in so vielen Versionen behauptet haben, im wesentlichen eine Form der Distanzierung.

Diese Zweideutigkeit – der Position Rousseaus innerhalb der Aufklärung – liegt nicht nur der scheinbaren Inkongruität zwischen dem aufgeklärten Autor des *Projet de constitution pour la Corse* und dem Mann, der den menschlichen Fortschritt denunziert, zugrunde; sie macht auch Rousseaus sentimentalen Wald zum Schauplatz von Ironie im bereits erörterten historischen Sinne. Wir hatten gesagt, daß Vicos Charakterisierung der Ironie – sie ist »kraft einer Reflexion, die die Maske der Wahrheit annimmt, aus dem Falschen gebildet« – nicht so offensichtlich oder geradlinig ist, wie sie aussieht. Als diejenige Trope, die das reflektierende Bewußtsein schlechthin beherrscht, bezieht sich die Ironie auf die Fähigkeit, die Glaubensvorstellungen früherer Epochen als Falschheiten wahrzunehmen, die die Maske der Wahrheit tragen. Wir sahen ein Beispiel solcher historischer Ironie in Le Roys Artikel in der *Enzyklopädie*, in dem der Autor erklärte, daß die Religion in früherer Zeit Wälder zu weihen pflegte, damit Verehrung eine lebenswichtige materielle Ressource der Nachwelt erhielte. Le Roy erklärte dann, wir in unserer aufgeklärten Epoche müßten diese alten Kulte durch »Wachsamkeit und Ökonomie« ersetzen, was bedeutet, daß wir mit unserer historischen Entfernung von Unwissen uns nicht mehr auf Falschheiten zu verlassen brauchen, um mit der Verwaltung unserer Angelegenheiten zurechtzukommen.

In Rousseaus Fall wendet sich diese Art historischer Ironie in einem Akt der Reflexion gegen sich selbst. Bei seinen Meditationen im Wald von Saint-Germain kehrt er die Ideale der Aufklärung um: »Ich deckte schonungslos all die kleinen Lügen der Menschheit auf, wagte ihre Natur bis zur Nacktheit zu entblößen, ihre fortschreitende Entstellung durch Zeiten und Dinge zu erweisen und, indem ich den Menschen, so wie er durch den Menschen geworden, mit dem Menschen der Natur verglich, ihm gerade in seiner vermeintlichen Vollkommenheit die wahre Quelle seines Elends aufzudecken.« Genau in diesem *Vergleich* wendet sich die Trope der Ironie gegen die Geschichte als ganze, demaskiert menschlichen Fortschritt, Erfindungskunst, Wissenschaft und Höflichkeit und deckt die »kleinen Lügen« der Epoche auf. Eine solche Ironie reicht tief in den Kern der Sache – in den Kern des Waldes gewissermaßen –, denn dadurch, daß Rousseau die kleinen Lügen von Wissenschaft, Fortschritt, Zivilisation, Erkenntnis, Vernunft und so fort demaskiert, behauptet er, daß alle Anstrengungen der Menschheit, Verantwortung für sich zu übernehmen und sich eine gesellschaftliche Welt zu schaffen, Masken der Falschheit sind, die ihre eigene Unechtheit verhüllen und die innere Wahrheit der Menschennatur entfremden. Aus dieser Perspektive erscheint die Geschichte als ganze zu einer fatalen Ironie verdammt.

Die Frage, die uns bleibt, ist, warum sich eine solche Ironie zweiten Grades in den Wäldern heimisch sieht – nicht in den wildwachsenden Wäldern, sondern eher in Stadtwäldern? Die Antwort liegt in Rousseaus Willen zur Kritik, der sein Denken weit mehr motiviert als jeder Wille zur Wahrheit. Der alte Zustand der Natur, den er durch introspektive Intuition erschaut, braucht nicht wirklich oder nachweisbar zu sein. Ja, Rousseau kann sogar behaupten, daß der Naturzustand, wie er ihn sich vorstellt, vielleicht niemals wirklich existiert hat. Doch Rousseau braucht die Idee oder das Bild dieses Zustands, um seine Mitmenschen und ihre fortschrittlichen Ambitionen zu denunzieren. Rousseaus beherrschende Leidenschaft ist die der Denunziation. Anders ausgedrückt, ihm geht es mehr darum, Menschen ihrer Anmaßungen zu entblößen, als ihre nackte Natur zu entdecken. Die Idee einer nackten Menschennatur dient nur als imaginärer Vergleichsbegriff im weiteren logischen Rahmen von Rousseaus Kritik an der menschlichen Gesellschaft in ihren institutionellen Formen. Der Prozeß des Entblößens vergleicht den Menschen, wie er sich gemacht hat, mit dem Menschen, wie er »von Natur aus« ist. Dieser beständige und erbarmungslose Vergleich erscheint als das Werk historischer Reflexion: als Werk der Ironie vor allem.

In dem Maße, wie er alle Verhüllungen abstreift, unter denen der Mensch im Laufe seiner sozialen Evolution seine »wahre Natur« versteckt hat, und in dem Maße, wie dieses Abstreifen mit Analyse, Kritik, Distanzierung, ja, mit der Prosa der Vernunft selbst arbeitet, gehört Rousseau voll zu dem ironischen Zeitalter, das er zu denunzieren beansprucht. Seine verschiedenen Versuche, seine Zeit zu ironisieren oder ihre Ansprüche auf Fortschritt zu demaskieren und ihren historischen Triumphalismus zu denunzieren, verschärfen nur die Krankheit, für die er ein Heilmittel sucht.

Diese Art ironischer Ironie findet den Schauplatz ihrer Reflexion in

Stadtwäldern. Ob in Saint-Germain oder im Bois de Boulogne, der Schauplatz liegt auf den Parametern der Aufklärung, wo das Licht der Geschichte durch den Rand eines Waldes, der die Grenzen seiner Lichtung definiert, gebrochen und gestreut wird. Rousseau bewegt sich vor und zurück aus dem Licht in seine Schatten, aus der Stadt in ihre baumbestandenen Parks, aus der Gesellschaft von Männern und Frauen zu ihren negativen Reflexionen in der Seele des »einsamen Wanderers«, von der Vernunft zur Leidenschaft und wieder zurück zur Vernunft. Die Bewegung findet in reflektierendem Bewußtsein statt, und ihr Helldunkel ist historisch eingegrenzt, tatsächlich so eingegrenzt, daß der Träumer, der die Konstrukte des menschlichen Fortschritts beklagt und im Wald von Saint-Germain die Unschuld der Ursprünge ins Auge faßt, derselbe Autor der Abhandlung ist, die die »belles forêts« der korsischen Küste als Dauerreserve zu nachmaliger Verwandlung in eine nationale Flotte behandelt. Affirmation hat in Rousseaus Fall ihren Grund in Negation; die Dialektik, zu der sie führt, umfaßt die Beziehung zwischen Natur und Geschichte, Wahrheit und Falschheit, Unschuld und Verderbtheit, Wäldern und Städten. In Rousseaus Lehre erscheinen die Termini an zweiter Stelle als negativ. Doch eine entschiedenere Analyse dieser scheinbaren Gegensätze offenbart, daß sie so sicher zueinander gehören, wie der Bois de Boulogne zu Paris gehört.

Conrads brütende Düsternis

In vieler Hinsicht ist das 19. Jahrhundert bis heute das modernste geblieben: ein Jahrhundert der Nostalgie zwar, aber auch eines voller Visionen künftiger Alternativen, die die Geschichte aus irgendwelchen Gründen nie erfüllte. Es träumte von einer wahrhaft radikalen und erlösten Moderne, von einer, die sich allerdings nicht einstellte oder die ihre geistigen Errungenschaften nicht ausbaute. Die Geschichte hat unseren Anspruch, wahrhaft modern zu werden, zum Gespött gemacht und tut das noch heute. Während das Jahrtausend seinem Ende entgegengeht, erscheint uns (zumindest einigen von uns) das 19. Jahrhundert wie brütende Sturmwolken, die über ein ausgedörrtes Land dahintreiben, ohne ihre Feuchtigkeit zu entladen. Es war ein Jahrhundert, das wie ein Strauß von Illusionen kam und verging.

Die folgenden beiden Kapitel dieser Arbeit behandeln das 19. Jahrhundert aus vielfältigen Perspektiven, aber an diesem Punkt unserer Analyse wollen wir uns direkt an die Schwelle zum 20. Jahrhundert begeben, wobei wir bei unserem Thema der Ironie, der Aufklärung und der historischen Distanzierung von der Vergangenheit bleiben. Auf dieser Schwelle begegnen wir einer Frage, die uns seit Beginn dieses Kapitels begleitet hat, nämlich: Was hat die Wildnis mit der abendländischen Metropole zu tun? Konkreter, wo stehen zum Beispiel die alten, unberührten Wälder im Verhältnis zu London?

»Und auch dies«, sagte Marlow unvermittelt, »ist einer der dunklen Plätze der Erde gewesen.« Marlow, der Erzähler in Conrads *Herz der Finsternis*, spricht auf dem Deck einer Segelyacht, die im letzten Jahr des 19. Jahrhunderts auf der Themse vor Anker liegt. Er denkt an die Zeiten, als die Römer an die Themseufer kamen und eine entsetzliche Wildnis voller Grausamkeit, Krankheit und Tod vorfanden. Jetzt sind es die Briten und ihre europäischen Verwandten, die die Fackel des Reiches »zu den entferntesten Enden der Welt« tragen (Conrad, *Herz der Finsternis*, S. 63 f.).

Niemand könnte sich die Wildnis des Abendlandes in vorgeschichtlicher Zeit lebhafter vorstellen als Joseph Conrad. In seiner langen Seemannslaufbahn hatte er die entlegenen Grenzen bewaldeter Welten in ihrem Zustand der Wildheit gesehen; er hatte auch gesehen, wie ebendiese Welten zu europäischen Kolonien wurden; und er hatte mit der westlichen »Eroberung der Welt«, wie er sie nannte, Erfahrungen aus erster Hand. Conrad verfügt daher über eine besondere Autorität, wenn er erklärt, daß die westlichen Rassen – wie unter dem Antrieb eines moralischen Gebots – wußten, wie man die Wildnis der Wälder überwindet; wie man sich über ihre Düsternis erhebt; wie man die offene Klarheit eines leuchtenden Ideals sucht. Diese starken und unbezähmbaren Rassen, die das Licht verehrten, an Ideen glaubten und den offenen Horizont liebten, hatten die Wälder vor langer Zeit unterworfen. Nun verbreitet sich die abendländische Aufklärung auf andere Länder und bringt ihr Licht an Orte, die die Finsternis erst noch besiegen müssen. Das Licht dieser Fackel wird von Moralität gespeist – von den europäischen Tugenden des Glaubens, des Heldenmuts und der Selbstaufopferung.

In *Lord Jim*, einem Buch, das im ersten Jahr des neuen Jahrhunderts erschien, bietet Marlow ein eindrucksvolles Symbol für den moralischen Idealismus, durch den die westlichen Rassen die Düsternis überwunden haben. Dieses Symbol ist Jim, ein junger Romantiker, der sich zum »Lord« der einheimischen Waldbevölkerung von Patusan in einer entlegenen Region des Ostpazifiks gemacht hat. In Patusan hat Jim sich ein neues Leben im Sonnenlicht erobert. Bevor er dorthin gegangen war, hatte ihn ein schimpflicher Akt der Feigheit in die Tiefen der Finsternis und Schande geschleudert. Als Hauptmaat der *Patna* war er zusammen mit dem Rest der Mannschaft von Bord gesprungen, als es den Anschein hatte, daß sie mitten in der Nacht sinken würde, und hatte ihre ahnungslosen asiatischen Passagiere im Stich gelassen. Die *Patna* hielt sich jedoch über Wasser, und als sie von einem anderen Schiff gerettet wurde, wurde der Vorfall unter Seeleuten allgemein bekannt. Danach war Jim verzweifelt auf der Suche nach einer zweiten Chance, sich zu beweisen, daß er tatsächlich ein Held war oder daß es nicht sein wahres Ich gewesen war, das in jenem Augenblick der Verwirrung von Bord gesprungen war. Jim bekam diese zweite Chance in Patusan, an einem Ort, der weit von der Welt des weißen Mannes und seinen Erinnerungen entfernt war. Er versäumte auch nicht, sie zu nutzen. Er bestand außerordentliche Gefahren mit unglaublichem Mut; er besiegte im Kampf die Unterdrücker des Volks von Patusan; und er wurde der gütige, aufgeklärte Lord von Patusan. Als Marlow ihn an seinem entlegenen Zufluchtsort besucht, nimmt er an Jim etwas wahr, das für seine Rasse als ganze symbolisch ist:

> Er stand da, die glimmende Pfeife in der Hand, mit einem Lächeln um die Lippen und einem Funkeln in seinen jungenhaften Augen. Ich saß auf einem Baumstumpf ihm zu Füßen, und unter uns breitete sich das Land aus, die großen Wälder, düster im Sonnenschein, wogend wie ein Meer, mit den Glanzlichtern gewundener Ströme, den grauen Flecken der Dörfer, und hier und dort eine Rodung wie ein Eiland des Lichts in den dunklen Wogen unabsehbarer Baumwipfel. Eine brütende Düsternis lag über dieser riesigen und eintönigen Landschaft, das Licht fiel darauf wie in einen Abgrund. Das Land verschlang den Sonnenschein; nur in weiter Ferne, längs der Küste, schien sich der leere Ozean, glatt und schimmernd in dem zarten Dunst, gleich einer Wand aus Stahl zum Himmel zu heben.
>
> Und da war ich bei ihm, hoch im Sonnenschein auf dem Gipfel seines historischen Berges. Er beherrschte den Wald, die profane Düsternis, die alte Menschheit. Er war wie eine Figur, die auf einem Podest steht, um in ewiger Jugend die Kraft und vielleicht die Tugenden von Rassen darzustellen, die niemals altern, die aus der Düsternis emporgetaucht sind. Ich weiß nicht, warum er mir immer symbolisch erschien. Vielleicht ist das der eigentliche Grund meiner Anteilnahme an seinem Schicksal. Ich weiß nicht, ob es anständig ihm gegenüber war, sich an das Ereignis zu erinnern, das seinem

Leben eine neue Richtung gegeben hatte; aber in jenem Augenblick erinnerte ich mich sehr deutlich daran. Es war wie ein Schatten in dem Licht. (S. 296f.)

In seiner weißen Kleidung erscheint Jim hier als Marmorstatue, die moralische Rechtschaffenheit symbolisiert – die geistige Macht seiner Rasse, den drohenden Abgrund der Finsternis des Waldes zu überwinden. Doch der Symbolismus ist gestört. Er gehört zu der Traumwelt, in der Jim jetzt schwebt, ohne der Selbsterkenntnis im Hinblick auf den Abgrund in sich selbst im geringsten nähergekommen zu sein. Marlow kann nicht umhin, sich an den »Vorfall« zu erinnern, der Jim ursprünglich nach Patusan führte – seinen vorschnellen Sprung von der *Patna*. »Es war wie ein Schatten in dem Licht.« Selbst hier im strahlenden Licht seines historischen Berges (wo er eine große Schlacht gegen seine Feinde gewann) befindet sich Jim immer noch in dem »fortwährenden tiefen Loch«, in das er einige Jahre zuvor gesprungen war. Er glaubt jetzt, daß er ein für alle Mal aus diesem Loch herausgeklettert ist, aber wir wissen vom Ende des Romans, daß ihn das Loch in Wirklichkeit beim ersten Flattern der Schleier von Illusionen, die Patusan zeitweilig um ihn geschlungen hat, wieder verschlingen wird.

Genau wie Jims moralische Transzendenz in den Schatten der Vergangenheit stürzt, die im gegenwärtigen Licht lauert, wird auch seine symbolische Größe in Ironie gehüllt. Die Gestalt auf dem Sockel ist nichts als eine schöne Illusion, eine Täuschung. Das erhabene Symbol tilgt seinen eigenen Symbolismus in dem Schatten, den es wirft. In diesem Schatten liegt eine Wahrheit verborgen: daß Jims Rasse doch altert, daß sie nicht immer aus der Düsternis auftaucht, daß sie eine unheilbare Neigung zur Tagträumerei hat. Kurz, daß diese Rasse weiß, wie man sich auf einem Sockel täuscht.

Lesen wir diesen Satz noch einmal: »Eine brütende Düsternis lag über dieser riesigen und eintönigen Landschaft; das Licht fiel darauf wie in einen Abgrund.« In *Lord Jim* hängt die »brütende Düsternis« über den Wäldern von Patusan; aber niemand, der *Herz der Finsternis* gelesen hat, kann umhin, sich bei Conrads Wortwahl hier an dessen erste Seiten zu erinnern. In *Herz der Finsternis*, das ein Jahr früher geschrieben ist, kehrt dieselbe Wendung in drei Variationen wieder, die sich nicht auf die Düsternis beziehen, aus der Jims Rasse »aufgetaucht« ist, sondern vielmehr auf die Düsternis, die jetzt über der Stadt London liegt: »Nur die Düsternis des Westens, die über dem oberen Flußlauf brütete, wurde von Minute zu Minute dunkler, gleichsam als sei sie erzürnt über das Näherkommen der Sonne.« Diese Düsternis brütet über der modernen Metropole im »heraufdämmernden« 20. Jahrhundert der westlichen Welt: »Und schließlich sank die Sonne ... todwund durch die Berührung mit jener über einer Menschenmasse brütenden Düsternis.« Wiederum: »Und weiter im Westen, stromaufwärts, zeichnete sich der Ort der Riesenstadt noch immer dräuend gegen den Himmel ab, eine brütende Düsternis im Sonnenschein, ein gespenstischer Glanz unter den Sternen.« (S. 62–64) Was haben Wälder mit London zu tun? Mit dem Abendland? Mit dem 20. Jahrhundert? Das Abendland war einstmals dunkel, dann sah es die Herrlichkeit der Aufklärung. Jetzt verfällt es, es sinkt zurück in die Schatten, aus denen es emporstieg. Was ist die Natur dieses Verfalls? Warum, mit anderen Worten, hüllt Conrad »die größte und großartigste Stadt der Welt« in eine Düsternis, die an die Waldlandschaft erinnert?

Der Symbolismus von *Herz der Finsternis* mag einige Anhaltspunkte liefern. Zunächst erinnert seine Geschichte an Vicos Theorie vom Verfall der städtischen Gesellschaft in das, was er als »Barbarei der Reflexion« bezeichnete. Vicos Theorie besagte, daß in den späteren Etappen der kulturellen Evolution, wenn die Ironie die moralischen Fundamente der Institutionen zu zersetzen beginnt und wenn kein ethisches Gebot die »tierische« Neigung menschlicher Wesen wirksam zügeln kann, aufgeklärte Menschen damit beginnen, »die Städte zu Wäldern, die Wälder zu Zufluchtsstätten der Menschen [zu] machen«. Solche übersozialisierten Menschen sind, wie wir uns erinnern, »mit der Barbarei der Reflexion zu schrecklicheren Tieren gemacht [worden], als sie es während der ersten Barbarei der Sinne gewesen waren. Denn jene brachte eine großzügige Wildheit zutage, vor der ein anderer sich verteidigen oder flüchten oder vorsehen konnte; diese jedoch stellt, mit einer feigen Wildheit, inmitten von Schmeicheleien und Umarmungen dem Leben und dem Vermögen der eigenen Vertrauten und Freunde nach« (1106).

Die Barbarei der Reflexion führt zu Täuschung, zu den »Schmeicheleien« der Ironie. Schleier wohlwollender Rhetorik verhüllen verräterische Absichten. Ein Schatten lauert im Herzen der Aufklärung. *Herz der Finsternis* enthüllt diesen Schatten, diese trügerische Rhetorik; aber in diesem Fall ist die Rhetorik die des humanitären Idealismus, den die europäischen Gesellschaften als moralische Rechtfertigung für die westliche Eroberung in Afrika förderten.

Wenn der Roman das zivilisierte Europa neben die wilden Wälder Afrikas stellt, so legt das nahe, daß die Barbarei nicht so sehr in den afrikanischen Eingeborenen lauert als in den Herzen der Europäer, die eine Wildheit von Gier und Gewalttätigkeit unter der öffentlichen

Kolonialrhetorik verbergen, die davon spricht, »die Wilden von ihrer rückständigen Lebensweise zu befreien«. Je tiefer Marlows Erzählung in das Innere der afrikanischen Wälder vordringt – in die Wildnis, die der Westen vor langer Zeit in die Zentren moderner Aufklärung verwandelt hatte –, desto deutlicher macht sie, daß die afrikanischen »Wilden« innerlich »zivilisierter« sind als ihre selbsternannten Retter, die den Anspruch erheben, dem dunklen Kontinent ihre effizienten Verwaltungsmethoden zu bringen. Die einzigen positiven Helden in dieser düsteren Geschichte sind die Kannibalen an Bord von Marlows Dampfer. Zusammen mit den Eingeborenen, die von Kurtz bezaubert sind, sind sie die einzigen, die das besitzen, was Vico ebenso wie Conrad als die ursprüngliche moralische Tugend betrachtete: *Zurückhaltung*. Die Dekadenz beginnt mit dem Verlust der Zurückhaltung.

Doch der Verlust der Zurückhaltung folgt aus einem noch schwerwiegenderen und ernsteren Verlust, nämlich dem Verlust des Glaubens. An verschiedenen Punkten der Erzählung beharrt Marlow darauf, daß ein moderner Europäer nur auf der Basis eines unerschütterlichen Glaubens der Scheußlichkeit der Wildnis widerstehen und unter extremen Bedingungen Zurückhaltung üben kann. »Grundsätze allein genügen nicht. Errungenschaften, Kleider, bunte Fetzen – Fetzen, die bei dem ersten derben Stoß davonfliegen. Nein; es bedarf eines besonnenen Glaubens.« Anstelle eines solchen besonnenen Glaubens entdeckt Marlow unter den afrikanischen Kolonisten sein völliges Fehlen. Er entdeckt ein spirituelles Vakuum, ein »fortwährendes tiefes Loch« des Nihilismus. Marlow äußert sich bewußt unbestimmt über das Wesen des erlösenden Glaubens, auf den er sich beruft. Er scheint nicht religiös an sich zu sein. Die folgende Passage, die sich nicht nur an sein fiktives Publikum an Bord des Schiffes, sondern auch an den kosmopolitischen Leser von *Herz der Finsternis* richtet, ist eine meisterliche Übung in vagen Anspielungen:

> Ihr versteht das nicht. Wie könntet ihr auch? – mit soliden Pflastersteinen unter den Füßen, umgeben von lieben Nachbarn, die bereit sind, euch zuzujubeln oder über euch herzufallen, bedächtig dahinwandelnd zwischen Schlachter und Polizist, im heiligen Schrecken vor Skandal, Galgen und Irrenhaus – wie könntet ihr euch vorstellen, in welche besonderen uranfänglichen Regionen unbehinderte Füße einen Menschen zu tragen vermögen, einfach infolge seiner Einsamkeit – restloser, von keinem Büttel beaufsichtigter Einsamkeit – infolge des Schweigens – restlosen Schweigens, in

> welchem die warnende, von öffentlicher Meinung flüsternde Stimme des lieben Nachbarn nicht zu vernehmen ist. Diese Kleinigkeiten geben der Sache ein ganz anderes Gesicht. Wenn sie fortfallen, muß man auf die einem innewohnende Kraft zurückgreifen, auf die Macht der Treue. Natürlich mag man ein allzu großer Tor sein, um fehlzugehen. ... Oder man mag ein so schreiend erhabenes Wesen sein, daß man völlig taub und blind ist gegen alles außer gegen himmlische Bilder und Klänge. Dann ist einem die Erde nurmehr Standort – und ob so geartet zu sein nun ein Nachteil oder Vorteil ist, möchte ich mir zu beurteilen nicht herausnehmen. Aber die meisten von uns sind weder das eine noch das andere. Die Erde ist für uns ein Ort, auf dem wir leben, auf dem wir fertig werden müssen mit Bildern, Klängen, auch mit Gerüchen, weiß der Himmel! – auf dem wir, sozusagen, Flußpferdaas riechen müssen, ohne uns vergiften zu lassen. Und, seht ihr, da kommt die eigene Stärke ins Spiel ... die Macht der Hingabe: nicht an sich selbst, sondern an ein unerhebliches, zermürbendes Geschäft. (S. 142f.)

Diese Predigt aus *Herz der Finsternis* ist unter anderem ein entschiedener Kommentar zum Charakter Jims im späteren Roman. Jim ist eines dieser »schreiend erhabenen Wesen«, für die die Erde ein zu unreiner Ort ist. Er ist ein Romantiker, ein Held des Idealen, ein »Schmetterling«; aber er ist schutzlos gegen die Erdhaftigkeit der Erde. Auch ihm fehlt auf seine Weise im Augenblick der Krise die Zurückhaltung, eben weil ihm der »Glaube« oder die »innewohnende Kraft« fehlt, die ihm gestatten würde, der Verderbnis zu widerstehen. Im Grunde ist Jim nie wirklich aus dem »fortwährenden tiefen Loch« seiner Selbsttäuschung herausgeklettert. Er hat es lediglich überdeckt oder seinen Abgrund verhüllt, mit einer Ironie, die schließlich seinen zweiten Fall unvermeidlich machte. So »symbolisiert« – wenn wir ein solches Wort im vorliegenden Kontext verwenden dürfen – der Wald, den er auf der Spitze seines Berges überblickt, das dunkle »Loch«, das im Innern von Jims Wesen verborgen ist.

Herz der Finsternis erkundet freimütiger die historischen Dimensionen dieses Loches, doch es tut das mit einer ähnlichen Waldsymbolik. In den Wäldern Afrikas repräsentiert das fragliche Loch dabei so etwas wie den abendländischen Nihilismus am Anfang des neuen Jahrhunderts. Von einem der Agenten in der Zentralstation sagt Marlow: »Ich ließ ihn weiterreden, diesen Mephistopheles aus Pappmaché, und ich hatte den Eindruck, als könnte ich ihn, versuchte ich es nur, mit meinem Zeigefinger durchbohren, ohne auf etwas anderes in ihm zu stoßen als vielleicht ein wenig lockeren Schmutz« (S. 101). In dieser Bemerkung liegt mehr als eine Metapher moralischer Verkommenheit. Der lockere Schmutz besagt, daß diese Seele nicht nur leer ist, sondern daß sie ausgegraben worden ist. Dieses Individuum aus Pappmaché gehört zu den Abgesandten des aufgeklärten Westens, die gekommen sind, um den afrikanischen Kontinent buchstäblich aufzugraben.

Das gegrabene Loch oder die Höhlung symbolisiert wie eine eiternde Wunde in den Tiefen des Waldes das koloniale Unternehmen. Marlow wird dieser buchstäblichen Hohlheit in dem Moment ausgesetzt, in dem er den Fuß auf den Kontinent setzt: »Ich umging ein riesiges künstliches Loch, das irgend jemand in den Abhang gegraben hatte und dessen Zweck ich mit dem besten Willen nicht zu erraten vermochte« (S. 84). Durch das symbolische Tor dieser Höhlung, die ohne Sinn von den Kolonisten gegraben worden war, wird er tiefer und tiefer in das Herz der Finsternis hinabsteigen. Am Grunde der Höhle – auf der Inneren Station der Handelsgesellschaft – wird Marlow Herrn Kurtz treffen, den »bemerkenswerten Mann«, dessen Stimme unser Erzähler so gern hören wollte, da er in den Windungen von Kurtz' Beredsamkeit auf eine erlösende Idee hofft. Dieser Liebling Europas und der Handelsgesellschaft (»Ganz Europa war am Zustandekommen des Herrn Kurtz beteiligt gewesen« [S. 143]) ist ein echtes Genie. Er kam mit fortschrittlichen Ideen, einer moralischen Mission und einer gehobenen Rhetorik über aufgeklärte Verwaltung nach Afrika. Doch im Innern Afrikas entdeckt Kurtz, daß sein wahres Genie weder bei seinen Ideen noch bei seiner Beredsamkeit liegt. Es liegt vielmehr in der außergewöhnlichen Effizienz seiner »ungesunden Methoden«, die die Ansprüche westlicher Verwaltungspraktiken aufgeben und, wie es Marlow formuliert, »überhaupt keiner Methode« folgen. Mit anderen Worten, Kurtz' Genie liegt in der Fähigkeit, die Erde auf der Suche nach Elfenbein umzugraben. In Kurtz trifft Marlow den unirdischsten aller kolonialen Ausgräber:

> Elfenbein? Das möchte ich meinen. Haufenweise, stapelweise. Die alte Lehmhütte quoll über davon. Man hätte denken können, es sei im Lande weit und breit kein einziger Stoßzahn oberhalb oder unterhalb des Erdbodens übriggeblieben. »Größtenteils fossil«, hatte der Direktor geringschätzig bemerkt. Es war nicht fossiler, als ich es bin; aber sie

> nennen es fossil, wenn es ausgegraben worden ist. Es hat den Anschein, als vergrüben diese Neger die Stoßzähne zuweilen – aber diesen Packen konnten sie offensichtlich nicht tief genug vergraben, um den begabten Kurtz vor seinem Schicksal zu bewahren. (S. 141)

Wenn Marlow den Zweck jenes großen künstlichen Lochs, in das er bei seiner Ankunft beinahe fiel, nicht verstehen konnte, so deshalb, weil er den Zweck der europäischen Anwesenheit in Afrika noch nicht entdeckt hatte. Im Herzen der Finsternis offenbart das Loch seinen Zweck. Das Aufgraben der Erde liefert Rohstoffe, in diesem Falle Elfenbein. Doch auf Grund eines perversen Symbolismus ergründet Kurtz, während er die Erde nach Elfenbein umgräbt, die moralische Höhlung seines administrativen Genies und entdeckt seinen skeletthaften Nihilismus. Als Marlow ihn zu Gesicht bekommt, ähnelt dieser »begabte Mann« auf seltsame Weise selbst dem Knochen von exhumiertem Elfenbein: »Es war, als schüttele ein beseeltes, aus altem Elfenbein geschnitztes Bild des Todes drohend seine Hand über eine reglose Menschenmenge aus dunkel schimmernder Bronze« (S. 161).

Am Ende seiner Reise – seines »Alptraums«, wie er sie nennt – geht Marlow dann und besucht Kurtz' Zukünftige oder Verlobte, die in Brüssel wohnt. Wie London ist Brüssel eine europäische Metropole, die in *Herz der Finsternis* den Wäldern gegenübergestellt wird. In diesem Fall wird die Gegenüberstellung durch die ironische Beziehung zwischen Kurtz und seiner Zukünftigen symbolisiert. Kurtz ist seit einem Jahr tot, als Marlow seinen Besuch bei der trauernden Zukünftigen macht, aber die Erinnerung an ihn lebt in ihr ebenso wie in Marlow fort. Da Marlow die Verantwortung für Kurtz' »Begräbnis« im geistigen Sinn übernommen hat (der Leichnam selbst wurde in einem »schlammigen Loch« an den Ufern des Kongo begraben), muß er die Zukünftige besuchen, um ein für allemal das noch exhumierte Andenken an Kurtz dem majestätischen Grabmal der Verehrung, die diese Frau für ihn hegt, anzuvertrauen.

Das letzte Ritual in Marlows Aufgabe als Nachlaßverwalter führt ihn zu einer »hohen und wuchtigen Tür, zwischen den großen Häusern einer Straße, die still und schicklich war wie eine gepflegte Friedhofsallee«. Die Szenerie ist angemessen beschrieben. Sie erinnert nicht nur an eine Ordnung und Effizienz der Verwaltung, die in schroffem Kontrast zu der ineffizienten Administration steht, die in Afrika herrscht, sondern Marlow hat in seiner Erzählung durchgängig von

Brüssel als der »gruftartigen Stadt« gesprochen. Er hätte ebensoleicht von einem gruftartigen Europa sprechen können. Wenn die Wälder Afrikas der Ort des nackten Aufgrabens, der Exhumierung, der Enthüllung eines Abgrunds im Herzen der erlösenden Zivilisation sind, so ist die europäische Stadt der Ort, an dem der Abgrund verdunkelt oder begraben wird. Erst am Ende des Romans verstehen wir also völlig, warum London am Anfang in eine »brütende Düsternis« gehüllt war, die an eine Waldlandschaft erinnerte. Die Düsternis spricht von Begräbnis, von Gruft, von Trauer.

Wenn Kurtz den afrikanischen Kontinent aufzugraben und in die Höhlung seines eigenen Nihilismus vorzudringen verstand, so versteht es seine Zukünftige, das zu begraben, was noch offen daliegt. Kurtz und die Zukünftige gehören auf äußerst intime Weise zueinander, wie die Duplizität der Ironie selbst. Sie macht sich Kurtz' Rhetorik von Größe, Genie und Opfer zu eigen, aber mit dem speziellen Privileg, daß ihr die Prüfung erspart bleibt, die seine Beredsamkeit auf die Probe stellen würde. Sie ist eine Idealistin, aber wie Kurtz und Jim und wie die Welt und die Zeit, denen sie angehört, kann sie nicht sehr viel Wirklichkeit vertragen. Vor diesem Geschöpf ernster Illusionen kann es Marlow nicht ertragen, den Zusammenbruch noch eines weiteren Ideals, das Verlöschen noch eines weiteren Lichts (des Lichts, das sich in der Abenddämmerung um ihre weiße Stirn gesammelt hatte) mit anzusehen. Als sie ihn nach den letzten Worten von Kurtz fragt, belügt er sie. Diese bewußte Lüge – daß Kurtz' letztes Wort ihr Name gewesen sei und nicht jenes gräßliche Flüstern, »Das Grauen!« – macht einen Alptraum vollkommen. Marlow verschwört sich mit der Selbsttäuschung der Zukünftigen. Nur infolge der Macht der Lüge, die Wahrheit zu verbergen, zu überdecken, zu *begraben*, kann das zerbrechliche Gefüge einer sich selbst täuschenden Zivilisation zusammenhalten.

Marlows Lüge verschwört sich mit der Ironie der gruftartigen Stadt. Die Wahrheit gesprochen zu haben hätte für Marlow einen gefährlichen Mangel an Ironie bedeutet – gefährlich deshalb, weil Ironie letztlich das ist, was die komplexere, paradoxe Wahrheit des Zeitalters sicherstellt. Doch diese Lüge ist der beunruhigendste aller Schlüsse für ein solches Epos, und sei es nur deshalb, weil nichts für Marlow abscheulicher ist als eine Lüge:

> Ihr wißt, ich hasse Lügen, verabscheue sie und kann sie kaum ertragen, nicht weil ich aufrichtiger wäre als ihr übrigen, sondern einfach weil sie mir Entsetzen einflößen. Ein Hauch des

> Todes, der Beigeschmack der Sterblichkeit haftet den Lügen an – und das ist es genau, was ich hasse und verabscheue in der Welt – was ich vergessen möchte. Es macht mich elend und krank, so wie wenn man auf etwas Faules beißt. (S. 103)

Marlow ist ein Mann, für den Ironie eine verfaulte Frucht ist, in die er zu beißen gezwungen ist, denn es gibt in dieser Extremsituation der Erkenntnis nichts anderes, wovon man sich ernähren könnte. Die Ironie ist die innerste Wahrheit einer Zivilisation, die sich selbst über sich selbst zu belügen oder eine Wahrheit unter trügerischen Schleiern zu begraben versteht, die sie sonst vernichten würde. Marlow erliegt einem Verhängnis – der verfallenden Natur der Zivilisation, die Kurtz für ihre Eroberungsmission anwarb. Seine Lüge ist zugleich ein Verzicht und ein ohnmächtiger Akt des Protests. Sie beißt in die verfaulte Frucht und verschwört sich mit dem Prinzip der Dekadenz; doch sie revoltiert auch gegen Lügenhaftigkeit und entlarvt sie, in der Ökonomie der Erzählung, als die aktuelle Strategie, durch die der Westen mit sich selbst lebt.

Die Gegenüberstellung von primitiven Wäldern und zivilisiertem Europa ist also ebenso gleichnishaft wie topographisch. Die afrikanischen Dschungel sind im wahrsten Sinne des Wortes fern von Europa, doch ihre Wildnis ruft das intimste kulturelle Bekenntnis hervor – einen Mangel an Kraft der Hingabe, einen Mangel der Idee, im Kern einen Mangel an europäischer Moralität. In *Herz der Finsternis* erscheinen Wälder als der Ort dieser Offenbarung. Was die Finsternis der Wälder offenbart, ist genau das, was unter der Düsternis verborgen bleibt, die über der Menschenmasse der Metropole brütet, nämlich der abendländische Nihilismus an der Wende zum 20. Jahrhundert. Conrads *Herz der Finsternis* – das Herz der Wälder innen und außen – entlarvt den Nihilismus nicht so sehr als die Wildheit und Gier, die unter den humanen Posen des Kolonialismus liegen, sondern als das Fehlen einer erlösenden Idee bei der Eroberung der Welt durch den Westen.

»Die Eroberung der Welt«, sagt Marlow, »die im wesentlichen darauf hinausläuft, daß man sie denen fortnimmt, die eine andere Hautfarbe oder etwas plattere Nasen als wir haben, ist, genau besehen, nichts Erfreuliches. Was mit ihr versöhnt, ist die Idee allein. Eine Idee steht fraglos hinter ihr; kein sentimentaler Anspruch, sondern eine Idee; und ein selbstloser Glaube an die Idee – etwas, das man aufrichten, vor dem man sich verneigen, dem man Opfer bringen kann« (S. 67). Anstelle einer solchen Idee entdeckt Marlow in den afrikanischen Urwäldern, daß die Eroberung der Welt durch Europa auf ein einfaches Aufgraben der Erde hinausläuft, auf einen ungehemmten globalen Überfall auf die Natur und die einheimischen Kulturen.

Auf seiner Seemannslaufbahn sah Conrad in aller Welt die brutale Szene des Überfalls. Er schrieb Werke wie *Herz der Finsternis* und *Lord Jim* an der Schwelle nicht nur eines neuen Jahrhunderts, sondern auch einer neuen Epoche planetarischer Eroberung, die beispiellose Mittel für eine umfassende Herrschaft über die Erde angesammelt hatte. Conrad stand unschlüssig vor der globalen Größe des Phänomens; er war nicht in der Lage, sich »eine Idee, die dahinter steht«, vorzustellen. Eine solche Idee, ob moralischer oder spiritueller Natur, kommt in seinem Werk nicht zum Vorschein. Ihr Fehlen ist auffällig, vor allem in einer Geschichte wie *Herz der Finsternis*. Wir müssen daher den Schluß ziehen, daß Conrad im Hinblick auf die globale Zukunft, die zu jenem Zeitpunkt der Geschichte Gestalt annahm, nicht nur Pessimist, sondern auch Nihilist blieb. Er wußte, daß die älteren Ideen und Glaubensvorstellungen unzulänglich, überflüssig, veraltet waren. Besonders *Lord Jim* zeugt davon, daß die moralischen Regeln der Vergangenheit letztlich irrelevant sind (Brierlys Selbstmord ist in dieser Hinsicht vielsagend), denn es gab etwas Beispielloses an der modernen Eroberung, so beispiellos, daß es jeden Vergleich zwischen den alten Römern und den modernen europäischen Kolonialisten zweifelhaft werden läßt.

Tatsächlich bricht dieser Vergleich vor gewissen unüberbrückbaren Unterschieden zwischen den römischen Eroberern und den europäischen Kolonisten zusammen. Er bricht genau dort zusammen, wo Marlow von dem Bedürfnis nach einer erlösenden Idee bei der Eroberung der Welt spricht. Über die Römer bemerkt Marlow: »Sie waren keine Kolonisten; ihr Verwalten war lediglich ein Aussaugen und sonst nichts, fürchte ich. Sie waren Eroberer, und dazu bedarf es nichts als roher Gewalt ...« (S. 67). Wir modernen Europäer jedoch, meint er, sind in dieser Hinsicht anders als die Römer. Wir haben nicht die Gelassenheit reiner Eroberer, denn die Geschichte Europas seit der römischen Antike beruht auf dem Glauben an Erlösung, auf einer Hingabe an die Idee, einem Hang zum Idealismus, einer Moralität des Opfers. Wir sind keine Römer, weil wir christianisiert, vergeistigt, verinnerlicht worden sind. Die Römer brauchten nicht zu glauben, nur zu triumphieren. Wir dagegen sind einem historischen Imperativ unterworfen, der Glauben verlangt, selbst wenn es nicht mehr der christliche Glaube ist. Auf die eine oder andere Weise müssen wir glauben, selbst wenn das bedeutet, sich etwas vorzumachen. Daher kann ein Mangel an Glauben in unserem Fall nur die Form einer zersetzenden Ironie annehmen.

Diese Art zersetzender Ironie war für Conrad zutiefst anstößig, doch er hatte keine andere Wahl, als sie sich zu eigen zu machen, denn er war, historisch gesprochen, nicht in der Lage, sich eine Ethik oder einen Glauben vorzustellen, die der Riesenhaftigkeit der globalen Eroberung adäquat gewesen wären. Letztlich bleibt Marlow ein verwirrter Moralist, der dem Jahrhundert angehört, das mit der Sonne versinkt, die auf den ersten Seiten von *Herz der Finsternis* über London untergeht. Das Aufgraben der Erde in planetarischem Maßstab – der globale Überfall auf die Grenzen der Natur und der nicht-westlichen Kulturen – läßt alle vorangegangene Rhetorik des Kreuzes, alle traditionellen Moralregeln und alle privaten Auffassungen von dem, was gut und ehrenvoll ist, hohltönend erscheinen. Der Nihilismus eines Werkes wie *Herz der Finsternis* liegt darin, daß Marlows privater Moralkodex nicht in der Lage ist, einen glaubwürdigen Bezug zur globalen Zukunft des neuen Jahrhunderts zu gewinnen.

Am Ende seiner Reise sieht sich Marlow eben deshalb in einer hoffnungslosen Position, weil er mit der Linse seiner moralischen Weisheit nicht klar durch die Finsternis sehen kann. Seine letzte Geste – daß er Kurtz' Zukünftige anlügt – kann nur die Ironie ironisieren, die die Wahrheit über seine Zivilisation verschleiert. Seine Fähigkeit, seine Zeit und ihre Ansprüche letztlich zu ironisieren, zeugt vielleicht von einer höheren Weisheit, als er sie vor der Reise nach Afrika besaß, aber selbst diese höhere Weisheit kann die Ironie nicht überwinden, die sich dagegen auflehnt. Indem er die Ironie ironisiert, die das Zeitalter beherrscht, gelingt es Conrad, ihre historische Unvermeidlichkeit nachdrücklich zu veranschaulichen, daher offenbart er im Bereich der Literatur so etwas wie eine »Wahrheit«. Doch solche Wahrheit ist weder positiv noch erlösend; es ist dieselbe Wahrheit, die auf dem Berg, der sich über die Wälder von Patusan erhebt, einen Schatten auf das Licht von Jims Transzendenz wirft.

Roquentins Alptraum

An einer früheren Stelle in diesem Kapitel fanden wir Anspielungen auf globale Eroberung in Descartes' Erwähnung der »Beherrschung und Inbesitznahme« der Natur durch wissenschaftliche Methode. Wir sprachen über den sogenannten Tod Gottes und sahen, wie Descartes die *res cogitans* als neue Grundlage der Erkenntnis vorstellte. Nach einer kurzen Schilderung der Methode, mit der der cartesianische Rationalismus den Anspruch erhebt, in den Wissenschaften zu unbezweifelbarer Wahrheit zu gelangen, analysierten wir das Gleichnis im *Diskurs über die Methode*, das ein entschlossenes Handeln mit einem geradlinigen Durchqueren des Waldes vergleicht, wobei wir die Auffassung vertraten, daß das Gleichnis einen deutlichen Hinweis auf die cartesianische Methode im allgemeinen enthält. Bei unserer Behandlung des Aufstiegs der Forstverwaltung im 18. und 19. Jahrhundert fanden wir, daß Descartes' Vergleich eine seltsam reale Bedeutung annimmt, sobald man Wälder unter dem Gesichtspunkt ihres Holzvolumens wahrnimmt und sie strenger mathematischer Berechnung unterwirft. Die Diskussion über Conrad und die koloniale Eroberung Afrikas verschaffte uns dann einen Einblick in die Kehrseite der abendländischen Ethik von Methode, Ressourcenverwaltung und effizienter Administration. Wir wenden uns jetzt einer Lehre des 20. Jahrhunderts zu, die in vieler Hinsicht das Nachleben des Cartesianismus in der nachchristlichen Ära verkörpert, nämlich dem Existentialismus Jean-Paul Sartres.

In einem kurzen Essay aus dem Jahre 1946 (»L'existentialisme est un humanisme«) stellt Sartre fest, daß der Existentialismus ein Humanismus ist. Mit Humanismus meint er im Grunde eine Form des Cartesianismus. Die unbestreitbare Gewißheit der Tatsache »Ich denke, ich existiere« ist die Basis des Existentialismus, schreibt er. Doch während Descartes versucht hatte, aus dieser »unbestreitbaren« Wahrheit die Existenz Gottes abzuleiten, stellt sich der Existentialismus laut Sartre düster und kompromißlos der Unmöglichkeit einer Rechtfertigung menschlicher Existenz – ihrer Preisgegebenheit in einer Welt, die weder Gott noch eine höhere Berufungsinstanz kennt als sich selbst. Selbst die Vernunft verliert für den Existentialismus ihre gesetzgebende Autorität, denn er erkennt, daß es keinen hinreichenden Grund dafür gibt, daß Dinge sind und nicht vielmehr nicht sind. In Sartres Version des Existentialismus sind Menschen zu strikter Freiheit verdammt – zu der Freiheit, aus ihrer eigenen individuellen Existenz zu machen, was sie wollen. Die Lehre versteht sich daher als Aufruf an Menschen, »mündig zu werden« – sich von der Vormundschaft falscher Autoritäten zu befreien und der Tatsache gemäß zu leben, daß jeder oder jede von uns ohne Berufung auf einen transzendenten Grund sich selbst überantwortet ist. Die subtilen Komplexitäten von Kants Idee der Aufklärung weichen bei Sartre einer klaren und eindeutigen Lehre der Selbstüberantwortung und Verantwortlichkeit.

Um Sartre Gerechtigkeit widerfahren zu lassen, dürfen wir nicht vergessen, daß seine Aussage von 1946 eine Vereinfachung der philosophischen Basis des Existentialismus war. Es ist anzuerkennen, daß er den Mut hatte, seine Ontologie auf ein Manifest zu reduzieren, um kühn ihre moralischen und sozialen Konsequenzen zu artikulieren. Das Manifest machte Sartre jedoch in verschiedener Hinsicht angreifbar, und er stellte später seine Gültigkeit in Abrede. Diese Erwägungen ändern nichts daran, daß der Existentialismus ein Humanismus ist, daß er seine Wurzeln im Cartesianismus hat und daß Sartre im wesentlichen ein desillusionierter Rationalist war, der entdeckte, daß die Annahmen des Rationalismus letztlich unbegründet waren. Sie ändern schließlich auch nichts daran, daß Sartre als Humanist an derselben Art von Waldphobie litt, deren Spuren wir in Descartes' *Diskurs über die Methode* entdeckten. Auf die eine oder andere Weise verabscheut der Humanismus den Wald, besonders wenn es sich, wie bei Sartre, um einen erbitterten Humanismus handelt. In dieser Hinsicht ist Sartres Roman *Ekel* (1938) lehrreicher als seine förmlichen Aussagen in dem Essay von 1946 oder die Ontologie in *Das Sein und das Nichts* (1943). Diesem frühen Roman wenden wir uns nun zu, da wir mit der Erforschung der Problematik von Wäldern, Aufklärung und Nihilismus fortfahren.

Roquentin, der einsame existentialistische Held aus Sartres *Ekel*, ist ein Mensch, der den naiven Optimismus des Cartesianismus nicht mehr teilt, der aber dennoch Cartesianer bleibt. Er ist ein Rationalist in der Revolte. Er revoltiert dagegen, daß Wörter, Grammatik, Begriffe, Definitionen, Gleichungen, kurz, die ganze Bürokratie der menschlichen Erkenntnis, die *Existenz* konkreter Dinge nicht erklären können. Jedes individuelle Ding, insofern es existiert, steht außerhalb des abgeschlossenen Raums des menschlichen Bewußtseins und verwirrt dieses mit dem Rätsel seines Da-Seins. Ein Stein, den Roquentin auf einem Spaziergang am Strand in der Hand hält, genügt, um in ihm einen Zustand des Ekels hervorzurufen, der im Grunde intellektuelle Verwirrung bedeutet. Ganz gleich, wie gründlich man die Eigenschaften des Steins definiert – seine Farbe, sein Gewicht, seine Form und andere derartige Abstraktionen –, seine *Existenz* bleibt völlig unerklärlich und läßt sich vom Geist nicht durchdringen. Die Existenz übersteigt das begriffliche Denken. Sie ist absurd, zufällig, ohne Begründung oder Ursache und letzlich ungerechtfertigt. In Sartres Roman ist Ekel das Symptom für das Eingeständnis des Geistes, daß er nicht in der Lage ist, gutgläubig und ohne Selbsttäuschung einen menschlichen Sinn aus der Existenz herauszulesen. Der Ekel ist die Düsternis des Humanismus, der in seinen positiveren Stimmungen behauptet, daß die menschlichen Konstrukte, die der Welt Sinn geben, auf eine wesentliche Weise der Existenz der Phänomene entsprechen.

Ein Stein ist jedoch letztlich für einen erbitterten Humanisten wie Roquentin weniger anstößig als ein Baum. Die sich zuspitzende Krise des Ekels tritt in Sartres Roman ein, als Roquentin in einem Park spazierengeht und sich einem Kastanienbaum gegenübersieht, dessen bloße Existenz unwiderlegbarer und absurder ist als alles, was ihm bisher in dem Roman begegnet ist. Die Stummheit des Baumes, seine unbewegliche Haltung, seine abwärts reichenden Wurzeln und seine aufsteigenden Äste, seine Weigerung, die Materialität seiner Existenz zu einem durchsichtigen Begriff zu verfeinern – all das demütigt und verletzt Roquentin und erfüllt ihn mit Abscheu. Dieser einzelne Baum mit seinen knorrigen Wurzeln und dem Gewirr seiner Äste fungiert als Synekdoche für den Wald selbst. Und nichts beunruhigt, wie wir schon feststellten, einen Rationalisten mehr als ein Wald.

Welche Farbe hat die Wurzel des Baumes? Sie scheint schwarz zu sein, aber Roquentin weiß, daß schwarz ein relativer Begriff ist, der zur Apparatur der Subjektivität und nicht zum Ding selbst gehört. »Schwarz? Ich fühlte, wie das Wort mit einer ungeheuren Geschwindigkeit zusammenschrumpfte, seinen Sinn verlor. Schwarz? Die Wurzel war nicht schwarz ... das Schwarze existierte so wenig wie der Kreis« (S. 174). Was *tatsächlich* existiert, ist die Wurzel des Baumes. Von dieser Beobachtung beunruhigt, stößt Roquentin mit dem Fuß gegen die Wurzel, kann die Rinde aber nicht abbrechen. Die groteske Dinghaftigkeit des Dings fährt fort, ihm mit der Absurdität seines Da-Seins entgegenzutreten, bis Roquentin, von seinen eigenen Frustrationen besiegt, zu dem Schluß kommt, daß alles, was existiert – einschließlich der Menschen –, *de trop*, als Übersteigendes, existiert. Das heißt, als etwas, das das Bewußtsein übersteigt.

Hier liegt also eine verdünnte Version von Waldphobie vor. Undurchsichtigkeit und Verwurzeltheit – das sind die Qualitäten des Baumes, die bei Roquentin Ekel erregen. Ein Stein ist undurchsichtig, aber ein Baum ist es noch mehr. Verwurzeltheit oder, besser noch, Gezeugtheit verschärft die Undurchsichtigkeit der Existenz. Es ist daher nicht zufällig, daß es die *Wurzel* des Baumes ist, die in Roquentin die folgenden gequälten Reflexionen auslöst, die die philosophischen Prämissen des Existentialismus zusammenfassen:

> In bezug auf gar nichts war diese Wurzel absurd. Ach, wie soll ich es in Worten ausdrücken! Absurd: in bezug auf die Steine, auf die gelben Grasbüschel, auf den getrockneten Schlamm, auf den Baum, auf den Himmel, auf die grünen Bänke. Absurd, unweigerlich; nichts – nicht einmal ein tiefer und

> geheimer Wahnsinn der Natur – könnte es erklären. Natürlich wußte ich nicht alles, hatte nicht den Keim sich entwikkeln und nicht den Baum wachsen sehen. Aber angesichts dieser dicken, runzligen Klaue verlor das Nicht-Wissen wie das Wissen seine Bedeutung: die Welt der Erklärungen und Begründungen ist nicht die Welt der Existenz. Ein Kreis ist nicht absurd, er erklärt sich sehr wohl durch die Umdrehung eines Segments um eine seiner Extremitäten. Aber auch ein Kreis existiert nicht. Diese Wurzel dagegen existierte in einem Ausmaße, das mein Begriffsvermögen überstieg. … Diese Wurzel – in ihrer Farbe, ihrer Form, ihrer erstarrten Bewegung – überstieg jede Erklärung. (S. 173f.)

Was in diesem Bekenntnis lauert, ist der Schrecken des Humanisten vor einer Welt, die menschliche Begründung transzendiert. Hier ist ein Baum, dessen Existenz sich weder durch die *res cogitans* noch durch deren Bemühungen, die Welt durch Mathematik oder Geschichte erklärbar zu machen, erklären läßt. Roquentin bewohnt den geschlossenen Raum menschlichen Bewußtseins, aber jenseits davon existiert die Welt der Natur unabhängig, autonom, gleichgültig.

Wozu führen solche Einsichten unseren Protagonisten? Sie führen ihn, wie zu erwarten, immer tiefer in die Ausflüchte der menschlich konstruierten Welt. Jede andere Art von Welt – die Welt der Natur zum Beispiel – erschreckt ihn. Roquentin ist so zur Stadt verdammt, denn die Stadt bleibt die letzte Festung jedes beliebigen Humanismus. In der Stadt hat man die Wälder gerodet, sie an die Ränder geworfen, sie unter dem Pflaster begraben. Für Roquentin ist die Stadt ein Refugium oder ein Asyl vor der Natur, doch selbst diese humanisierte Umgebung beruhigt ihn nicht vollständig. In einer weiteren dramatischen Passage von *Ekel* erklärt Roquentin:

> Die Häuser. Ich gehe zwischen den Häusern, ich bin zwischen den Häusern, aufrecht auf dem Pflaster; das Pflaster unter meinen Füßen existiert, die Häuser schließen sich über mir, ich bin. Ich existiere. Ich denke, also bin ich. Ich bin, weil ich denke, warum denke ich? Ich will nicht mehr denken. Ich bin, weil ich denke, daß ich nicht mehr sein will, ich denke … weil … ich … puh!! Ich fliehe. (S. 137)

Doch Roquentin hat keinen Ort, an den er fliehen kann. Das Pflaster unter seinen Füßen existiert. Dieses *fundamentum inconcussum* ist die gepflasterte Straße der modernen Stadt, doch selbst hier ist Roquentin gefangen; die Häuser schließen sich um ihn; er will fort, aber er hat keinen Ort, an den er gehen kann, denn außerhalb der Stadt liegt die Vegetation, der Wald, das entsetzlich unerklärliche Faktum der nichtmenschlichen Welt, ebenso absurd und undurchdringlich wie die knorrige Wurzel der Kastanie. Die Städte werden belagert, sie weichen den Wäldern, und Roquentin muß in ihnen wohnen, solange es sie noch gibt. Gegen Ende von *Ekel* kommen die existentiellen Bekenntnisse Roquentins mit dem folgenden Eingeständnis zum Abschluß:

> Ich habe Angst vor Städten. Aber man soll doch in ihnen bleiben. Denn wenn man sich zu weit hinauswagt, stößt man auf das Gebiet der Vegetation. Kilometer um Kilometer schleicht die Vegetation an die Städte heran. Sie wartet ihre Zeit ab. Wenn die Stadt tot ist, wird die Vegetation über sie herfallen, wird über die Steine hinkriechen, wird sie einschließen, überwachsen und mit ihren langen schwarzen Scheren auseinandersprengen; sie wird die Löcher ausfüllen und überall ihre grünen Pfoten hängen lassen. Man soll in den Städten bleiben, solange sie noch leben. Man soll nicht allein in dieses große Dickicht eindringen, das sich vor den Toren der Stadt breitmacht. Man soll es ohne Zeugen schwellen und krachen lassen. Wenn man sich darauf versteht, wenn man die Stunden wählt, in denen die Tiere verdauen oder in ihren Löchern hinter Schutthaufen schlafen, stößt man in den Städten kaum auf etwas anderes als auf Minerale – die am wenigsten Abschreckenden unter den Existierenden. (S. 206f.)

Das sind Roquentins Gedanken in dem Augenblick, in dem er beschließt, seiner selbstgewählten Verbannung in der Provinzstadt Bouville ein Ende zu machen und in die Metropole Paris zurückzukehren. Die Bekenntnisse eines Humanisten, eines Cartesianers, eines Kosmopoliten. Selten ist eine so lange Denktradition – die Waldphobie des Rationalismus – in eine so verkürzte Form gebracht worden. Das Ende von Vicos Abfolge der Institutionen, da die Wälder die Städte zu überrollen beginnen, ist in Sicht. Der Ekel ist gleichbedeutend mit einer Vision der Vegetation, einem Alptraum der Natur. Er ist die Furcht eines städtischen Helden, der wie Gilgamesch über die Mauern der Stadt auf die grünen Pfoten der Existenz blickt.

Wüste Länder

Früher oder später werden wir uns im Englischen einen weniger ironischen Namen als »greenhouse effect« für das Ersticken der Atmosphäre durch Kohlendioxid einfallen lassen müssen. Grün ist die falsche Farbe. Die Farbe ist aschgrau. Ein Zehntel des Kohlendioxids, das in die Atmosphäre abgegeben wird, stammt allein aus den Feuern, in denen der Wald in Brasilien vernichtet wird. Das ist eine Menge Grün, die in Rauch aufgeht. Die Erde steht in Brand; sie hat Fieber. Vielleicht sollten wir eher von »Fiebereffekt« als von »greenhouse effect« sprechen. Doch abgesehen von seinem Namen ist dieser »Effekt« Teil eines weltweiten Phänomens, welches das ökologische Erbe des 20. Jahrhunderts markieren wird: der Desertifikation. Roquentins Alptraum – seine Vision einer Vegetation, die auf die Städte zu kriecht und darauf wartet, ihre »grünen Pfoten« über alles zu legen – ist seltsam unzeitgemäß, denn es ist die Wüste, die ihre Herrschaft über das Reich der Vegetation ausdehnt.

»Die Wüste wächst«, schrieb Nietzsche vor mehr als einem Jahrhundert, »weh dem, der Wüsten birgt.« Doch wie wir schon in einem früheren Zusammenhang bemerkten, sind solche Dinge wie Spiegel: wenn ein Affe hineinguckt, kann kein Apostel heraussehen. Wenn Desertifikation im Innern stattfindet, können die Wälder der Außenwelt nicht überleben. Seele und Umwelt – wir sind endlich in der Lage, das zu wissen – entsprechen einander. Es ist also kein Zufall, daß die »Wüste« als eines der vorherrschenden Embleme oder Landschaftsbilder in der Literatur der Moderne erscheint, von Eliots Gedicht »Wasteland« (»Das wüste Land«) bis zu Dino Buzzattis *Deserto dei Tartari*. T.S. Eliots Gedicht »Gerontion«, das ursprünglich ein Teil von »Das wüste Land« war und bei einer späteren Überarbeitung abgetrennt wurde, endet mit dem Vers: »Gedanken eines dürren Hirns im Brachmond.« Die Jahreszeit, um die es geht, ist die Epoche, der die Kritik in »Das wüste Land« gilt, das mit den berühmten Versen beginnt:

> April benimmt das Herz, er heckt
> Flieder mit der toten Flur, verquickt
> Erinnern und Verlangen, langt
> Taube Wurzeln an mit Lenzregen. (V. 1–4)

Wir sind unter anderem von Eliot selbst gelehrt worden, »Das wüste Land« als Zeugnis der Verzweiflung über eine Zivilisation in geistigem Verfall zu lesen. Doch das ist nur ein Aspekt des Zeugnisses. Die Poesie registriert nicht nur geistige Seinszustände oder das, was man als den »Geist« eines Zeitalters zu bezeichnen pflegte; sie registriert auch die geistigen Auswirkungen eines Wandels in Klima und Lebensraum. Wenn die äußere Umwelt Veränderungen erfährt, kündigen Dichter sie oft mit der Hellsichtigkeit von Sehern an, denn Dichter haben einen sechsten Sinn, der sie dazu befähigt, sozusagen Tendenzen im Wetter vorherzusagen. Wie Orakel können sie ihre Botschaft in die Sprache des Rätsels kleiden. Und wie bei Orakeln wird der Sinn ihrer Botschaft erst voll erkennbar, nachdem sich die Ereignisse, die sie vorhersagt, abgespielt haben. Die moderne Dichtung ist in ihren besten Stunden eine Art spiritueller Ökologie. Die Wüste wächst innen und außen und ohne daß es zwischen beidem einen wesentlichen Unterschied gäbe, so sehr, daß wir jetzt sagen könnten, ein Gedicht wie »Das wüste Land« von Eliot sei in gewisser Weise ein Vorbote des Treibhauseffekts. Oder besser, wir können sagen, daß der Treibhauseffekt oder die Desertifikation des Lebensraums im allgemeinen das wahre »objektive Korrelat« des Gedichts ist.

Doch Dichter sind in dieser Hinsicht nicht immer zuverlässig. Im Rückblick scheint es klar zu sein, daß sich ein modernistischer Schriftsteller wie James Joyce, dessen Literatur die fast grenzenlosen Ressourcen des Sagbaren ausbeutete, nie wirklich um die »Natur« der Zeit kümmerte. Sein üppiger Prosawald wächst nicht im ausgedörrten Boden der modernen Umwelt, sondern eher in einem Garten der Nostalgie. Sein Werk gedeiht auf der Illusion der Fülle – der Fülle der Natur, des kraftvollen Körpers, der Sinnhaftigkeit in jeder Dimension des Seins. Die düstere essentialistische Literatur eines Schriftstellers wie Samuel Beckett dagegen scheint wahrhaft das sich wandelnde Klima der Zeit zu reflektieren oder anzukündigen. In seinem Fall wird die Ökologie des Sagbaren auf eine authentische Armut reduziert. Wenn sein Wort nicht in einem großen Sinne blüht, so offenbart das in seiner minimalen Blüte die erschöpften Ressourcen des Bodens, der vor dem Fenster des Schriftstellers liegt.

Dieses Fenster der Seele sozusagen erscheint in einem von Becketts Stücken als einer der trostlosesten Spiegel in der Literatur der Moderne. In *Endspiel* fordert Hamm Clov immer wieder auf, aus dem Fenster ihres Zimmers zu sehen, und jedesmal wenn Clov das getan hat, berichtet er, daß sich nichts geändert hat: die Umwelt liegt verwüstet, ohne Bäume oder Anzeichen von Leben. An einer Stelle im Stück schläft Hamm ein, und seine Gedanken schweifen zu einer geheimnisvollen Erinnerung oder Traumwelt ab. Als er aufwacht, murmelt er vor sich hin: »Diese Wälder!« Diese beiden Worte, die nicht kommentiert werden, beziehen sich auf einen unmöglichen Raum jenseits der Welt, jenseits der Wüste, die sowohl innerhalb als auch außerhalb des Zimmers existiert. Hamms kryptische Äußerung bei seinem Erwachen aus dem Traum von einer anderen Welt stört die Handlung des Stücks kaum, aber sie kann durchaus das Geheimnis des Dramas als ganzen bergen: »Diese Wälder!« Welche Wälder? Die Wälder von Vicos Giganten? Die Wälder vorcartesianischer »Vorurteile«? Oder die Wälder, die verschwinden, während dieser Satz gelesen wird?

Was Ezra Pound angeht, da wir gerade von modernistischen Schriftstellern sprechen, so könnte es manchmal so aussehen, daß er der wachsenden Wüste in einem wahnsinnigen Versuch zu kultureller und historischer Aufforstung zu trotzen versuchte. In seinen *Cantos* schuf er eine wahre Wildnis der Schönheit, aber eine, die ihre Quellen fast ebenso schnell austrocknete und erschöpfte, wie sie gedieh. Pound kämpfte bis zum Tode gegen das ungastliche Klima der Zeit, und ebendiese Zeit machte seine Bemühungen zu Asche. In den Fragmenten, die am Ende der *Cantos* stehen, legt er sein intimstes Bekenntnis vor:

M'amour, m'amour
    was liebe ich und wo
        bist du geblieben?
Ich habe meine Mitte verloren
        da ich antrat gegen die Welt.
Träume prallen aufeinander
        und zerschellen
und daß ich mich machte an ein Paradiso
        terrestre.

Wie »diese Wälder« in Hamms Traum gehörte der grüne Traum eines irdischen Paradieses anderen Zeiten und Klimazonen an als denen, die an Treibhauseffekten leiden. Inzwischen hat Pound seine Mitte im Kampf mit der Welt – dem ausgedörrten Land vor Hamms Fenster – verloren und bezeugt in seinem Scheitern, daß Grün nicht die Farbe des Zeitalters ist.

Wie viele von Becketts Werken dramatisiert *Endspiel* ein Ende, das kein Ende finden kann: ein endlos hinausgezögertes Ende. Ganz gleich, wie das Ende in Becketts Vision beschaffen ist, es schleppt sich unendlich hin. Diese Unfähigkeit der christlichen Ära, das Ende dessen zu erreichen, was schon vorüber ist – Glaube an Erlösung, an den Humanismus, an die Geschichte, an den Fortschritt, an den »Menschen« –, ist eine weitere Dimension des Nihilismus. Das Wort *nihil* bedeutet im Lateinischen »nichts«. Es ist das, was übrigbleibt, wenn die Geschichte vorbei ist und sich doch weiter fortschleppt. In Becketts Werk bezieht sich das *nihil* unter anderem auf das Fehlen einer grammatischen Zeitform, mit der man diesen seltsamen Stand der Dinge bezeichnen kann. In Teil Eins von *Molloy* sagt der Erzähler, der alterslos alt ist und dessen hinfälliges Leben kein Ende finden kann: »Mein Leben, mein Leben – manchmal spreche ich davon wie von einer endgültig abgeschlossenen Sache, manchmal wie von einem Spaß, der noch anhält, und ich tue Unrecht daran, denn es ist zu Ende und dauert zugleich an, aber durch welche Zeit des Verbums soll man das ausdrükken?« (S. 50).

Molloy hofft, daß er durch die Rückkehr nach Hause zu seiner Mutter in seinem hohen Alter – durch die Rückkehr zu seinen Ursprüngen – den Kreis seines Lebens beschließen kann. Die »letzte Etappe« von Molloys Odyssee führt ihn durch einen dunklen und »hochragenden« Wald in seiner Heimatprovinz. Bis zu diesem Punkt hatte Molloy nur ein gutes Bein, und zu seiner Fortbewegung war er auf Krücken und ein Fahrrad angewiesen, aber im Wald verliert er die Fähigkeit, auch dieses Bein zu gebrauchen, und er verlegt sich darauf, in absurder Entschlossenheit durch die Wälder zu kriechen: »Platt auf dem Bauch liegend, benutzte ich meine Krücken als Enterhaken und warf sie vor mir in das Unterholz, und wenn ich spürte, daß sie sich fest eingehakt hatten, zog ich mich mit Hilfe meiner Handgelenke vorwärts« (S. 124). Kommt Molloy auf diesem Wege durch den Wald irgendwie voran? Das ist nicht klar. Alles, was Molloy weiß, ist, daß er sich vor Descartes' Rat über das Laufen in einer geraden Linie in acht nehmen muß:

> Und da ich zu der Zeit, als ich noch meinte, mich bilden oder ablenken oder betäuben oder mir die Zeit vertreiben zu sollen, gehört oder wahrscheinlich irgendwo gelesen hatte, daß man in einem Wald, wenn man geradeaus zu gehen glaubt, in Wirklichkeit nur im Kreise herum läuft, so gab ich mir die größte Mühe, im Kreise umher zu wandern, weil ich hoffte, auf diese Weise geradeaus zu gehen. ... Und wenn ich mich infolge meines Umhergehens im Kreise nicht scharf an eine gerade Linie hielt, so ging ich doch wenigstens nicht im Kreise herum, und damit war schon viel gewonnen. (S. 117f.)

Indem er im Kreise geht, hofft er, in einer geraden Linie zu gehen und das Ende der Straße zu erreichen, aber seine Bewegung verläuft weder geradlinig noch im Kreise. Seine Bewegung ist wie die nicht existierende Zeitform des Verbs zur Beschreibung eines Lebens, das vorüber ist, sich aber dennoch weiter hinschleppt. Der Wald in *Molloy* ist eine Allegorie für dieses unmögliche Paradox oder diese Paralyse des Lebens. Doch ist es wirklich ein Wald, durch den Molloy in seinem letzten, verzweifelten Versuch, allem ein Ende zu machen, kriecht? In Teil Zwei des Romans erfahren wir von Moran – dem Agenten, der beauftragt worden ist, Molloy ausfindig zu machen –, daß Molloy kaum in einem Wald verlorengegangen sein konnte. Bestenfalls war es einfach eine magere Gruppe von Bäumen, denn die Heimatregion von Molloys Wanderungen ist im wesentlichen eine Ödnis. Moran informiert uns:

> Das Land eignete sich schlecht zur Nutzbarmachung. ... Die Weideplätze waren trotz sintflutartiger Regengüsse sehr kärglich, und dicke Steine lagen auf ihnen herum. Nur Löwenzahn wuchs üppig dort, und ein seltsames, blaues, bitteres Gras, das als Futter für Großvieh ungeeignet war. (S. 183)

Dies ist die wahre Landschaft von Molloys Wald. Teil Zwei von *Molloy* entmystifiziert die Landschaft von Teil Eins, genau wie Moran, sein Erzähler, die Fiktion seines eigenen Berichtes entmystifiziert: »Es ist Mitternacht. Der Regen peitscht gegen die Scheiben. Es war nicht Mitternacht. Es regnete nicht« (S. 269). Kurz, Desertifikation.

Am Ende seiner Erzählung läßt Molloy erkennen, daß der Wald in einem Graben endet – ein Zeichen menschlicher Bebauung? Eines Grabes? Er ist auf jeden Fall eine Grenze, und in diesem Graben kommt Molloys Reise zu einem vorläufigen Ende. Was für ein Ende das ist, wissen wir nicht. In der Ferne sieht Molloy die Zinnen und Glockentürme einer Stadt, aber er macht keine Anstrengungen, aus dem Graben herauszukommen. »Molloy konnte da bleiben«, sagt er, »wo er war« (S. 126). Hilfe ist anscheinend unterwegs, aber die Geschichte bleibt einstweilen, wo sie ist – in einem Graben am Saum des Waldes.

Wälder der Nostalgie

Wenn es wahr ist, daß sich die nachchristliche Ära von der Vergangenheit distanziert, sich bis zu einem gewissen Grade von der Trägheit der Tradition befreit, unter den Auspizien der Vernunft »mündig wird«, so ist es auch wahr, daß sie ihre Freiheit ebenso als Verlust wie als Gewinn erlebt. Zu Beginn des letzten Kapitels sahen wir, wie Freiheit von der Vergangenheit Freiheit zu einer aufgeklärten Zukunft bedeutete. Die Gegenströmung zum Trieb der Aufklärung, die Zukunft zu erben, ist die Nostalgie. Während die Ahnen in ihren Gräbern verstummen, während uralte Traditionen und Landschaften der Vergangenheit sich in immer entferntere Horizonte verlieren und während das Gefühl für historische Distanz seinen ursprünglichen Optimismus anzuzweifeln beginnt, wird Nostalgie zu einer unabänderlichen Emotion der nachchristlichen Ära.

Aus dieser nostalgischen Perspektive, die den Zustand des Verlustes beklagt, wie imaginär oder unmöglich das Objekt ihrer Sehnsucht auch sein mag, erscheinen menschliche Sterblichkeit und Geschichte als Entfaltung des Nihilismus oder als eine zum Verzweifeln bringende Entfremdung von der Spontaneität, der Freude und Echtheit der Ursprünge. In diesem nostalgischen Blick zurück auf eine ferne und originäre historische Vergangenheit ragen Wälder in der nachchristlichen Phantasie allerdings unübersehbar auf. Bei Rousseau sahen wir, wie die Nostalgie des Dichters eine allgemeine Theorie vom Fall der Menschheit in die Verderbtheit und die Entbehrungen sozialer Geschichte hervorbrachte und wie er sich seinen Garten paradiesischer Ursprünge als die Urwälder der Erde vorstellte. Im vorliegenden Kapitel werden wir Variationen dieser Art von Nostalgie nachgehen, die Wälder unter dem Gesichtspunkt einer originären Fülle betrachtet – einer Fülle der Gegenwart, der Unschuld, der Gemeinschaft oder sogar der Sinneswahrnehmung.

Genauer gesagt, werden wir uns der nostalgischen Imagination in Zusammenhang mit der Romantik, dem Symbolismus und der Entdeckung der volkstümlichen Überlieferung durch die Brüder Grimm nähern. Im allgemeinen werden wir sehen, daß Wälder die psychische Wirkung haben, Erinnerungen an die Vergangenheit heraufzubeschwören, ja, daß sie zu Symbolen für die Erinnerung selbst werden. Sie sind gewissermaßen in die Aura verlorener Ursprünge gehüllt. Das ist keineswegs ein Phänomen, das auf die Moderne beschränkt wäre, denn wir haben schon in unserer Erörterung der Antike Versionen davon gesehen. Dennoch gibt es in der nostalgischen Gegenströmung der nachchristlichen Ära etwas Neues. Wir werden hier finden, daß Wälder und Ursprünge miteinander durch das Medium der Erinnerung »korrespondieren« und daß die ersteren eine Art Korrelat oder eine Urszene für das poetische Gedächtnis selbst liefern.

Wenn wir uns in diesem Kapitel auf die Beziehung zwischen Wäldern und Erinnerung konzentrieren, werden wir feststellen, daß die nostalgische Haltung nur eine Abwandlung der Ironie ist, von der die nachchristliche Ära als ganze beherrscht wird. Sie ist eine zweideutige Haltung insofern, als sie nicht umhin kann, den Zustand, den sie beklagt, zu schildern, und zugleich nicht umhin kann, ihr vergangenes Paradies als etwas darzustellen, das alles andere als imaginär, unzugänglich oder unmöglich ist. Dies heißt nicht, die Authentizität der Nostalgie anzuzweifeln oder ihr Pathos als überflüssig zu verwerfen oder auch nur zu leugnen, daß die Objekte ihres Verlustes einst existierten. Im Gegenteil, am Ende dieses Kapitels sollte klar werden, daß die Nostalgie den Blick auf historische Alternativen offen hält; daß sie die Erwartung von Gnade lebendig hält; und daß sie das Streben nach einer Dichtung verewigt, die die Erlösung der vulgären und tödlichen Prosa des modernen Realismus zur Aufgabe hat. Erst im letzten, abschließenden Kapitel dieser Studie werden wir jedoch in der Lage sein, voll zu erfassen, was es in unserer Zeit heißt, das Auge der poetischen Vision offen zu halten.

Wälder und Welt in Wordsworths Gedicht

Wenn John Manwood durch seinen Namen irgendwie dazu angeregt wurde, eine Abhandlung über Forstrecht zu verfassen, und wenn es Grund zu der Annahme gibt, daß ein Name manchmal Anlaß zu einem Beruf werden kann, dann lohnt es sich vielleicht, in diesem Zusammenhang über den Namen William Wordsworth nachzudenken. Wordsworth lernte die Lektion von Rousseaus Lehre der natürlichen Unschuld und übersetzte sie in eine poetische Sprache, deren Ziel es war, den Wert des einfachen Wortes zu verteidigen. Er sprach von der »nackten Würde des Menschen« ebenso wie von der »nackten und einfachen« Sprache, die ihr entspricht. Genau wie sich Rousseau vorgenommen hatte, die künstlichen gesellschaftlichen Konstrukte abzustreifen, die die ursprüngliche Unschuld der menschlichen Seele verderben, strebte auch Wordsworth danach, die Kunst des poetischen Neoklassizismus mit ihrem damit einhergehenden Dogma von poetischer Diktion, Schicklichkeit, der Hierarchie der Gattungen und den formalen Regeln der Komposition niederzureißen. Mit dieser Bemühung beabsichtigte er, die Poesie zur Unmittelbarkeit der Alltagssprache und zur natürlichen Spontaneität der Rede zurückzuführen. Für Wordsworth hatte das einfache Wort die Macht, näher an das innere Leben der Natur heranzukommen – an die schöpferische Quelle des Lebens selbst, die die menschliche Natur mit der Natur als ganzer verknüpft.

Für Wordsworth gab die innere Macht des poetischen Wortes, das menschliche Empfinden wieder natürlich zu machen oder als die große Gegenströmung der Geschichte zurück zu den Quellen von Einfachheit und Glück zu fließen, das Versprechen, die unmenschliche Zerstreuung eines städtischen Zeitalters durch Erinnerung zu überwinden und die Würde der Kreatur wiederzuentdecken, die ihre Versuche, eine Welt ihrer eigenen Schöpfung zu schaffen, verpfuscht hatte. Wie bei Rousseau spielen Wälder in der Rhetorik der Renaturalisierung, die der Dichter verwendet, eine wichtige Rolle. Das 1798 verfaßte Gedicht »Zeilen, geschrieben im Vorfrühling« schildert eine einfache Waldszene:

> Ich saß im Hain zurückgelehnt
> Und hörte buntes Singen,
> In Frohgedanken süß versehnt,
> Die wieder Trauer bringen.
>
> Der Schönheit nahe hat gebracht
> Natur den Geist, der mich beseelt;
> Was Mensch aus Menschen hat gemacht,
> Das sann ich tief gequält.
>
> Das Singrün seine Ranken schlug
> Durch Primeln in der Laube.
> Es freute jeder Atemzug
> Die Blumen, wie ich glaube.

Die Vögel hüpften her und hin,
Ich saß und sann voll Trauer,
Und ihre kleinste Regung schien
Ein tiefer Freudenschauer.

Die Blütenzweige dehnten weit
Sich in das Windeswehen;
Ich dachte: Nichts als Freudigkeit
Ist ringsumher zu sehen.

Kam dieser Plan vom Himmel und
Hat ihn Natur erdacht,
Hab ich dann nicht zu klagen Grund,
Was Mensch aus Menschen hat gemacht?

(Übers. L. Goldscheider)

Der Sprecher des Gedichts sieht sich in privilegierter Nähe zu dem, was in der Natur authentisch und bleibend ist, so in ihre greifbare Gegenwart und üppige Vitalität gehüllt, wie er dort im Hain sitzt. Das bunte Singen besteht aus den Tönen des Waldes, der nicht nur eine Vielzahl von lebenden Dingen birgt, sondern sie auch zu einer Einheit verschmilzt, die wie die Harmonie der Musik klingt. Hier lassen die angenehmen Gedanken, die die Natur anregt, auch traurige Gedanken in den Sinn kommen. Diese Trauer hat mit dem zu tun, was »Mensch aus Menschen hat gemacht«, im Gegensatz zu dem, was die Natur machte, als sie ihn ursprünglich schuf. Aus dem Rest des Gedichts wird deutlich, daß die freudigen und traurigen Gedanken nicht wie das bunte Singen des Hains miteinander verschmelzen, sondern im Geist des Dichters als eine Art Dissonanz koexistieren.

Die Natur beansprucht den »Geist, der mich beseelt«, als ihre Schöpfung. Wenn man sagt, daß die Natur diesen Geist »der Schönheit nahe« gebracht hat, so ist das ein Weg, um auszudrücken, daß die Menschenseele in dieser Verbindung zur Quelle ihres Ursprungs ihr Wesen hat. Eine solche Verbundenheit zwischen der Natur und ihren Geschöpfen manifestiert sich im Verschmelzen der Töne des Waldes zu »bunte[m] Singen«. Ähnlich wie Rousseau im Augenblick seiner introspektiven Intuition in den Wäldern von Saint-Germain entdeckt hier der Dichter kraft der Gegenströmung, die dem zeitlichen oder historischen Fall in die Entfremdung entgegengesetzt fließt, seine Seele neu. Diese Gegenströmung wird in Wordsworths Gedichten oft als die Bewegung der Erinnerung dargestellt, auch wenn dieses Gedicht nicht ausdrücklich von Erinnerung als solcher spricht. Das kommt vielleicht daher, daß sich der Dichter an einem Ort befindet, der in seine Einfriedung bereits das gesammelt hat, was Erinnerung sonst zusammenträgt.

Doch genau in dem Augenblick, in dem der Dichter »den Geist, der mich beseelt«, wiederentdeckt, beginnen ihn Gedanken an die von Menschen gemachte Welt zu betrüben. Sie betrüben ihn, weil die von Menschen gemachte Welt die Verbindung abgeschnitten, sich von der Quelle entfernt, sich von dem gelöst hat, was sonst die Harmonie des Menschen in der Ordnung der Natur sicherstellt. Sie betrüben ihn auch noch aus einem anderen Grund. Der Dichter weiß, daß auch er ein Mensch ist und daß er, wie überzeugend sein Gefühl der Zugehörigkeit zur Natur auch sein mag, zum Erbe dessen verdammt ist, was der Mensch aus dem Menschen gemacht hat. Derjenige, der betrübt ist, ist schon von vornherein durch die von Menschen gemachte Welt geprägt. Wenn ursprünglich die Natur den Menschen schuf, so übernimmt nun der Mensch den Schöpfungsprozeß und macht aus sich etwas Unheimliches. Der Dichter spricht hier also als Kind der Natur und zugleich auch als Bürger der Stadt. Seine Entfremdung ist nichts anderes als seine Geschichtlichkeit, die sein Gemüt als das Maß seiner Entferntheit verfolgt – einer Entferntheit im Innern seiner Empfindung von Vertrautheit.

Die Koexistenz dieser Empfindungen von Zugehörigkeit und Entfremdung drängt sich in den drei nachfolgenden Strophen mehrfach auf. Wordsworth führt sein berühmtes Lustprinzip an – den Gedanken, daß eine spontane Seinsfreude die Vitalität alles Lebenden durchzieht, ja, daß ihre Vitalität ihre Freude *ist*, in solchen Aussagen wie: »es freute jeder Atemzug / die Blumen«, »und ihre kleinste Regung schien / ein tiefer Freudenschauer«, »nichts als Freudigkeit / ist ringsumher zu sehen«. In allen Fällen muß er jedoch seine Behauptung einschränken: »Es freute jeder Atemzug / die Blumen, *wie ich glaube*«; »Und ihre kleinste Regung *schien* / ein tiefer Freudenschauer«; »*Ich dachte:* Nichts als Freudigkeit ...«. Die Einschränkungen dramatisieren sowohl die Nähe als auch die Distanz, die die Verbindung des Dichters zur Natur in diesem Augenblick definieren. Sie laufen auf ein Bekenntnis hinaus, daß er die Natur nicht wirklich von innen erkennen kann, sondern nur von außen. Erscheinungen *scheinen* seine Eindrücke zu bestätigen, aber der Dichter wird niemals endgültig wissen, ob die Erscheinungen der inneren Wahrheit des Wesens der Natur entsprechen, denn er hat nur zu seinem eigenen inneren Wesen Zugang. Doch wenn er sich seinem Inneren zuwendet, findet er, daß freudige Gedanken und traurige Gedanken, Heiterkeit und Trübsinn, Feier und Klage miteinander vermischt sind. Diese beunruhigte Innerlichkeit würde also der überschwenglichen Natur ringsum nicht zu entsprechen scheinen.

Der Zwiespalt ergibt sich aus der notwendigen Geschichtlichkeit des menschlichen Lebens oder dem Bewußtsein des Dichters von der Vergänglichkeit, dem Altern und letztlich dem Tod bei denjenigen Dingen, an denen ihm am meisten liegt, einschließlich seiner selbst. Die Natur vergeht und kehrt wieder, zerfrißt und baut sich wieder auf, ohne Rücksicht auf das, was sie hinter sich zurückläßt. Doch menschliches Sein ist von Sorge durchdrungen, die ihrerseits auf Zeitlichkeit gegründet ist. Der Unterschied zwischen menschlicher Sorge und der Gleichgültigkeit der Natur liefert das Maß menschlicher Entfremdung.

Eines von Wordsworths gefeiertsten Sonetten, »Wir sind der Welt zu viele«, spricht unmittelbar von dieser fremden Geschichtlichkeit. Was an dem Gedicht unter anderem bemerkenswert ist, ist seine historische Perspektive oder besser seine Aussage, daß in dem Maße, wie sich das Bewußtsein im Laufe der Geschichte entwickelt, Menschen für die Welt immer mehr zu viele werden. Das Gedicht lautet folgendermaßen:

Wir sind der Welt zu viele; früh und spät,
Im Tausch und Kauf, ist unsre Kraft geschwunden.
Nichts haben wir in dir, Natur, gefunden,
Wie feile Mitgift unser Herz verschmäht!

Die See, die ihre Brust dem Mond verrät;
Die Winde, die sonst heulen all die Stunden,
Ruhn stumm wie Blumengarben, schlafgebunden;
Was wächst, ist nicht wie auch für uns gesät:

Uns rührt nichts an! Gott, wär ich Heide doch
Und einem Glauben treu, der längst verfiel –
Ich stünd im Dünengras und fühlte noch

Mich weniger verloren und verworrn:
Säh Proteus, meerentstiegen, hörte Spiel
Tritons, des Alten, auf bekränztem Horn.

(Übers. W. Breitwieser)

Zu erklären, daß wir der Welt »zu viele« seien, ist ebenso paradox wie rätselhaft, denn das bedeutet eine übermäßige Fülle in der Welt infolge unserer Gegenwart in ihr. Doch das »Zuviel« menschlicher Gegenwart bezieht sich nicht auf Fülle, sondern vielmehr auf Leere. Wir haben unsere Natur ausgeleert, unser Herz fortgegeben, haben verbraucht, was wir empfangen haben. Weit davon entfernt, sich der Fülle der Natur hinzuzufügen, überschreitet die menschliche Natur diese Fülle und wird so eine Art Nullität am Rande der Dinge.

Der Zustand des Überschusses erscheint als historischer. Wordsworths Sonett legt nahe, daß erst heute, im Zeitalter der Ironie, Menschen die Welt entleert und so überschritten haben. In früheren Zeiten, als das Bewußtsein einen unschuldigeren »Glauben« annahm, erschien die Natur nicht so bedrohlich und fremd oder so auf ihren bloß objektiven Status reduziert. In jenen »heidnischen« Zeiten offenbarte sich das Meer anthropomorph, in Gestalt des Proteus, der aus seinen Tiefen emporsteigt, oder des Triton, der sein Horn bläst. Die Natur war damals mehr humanisiert, weil die Menschheit selbst mehr naturalisiert war. Die Fähigkeit zum Anthropomorphisieren war ein Geschenk der Natur, ein »Erlangen«, das wir seither vertan haben.

Was nach dem Vertun bleibt, ist die Distanz der Ironie. Wenn das menschliche Bewußtsein über sich reflektiert, entdeckt es, daß es von der Welt ausgeschlossen ist, daß es nicht fähig ist, sie anthropomorph wieder zu humanisieren oder zu beleben. Von der See heißt es jetzt, daß sie »ihre Brust dem Mond verrät«. Sie offenbart sich in ihrer puren Objekthaftigkeit als bloße Wassermasse. Nachdem die Ironie die Schleier des Anthropomorphismus abgestreift hat, reduziert sie die Welt auf ihren verdinglichten Zustand, während das Subjekt – in diesem Fall der Dichter – sich in dem leeren Raum seiner Äußerlichkeit in bezug auf die Welt hängen sieht.

Viele von Wordsworths Gedichten behandeln das unerbittliche Verstreichen von persönlicher wie historischer Zeit, wobei die erstere als Gleichnis für letztere dient und umgekehrt. In beiden Fällen erscheint die Vergangenheit als das Zeitalter der natürlichen Spontaneität. Die Zeit entspringt der Quelle und fließt dahin, während die poetische Erinnerung, in Kierkegaards Worten, zur »Gegenströmung der Ewigkeit wird, die rückwärts in die Gegenwart fließt«. Wie Kierkegaards Bemerkung über die poetische Erinnerung nahelegt, fließt diese Gegenströmung nicht so sehr in das chronologische Präsens zurück, sondern vielmehr in Gegenwart als solche. Gegenwart bedeutet mehr als die bloße objektive Gegenwart des Meeres, des Himmels, des Mondes. Sie bedeutet vor allem die Gegenwart des Ursprungs, der Fülle der Zeit selbst, die das ist, was Rousseau in seinen Augenblicken sentimentaler Introspektion zu schauen gedachte. Wordsworths Dichtung setzt diese Gegenwart in Beziehung zur Erinnerung an die Vergangenheit und legt so nahe, daß der Ursprung tief in den Weiten des Gewesenen liegt und daß seine Gegenwart nur durch poetische Erinnerung wiederholbar oder zurückgewinnbar ist.

Bei unserer Erörterung Rousseaus wurden wir veranlaßt, nach der Landschaft der Intuition zu fragen, hier können wir nach Wordsworths Landschaft »der Quelle« oder der Gegenwart des Ursprungs fragen. Wir können das tun, indem wir die beiden Gedichte vergleichen, die wir bereits zitiert und erörtert haben. Um mit ihren Ähnlichkeiten zu beginnen: wir finden, daß sie beide von menschlicher Geschichtlichkeit als dem Maß der Ausschließung von der Natur sprechen. Indem sich der Dichter seinem Ich zuwendet, entdeckt er die Verbindung der Seele zur Natur, aber auch sein Verdammtsein zu der von Menschen geschaffenen Welt. Diese von Menschen geschaffene Welt enthält nicht nur »Dampfer, Viadukte und Eisenbahnen« – technische Erfindungen, die die Schönheit natürlicher Landschaften verunstalten, die Wordsworth aber dennoch in einem Sonett preisen kann, das diesen Titel trägt –, und sie umfaßt auch nicht nur die Welt der menschlichen Gesetze und Institutionen. Die vom Menschen geschaffene Welt bedeutet zuerst und zunächst die historischen Formen des Bewußtseins, die unsere Beziehung zur Natur bestimmen und die langfristig zu Ironie führen. In diesen beiden Gedichten drehen sich daher ebenso wie in Wordsworths Werk als ganzem die Meditationen des Dichters um die historische Vorbestimmung dieser persönlichen wie historischen Verbannung aus der Spontaneität.

Der Unterschied zwischen den beiden Gedichten liegt dagegen in einem Unterschied von Landschaften und Größenordnungen. In »Wir sind der Welt zu viele« haben wir die offene See, den weiten Nachthimmel, den Mond, die schlafenden, aber heftigen Winde: kurz, eine Landschaft des Erhabenen. Hier ist die Ausschließung des Betrachters vom Schauspiel der Natur absolut. Das frühere Gedicht, »Zeilen, im Vorfrühling geschrieben«, schildert eine ganz andere Landschaft: die einer natürlichen Einfriedung, eines Hains, einer Laube, kurz, eines Waldes. Hier hat die Gegenwart der Natur nichts von ihrer entfremdenden Größe. Wir sind Zeugen einer Szene, die mehr von Intimität als von Einschüchterung bestimmt ist, und während der Dichter nahe, absolut nahe, an das innere Leben der Dinge rückt – so nahe, wie es ohne den Sprung in Mystik menschenmöglich ist – scheint er fast die Kluft zu überbrücken, die die Menschenseele vom inneren Wesen der Natur trennt; aber nicht ganz. Als Zuflucht vor dem Erhabenen bietet die Einfriedung des Hains die größtmögliche Nähe zur Gegenwart der Quelle.

Es sieht also so aus, als hätten wir unsere Frage nach der Landschaft der Quelle beantwortet. Diese Landschaft ist der Wald. Es wäre übertrieben zu behaupten, daß der Wald der privilegierte Ort von Wordsworths Erinnerungsdichtung als ganzer sei, aber es besteht kein Zweifel, daß Waldbilder in Wordsworths Gedichten das tiefste »Gefühl« von Nähe zur Natur hervorrufen. In »Tintern Abbey« beispielsweise beschreibt der Dichter einen Augenblick der Erinnerung, der tatsächlich die Erinnerung an eine Erinnerung ist. Er sagt, er habe sich, als er weit von dem Ort entfernt war, an dem er sich jetzt wieder befindet – das heißt, als er in der Stadt war –, oft an »dies wunderbare Bild« erinnert und sei manchmal in diese besonderen Stimmungen der Erinnerung verfallen, »da wir mit einem Aug, das von der Macht / des Einklangs und der Freude tief gestillt, / ins Sein der Dinge schauen«. Diese rückblickende Vision, die in das Sein der Dinge schaut, erinnert an die Erfahrung im Hain, die von »Zeilen, im Vorfrühling geschrieben« geschildert wird. Doch im Bewußtsein der Ironie seiner Position kann der Dichter seine Gefühle von Gemeinschaft nicht ohne einen Ton des Zweifels bekräftigen. Eben dieser Zweifel erscheint in »Tintern Abbey«, durch die relativierende Frage gekennzeichnet, unmittelbar im Anschluß an die gerade zitierten Verse, in denen von der Schau »ins Sein der Dinge« die Rede ist:

> Wäre dies
> Vielleicht nur eitler Wahn? Doch – o wie oft!
> Im Dunkel und inmitt der vielen Schatten
> Freudlosen Tageslichts und wenn der Welt
> Unnützes Lärmen und Gefieber lähmend
> Die Pulse meines Herzens mir beengt, –
> Hab ich im Geiste mich dir zugewandt,
> O forstgeborner Wye! Waldwandrer du!
> Wie oft hat sich mein Geist dir zugewandt.
>
> (Übers. W. Breitwieser)

Vielleicht ist dieser Glaube, er habe in das Sein der Dinge geschaut, eingebildet. Doch ob eingebildet oder nicht, der Dichter lebt in diesem Glauben. In der von Menschen geschaffenen Welt »wandte« sich der Dichter oft in Erinnerung dem Wye zu. Diese »Wendung« ist in jedem Sinne eine Rück-Kehr, nicht nur in der Erinnerung zu einer vertrauten Szene aus der persönlichen Vergangenheit, sondern auch im »Geiste«. In jenen Augenblicken der Erinnerung kehrt die Seele spirituell gegen die Ströme von Zeit und Geschichte zur Quelle ihrer Natur zurück.

Die Quelle ist letztlich unsichtbar, und doch bietet sie ein Bild von sich in dem »forstgebornen« Fluß. Der Wye fließt aus dem Herzen des Waldes hinab durch Wales nach Südwestengland und in das Mündungsgebiet des Severn, und von dort ins offene Meer in den Bristolkanal. Entgegen der Strömung dieses Flusses kehrt die Seele zurück, aus der entfremdenden Offenheit des Erhabenen (der offenen See in »Die Welt ist uns zu nah«) in die intime Einfriedung der Ursprünge im Wald. Dieser »forstgeborne« Fluß, der sich durch die Wälder windet, ist die höchste Entsprechung dichterischer Erinnerung. Der Wald ist seine imaginäre Quelle – die Quelle der Zeit selbst.

Doch all das bedeutet, Wordsworth beim Wort zu nehmen. Ganz gleich, was sein Wort wert ist, es ist mit einer speziellen Form der Ironie verbunden. Die Erinnerung erinnert die Gegenwart des Ursprungs nicht nur, sondern tatsächlich erzeugt sie sie durch ihre ironischen Vermittlungen. In der Stadt erinnert sich Wordsworth an das Schauspiel der Natur, und nur dadurch, daß er sich an seine Erinnerung erinnert, bezieht er sich in »Tintern Abbey« auf die Gegenwart der Natur. Ähnlich ist es in »Zeilen, im Vorfrühling geschrieben« seine historische Entfernung von der Natur, die ihm eine Erfahrung von Naturnähe im Wald vermittelt. Das Bewußtsein für das, »was Mensch aus Menschen hat gemacht«, trennt den Dichter von der Natur, aber zugleich liegt es seiner Sehnsucht nach Ursprüngen zugrunde. Diese Sehnsucht wiederum zieht die Natur in ihre Gegenwart und läßt ihr »buntes Singen« in seiner Harmonie erklingen. Mit anderen Worten, die Natur bezieht ihre Form der Gegenwart aus der Menschenwelt, in diesem Falle der Stadt. Außerhalb ihrer Formen der Offenbarung, die durch Geschichtlichkeit gegeben sind, hat die Natur kein Sein.

Wordsworth bekennt etwa dies, wenn er in »Wir sind der Welt zu viele« sagt, er wäre lieber Heide »und einem Glauben treu, der längst verfiel«, damit die Natur ihm in ihren spontanen Aspekten erscheinen könne. Die Formen der Gegenwart der Natur sind von Formen des menschlichen Bewußtseins abgeleitet, und letztere sind historisch bestimmt. Mit anderen Worten, Wordsworths romantischer »Glaube« ist überhaupt kein Glaube – er ist ein Bewußtsein, das sich des Verlusts von Glauben bewußt ist. Wie sehr dieser Glaube auch den Wunsch haben mag, die Spontaneität oder die Gegenwart des Ursprungs durch dichterische Erinnerung zurückzugewinnen, er bleibt ein Zeugnis städtischer Ironie. Die Wälder seiner Nostalgie kommen in Bildern und Worten zur Gegenwart, die weniger von der Natur und mehr von dem sprechen, was Mensch aus Menschen gemacht hat.

Die Brüder Grimm

Bei der Behandlung der Brüder Grimm werden wir versuchen, die Wiederholung von Gemeinplätzen über die germanische Tendenz zu vermeiden, Wälder als Zufluchtsstätten von Ursprüngen, Rasse, Gemeinschaft und so fort zu mystifizieren. Das wird jedoch nicht leicht sein, denn die Laufbahn von Jacob und Wilhelm Grimm beschwört die Worte herauf, die Tacitus in der *Germania* über die alten Sueben äußert: »Und der ganze Glaube hat die Vorstellung, daß hier [in diesem Hain] die Anfänge des Volkes, hier der über alles herrschende Gott wäre, alles übrige aber untertan und zu Gehorsam verpflichtet« (Tacitus, 39). Die Brüder teilten dieses atavistische Gefühl. Ihr verzehrendes Interesse an altdeutscher Literatur und altdeutschem Volkstum führte zu etwas, das man als philologische Mystifizierung deutscher Wälder bezeichnen könnte, und sei es nur deshalb, weil Wälder in den Liedern, Sagen und Märchen, die sie im Laufe ihres Lebens sammelten und aufzeichneten, eine so große Rolle spielen.

Viele der Märchen in ihren *Kinder- und Hausmärchen* – das nach der Bibel seit seinem Erscheinen im 19. Jahrhundert meistverkaufte Buch des Abendlandes – enthalten Stoffe und Erzählmuster, die uns bereits begegnet sind, sei es in Heiligenlegenden, Ritterromanen oder mittelalterlichen Sagen von Geächteten. Auch hier ist es nicht unsere Absicht, sie lediglich zu wiederholen. Was wir vor allem nicht vergessen dürfen, ist der größere Zusammenhang. Um die Grimmschen Märchen von den verschiedenen Traditionen zu trennen, die sie oft prägen, müssen wir besondere Aufmerksamkeit auf die historischen Umstände richten, unter denen die Brüder die Sammlung der Geschichten unternahmen. Und um die Einstellung, die die Brüder zu Wäldern hatten, von der ihrer deutschen Vorfahren zu unterscheiden, müssen wir immer daran denken, daß die Grimms keine barbarischen Sueben waren, die es wild in den Wäldern trieben, sondern, grob gesprochen, Philologen der nachchristlichen Ära.

In diesem allgemeineren historischen Rahmen gehören die Brüder Grimm in einen engeren historischen Kontext – den der romantischen Geschichtsschreibung. Diese stellt einen Versuch dar, die Vergangenheit von den großen Erzählmustern der klassischen Geschichtsschreibung zu befreien und das innere *Leben* der Vergangenheit in all seiner konkreten Fülle wieder auferstehen zu lassen. Im Gegensatz zu einem bloßen Überblicken historischer Ereignisse und der Taten dynastischer Individuen war die romantische Geschichtsschreibung bestrebt, das wiederzugewinnen, was man die »Lebenswelten« der kulturellen Tradition nennen könnte. Sie betonte die Bedeutung historischer Dokumente, in denen es beispielsweise um Gesetze, Sitten und Wirtschaft ging; und sie betrachtete Dichtung und Volksüberlieferung als lebenswichtige Reserven der kulturellen Erinnerung. Eine der Annahmen dieser neuen Geschichtsschreibung war, daß der »Geist« der Vergangenheit beim Volk gelegen habe, nicht bei seinen Herrschern; bei Lebensweisen, nicht bei Kriegen und Eroberungen; bei Wert- und Glaubensvorstellungen, nicht bei aristokratischen Moden; beim Volkscharakter, nicht bei internationalen Charakteren. Für den romantischen Historiker war die Vergangenheit mehr eine Sache des Landes als eine der Höfe.

Diese Verschiebung des Schwergewichts verlieh Wäldern in der romantischen Phantasie eine neue Art von Bedeutung oder besser Mystik. Dank ihrer eindrucksvollen Gegenwart in Volksüberlieferungen und Sagen betrachtete man Wälder jetzt als etwas, das in entwicklungsgeschichtlicher wie in symbolischer Verbindung zu Erinnerung, Sitte, Volkscharakter und alterslosen Formen der Volksweisheit stand. Ihre örtliche Randlage im Hinblick auf die große Erzählung der höfischen Geschichte gab Wäldern eine seltsame Art »dokumentarischer« Autorität. So war Jules Michelet, einer der großartigsten romantischen Historiker, von Wäldern fasziniert. Unter seinen vielen Büchern gibt es eines mit dem Titel *La sorcière*, das die Gestalt der Hexe sowohl in heidnischer als auch in christlicher Religion behandelt. Michelet konzentrierte sich auf den zweideutigen Status der Hexe und bemühte sich, mit ihrer alternativen und verfemten Weisheit fertig zu werden, die dem profanen, exzentrischen Raum der Wälder angehörte.

In diesem Kontext müssen wir wieder zu Giambattista Vico zurückkehren, der in dieser Untersuchung in so vielfältigen Rollen auftritt. Michelet »geriet in Ekstase«, wie er es formulierte, als er Vicos *Neue Wissenschaft* las und in dem Werk die »große Wahrheit« entdeckte, daß für ein Verständnis der Vergangenheit Individuen und historische Ereignisse im Vergleich zu den anonymen Kräften der gesellschaftlichen Evolution weitgehend irrelevant sind. Wir können im Hinblick darauf auch Fustel de Coulanges erwähnen, den Autor des französischen Meisterwerks *La cité antique* (1861), das die Geschichte jener »schweigenden Revolutionen« des Altertums erzählt, die die Gesetze und Institutionen der antiken Gesellschaft verändert hatten. Solche Auffassungen einer anonymen Geschichte waren vichianisch durch und durch, denn Vico hatte die Auffassung vertreten, daß die Geschichte von schrittweisen Veränderungen in den Bräuchen, Gesetzen, Institutionen, Glaubensvorstellungen, Sprachen und Denkweisen von Völkern als ganzen bestimmt sei. Vico sprach von einer »ewige[n] ideale[n] Geschichte, nach der die Geschichte aller Völker in der Zeit abläuft« (393). Seine Theorie der »poetischen Weisheit« besagte, daß die Denkformen alter Völker im wesentlichen poetische, nicht prosaische gewesen seien. Dieser Begriff der poetischen Weisheit wurde besonders entscheidend für einen Historiker wie Michelet, der ja mit Fragen des Volkscharakters und der Volksweisheit befaßt war. Michelet sprach von Vico als dem »goldenen Zweig«, der es ihm gestattet habe, in das Reich der »unterirdischen Schatten« hinabzusteigen und den Geist der Vergangenheit wieder zum Leben zu erwecken (Tagebücher, 1824). Und ganz sicher führte der Weg zurück ins Reich der Vergangenheit in die Wälder des fernen Altertums – in die Wälder, in denen Vico nach den Ursprüngen der poetischen Weisheit suchte.

Wir führen hier Vico an, weil auch er zum Hintergrund der Laufbahn der Brüder Grimm als Philologen gehört. Die Verbindung zu Vico ist vielleicht nur indirekt, aber dennoch greifbar, denn der wichtigste individuelle Einfluß auf Jacob und Wilhelm Grimm in den Jahren ihrer akademischen Ausbildung kam von Friedrich Karl von Savigny, ihrem Juraprofessor an der Universität Marburg. Die beiden Brüder gingen 1802 beziehungsweise 1803 nach Marburg, um dort Jura zu studieren, und Savigny, der Begründer der sogenannten »Historischen Schule« der Rechtswissenschaft, wurde ihr Lehrer und Mentor. Savigny war unter anderem einer der frühen Vico-Enthusiasten. Er sah in Vico seinen Vorläufer beim historischen Ansatz in der Jurisprudenz. Savigny glaubte, daß die Gesetze einer Nation in den alten Gebräuchen und in der Sprache ihres Volkes verwurzelt seien und daß sich nur durch ein Verständnis der Geschichte dieser Gebräuche und dieser Sprache der Geist des Rechts wirklich verstehen ließe. Er ermutigte die Brüder Grimm deshalb, die volkstümlichen Ursprünge der deutschen Kultur zu erforschen. Wie Vico legte Savigny bei der Erforschung des Rechts großen Wert auf Philologie. Der Gedanke, daß das Recht seine Basis in Gebräuchen und Sprache habe, war eine der wichtigsten Behauptungen der *Neuen Wissenschaft*. Kühn formuliert Vico beispielsweise in den folgenden Axiomen aus dem Ersten Buch den philologisch-historischen Ansatz der Rechtswissenschaft:

XVI

> 149. Die gewöhnlichen Überlieferungen müssen einen öffentlichen wahren Hintergrund gehabt haben, aus dem sie entstanden und sich über lange Zeiträume bei ganzen Völkern erhielten.

150. Dies wird die zweite große Anstrengung dieser Wissenschaft sein: den wahren Hintergrund wiederzufinden, der durch den Lauf der Jahre und den *Wandel der Sprachen und Sitten* von Verfälschung bedeckt auf uns gekommen ist.

XVII

151. Die *gewöhnlichen Redensarten* müssen die gewichtigsten Zeugnisse der alten Sitten der Völker sein, die zu der Zeit üblich waren, als sie die Sprachen bildeten.

XVIII

152. Die Sprache eines alten Volkes, das seine Unabhängigkeit bewahrt hat, bis es seine Vollendung erreichte, muß ein bedeutendes Zeugnis der Sitten der ersten Zeiten der Welt sein.

153. Dieser Grundsatz bestätigt uns, daß die philologischen Beweise für das natürliche Recht der Völker ..., die aus den lateinischen Redensarten gezogen werden, äußerst gewichtig sind. Aus demselben Grund *werden die gelehrten Kenner der deutschen Sprache das Gleiche tun können*, da sie eben diese Eigenschaft der alten römischen Sprache besitzt.

Aus Passagen wie diesen wird leicht verständlich, weshalb Savigny Vico als mißverstandenen Vorläufer seiner historischen Schule des Rechts betrachtete. Sie vermitteln uns auch ein Verständnis für den entscheidenden Wert, den Savigny der Rolle von Sitten und Sprache beimaß. Nach Vico erbringt das Studium der Sprache die Kenntnis alter Sitten, und diese wiederum führt zu einem Wissen von der Grundlage der Gesetze eines Volkes. Unter Berufung auf Tacitus' Behauptungen in der *Germania* meinte Vico, das Deutsche sei wie das Lateinische eine privilegierte Sprache insofern, als es sich autonom, ohne Kontamination durch fremde Sprachen, entwickelt habe. Solche »einheimischen« Sprachen waren für Vico eine »Fundgrube von Etymologien«, die es dem Philologen gestatteten, nicht nur die *Wurzeln* der Wörter wiederzugewinnen, sondern auch die Ursprünge der Sitten und des Naturrechts des Altertums.

Savigny teilte diese Annahme, da er glaubte, daß die nationale Kultur ein holistisches Phänomen sei, das durch das Volk entstanden sei, und daß das Recht das ursprüngliche und dauernde Band sei, welches das Volk als ganzes eine. Der Einfluß Savignys auf die Brüder Grimm war entscheidend, denn er verstärkte ihr bereits intensives philologisches Interesse an altdeutscher Literatur und Volksüberlieferung – ein

Interesse, das zusätzlich von deutschen Romantikern wie Ludwig Tieck und Clemens Brentano angeregt wurde, die ihrerseits von Herders Kulturhistorizismus inspiriert waren. Die Brüder sollten ein größeres Schwergewicht auf die Sprache als auf das Recht als das einigende Band der Volkskultur legen, doch Savignys Einfluß als Mentor an der Universität Marburg setzte sie auf die Fährte, die dann zu ihrem Vorhaben einer Sammlung von Volksmärchen und Volkssagen führte. In seinem Buch *The Brothers Grimm: From Enchanted Forests to the Modern World* faßt Jack Zipes die philologische Berufung der Brüder Grimm zusammen:

> Was die Grimms dazu anregte oder zwang, sich auf altdeutsche Literatur zu konzentrieren, war der Glaube, daß die natürlichsten und reinsten Formen der Kultur – diejenigen, die die Gemeinschaft zusammenhielten – sprachlicher Natur seien und in der Vergangenheit ihren Ort hätten. Die zeitgenössische Literatur, auch wenn sie einen bemerkenswerten Reichtum besitzen mochte, war außerdem künstlich und konnte so das echte Wesen der *Volks*kultur, die zwanglos aus der Erfahrung des Volkes hervorging und die das Volk zusammenband, nicht zum Ausdruck bringen. … [S]ie begannen, ähnliche Anschauungen über die Ursprünge der Literatur zu formulieren, die auf Märchen und Sagen oder auf dem beruhten, was einst mündliche Literatur gewesen war. Der Zweck ihres Sammelns von Volksliedern, Märchen, Sprichwörtern, Sagen und Urkunden war es, eine Geschichte der altdeutschen *Poesie* zu schreiben und zu demonstrieren, wie sich die *Kunstpoesie* aus traditionellem volkstümlichen Material entwickelte und wie die *Kunstpoesie* allmählich die *Naturpoesie* (wie Märchen, Sagen usw.) dazu gezwungen hatte, sich in der Renaissance zurückzuziehen und beim Volk in einer mündlichen Überlieferung Zuflucht zu suchen. Den Grimms zufolge lag in dieser Entwicklung die Gefahr, daß die natürlichen Formen vergessen und vernachlässigt würden. So betrachteten es die Brüder als ihre Aufgabe als Literaturgeschichtler, die *reinen* Quellen der zeitgenössischen deutschen Literatur zu bewahren und zu zeigen, wie sehr die Schriftkultur der mündlichen Überlieferung verpflichtet ist und mit ihr zusammenhängt. (S. 32f.)

Zipes vertritt überzeugend die Auffassung, daß es einen psychologischen Zusammenhang zwischen der Sehnsucht der Brüder nach Ursprüngen, nach »Vaterland« und dem frühen Tod ihres Vaters gegeben habe. Was uns hier an ihrer Sehnsucht interessiert, ist die darin hergestellte Verbindung deutscher Kultur mit den Wäldern. Die Grimms betrachteten Wälder als symbolische Reservate der volkstümlichen und mündlichen Überlieferungen, die sie durch ihre anhaltende philologische Arbeit wiederzuentdecken gedachten. Im Jahre 1813 gaben die Brüder sogar eine Zeitschrift mit dem Titel *Altdeutsche Wälder* heraus, die ausdrücklich die deutschen Wälder in Verbindung mit der Entstehung und der Fortdauer echter deutscher Kultur brachte. Wir können noch einmal Zipes zum Charakter dieser Verbindung zitieren:

> Es war, als seien in »altdeutschen Wäldern« die wesentlichen Wahrheiten über deutsche Sitten, Gesetze und Kultur zu finden – Wahrheiten, die zu einem tieferen Verständnis des gegenwärtigen Deutschland führen und im deutschen Volk Einheit fördern könnten, zu einer Zeit, da die deutschen Fürstentümer während der napoleonischen Kriege geteilt und von den Franzosen besetzt waren. Das *Volk*, das durch eine gemeinsame Sprache verbunden, aber uneins war, mußte, so dachten die Grimms, die altdeutschen Wälder betreten, um ein Gefühl für sein Erbe zu bekommen und die Bande, die es zusammenhielten, zu stärken. (S. 45)

Alle vorangegangenen Erwägungen gestatten uns, die Wälder der Grimmschen Märchen aus der allgemeineren Perspektive unserer Untersuchung als ganzer zu betrachten. Gerade die Assoziierung von Wäldern mit einer verlorenen Einheit ist der Punkt, auf den wir uns hier konzentrieren wollen. Wir sahen dieselbe Assoziation in der Antike wirken, und wir werden sie von neuem in den Lehren des Symbolismus im 19. Jahrhundert (die im nächsten Abschnitt behandelt werden), am Werk sehen. Die Brüder Grimm sind jedoch insofern ein Sonderfall, als die verlorene Einheit, um die es geht, spezifisch kultureller, gesellschaftlicher und volksmäßiger Natur ist. Sie ist natürlich auch literarisch, denn die deutschen Wälder stehen in entwicklungsgeschichtlichem Zusammenhang mit der sogenannten *Naturpoesie.* Doch die *Naturpoesie,* wie die Grimms sie verstanden, war keine gesonderte »Disziplin« der Künste; sie war der natürliche und volkstümliche Geist der Einheit selbst. Wir wollen uns einigen Märchen zuwenden, um eine bessere Vorstellung von dem zu gewinnen, worum es bei dieser verlorenen Einheit geht.

Jeder, der mit den Grimmschen Märchen vertraut ist, weiß, was für eine bedeutende Rolle Wälder in der Sammlung als ganzer spielen. Diese Wälder liegen normalerweise jenseits der Grenzen der vertrauten Welt. Sie sind die Orte, an denen sich die Helden verirren, wo sie ungewöhnlichen Geschöpfen begegnen, verzaubert und verwandelt werden und sich ihrem Schicksal gegenübersehen. Kinder werden bei ihren Unternehmungen in den Wäldern typischerweise »erwachsen«. Die Wälder sind manchmal Orte des Verbotenen – Rotkäppchen lernt seine Lektion im Wald und sagt zu sich am Ende der Geschichte: »Du willst dein Lebtag nicht wieder allein vom Wege ab in den Wald laufen, wenn dir's die Mutter verboten hat« (*Kinder- und Hausmärchen,* Bd. 1, S. 159) –, doch überwiegend sind sie Orte unheimlicher Verzauberung. Auf welche Weise bringen aber die Märchen Wälder mit dem Phänomen der Einheit in Verbindung?

Ein Mann, dessen Frau gestorben ist, heiratet eine Witwe. Seine Tochter ist schön, ihre ist häßlich. Die böse Stiefmutter, die ihre Stieftochter zu Tode bringen möchte, macht ihr ein Papierkleid und schickt sie im tiefsten Winter hinaus in den Wald, wo sie Erdbeeren sammeln soll, und dazu gibt sie ihr nur ein Stück Brot zu essen mit. Erdbeeren wachsen nicht im Winter, aber das Mädchen ist gehorsam und begibt sich durch den Schnee in den Wald. Sie kommt zu einem Häuschen und klopft an die Tür. Die drei Haulemännerchen, die dort leben, rufen sie hinein und stellen ihre Großzügigkeit auf die Probe, indem sie sie bitten, ihr Brot mit ihnen zu teilen. Sie tut das gern, und sie belohnen sie dadurch, daß sie drei Wünsche tun, die in Erfüllung gehen werden: Sie wird jeden Tag schöner werden; ihr werden Goldstücke aus dem Mund fallen, sooft sie ein Wort spricht; und ein König wird sie zu seiner Gemahlin nehmen. Die neidische Stiefschwester begibt sich ebenfalls in den Wald (aber in einen Pelzrock gekleidet und mit Butterbrot und Kuchen als Wegzehrung), und auch sie kommt zu dem Häuschen der Männlein. Sie weigert sich jedoch, ihr Essen zu teilen. Sie wird häßlicher werden; Kröten werden ihr aus dem Munde springen; und sie wird eines unglücklichen Todes sterben. *(Die drei Männlein im Walde)*

Die Geschichte ist ganz einfach. Die Waldmännlein, die die Macht des Schicksals in Händen halten, belohnen Großzügigkeit und bestrafen Selbstsucht. Mit anderen Worten, sie belohnen das Mädchen, das die Bande der Gemeinschaft, die sich auf Teilen gründet, hochhält. Wie in den meisten Geschichten sind Lohn und Strafe Formen der Gegenseitigkeit. Die Belohnung geht an das Mädchen, das den Geist der Gegenseitigkeit teilt, durch den die menschliche Gemeinschaft zusammengehalten wird, während Bestrafung die angemessene Reaktion auf die Selbstsucht der Stiefschwester ist. In einem anderen Märchen – *Das Waldhaus* – verirren sich die drei Töchter eines armen Holzhauers bei drei verschiedenen Gelegenheiten im Walde, als sie ausgesandt werden, um ihrem Vater das Mittagsbrot zu bringen (die Vögel picken die Hirse, die Linsen und die Erbsen auf, die ihnen ihr Vater als Spur ausgestreut hat). Bei Einbruch der Dunkelheit im Wald verirrt, sieht die älteste Tochter ein Licht und nähert sich dem Haus. Darin sitzt ein alter Mann mit einem langen weißen Bart und drei Tieren: einem Hühnchen, einem Hähnchen und einer buntgescheckten Kuh. Der alte Mann hat Überfluß an allem und trägt dem Mädchen auf, ein Abendessen zu kochen. Es kocht eine gute Speise, denkt aber nicht daran, den Tieren etwas zu geben. In der Nacht, als es sich schlafen gelegt hat, fällt es durch eine Falltür in den Keller. Am nächsten Tag wiederholt sich dieselbe Szene mit der zweiten Tochter. Am Tage danach jedoch weigert sich die dritte Tochter, sich zum Essen niederzusetzen, bevor sie die Tiere mit Futter versorgt hat. Sie tut dann ihr Gebet und schläft ein. Als sie erwacht, sieht sie sich in einem Königspalast und erfährt, daß der alte Mann in Wirklichkeit ein Königssohn ist, der von einer bösen Hexe verwünscht worden war. Seine Tiere waren früher seine Diener gewesen. Nur ein Mädchen, das nicht allein gegen Menschen, sondern auch gegen Tiere Freundlichkeit zeigte, würde den Zauber brechen können. Das Mädchen heiratet natürlich den Königssohn. Dieses Märchen fügt dem Gemeinschaftsthema eine weitere Dimension hinzu, denn es führt nicht nur gesellschaftliche Bande zwischen Menschen an, sondern auch natürliche Bande zwischen Menschen und Tieren. Tiere sind die typischen Wesen, die die verzauberten Wälder der Grimmschen Märchen beleben und sie mit einer seltsamen, aber gewöhnlich freundlichen Gegenwart erfüllen. Die Wälder repräsentieren in diesem Sinne die alte Einheit der Natur – die Einheit und Verwandtschaft der Arten. Helden, die den Waldgeschöpfen Rücksicht bezeugen, werden regelmäßig für ihre Freundlichkeit dadurch belohnt, daß ebendiese Geschöpfe ihnen helfen oder sie retten.

Beschäftigen wir uns mit einem weiteren Märchen, *Die zwei Brüder*, das diese Motive in bemerkenswerter Weise zusammenfügt. Der Titel deutet bereits an, daß es keineswegs eine gleichgültige Geschichte ist, denn diese Geschichte von Zwillingsbrüdern beschwört das starke brüderliche Band zwischen den Brüdern Grimm selbst herauf. Sie ist auch das längste Märchen der Sammlung. Wir werden es erheblich kürzen, aber wenn die folgende Zusammenfassung dennoch recht lang bleibt, so deshalb, weil mehrere Einzelheiten des Märchens ebenso für seinen Zusammenhang wie für die tiefere Bedeutung entscheidend sind, die wir aus ihm zu gewinnen versuchen werden.

Es waren einmal zwei Brüder, der eine reich und bös von Herzen und der andere arm und herzensgut. Der arme hatte zwei Kinder, die Zwillingsbrüder waren. Als die Zwillinge, ohne es zu wissen, das magische Herz und die magische Leber eines Goldvogels essen, dessen Wunderkräfte sich ihr Onkel hatte aneignen wollen, erklärt der Onkel seinem Bruder, daß seine Söhne mit dem Teufel im Bunde seien. Zögernd führt der Vater die jungen Zwillinge tief in den Wald und verläßt sie dort, weil er sich vor dem Teufel fürchtet. Ein Jäger, der selbst keine Kinder hat, begegnet ihnen im Wald und sagt: »Ich will euer Vater sein und euch großziehen.« Als sie in der Obhut ihres Pflegevaters herangewachsen sind, beschließt dieser, ihre Jagdkunst auf die Probe zu stellen, um zu sehen, ob sie bereit zur Selbständigkeit sind. Die Knaben bestehen die Prüfung und bitten ihn um Erlaubnis, fortzuziehen und durch die Welt zu wandern.

Sie ziehen gemeinsam fort und kommen in einen riesigen Wald. Als sie ihn durchwandern, brauchen sie ihre Vorräte auf und beginnen nun, sich nach Tieren umzusehen, die sie schießen können. Einer von ihnen erblickt einen Hasen, aber als er seine Büchse aufhebt, um ihn zu erschießen, ruft der Hase: »Lieber Jäger, laß mich leben, / ich will dir auch zwei Junge geben.« Der Hase springt davon ins Gebüsch und bringt den Brüdern zwei seiner Jungen. Die jungen Hasen sind so reizend, daß es die Brüder nicht übers Herz bringen, sie zu töten. Dieselbe Szene wiederholt sich mit einem Fuchs, einem Wolf, einem Bären und einem Löwen. Diese Schar von Paaren junger Tiere gebraucht ihre verschiedenen Fähigkeiten, um für die Brüder Nahrung zu beschaffen und an ihrer Seite zu bleiben. Als die Brüder endlich beschließen, sich voneinander zu trennen, um einen Dienst zu finden, teilen sie die Tiere, so daß jeder einen Löwen, einen Bären, einen Wolf, einen Fuchs und einen Hasen bekommt. Der ältere Bruder zieht nach Osten, der jüngere nach Westen. Bevor sie sich trennen, stoßen sie jedoch ein Messer, das ihnen ihr Pflegevater mitgegeben hat, in einen Baum. Die beiden Seiten der Klinge, von denen die eine nach Osten, die andere nach Westen weist, werden in Zukunft zeigen, ob die Brüder leben oder tot sind, je nachdem, ob ihre Seite der Klinge blank oder rostig ist.

Der jüngere Bruder kommt mit seinen Tieren in eine Stadt und erfährt, daß des Königs Tochter einem bösen Drachen hingegeben werden soll, der jedes Jahr eine Jungfrau verlangt und damit droht, das ganze Land zu verwüsten, wenn die Forderung nicht erfüllt wird. Der

König hat dem, der den Drachen erschlägt, seine Tochter zur Frau versprochen, aber viele tapfere Ritter haben bereits ihr Leben bei dem Versuch eingebüßt, und die Königstochter ist die einzige Jungfrau, die im Lande übrig ist. Als sie auf den Drachenberg geführt und dort allein gelassen wird, erscheint der Bruder und nimmt die Herausforderung an. Es kommt zu einem wütenden Kampf mit dem Drachen, in dem der Bruder ihm mit Hilfe seiner Tiere die sieben Köpfe und den Schwanz abschneidet. Nachdem er die Prinzessin gerettet (und dabei ihre Zuneigung gewonnen hat), schneidet er die Drachenzungen ab und wickelt sie in ihr Taschentuch. An diesem Punkt schlafen sie und alle Tiere vor Müdigkeit auf dem Berg ein. Der Marschall des Königs, der aus der Ferne alles mit angesehen hat, steigt auf den Berg und sieht, daß der Drache erschlagen ist. Er schlägt dem Bruder sogleich den Kopf ab und bedroht dann die Königstochter mit dem Tode, wenn sie es wagen sollte, die Wahrheit über das Geschehene zu erzählen. Der Marschall behauptet, er habe den Drachen erschlagen; er wird mit der Königstochter verlobt und soll sie nach Ablauf eines Jahres und eines Tages heiraten.

Inzwischen sind die Tiere über den Tod ihres Herrn verzweifelt. Doch der Hase kennt einen Ort, an dem eine Wurzel wächst, die Wunden aller Art heilt. Der Kopf des Bruders wird wieder auf seinen Körper gesetzt, und mit Hilfe der Zauberwurzel wird er wieder zum Leben erweckt. Der Bruder und seine Tiere gehen erneut auf Wanderschaft, und ein Jahr später befinden sie sich abermals in derselben Stadt. Der Bruder erfährt von einem Wirt, daß die Königstochter am nächsten Tag mit dem Drachentöter vermählt werden soll. Er geht mit dem Wirt eine große Wette ein, daß er derjenige sein wird, der die Königstochter heiratet, eine Wette, die er dann gewinnt, indem er selbst bei der Hochzeitsfeier mit den sieben Zungen des Drachen auftritt. Die Wahrheit kommt an den Tag; der Bruder heiratet die Königstochter; und der Marschall wird dazu verurteilt, von vier Ochsen zerrissen zu werden. Als der Bruder nach dem Wirt schickt, erlaubt er ihm nicht nur, Haus und Hof, die dieser bei der Wette verloren hat, zu behalten, sondern schenkt ihm noch dazu die tausend Goldstücke, die der Wirt in einer früheren Wette verloren hat.

Die Geschichte geht weiter, denn der glücklich verheiratete Bruder begibt sich eines Tages auf die Jagd und verfolgt eine schöne weiße Hirschkuh tief in einen Zauberwald, in dem er sich verirrt und auf eine Hexe stößt, die ihn und seine Tiere in Steine verwandelt. Unterdessen hat der andere Bruder beschlossen, nachzusehen, was aus seinem jüngeren Zwillingsbruder geworden ist, und kehrt an den Scheideweg zurück, an dem sie das Messer in einen Baum gestoßen hatten. Als er sieht, daß die Seite der Klinge, die nach Westen zeigt, halb verrostet und halb blank ist, begibt er sich auf die Suche nach seinem Zwilling. Bei seiner Ankunft im Königreich wird er fälschlich für seinen fehlenden Bruder gehalten, erfährt von dessen Ausflug in den Zauberwald und beschließt, über seine wahre Identität Stillschweigen zu bewahren. Er verbringt sogar die Nacht im Bett seines Bruders, aber er legt ein zweischneidiges Schwert zwischen sich und die Königstochter. Am nächsten Tag geht er in den Zauberwald, trifft die Hexe und zwingt sie, seinen Bruder und alle anderen Steine in ihrer Grube wieder zum Leben zu erwecken. Der Bruder, seine Tiere und viele andere, Kaufleute, Handwerker und Hirten, werden wieder lebendig.

Die Brüder und ihre Tiere sind wieder vereint, aber auf dem Weg zurück ins Schloß, als der ältere Bruder erzählt, wie er seine Identität verschwieg und sogar die Nacht im Bett des anderen verbrachte, schlägt der jüngere Bruder in einem Anfall von Eifersucht seinem Bruder mit dem Schwert den Kopf ab. Sogleich wird er von Reue gepackt, denn sein Bruder hatte ihm ja das Leben gerettet. Der Hase saust davon, um die Zauberwurzel zu holen, und der tote Bruder wird wieder zum Leben erweckt. Sie kehren ins Schloß zurück und feiern ein großes Fest. In der Nacht, als der jüngere Bruder zu Bett geht, fragt ihn seine Frau, warum er in der vorigen Nacht ein Schwert zwischen sie gelegt habe. Da erkennt er, wie treu sein Bruder ihm gewesen ist, und damit schließt das Märchen.

Soweit die gekürzte Zusammenfassung der längsten Erzählung in der Grimmschen Sammlung. Wir werden uns mit ihr hier nicht als mit einem Märchen unter anderen beschäftigen, sondern sie vielmehr als Allegorie für die philologischen Bemühungen der Brüder Grimm behandeln, die *Naturpoesie* der deutschen Überlieferungen wiederzuentdecken. Wir sahen, wie die Grimms glaubten, daß die Volkskultur der »hohen Kultur« zugrunde liege und daß die erstere, als sie in der Renaissance zu verschwinden begann, in der mündlichen Überlieferung Zuflucht suchte. In der Vorrede zu ihren *Kinder- und Hausmärchen* verwenden die Grimms das Bild eines großen Sturms, der eine ganze Saat zu Boden schlägt und nur einen kleinen Streifen unversehrt läßt. Dieser kleine Streifen ist der Überrest der einstmals weitläufigen Tradition der Volksweisheit. Der Sturm ist die Moderne selbst, die diese Tradition fast völlig ausgelöscht, ihre Lebenskraft zerstört und dadurch die Basis der echten Einheit der deutschen Kultur verwüstet hat. Die Grimms sahen ihr philologisches Unternehmen als Bemühung, diese verlorene Einheit wiederherzustellen, indem sie bargen, was noch von der ursprünglichen Tradition übrig war. Es ist daher nicht nur das

Thema der brüderlichen Bindung, das es uns nahelegt, das Märchen *Die zwei Brüder* als Allegorie für das Unternehmen der Grimms zu betrachten; es ist vor allem das Thema der *Wiederherstellung*.

Dieses Thema kommt in dem Märchen vor allem auf zweierlei Weise zum Ausdruck: Wiederherstellung einerseits des Lebens, andererseits der Einheit. Was zunächst die Einheit angeht, so ist offensichtlich, daß sich die Erzählung auf die Dialektik von Trennung und Wiedervereinigung stützt. Zwei Brüder werden am Anfang der Erzählung getrennt: der eine ist reich und bös von Herzen, der andere arm und gutherzig. Letzterer setzt seine Zwillingssöhne im Wald aus. Später, als sie sich gemeinsam auf den Weg machen, um ihr Glück zu suchen, erleben die Zwillinge von neuem die Szene ihrer eigenen Aussetzung im Wald: »Lieber Jäger, laß mich leben, / ich will dir auch zwei Junge geben.« Die Tiere, die sie erschießen wollen, verlassen ihre Zwillingsjungen genauso, wie es der Vater der Brüder getan hatte, aber wie die Brüder, die im Wald einen Pflegevater fanden, werden diese Jungtiere in den beiden Brüdern Pflegeeltern finden. Doch diese Wiedervereinigung weicht erneut der Trennung, denn als die Brüder beschließen, getrennte Wege zu gehen, teilen sie die Tiere unter sich auf und stoßen an einem Scheideweg ein Messer in einen Baum.

Das Messer durchschneidet dieses Märchen mit einer kraftvollen Symbolik. Die beiden Seiten seiner Klinge repräsentieren zweifellos die Einheit der brüderlichen Bindung, und sein Symbolismus kehrt in einem anderen Kontext wieder, als der ältere Zwilling ein »zweischneidiges Schwert« zwischen sich und die Frau seines Bruders legt und dadurch das Band bekräftigt. Die Symbolik des Messers hat jedoch eine zweideutige Spitze, denn dessen Klinge steht auch für die Trennung der Brüder – für ihren Fortgang in entgegengesetzte Richtungen. Ebenso kann das zweischneidige Schwert trennen, teilen und töten. Der jüngere Bruder zieht in einem Anfall von Eifersucht sein Schwert und schneidet dem Älteren den Kopf ab. Mit demselben Schwert hat außerdem der jüngere Bruder vorher dem Drachen seine sieben Köpfe abgeschlagen, aus ihnen die Zungen herausgeschnitten und so das Land von der Tücke des Drachen befreit.

Auf Trennung folgt Wiederherstellung. Die abgetrennten Köpfe der Brüder werden in beiden Fällen wieder an ihren Körper angefügt; in einem Königreich wird nach der Erschlagung des Drachen Frieden wiederhergestellt; eine Königstochter wird ihrem Vater zurückgegeben; und schließlich werden die Brüder und ihre Tiere nach einer Zeit der Trennung wieder vereint. Wir können jedoch nicht umhin zu bemerken, daß Trennung das Mittel ist, durch welches das zerstörerische Böse behandelt oder überwunden wird. Der Drache wird schrecklich zerstückelt, zuerst von dem Bruder und dann von seinen Tieren, »die [das Untier] in Stücke zerrissen«. Der Marschall, der den Bruder im Schlaf getötet hat, wird hingerichtet, indem er von vier Ochsen zerrissen wird. Diese Akte der Aufhebung von Einheit stehen in dialektischer Beziehung zu Wiedervereinigung, die in den meisten Fällen zur Wiederherstellung von Leben führt. Die Brüder werden durch die Zauberwurzel wieder zum Leben erweckt. Die Hexe, die lebende Wesen mit einer Rute in unbelebte Steine verwandelt, wird von dem älteren Bruder dazu gezwungen, sie mit derselben Rute wiederzubeleben (die Rute ähnelt in diesem Sinn dem Schwert, welches tötet und auch bewahrt). Die Schlußepisode, in der der eine Bruder seinen Zwilling enthauptet, erscheint auf den ersten Blick überflüssig oder unpassend, doch sie ist für das Thema des Märchens wesentlich, denn sie rekapituliert das Muster, wonach auf Teilung eine Wiederherstellung der Bande der Einheit folgt.

Wenn man *Die zwei Brüder* als Allegorie auf das philologische Unternehmen der Brüder Grimm behandeln kann, so deshalb, weil das Märchen so offenkundig das Thema von Verlust und Wiederfinden dramatisiert. Die Brüder Grimm sahen als ihre Aufgabe die Wiederherstellung der verlorenen Einheit der deutschen Kultur und die Wiederbelebung der Volksüberlieferung an, aus der sie hervorgegangen war. Wir erwähnten, daß sie kulturelle Ursprünge mit den deutschen Wäldern in Verbindung brachten und glaubten, daß die Sitten und Glaubensvorstellungen, die Sprache und das Recht – die ganze alte Grundlage der deutschen Gemeinschaft – in enger Beziehung zu den Wäldern gestanden hätten. So waren sie der Auffassung, daß die Wiederbelebung der deutschen Kultur durch eine geistige Rückkehr in die Wälder herbeigeführt werden könne, die den Volksüberlieferungen Leben verliehen. Für die Brüder Grimm hatte die Moderne dieses Leben verwüstet, geteilt oder hinweggerafft, aber genau wie das Märchen *Die zwei Brüder* von dem Motiv der Wiederherstellung und Wiederbelebung lebt, lebten auch die Grimms von ihrem Glauben an einen wunderbaren Heilungsprozeß, durch den die ursprüngliche Einheit der deutschen Kultur vollständig wiederhergestellt werden könne.

Gerade in ihrer Nostalgie gehören die Grimms zur ironischen Moderne der deutschen Geschichte. Es ist keine Übertreibung, wenn man sagt, daß der Mythos einer verlorenen Einheit die moderne deutsche Geschichte als ganze beherrscht, von den ersten Versuchen der Deutschen zur Schaffung einer geeinten Nation bis zu ihren jüngsten Bemühungen um Wiedervereinigung, mit dem Nationalsozialismus zwischen diesen beiden Phasen. Die deutsche Geschichte in dieser Periode ließe sich als fortgesetzter Versuch zu kultureller, nationaler, sozialer, geistiger oder rassischer Wiedervereinigung charakterisieren. Doch wie die dialektischen Muster, die in dem Zweibrüdermärchen dramatisiert werden, ist Deutschlands Nostalgie vom Trauma der Teilung oder Trennung durchzogen. Wo kommt dieses Trauma her? Wie weit ist es eine sich selbst erfüllende Prophezeiung? Ist nicht gerade der Begriff der »Wiedervereinigung« zutiefst ironisch? Die Vorsilbe *wieder-* stellt ihn deutlich in den Horizont der Ironie, denn die verlorene Einheit, nach der sich die Deutschen üblicherweise gesehnt haben, ist ein Märchen der Moderne. Sie ist immer schon verloren gewesen – sie existiert nur in diesem Verlust. Sie wird durch ein bleibendes Gefühl des Verlustes *erzeugt*, das, wie wir wissen, Wege kennt, die Vergangenheit neu zu erfinden. Was im Fall der Brüder Grimm auffällt, ist der hartnäckige Traum von Wiedergewinnung. Dieser Traum ist seiner Natur nach ausgesprochen modern. Er hat mehr dazu beigetragen, Deutschland zu verwüsten und es gegen sich selbst zu entzweien, als alle sogenannten Verwüstungen der Moderne. Ja, der Traum von Wiedergewinnung ist Deutschlands Alptraum, der auf einer Unfähigkeit beruht, die Ironie anzuerkennen, die in den Wäldern seines Ursprungsmärchens lauert. Ironie, die sich selbst nicht für ironisch hält, ist die allergefährlichste.

Bis auf den heutigen Tag symbolisieren Wälder immer noch Deutschlands Erbe – das Bollwerk seiner kulturellen Ursprünge, seiner alten Gemeinschaftsbande und seines kollektiven nationalen Besitzes. Im Jahre 1852 schrieb der Volkskundler Wilhelm H. Riehl, ein Zeitgenosse der Brüder Grimm:

> Der Wald gilt in der deutschen Volksmeinung für das einzige große Besitztum, welches noch nicht vollkommen ausgeteilt ist. Im Gegensatz zu Acker, Wiese und Garten hat jeder ein gewisses Recht auf den Wald, und bestünde es auch nur darin, daß er nach Belieben in demselben herumlaufen kann. In dem Rechte oder der Vergunst des Holzlesens und Laubsammelns, der Viehhut, in der Verteilung des sogenannten Losholzes aus Gemeindewäldern u. dergl. liegt ein nahezu kommunistisches Herkommen geschichtlich begründet. Wo hat sich dergleichen sonst noch erhalten außer beim Wald? Das ist die Wurzel echt *deutscher* sozialer Zustände. (S. 45)

Gerade als er diese Worte schrieb, wurde das »große Besitztum« des deutschen Volkes schon ausgeteilt. Das Privateigentum begann bereits, seine ausschließlichen Rechte geltend zu machen und die Wälder gegen Unbefugte zu verteidigen. Zudem waren die Deutschen im Begriff, die neue Forstwissenschaft mit ihrer »Forstmathematik« zu entwickeln, die dann den Holzertrag der deutschen Wälder maximierte. Das »kommunistische« Besitztum des deutschen Volkes wurde zu einem Gegenstand des ökonomischen Profits für den Staat ebenso wie für die privaten Waldbesitzer. Schon 1842 hatte Karl Marx als Herausgeber der *Rheinischen Zeitung* einen langen Artikel geschrieben – *Verhandlungen des 6. Rheinischen Landtags. Dritter Artikel: Debatten über das Holzdiebstahlsgesetz* –, und darin behandelte er zum ersten Mal in seiner Laufbahn die Frage des materiellen Interesses der Massen, eben im Hinblick auf die Frage der gefährdeten »Gewohnheitsrechte« der Armen, Holz in den Wäldern zu sammeln. Der 6. Rheinische Landtag hatte soeben Gesetze beschlossen, die die Interessen der Waldeigentümer schützen sollten und das Sammeln von totem Holz in den Wäldern zu einem Verbrechen machten. In diesem außerordentlichen Artikel, der ihn seine Stellung als Herausgeber der Zeitung kosten sollte, ging Marx so weit, den Besitz des Waldeigentümers an seinem Wald mit dem Besitz des Baumes an seinen Ästen zu vergleichen, und er argumentierte, daß die Gewohnheitsrechte der Armen, gefallenes Holz zu sammeln, ihre Grundlage in der analogen Beziehung der Armen zu totem Holz hätten:

> Das Raffholz dient uns als Beispiel. Es steht so wenig in einem organischen Zusammenhang mit dem lebendigen Baum, als die abgestreifte Haut mit der Schlange. Die Natur selbst stellt in den dürren, vom organischen Leben getrennten, geknickten Reisern und Zweigen im Gegensatz zu den festwurzelnden, vollsaftigen, organisch Luft, Licht, Wasser und Erde zu eigener Gestalt und individuellem Leben sich assimilierenden Bäumen und Stämmen gleichsam den Gegensatz der Armut und des Reichtums dar. Es ist eine physische Vorstellung von Armut und Reichtum. *Die menschliche Armut fühlt diese Verwandtschaft und leitet aus diesem Verwandtschaftsgefühl ihr Eigentumsrecht ab.* (S. 119)

Marx berief sich auf die mythische Autorität vergangener Bräuche, aber sein Plädoyer für die Gewohnheitsrechte der Armen, totes Holz in den Wäldern des aufkommenden Kapitalismus zu sammeln, trug nicht dazu bei, die neuen Gesetze aufzuhalten, die die Privatinteressen der Eigentümer schützen sollten. Seither haben sich die Dinge für die

»altdeutschen Wälder« sogar noch dramatischer gewandelt. Im Augenblick liegt das große deutsche »Besitztum« buchstäblich im Sterben. Diese reichen, »festwurzelnden, vollsaftigen, organisch Luft, Licht, Wasser und Erde zu eigener Gestalt und individuellem Leben sich assimilierenden« Bäume und Stämme verwandeln sich in einem langgezogenen Prozeß biologischer Schwächung in die »dürren, geknickten Reiser« der Armut. Trotz aller Bemühungen der deutschen Grünen, die deutschen Wälder erneut als Erbe des Vaterlands und als Hüter seines Geistes zu mystifizieren, gibt es nicht viel, was Deutschland gegen das Waldsterben tun kann, denn der Tod der Bäume wird von saurem Regen verursacht. Saurer Regen weiß nichts von nationalen Grenzen, kultureller Einheit oder den gemeinschaftlichen Besitztümern von Vaterländern.

Unterdessen wird die deutsche Nation wieder zusammengesetzt wie die Brüder, deren abgetrennte Köpfe wieder an ihren Körper angefügt werden. Ob die politische Wiedervereinigung die altdeutschen Wälder wiederbeleben wird, ist zweifelhaft, denn in diesem Fall sieht es wohl so aus, daß die Wiederbelebung von mehr abhängt als von einer Zauberwurzel oder der Rute einer Hexe.

Wälder von Symbolen

Schon zu Tacitus' Zeiten blickten die germanischen Barbaren auf die Wälder als die »Anfänge ihres Volkes« zurück, ganz ähnlich wie der Mythos von Arkadien in Vergils *Äneis* auf eine vorangegangene Epoche zurückblickt, in der Menschen von Eichen abstammten. Tacitus erinnert uns daran, daß gewisse Haine der Wohnort des über alle herrschenden Gottes waren, dem alles übrige untertan und zu Gehorsam verpflichtet war. Diese Haine, so berichtet er uns, waren auch Stätten der Theophanie. Eine verschleierte Göttin erschien ihren Gläubigen zum Beispiel auf einer Lichtung, wo sie auf ihrem Wagen daherfuhr.

Die heiligen Haine der barbarischen Vorgeschichte Europas geben der Formulierung vom »Waldesdom«, die heutzutage so etwas wie ein Gemeinplatz geworden ist, eine neue Bedeutung. Die gotische Kathedrale reproduziert sichtbar die alten Orte der Anbetung; ihr aufstrebendes Inneres erhebt sich senkrecht zum Himmel und schließt sich dann von allen Seiten zu einem Gewölbe zusammen, wie eine Vielzahl von Baumkronen, die sich in der Höhe zu einem Blätterdach zusammenschließen. Wie Durchbrüche in dem Blattwerk lassen Fenster Licht von außen in den umfriedeten Raum ein. Mit anderen Worten, der Ausdruck »Waldesdom« enthält mehr als nur eine oberflächliche Analogie; oder besser, die Analogie hat ihre Grundlage in einer alten Entsprechung zwischen Wäldern und dem Wohnort eines Gottes.

Nicht nur im germanischen Norden beherbergten Haine einst einen Gott. Selbst in historischer Zeit besaßen die meisten Heiligtümer Griechenlands ihren benachbarten Hain. Manchmal war der Hain selbst das Heiligtum. Der Ikonographie entnehmen wir, daß ein einzelner Baum oder eine Gruppe von Bäumen manchmal mit einer Mauer umgeben wurde, die den Tempelraum abgrenzte. Gläubige kamen in einer Reihe zu diesen Heiligtümern und forderten ihre Göttin auf, zu erscheinen, indem sie ekstatisch um deren heiligen Baum tanzten. Auf dem Höhepunkt ihrer Ekstase offenbarte sich die Göttin. Rituale wie diese verweisen auf das Phänomen der Baumverehrung, das in verschiedenen heidnischen Religionen so verbreitet ist. Dank der dokumentarischen Arbeit von Sir Arthur Evans wissen wir, daß zum Beispiel auf Kreta sowohl hölzerne als auch steinerne Säulen die Seelen heiliger Bäume beherbergten. In seinem Aufsatz »Mycenean Tree and Pillar Worship« rekonstruiert Evans die Rituale, mit denen die Seele eines Baumes in eine Säule überführt oder dazu veranlaßt wurde, sich in ihr niederzulassen.

Die Entsprechung zwischen Säulen und Bäumen läßt den Verdacht aufkeimen, daß der archaische griechische Tempel in seinem religiösen Symbolismus der gotischen Kathedrale nicht unähnlich ist. Warum ist denn der griechische Tempel so dicht mit Säulen bestanden? Welchem Zweck dienen die Säulen außer ihrer architektonischen Funktion? Wenn eine einzige Säule einst einen heiligen Baum symbolisierte, dann kann eine Gruppe von Säulen durchaus einen heiligen Hain symbolisiert haben. Was wir mit Sicherheit wissen, ist, daß das Säulennetzwerk des Tempels einen heiligen Schrein einschloß, in dem die Gegenwart des Gottes in seinem Bild bewahrt wurde. Ein Tempel war der Wohnort der Gottheit. Wenn wir zurücktreten und ihn aus dieser symbolischen Perspektive betrachten, beginnt sich etwas Flüchtiges in den Schatten des griechischen Tempels zu regen ..., etwas wie die vorgeschichtlichen Haine der Theophanie.

Worum geht es bei all diesen Entsprechungen? Warum überbrückt das Symbol – sei es die Kathedrale, die Säule oder der Tempel – ihre Distanz? Wie kommt es, daß sich Wälder mit Symbolismus füllen können, verstanden als die Wiedervereinigung dessen, was gewöhnliche Wahrnehmung verdunkelt oder differenziert? Das sind Fragen, die uns in viele Richtungen führen könnten. Im vorliegenden Zusammenhang führen sie uns jedoch zur poetischen Lehre der Entsprechung, die dem französischen Symbolismus des 19. Jahrhunderts angehört. Die Lehre wird gewöhnlich mit einem berühmten Gedicht von Charles Baudelaire aus seinen *Blumen des Bösen* in Verbindung gebracht:

Entsprechungen

> Die Natur ist ein Tempel, wo aus lebendigen Pfeilern zuweilen wirre Worte dringen; der Mensch geht dort durch Wälder von Symbolen, die mit vertrauten Blicken ihn beobachten.
>
> Wie langer Hall und Widerhall, die fern vernommen in eine finstere und tiefe Einheit schmelzen, weit wie die Nacht und wie die Helle, antworten die Düfte, Farben und Töne einander.
>
> Düfte gibt es, frisch wie das Fleisch von Kindern, süß wie Hoboen, grün wie Wiesen, – und andere, zersetzt, üppig und triumphierend,
>
> Ausdehnend sich Unendlichkeiten gleich, so Ambra, Moschus, Benzoe und Weihrauch, die die Verzückungen des Geistes und der Sinne singen.

Schon die ersten Worte kündigen die symbolistische Lehre des ganzen Gedichts an. Die Natur *ist* ein Tempel, nicht wie ein Tempel. Wenn sich die Äußerung auf eine Analogie stützt, so stützt sich die Analogie wiederum auf die natürliche Verwandtschaft der Dinge, die darin verglichen werden. Die Natur ist ein Tempel, weil sie in ihrer Waldeinfriedung die ursprüngliche Vertrautheit bewahrt, die Analogien zwischen verschiedenen Dingen möglich macht. Wenn zwei oder mehr Dinge einander über symbolische Analogie entsprechen, stehen sie bereits vorab durch Verwandtschaft in Beziehung zueinander. In Baudelaires Wäldern von Symbolen betrachten die »lebenden Pfeiler« den Betrachter mit »vertrauten« Blicken, denn diese symbolischen Wälder, was immer sie sein mögen, sind die Hüter ursprünglicher Beziehungen, und seien sie noch so entlegen oder vergessen.

Wenn Baudelaire erklärt, daß die Natur ein Tempel sei, betrachtet er sie daher nicht mit den Augen eines Dichters, der einfach Vergleiche erfindet. Er betrachtet die Natur mit imaginären Augen, die vertraute Augen sehen, die aus einer seltsamen, unbestimmten Entfernung zurück auf ihn schauen. Ganz gleich, was das Wesen der Entfernung sein mag, in der »Hall und Widerhall ... in eine finstere und tiefe Einheit schmelzen«, Baudelaire war ihr ergeben. Seine Sehnsucht nach der Kindheit, nach dem Jenseits, nach den entlegenen Grenzgebieten anderer Welten und imaginärer Küsten, kurz, seine Sehnsucht nach *Anderswoheit* in Verbindung mit einer scharfen modernen Sensibilität verleihen Baudelaires Poesie und Prosa ihre unverkennbare Mischung aus Ehrfurcht und Sarkasmus. Tatsächlich verabscheute Baudelaire prosaische Gegenstände, wenn sie auf bloße Gegenständlichkeit reduziert waren. Zu nahe bei der Hand und zu sehr der »Vertrautheit« der Entfernung beraubt, war der pure Gegenstand tödlich. Die Aussage »Die Natur ist ein Tempel« führt uns über das Reich der puren Gegenstände hinaus in die Wälder von Symbolen, in denen die gewöhnliche Sinneswahrnehmung eine Metamorphose durchmacht und von Erinnerung, Analogie und Assoziation durchdrungen wird.

In diesem Tempel der Natur blicken die Gegenstände auf einen zurück, verlieren ihre bloße Gegenständlichkeit und dehnen sich »Unendlichkeiten gleich« aus. Sie nehmen das an, was Walter Benjamin »Aura« nannte, etwas, das vage Erinnerungen an eine verlorene Verwandtschaft zwischen Subjekt und Objekt enthält. Die tödliche cartesianische Trennung zwischen der *res cogitans* und der *res extensa* weicht in den Wäldern von Symbolen einem ekstatischen psychischen Zustand – einer Verzückung »des Geistes und der Sinne« –, der das Reich der Entsprechungen in ihrer vor aller Differenzierung liegenden Einheit wiedergewinnt.

So kommt es in den Wäldern von Symbolen zu einer »Verwirrung« der Sinne. Düfte, Farben und Töne »antworten« einander. Symbole sind die Hüter dieser alten Entsprechungen. Ein Symbol ist kein Ding, sondern eher eine Verschwörung zwischen Dingen, die das wiedervereinigt, was gewohnte Wahrnehmungsweisen differenzieren – die fünf Sinne zum Beispiel oder Leib und Seele. Baudelaires Wälder von Symbolen repräsentieren die wechselseitige Bedingtheit aller Wahrnehmungen, ja, die wechselseitige Bedingtheit aller lebenden Arten, die dem Phänomen der Entsprechung zugrunde liegt. Wir müssen daher annehmen, daß der Wald von Symbolen nicht ein Symbol unter mehreren ist, sondern vielmehr das Symbol des Symbolismus selbst.

(Der Symbolismus ließe sich verkürzt als eine Flucht vor dem Erhabenen ansehen, das eine Landschaft unbedingter Gegensätze repräsentiert: Endliches und Unendliches, Erde und Himmel, männlich und weiblich, belebt und unbelebt, Subjekt und Objekt. Im Horizont des Erhabenen begegnet das Subjekt der Erfahrung seiner eigenen Ausschließung aus der Unendlichkeit der Elemente. Der Wald von Symbolen dagegen ist das Reich der Einbeziehung, der intimen Zusammengehörigkeit aller Dinge in einem größeren Netz von Verwandtschaft. Gerade deshalb können wir jedoch nicht von einem »Gegensatz« zwischen den Wäldern von Symbolen und der Landschaft des Erhabenen sprechen, da Gegensätze dieser Art dem Reich des letzteren angehören.)

Als die Natur aufhörte, ein Tempel von Entsprechungen zu sein, wurde sie für Baudelaire ein Greuel. Aus diesem Grunde kann er in dem Essay mit dem Titel »Lobrede auf das Schminken« von der Natur in völlig negativen Begriffen sprechen. Er ist der Ansicht, »daß die Natur außerstande ist, uns anderes zu raten als das Verbrechen. Ebendiese unfehlbare Natur hat den Vatermord und die Menschenfresserei hervorgebracht, und unzählige andere Greuel, welche zu nennen Scham und Rücksicht uns verbieten« (*Der Maler des modernen Lebens*, S. 248). Die Natur im strengen Sinn erscheint nur als der Grund der Blumen des Bösen: »Das Verbrechen, an dem das Menschentier vom Mutterleib an Gefallen hat, ist natürlichen Ursprungs. Die Tugend hingegen ist künstlich, übernatürlich ...« (ebd.). In solchen Aussagen scheint Baudelaire die traditionelle Verbindung zwischen Schönheit und moralischer Tugend aufrechtzuerhalten. Er erklärt, daß der, der die Schönheit liebt, nicht das liebt, was natürlich ist, sondern im wesentlichen das, was übernatürlich ist. Die Schönheit gehört nicht zum eigentlichen Körper-Objekt, sondern vielmehr zu den Schleiern der Analogie, die den Naturzustand des Körper-Objekts verwandeln und es mit einer anderen Ordnung des Seins verbinden.

Deshalb sah Baudelaire in der Kunst der Toilette und des Schminkens ein Mittel eines begeisterten Mystizismus. Das angemalte Gesicht einer Frau ist, so argumentiert er, nicht deshalb wunderbar, weil das Make-up ihre natürliche Schönheit verstärkt, sondern weil es das Körper-Objekt symbolisiert und es in ein Traumbild verwandelt. Was wir an der Schönheit einer Frau lieben, behauptete Baudelaire, ist die Enthüllung von Distanz oder die Enthüllung ferner Welten durch die Schönheit. Durch die Schminke kommt die Distanz im Gesicht einer Frau zur Gegenwart. Je zurechtgemachter und künstlicher das geschminkte Gesicht erscheint, desto besser, denn eine übermäßige Künstlichkeit unterscheidet ihr Gesicht von der Natur im strengen Sinn und läßt wie durch Zauber oder Beschwörung das übernatürliche Reich erscheinen.

Das übernatürliche Reich, das wir angeblich im Gegensatz zur Natur lieben, ist nichts anderes als die wieder symbolisierte Natur. Wenn die Natur aufhört, ein Tempel zu sein, hat sie nur ihren natürlichen Symbolismus verloren. Der Natur ihren natürlichen Symbolismus wiederzugeben war in Baudelaires Augen die mystische Funktion des Schminkens. Eine Frau, die Rouge auf ihre Wangen auflegt, vollzieht ein natürliches Sakrament. Ihre gefärbte Wange entspricht jetzt dem Sonnenuntergang, dem Feuer, der Frucht, dem roten Ton der Erde. Ihre betonten Lippen sind die geschwungene Linie eines Horizonts. Der Lidschatten um das Auge und auf den Wimpern formt ein Bild voller Tiefe und Wunder. »Diese schwarze Umrahmung macht den Blick tiefer und einzigartiger, verleiht dem Auge entschiedener das Aussehen eines auf das Unendliche hin geöffneten Fensters.« (*Maler*, S. 250)

Dieses auf das Unendliche hin geöffnete Fenster ist ein anderes als das, von dem Baudelaire spricht, wenn er naturalistische Maler kritisiert, die eine Landschaft so wiedergeben, wie sie dem Auge, das aus dem Fenster eines Landhauses blickt, objektiv erscheint. Es ist auch kein Fenster, durch das man einfach auf ein entschwindendes Utopia blickt. Dieses kosmische Fenster ist ein Auge, dessen Tiefe und Ferne mit vertrauten Blicken auf einen zurück schauen. Das verdunkelte Auge der Frau ist eine Lichtung in den Wäldern von Symbolen – ein kosmetischer *lucus*. Indem es inmitten dieser umgebenden Finsternis auf einen zurück schaut, nimmt es den symbolischen Blick dieser »lebenden Pfeiler« des Tempels der Natur an. Der Mystizismus des Schminkens gibt der Natur also ihren Aspekt des Tempels zurück und versetzt die Wälder von Symbolen auf das Gesicht einer Frau.

Die Kunst des Schminkens, die Baudelaire so bewunderte, hängt mit der natürlichsten oder primitivsten Form des Animismus zusammen. Der Supernaturalismus von Schminke und Toilette wird von Baudelaire mit der Weisheit der sogenannten »wilden« Kulturen des Waldes in Verbindung gebracht. Seine Lobrede auf das Schminken dient ihm tatsächlich als Gelegenheit, seine Zeitgenossen wegen ihrer eingebildeten Überlegenheit über Kulturen zu attackieren, die den natürlichen Symbolismus der Natur noch nicht verloren haben:

> Die Rassen, die unsere verworrene und verdorbene Zivilisation mit gänzlich lächerlichem Hochmut und Dünkel gerne als Wilde behandelt, verstehen, ebenso wie das Kind, die hohe Spiritualität der Toilette. Der Wilde und das Baby bezeugen, durch ihr unwillkürliches Verlangen nach allem Glänzenden, nach buntem Federschmuck, schillernden Stoffen, nach der gesteigerten Würde künstlicher Formen, ihren Abscheu vor dem Wirklichen, und beweisen damit, absichts-

> los, die Immaterialität ihrer Seele. Wehe dem, der, wie Ludwig XV. (der nicht das Produkt einer wahren Zivilisation, sondern eines Rückfalls in die Barbarei war), die Verderbtheit so weit treibt, daß er nur noch an der *einfachen Natur* Gefallen findet. (S. 248f.)

Das Kind, das der Natur noch nicht entfremdet ist, und der »Wilde« der Wälder, die beide die Eigenheiten der Zauberei der Natur kennen, stehen der Barbarei einer Zivilisation gegenüber, die in die unnatürlichsten Formen von Naturalismus oder, schlimmer noch, Materialismus verfallen ist. Mit anderen Worten, Baudelaires Abscheu richtete sich nicht so sehr gegen die Natur als gegen die vulgäre und tödliche Verdinglichung der Natur durch seine Zeitgenossen, die einen derartigen Naturalismus auf dem Gebiet von Mode und Ästhetik kultivierten. Mit ihrer Betonung des Faktischen und Beobachtbaren verloren sie die Verbindung zu den ferneren Weiten der Sinneswahrnehmung, oder jedenfalls glaubte das Baudelaire. Aus Gewohnheit reduzierten sie das Unendliche auf das Endliche, das Symbolische auf das Objektive, das Poetische auf das Prosaische, das Ferne auf das Naheliegende. Baudelaire teilte ihre sentimentale Sehnsucht nach »einfacher Natur« nicht, sondern blickte zurück auf einen weit älteren Tempel der Natur, den seine Zeit auf ein Trümmerfeld reduziert hatte.

Warum aber sollten einem Wälder in Gedanken nachgehen wie ein mystischer Traum oder Alptraum, der von Zeit zu Zeit seine langen, vorgeschichtlichen Schatten über die gewöhnliche Klarheit moderner Sachen breitet? Auf Grund welcher »Data der Vorgeschichte«, um einen Ausdruck Walter Benjamins zu gebrauchen, verdichten sich im Walde Assoziationen und monströse Befürchtungen? Der Wald ist zugleich ein Tempel lebender Pfeiler und ein Schauplatz des Schreckens, ein Zauberwald und ein Wald der Verlassenheit. In einer von Mallarmés Reflexionen über symbolistische Literatur tritt der Wald erneut als das Symbol des Symbolismus auf, doch diesmal in einer anderen Fassung:

> [Wir symbolistischen Schriftsteller] haben den Anspruch aufgegeben, der ästhetisch ein Fehler ist, auch wenn er die Meisterstücke beherrscht, auf dem dünnen Papier des Bandes etwas anderes unterzubringen als beispielsweise den Schrekken des Waldes oder den stummen Donner im Blattwerk; nicht das innere und dichte Holz der Bäume. (*Crise de vers*, S. 365f.)

Mallarmé erhob den Anspruch, in seinem poetischen Wort nur das Entsetzen und den Schrecken von Vicos Giganten unter einem donnernden Himmel zu vermitteln, und überließ anderen Schriftstellern die naturalistische Wiedergabe der Wälder, in denen das Erwachen stattfindet. Doch dieses Entsetzen unterscheidet sich nicht von dem Gefühl der Verehrung in Baudelaires »Entsprechungen«. Entsetzen und Verehrung sind Abwandlungen derselben Verwirrung – der Verwirrung darüber, ganz *lebendig* zu sein. Wenn man ganz lebendig ist, ist die ganze Welt lebendig. Der Beobachtete beobachtet. Der Wald wird zu einer Masse von Augen.

Der zweite Vers in Baudelaires Gedicht spricht von »wirren Worten«, die aus den lebendigen Pfeilern des Tempels der Natur dringen. Was für eine Sprache sprechen sie? Das ist das Rätsel, über das Törleß, der heranwachsende Held von Robert Musils Roman *Die Verwirrungen des Zöglings Törleß* (1906), nachdenkt. Dasselbe Rätsel wird Törleß auch noch als Erwachsenen beschäftigen, wenn er zu dem Helden von Musils späterem Roman *Der Mann ohne Eigenschaften* (1930) heranwächst. Die folgende Passage findet sich im *Törleß*:

> Törleß sah noch immer in den Garten. Er glaubte das Rascheln der welken Blätter zu hören, die der Wind zusammentrug. Dann kam jener Augenblick intensivster Stille, der stets dem völligen Dunkelwerden kurz vorangeht. Die Formen, welche sich immer tiefer in die Dämmerung gebettet hatten, und die Farben, welche zerflossen, schienen für Sekunden stillzustehen, den Atem anzuhalten. ...
>
> »Höre, Beineberg«, sprach Törleß, ohne sich zurückzuwenden, »es muß während des Dämmerns immer einige Augenblicke geben, die ganz eigener Art sind. Sooft ich es beobachte, kehrt mir dieselbe Erinnerung wieder. Ich war noch sehr klein, als ich um diese Stunde einmal im Walde spielte. Das Dienstmädchen hatte sich entfernt; ich wußte das nicht und glaubte es noch in meiner Nähe zu empfinden. Plötzlich zwang mich etwas aufzusehen. Ich fühlte, daß ich allein sei. Es war plötzlich so still. Und als ich um mich blickte, war mir, als stünden die Bäume schweigend im Kreise und sähen mir zu. Ich weinte; ich fühlte mich so verlassen von den Großen, den leblosen Geschöpfen preisgegeben. ... Was ist das? Ich fühle es oft wieder. Dieses plötzliche Schweigen, das wie eine Sprache ist, die wir nicht hören?«
>
> »Ich kenne das nicht, was du meinst; aber warum sollten

nicht die Dinge eine Sprache haben? Können wir doch nicht einmal mit Bestimmtheit behaupten, daß ihnen keine Seele zukommt!«

Törleß gab keine Antwort. Beinebergs spekulative Auffassung behagte ihm nicht.

Nach einer Weile begann aber dieser: »Warum siehst du noch fortwährend zum Fenster hinaus? Was findest denn du daran?«

»Ich denke noch immer nach, was das sein mag?« In Wahrheit hatte er aber bereits an etwas Weiteres gedacht, was er nur nicht eingestehen wollte. Die hohe Anspannung, das Lauschen auf ein ernstes Geheimnis und die Verantwortung, mitten in noch unbeschriebene Beziehungen des Lebens zu blikken, hatte er nur für einen Augenblick aushalten können. (*Die Verwirrungen des Zöglings Törleß*, S. 24)

Törleß' Anfälligkeit für solche Dämmerstimmungen »war die erste Andeutung einer seelischen Entwicklung, die sich später als ein Talent des Staunens äußerte« (S. 26). Das Staunen erwachte zum erstenmal in seiner Kindheit, als er sah, wie ihn die Bäume mit den »vertrauten Blicken« von Baudelaires Wäldern von Symbolen anstarrten. Törleß' Gefühl für eine belebte Gegenwart im Wald erscheint als Vorspiel zu seiner späteren Verwirrung über die willkürlichen, instabilen Definitionen der Wirklichkeit:

Späterhin wurde er nämlich von einer eigentümlichen Fähigkeit geradezu beherrscht. Er war dann gezwungen, Ereignisse, Menschen, Dinge, ja sich selbst, häufig so zu empfinden, daß er dabei das Gefühl sowohl einer unauflöslichen Unverständlichkeit als einer unerklärlichen, nie völlig zu rechtfertigenden Verwandtschaft hatte. (S. 26)

Im *Törleß* symbolisiert der Wald diese Unbestimmtheit. Der Roman hat andere Symbole, die sich durch seine Erzählung ziehen – das Fenster beispielsweise oder den Wurm –, doch der Wald ist nicht nur ein Symbol unter mehreren. Er ist wiederum das Symbol des Symbolismus.

Das bestätigt sich gleich nach der Dämmerungsszene. Als Törleß und Beineberg die Konditorei verlassen, aus deren Fenster sie zugesehen haben, wie sich die Dämmerung über den Garten senkte, kehren sie nicht zu ihrer Militärerziehungsanstalt zurück, sondern schlagen einen Weg an einem Fluß entlang ein: »Beineberg stand still. Das jenseitige Ufer war mit dichten Bäumen bestanden, welche ... wie eine schwarze undurchdringliche Mauer drohten. Erst nach vorsichtigem Suchen fand sich ein schmaler, versteckter Weg, der geradeaus hineinführte.« Auf diesem Weg dringen die Knaben tiefer in den Wald und tiefer in die »symbolische« Finsternis der menschlichen Psyche ein, bis sie auf eine Lichtung kommen. Dort, in einem schwach erleuchteten Haus, wohnt die Prostituierte. Sie ähnelt einer Waldhexe aus den Grimmschen Märchen. Sie verkörpert alles, was in der bürgerlichen Welt, der die Knaben angehören und auf deren Leitung sie durch die Strenge der Militärschule vorbereitet werden, unterdrückt oder uneingestanden ist. Die junge Hure verfolgt, fasziniert, widert an, zieht an. Sie ist eine Anti-Muttergestalt, aber sie wird von Törleß im Geiste auch mit seiner Mutter verwechselt. Sie erweckt ursprüngliche Leidenschaften, die unter der Oberfläche der öffentlichen Welt angestaut sind. Sie erregt Lust ebenso wie Haß. Sie gehört zum Wald. Von diesem Punkt an wird Törleß' Adoleszenz heftig durch die untergründige Welt von Verworfenheit, Schuld und Bosheit beunruhigt werden, die unmittelbar unter der Oberfläche der institutionellen Gesellschaft lauert.

Lawrence von Arabien sagte einmal, die Wüste sei ein Ort ohne Nuancen, sie kenne nur Licht und Schatten in ihrem entgegengesetzten Kontrast. Wir könnten bemerken, daß der Wald dagegen aus nichts als Nuancen besteht. Er verwischt Unterscheidungen und ruft verlorene Verwandtschaft wach – zwischen Belebtem und Unbelebtem, Finsternis und Licht, Endlichem und Unendlichem, Leib und Seele, Gesehenem und Gehörtem. Törleß' »eigentümliche Fähigkeit«, unbestimmte Entsprechungen zwischen Dingen wahrzunehmen, entwikkelte sich in seiner Jugendzeit, aber ihre Anfänge reichen zu einer Szene in seiner frühen Kindheit zurück, als der Wald lebendig wurde und die vertraute Welt unheimlich werden ließ. Eine entfremdete Welt der Erfahrung eröffnete sich plötzlich, als die anderen Welten der Erinnerung sich um ihn scharten und ihn anstarrten. Von diesem Augenblick an wuchs Törleß heran und erfuhr in Ereignissen, Dingen und Menschen »sowohl eine unauflösliche Unverständlichkeit als eine unerklärliche, nie völlig zu rechtfertigende Verwandtschaft«. Mit anderen Worten, er wanderte weiter durch den Tempel der Natur und lauschte auf das Echo – auf jenen »lange[n] Hall und Widerhall, die fern vernommen in eine finstere und tiefe Einheit schmelzen« –, das sehnsüchtig in Baudelaires Gedicht anklingt. Diese Einheit ist »weit wie die Nacht und wie die Helle«. Sie steht jenseits des einfachen Kontrasts zwischen

Hell und Dunkel. Sie liegt dort, wo »Düfte, Farben und Töne einander« antworten und wo Leib und Seele ihre Grenzen einreißen. Törleß spürt, daß diese Verwandtschaft existiert, doch er kann sie nicht völlig rechtfertigen. Das ist nicht überraschend, denn der Wald liefert keine Beweise. Allenfalls dringen aus ihm »wirre Worte«, auf die nur das Symbol antworten kann.

Warten auf Dionysos

Ein Lichtstrahl fällt vom Blätterdach in Abgründe des Waldes und sammelt die Finsternis um sich. Wie ein leuchtender Baumstamm reicht er in die Tiefen des Vergessens. Ahnengeister – ihre früheren Welten – schweben im Halbschatten des Dunstes, blicken zurück in die Augen der Erinnerung. Die Szene legt nahe, daß die Erinnerung der Welt ihrer Analoga, in diesem Fall dem Wald, angehört. Die Erinnerung bewohnt äußere Dinge ebenso wie die inneren Regionen der menschlichen Psyche. Für Marcel Proust erweckte der Geschmack einer Madelaine eine verlorene Ära seiner Kindheit zum Leben; in einem von Baudelaires »Spleen«-Gedichten verliert der Frühling seinen »entzükkenden Duft«, der früher die Träume der Erinnerung belebte; für den englischen Dichter John Clare war das Fällen einer vertrauten Ulme gleichbedeutend mit der Verwüstung einer Erinnerung, die an dem Ort wohnte, wo der Baum seit Generationen gestanden hatte. Wenn die Analoga der Erinnerung aus der Welt verschwinden, kann sich die Sinneswahrnehmung nicht mehr mit der Erinnerung zusammentun, um vergessener Altertümer zu gedenken.

Wir haben Szenen der Erinnerung und Sehnsucht bei Rousseau, Wordsworth, den Brüdern Grimm und in gewissem Maße bei Baudelaire verfolgt; und wir sahen, wie sie in allen Fällen mit Wäldern zusammenhingen. In Baudelaires »Entsprechungen« erscheint der Wald symbolisch als die potentielle Tiefe der Sinneswahrnehmung. Das Wort »Spleen« in seinem Werk bezieht sich auf den Mangel an Erfahrungstiefe. In diesem Sinn fungiert es als der Verlust der Wälder von Symbolen. Spleen ist die ständig gegenwärtige Drohung der »Moderne«, ein Begriff, den Baudelaire übrigens geprägt hat.

Im folgenden werden wir fortfahren, über die Rätsel dieser verschiedenen Entsprechungen nachzudenken: Erinnerung und Sinneswahrnehmung, Vergangenheit und Gegenwart, Gedächtnis und Wälder; Spleen und Moderne. Der italienische Dichter Giacomo Leopardi (1798–1837) zeigt uns einen Weg in ihr Dunkel. Nicht nur ist Erinnerung das beherrschende Thema seiner Gedichte, in seinen zeitlebens geführten Tagebüchern, dem *Zibaldone di pensieri*, spekulierte er auch über die Psychologie der Erinnerung in einer Weise, die an diesem Punkt der Diskussion unser Interesse erregen muß.

Sowohl seine Gedichte als auch seine Tagebücher offenbaren, daß Leopardi intensiven Abscheu für die Gegenwart hegte. Bar ihrer Verbindungen zur Vergangenheit stellte die Gegenwart für ihn eine Form des geistigen Todes dar oder dessen, was Baudelaire später dann als Spleen bezeichnete. Teils war dieser Widerwille in Leopardis persönlichem Temperament und in seinen metaphysischen Anschauungen begründet; er hatte aber auch Verbindungen zum Italien seiner Zeit, das längst die Bindungen zu seiner römischen Vergangenheit zerrissen hatte und in seiner Unfähigkeit, eine geeinte Nation zu werden, an den Rand des kulturellen Lebens in Europa gerückt war. Leopardi beklagte diese historische Trennung von der Vergangenheit und faßte die nationale Einheit als kulturelle Wiedervereinigung auf, die die Entsprechungen zwischen dem modernen Italien und seiner vergangenen imperialen Geschichte wiederbeleben würde.

Dieselbe Logik der Entsprechung gilt für Erfahrung auf der gewöhnlichsten persönlichen Ebene. Wie Baudelaire verabscheute Leopardi Objekte, die in ihrer nackten oder faktischen Tatsächlichkeit wahrgenommen wurden, ohne die imaginativen Assoziationen, die einen Halbschatten von Tiefe um sie herum schaffen würden. Erst wenn Erinnerung die gewöhnliche Wahrnehmung von Objekten durchdrang, konnte sich Leopardi von der sonst tödlichen Qualität bloß chronologischer Zeit befreit fühlen. In einer seiner Eintragungen aus dem Jahre 1828 schreibt er:

> Für den sensiblen und phantasievollen Menschen, der, wie ich es lange Zeit getan habe, fortwährend fühlend und vorstellend lebt, sind die Welt und die Objekte in gewisser Weise doppelt. Er wird mit den Augen einen Turm, ein Feld sehen; er wird mit den Ohren den Klang einer Glocke hören; und zu gleicher Zeit wird er mit der Phantasie einen anderen Turm, ein anderes Feld sehen, einen anderen Klang hören. In dieser zweiten Art von Objekten liegt alles Schöne und Angenehme der Dinge. Traurig ist das Leben (und doch ist das Leben im allgemeinen so), welches nichts sieht, nichts hört, nichts fühlt als die einfachen Objekte, allein jene, von denen die Augen, die Ohren und die anderen Sinne den Sinneseindruck empfangen. (30. November, 1. Adventssonntag) (*Zibaldone*, Bd. 2, S. 1230f.)

Die »zweite Art von Objekten«, die die Wahrnehmung einfacher Objekte begleitet, gehört zum Schatz der persönlichen Erinnerung. Der Anblick eines einfachen Turms beschwört im Geist das Bild eines anderen Turms herauf, den man vorher gesehen oder sich vorgestellt hat. Wenn die beiden Bilder durch psychische Assoziation verschmelzen, nimmt der Wahrnehmungshorizont eine andere Dimension an. Stereoskopisch wahrgenommen, führt der Turm einen anderen Ort und einen anderen Kontext vor Augen; vielleicht beschwört er sogar denselben Ort und denselben Kontext herauf, aber zu einem anderen Zeitpunkt. Es genügt, sich an eine frühere Wahrnehmung desselben Turms zu erinnern, um den Effekt der Verdoppelung zu erleben, den Leopardi hier beschreibt. Diese Art von »poetischer Erfahrung« der Welt und ihrer Objekte gehört nicht nur zu Dichtern, sondern zum tiefsten Kern der menschlichen Erfahrung im allgemeinen. Leopardi glaubte, daß Dichter lediglich in einem sprachlichen Medium die potentiellen sensorischen Tiefen gewöhnlicher menschlicher Erfahrung neu anordneten.

Wie aber bewerkstelligen es Dichter, in ihren Gedichten die sensorischen Tiefen von Erfahrung zu vermitteln, die schließlich im persönlichen Gedächtnis ruhen? Wenn das Gedächtnis persönlich ist, wie können Leser an den Assoziationen des Dichters teilhaben? Zur Beantwortung dieser Frage griff Leopardi auf das gemeinsame Erbe des italienischen Volkes – seine Sprache – zurück. Wie die Brüder Grimm glaubte er, daß die Sprache das wesentlichste kulturelle Band einer Nation sei. Beim Schreiben seines Gedichts wußte Leopardi daher, daß sich der Dichter vor allem auf *Wörter* stützen muß, um das Phänomen der Tiefe neu zu schaffen. Wörter gehören zum kollektiven Erbe eines Volkes. Die Sprache ist das Eigentum nicht eines Individuums, sondern einer Rasse, Gemeinschaft oder Nation; sie ist somit ein Vorrat des kollektiven Gedächtnisses.

Leopardi strebte danach, seine Gedichte in das kollektive Gedächtnis zu tauchen, das in die Sprache selbst eingebettet ist. Er wählte Wörter, von denen er glaubte, daß sie beim Leser dasjenige nachhallende Gefühl hervorrufen würden, das man hat, wenn die bloße Wirklichkeit durch Gedächtnis ergänzt wird, jenes poetische Gefühl von Verdoppelung, Tiefe und Unbestimmtheit. In seinen Reflexionen über poetische Komposition unterschied Leopardi zwischen *termini* und *parole*, »Termini« und »Wörtern«. *Termini*, sagt er, »bieten lediglich eine einzige Vorstellung des bezeichneten Objekts«. *Parole* dagegen sind Wörter, die die Vorstellung eines Objekts bezeichnen, aber »auch noch gewisse zusätzliche Bilder« bieten. Solche *parole* sind Wörter mit metaphorischen Ursprüngen, die in die alte Geschichte der italienischen Sprache und daher in die Tiefen des Rassengedächtnisses zurückreichen (»Rasse« hier verstanden in kulturellem, nicht in biologischem Sinn). Es sind Wörter, in denen sich Untertöne, verborgene Bedeutungen, etymologische Andeutungen und vielfältige Konnotationen zusammendrängen. Solche *parole*, behauptete Leopardi, sind in höchstem Grade allgemein. Ihr Mangel an Spezifizierung läßt im Geist des Lesers ein Maximum an Freiheit der Assoziation zu. *Lontano, antico, notturno* (»fern«, »alt«, »nächtlich«) – das ist die Art von allgemeinen Wörtern, die Leopardi für zutiefst poetisch, weil voller anklingender Unbestimmtheit, hielt. Sie erzielen ihre poetische Wirkung, indem sie die Kluft der Zeit überbrücken, die die Gegenwart von einer verlorenen »nationalen« Vergangenheit trennt.

Leopardi faßt die Erfahrung des Gedächtnisses, die er anstrebte, in dem Begriff *il vago*, »das Unbestimmte«, zusammen. »Die Wörter *notte, notturno* [›Nacht‹, ›nächtlich‹]«, schreibt er, »sind hochpoetisch, weil die Dinge bei Nacht verschwimmen und der Geist nur ein vages, undeutliches und unvollständiges Bild sowohl von der Nacht als auch von dem, was sie enthält, wahrnimmt.« Leopardi beschreibt hier *il vago* – das Verschwimmen von Gegenständen oder dem Horizont, der sie umfängt – im Sinne eines »Nachteffekts«. In einer langen Eintragung in seinen Tagebüchern erwähnt Leopardi zahlreiche Beispiele von indirektem oder gehemmtem Licht, dessen Wahrnehmung er mit der Erfahrung von *il vago* in Verbindung bringt:

> Aus jenem Teil meiner Theorie der Lust, in der gezeigt wird, wie uns von den halb oder mit gewissen Hindernissen usw. gesehenen Gegenständen *unendliche* Ideen zukommen, erklärt sich, warum eine Reihe von Dingen gefällt: das Licht der Sonne oder des Mondes, wenn es an einem Ort gesehen wird, wo sie nicht zu sehen sind und die Lichtquelle nicht wahrgenommen wird; ein Ort, der nur zum Teil von diesem Licht erhellt wird; der Reflex dieses Lichts und die verschiedenen materiellen Effekte, die sich daraus ergeben; das Eindringen dieses Lichts an Orte, wo es unbestimmt und behindert wird und nicht deutlich zu erkennen ist, wie durch Röhricht, in einem Wald, durch halbgeschlossene Fensterläden usw. usw.; dasselbe Licht, an einem Ort oder Objekt gesehen, wo es nicht direkt eindringt und auffällt, sondern dorthin von einem anderen Ort oder Gegenstand, auf den es trifft, zurückgeworfen und gestreut wird; in einem Korridor, der von

innen oder von außen gesehen wird, ebenso in einer Loggia usw., diese Orte, an denen sich das Licht mit den Schatten vermischt usw. usw., wie unter einem Bogengang, in einer erhöhten und überhängenden Loggia, in den Felsen und Schluchten, in einem Tal, auf Hügeln, die von der schattigen Seite gesehen werden, so daß ihre Spitzen vergoldet werden. (20. September 1821) (*Zibaldone*, Bd. 1, S. 1123)

Obwohl der Wald nur in einem Satz des Absatzes erwähnt wird, könnte man sagen, daß er die »Urszene« dieser ganzen Phänomenologie von Lichteffekten bleibt. Er ist nicht nur ein Ort unter mehreren, an denen »die Lichtquelle nicht wahrgenommen wird«, sondern der älteste Schauplatz zerstreuter Beleuchtung, den es im kulturellen Gedächtnis gibt. Alle anderen Beispiele von behindertem oder gebrochenem Licht »entsprechen« gewissermaßen der Waldszene. Wenn Leopardi den Wald in seinem Katalog mit äußerster Zurückhaltung erwähnt, so deshalb, weil Zurückhaltung das Wesen von *il vago* ist.

Solche Zurückhaltung ist auch das Wesen von Leopardis Poetik der *parola*, des sinnträchtigen Wortes. Sehen wir uns ein Beispiel an. In seinem frühen Gedicht »An den Mond« (1819) beschreibt Leopardi seine Rückkehr an denselben Ort, an den er ein Jahr zuvor gekommen war, um über die Sorgen zu weinen und zu klagen, die seine Jugend plagten. Von einem Bergabhang redet er den Mond an, der seine Beleuchtung über einen Wald im Tal breitet, wie er es in jener Nacht vor einem Jahr getan hatte:

O lieblicher Mond, wiederum erinnre ich mich,
wie schon vor einem Jahr auf diesen Hügel hintrat ich,
von Leid erfüllt, dich zu betrachten:
Und über jenem Walde hingst damals du,
ihn ganz erhellend.
Doch nebelhaft und zitternd, da die Tränen
mir von den Wimpern quollen, erschien
dein Antlitz meinem Aug, denn traurig war mein Leben
damals: und es ist, und nimmer ändert sich's,
o mein geliebter Mond. Und doch bewegt
Erinnerung mich und meiner Schmerzen
Betrachtung. Wie dankbar ist es,
in jungen Jahren, wo lange noch die Hoffnung dünkt,
doch kurz der Weg der Erinnerung,
zurückzudenken an verfloßne Dinge,
auch wenn sie traurig sind und das Leid noch währt.

Die Übersetzung eines Gedichts aus einer Sprache in die andere ist natürlich immer mit Schwierigkeiten verbunden. Doch Leopardi stützt sich so bewußt auf die historischen, psychischen und etymologischen Assoziationen, die seine Wörter in den Gedanken des Muttersprachlers hervorrufen, daß seine Gedichte in jeder anderen Sprache als dem Italienischen Leichen ähneln, die ihrer Lebensquelle beraubt sind. Verloren sind in der Übersetzung dieses Gedichts neben vielen anderen Dingen die sprachlichen und klanglichen Entsprechungen zwischen der »Wende« des Jahres (*volge l'anno*) und dem Gesicht des Mondes (*volto*); zwischen *rammentare* (wörtlich: »wieder-denken«) und *rimirare* (wörtlich: »wieder schauen«); und selbst zwischen *ricordanza*, der Erinnerung, und *corso*, dem Lauf. Thematisch ist das Gedicht jedoch ganz einfach: auch wenn die Sorgen des vergangenen Jahres nicht aufgehört haben, das Leben des Dichters zu beunruhigen, erfüllt ihn die bloße Erinnerung an jene Nacht vor einem Jahr und ihre Kontinuität zu der gegenwärtigen Nacht mit Glück. Dieses Glück im Leid ist paradox. Es kommt von dem Effekt des »doppelten Turms«. Die eine Nacht ruft eine andere Nacht der Vergangenheit ins Gedächtnis. Die Entsprechung zwischen den beiden Nächten öffnet die Tiefen der Zeit, befreit die Gegenwart von ihrer Einkerkerung in den bloß chronologischen Augenblick. Von dieser Entsprechung zur Vergangenheit belebt, wirft die Erinnerung einen Schleier der Unbestimmtheit über den gegenwärtigen Augenblick. Die Erwähnung der Tränen des Dichters, die den Mond in seinen Augen »nebelhaft« erscheinen lassen, verknüpft diese Unbestimmtheit unmittelbar mit dem Medium der visuellen Wahrnehmung.

Um aber die Erfahrung der Erinnerung *in dem Gedicht* zu vermitteln und den entsprechenden Assoziationshorizont für den Leser zu schaffen – der schließlich die persönlichen Assoziationen des Dichters nicht teilt –, muß sich Leopardi auf die psychologische Wirkung von Wörtern wie von Bildern verlassen. In den allgemeinsten Worten, die ihm möglich sind, beschreibt er die Szene: einen Hügel, den Mond, ein Tal, einen Wald. Diese Landschaft ist nicht gleichgültig. Sie verkörpert die Erinnerungserfahrung, die in dem Gedicht vermittelt wird. Die enthüllten Tiefen der Erinnerung, die den Augenblick auf dem Hügel auszeichnen, werden visuell vor unseren Augen in den Tiefen des Tals gesammelt, in dem der Wald vom schimmernden Mond beleuchtet daliegt. Das Wort *selva* (»Wald«) mit all seinen »unbestimmten« Anklängen in den Gedanken des italienischen Lesers ist die unentbehrliche *parola* des Gedichts. Es ist die *parola*, die den Erinnerungshorizont heraufbeschwört und das Gedicht als ganzes in die reiche Vagheit seiner Assoziationen zieht. Wenn man das Wort fortnimmt, verliert das Gedicht die ganz flüchtige Andeutung jener entfernten Tiefen entfernter Ursprünge, die der linearen Zerstreuung persönlicher oder historischer Zeit vorangehen. Die zyklische Wiederholung der Zeit, die vom Mond verkörpert wird, leuchtet über die Wälder in einem Helldunkelbild, das von unbestimmten Tiefen durchzogen ist.

Im selben Jahr, in dem er »An den Mond« schrieb, verfaßte Leopardi auch eines der außerordentlichsten Gedichte der modernen Dichtkunst: »Das Unendliche«. In diesem Gedicht kommen die Entsprechungen, von denen wir sprachen, zusammen und lösen den chronologischen Augenblick in einem Meer zeitlicher und räumlicher Totalität auf. Das Gedicht beschreibt diesen Auflösungsprozeß:

Das Unendliche

Immer lieb war mir dieser kahle Hügel
und dieses Buschwerk, das den äußersten
Horizont dem Blick verschloß.
Doch ruhend hier und bewundernd, träumt sich jenseits
im unermeßlichen Raum der Sinn sich
tiefste Stille und unendliche Ruhe.
Und immer mehr beginnt mein Herz zu schaudern.
Doch wenn den Wind ich
rauschen höre durch diese Pflanzen,
dann ziehe ich Vergleiche mit der unendlichen
Stille und jenem Laut, und mich überkommt
dann das Ewige, das Denken an
gestorbene Zeiten, doch auch an unsere, die lebende,
samt ihrem Lärm. Dann versinkt der Geist
im Uferlosen, und süß ist mir in diesem Meer zu scheitern.

Die Erfahrung des Unendlichen, die in diesem Gedicht beschrieben wird, entsteht aus dem *Vergleich* oder der Entsprechung zwischen dem Ton des Windes und der »unendlichen Stille«, die sich der Dichter im Geist vorstellt. Der Schnittpunkt zwischen der Dimension des Hier und Jetzt und der Dimension, die sie in der Phantasie des Dichters heraufbeschwört, wird grammatisch in dem Spiel der Demonstrativpronomina ausgedrückt. Aus »diesem Buschwerk« wird im fünften Vers ein »jenseits«. »Dieser« Wind entspricht »jener« unendlichen Stille. Am Ende des Gedichts hat sich die Totalität von Zeit und Raum »im Uferlosen« aufgelöst – in einem Uferlosen, das sich nicht mehr als hier oder da lokalisieren läßt. Das Uferlose ist der Zusammenbruch der Unterscheidung zwischen beiden.

Der letzte Vers des Gedichts deutet einen Schiffbruch an. Es ist der »süße« Schiffbruch der endlichen, linearen Zeit. Auf Grund der Tatsache, daß er als *fünfzehnter* Vers des Gedichts kommt, spielt der letzte Vers auch auf den Schiffbruch der Sonettform an. Seine Überzähligkeit löst die formalen Grenzen des Sonetts auf und befreit die Prosodie zur Erfahrung des Unendlichen, die das Gedicht aus seinem immanenten Transzendieren formaler Zeit hervorbringt. Nicht ohne Grund war Leopardi der erste europäische Dichter, der freie Verse schrieb. In diesem Fall »entspricht« der freie Vers einer anderen Zeiterfahrung: nicht der linearen Formalität der Zeit, sondern ihrer unbestimmten Totalität.

Das Meerbild, das am Ende des Gedichts »Das Unendliche« steht, ist auch noch aus anderen Gründen bemerkenswert, denn es verwandelt ein Landgedicht in ein Meergedicht, indem es den formalen Gegensatz zwischen den Elementen auflöst. Wenn Leopardi von »diesem Meer« spricht, dann meint er die ekstatische Auflösung von Form, Grenze, Identität, Zurückhaltung und Differenzierung. Diese ekstatische Auflösung trägt den Namen des Dionysos, des Mysteriengottes von Übermaß, orgiastischer Verzückung und visionärem Taumel – des Gottes der Wälder, wie wir sahen. Der dionysischste Dichter des 19. Jahrhunderts war zweifellos Arthur Rimbaud, der die dichterische Vision in einer »systematischen Störung der Sinne« suchte. In seinen poetischen Arbeiten versuchte Rimbaud, den Verlust seiner bürgerlichen Provinzidentität künstlerisch produktiv werden zu lassen – einen Verlust, den er erlebte, als er kurz vor den revolutionären Umwälzungen der *Commune* und seiner stürmischen Beziehung zu Paul Verlaine nach Paris floh.

In Umkehrung dessen, was Leopardi ein halbes Jahrhundert früher tat, verwandelt Rimbaud in einem Gedicht, das als erstes in der französischen Literatur in freien Versen geschrieben ist, das Meer in Land:

Seestück

Die silbernen und kupfernen Wagen,
Die stählernen und silbernen Buge
Schlagen den Schaum,
Wühlen die Stöcke der Dornen auf
Die Strömungen der Heide,
Und die ungeheuern Rillen der Ebbe
Fliehen in Kreisen gegen Osten,

Gegen die Pfeiler des Waldes,
Gegen die Stämme der Mole,
An deren Kante sich stoßen die Wirbel des Lichtes.

Das Gedicht offenbart durch seine Symbole die ursprüngliche Verwandtschaft zwischen den Elementen, durch die sie einander entsprechen. In diesem visionären Taumel der Wahrnehmung erscheinen sie in ihrer noch nicht differenzierten Einheit, die auf ihre Weise Leopardis unendlichem Meer der Auflösung entspricht. Sowohl Rimbaud als auch Leopardi sind in dieser Hinsicht dionysisch. Rimbauds Gedicht spricht aus dem Innern der Sphäre jener Störung der Sinne, die Identitäten, formale Grenzen oder das Prinzip der Individuation auflöst. Die ekstatische Wahrnehmung des Gedichts beansprucht, die ursprüngliche Verflochtenheit und Promiskuität aller Dinge zu sehen – ihre Einbeziehung in eine universelle Orgie, die in die Richtung des Waldes weist. Rimbauds »Strömungen der Heide« verlaufen ostwärts zu den »Pfeilern des Waldes«. Sie verlaufen tatsächlich hin zu Baudelaires Wäldern von Symbolen mit ihren »lebendigen Pfeilern«, die auf einen zurückblicken. Diese Wälder von Symbolen gehören zu Dionysos.

Die Sehnsucht nach dionysischer Verzückung – nach ihrem Versprechen einer Wiedergeburt in der intimen Verflochtenheit und Entsprechung aller lebenden Dinge – findet auch Ausdruck in einem der kanonischsten Gedichte der englischen Literatur: Shelleys »Ode an den Westwind«. Shelleys Gedicht verknüpft die Elemente auf solche Weise, daß er ihre unwiderrufliche wechselseitige Eingeschlossenheit etabliert. Nach Shelleys Anmerkung wurde dieses Gedicht »entworfen und größtenteils niedergeschrieben in einem Wald, der den Arno säumt, nahe bei Florenz«. Wie bei Leopardi und Rimbaud steht es in entscheidender Verbindung zu einer politischen Unzufriedenheit mit der Gegenwart und der gegebenen Ordnung der Dinge. Doch es ist auch ein bemerkenswertes Waldgedicht. Es schildert einen großen kosmischen Wald, der das Land, den Himmel und sogar das Leben unter der Meeresoberfläche umfaßt. Der Wind zerstreut die toten Blätter des Herbstwaldes und führt Samen in ihre »winterliche Ruhestatt«, in der das Leben im Frühling wiedergeboren werden wird. Wolken am Himmel werden mit Blättern verglichen, die von »den verwirrten Zweigen von Himmel und See« abgeschüttelt worden sind. Der Dichter spricht sogar von Wäldern am Grunde des Atlantiks: »Des Meeres Blüten und der feuchte Wald, die saftlos Laub des Ozeans umhüllt.« Diese Wasserwälder »fühlen mit« mit den Wäldern des Landes, daher »beben und entäußern sich« auch sie in der Herbstzeit.

Doch die Schilderung dieses Waldes kosmischer Entsprechungen führt, wie zu erwarten, zur Klage des Dichters darüber, daß er aus dem universellen Zyklus von Tod und Wiedergeburt ausgeschlossen ist. Sein Bewußtsein von linearer Sterblichkeit hindert ihn daran, an der ursprünglichen Entsprechung teilzuhaben. Daher bittet er den Wind um Befreiung von menschlicher Zeit: »O nimm mich auf, als Blatt, als Welle bloß ... Laß gleich dem Wald mich deine Harfe sein.« Es ist praktisch ein Gebet an denselben Wind, den Leopardi auf seinem einsamen Hügel durch die Pflanzen rauschen hörte, oder an den Wind, der in Rimbauds »Seestück« zu einem Strudel von Licht wird. Besser noch, es ist ein Gebet an Dionysos, den Gott der Vegetation, der Zerstreuung und zyklischen Wiedergeburt. In der zweiten Strophe des Gedichts vergleicht Shelley tatsächlich die Wolken eines nahenden Sturms mit dem Haar »einer wilden Mänade«, einer rasenden Verehrerin des Dionysos. Er bietet *sich selbst* dann dem Dionysos dar, auf daß seine zerstreuten Worte (wie glühende Kohlen) Licht und Leben über die Nacht des Winters tragen.

T. S. Eliot stellte einmal fest, daß die Menschheit nicht sehr viel »Wirklichkeit« ertragen kann. Wenn Wirklichkeit die faktische und objektive Gegenwart der Dinge bedeutet, so haben wir über ihre Unerträglichkeit etwas von den Dichtern zu lernen, die in den Wäldern von Symbolen Zuflucht suchten. Wordsworth spürte in den Wäldern die Gegenwart des Ursprungs, den die Städte in Vergessenheit geraten ließen. Für Baudelaire rettet uns der Tempel der Natur vor dem denaturierten Naturalismus der Epoche – vor seinem Verlust der Tiefen der Erfahrung. Leopardis Werk als ganzes legt nahe, daß wir Erinnerung haben, um nicht an Gleichzeitigkeit zugrunde zu gehen. Für den jungen Rimbaud läuft »Wirklichkeit« auf nichts anderes hinaus als auf den Bankrott der poetischen Vision. Shelley sehnt sich in seiner »Ode an den Westwind« nach Befreiung von den Bedingungen isolierter Subjektivität und nach Wiedereinschließung in den kosmischen Wald der Schöpfung. Doch wir können nicht vergessen, daß Wordsworths Gemüt selbst in seinem Hain von dem Gedanken beunruhigt wurde, »was Mensch aus Menschen hat gemacht«; daß Baudelaire auch der Dichter des Spleen war; daß Leopardi sein Leben als der radikalste Pessimist des 19. Jahrhunderts beendete, besiegt und verbittert vom Nihilismus der linearen Zeit; daß Rimbaud bald die Dichtung völlig aufgab und sogar ihre visionären Ekstasen verwarf; und daß Shelleys Sehnsüchte nach kosmischer Einbeziehung zu Klagen über seine Verarmungszeiten führten.

Auf die eine oder andere Weise bezeugen die Dichter der Nostalgie alle die unerträgliche, aber unentrinnbare Distanziertheit ihrer Zeit – ihren Verlust der Wälder von Symbolen. Wie erträgt man also das Unerträgliche? In diesem Fall, indem man sich daran erinnert, daß es unerträglich, das heißt abnorm und unwahrscheinlich ist. Kurzfristig hat der Dichter kaum eine andere Wahl, als am Abhang eines Hügels zu wachen, während die Stadt in Vergessenheit schläft, und über die Wälder hinweg nach Zeichen der Morgenröte Ausschau zu halten.

John Constable, *Bäume in Hampstead: der Weg zur Kirche* (1821)

Wohnen

Als sich die Gletscher der letzten Eiszeit vor etwa zehntausend Jahren zurückzuziehen begannen und die Winterdecke aufhoben, die sich über große Teile der nördlichen Hemisphäre erstreckte, markierte das den Beginn einer neuen Klimaperiode, die die Geologen Postglazial nennen. Die Erwärmungstendenz führte zu starken Regenfällen. Wälder, die bis dahin von der Eiszeit unterdrückt waren, bedeckten von neuem das Land. Schmelzende Gletscher, unerbittliche Regenfälle, die Ausbreitung der Wälder – diese gleichlaufenden Phänomene addierten sich zu einer ökologischen Umwälzung von kosmischen Ausmaßen.

Heute, mehrere Jahrtausende danach, fällt es uns schwer, uns vorzustellen, als was für eine Katastrophe die Rückkehr der Wälder von vielen unserer Vorfahren der Steinzeit empfunden wurde, die sich in der jüngsten Periode der Vergletscherung zu einer bemerkenswerten biologischen und kulturellen Spezies entwickelt hatten – zu einer Spezies von Räubern, die von den großen Herden lebten, die die offenen Tundren Europas durchstreift hatten. Mit dem Eintreten eines postglazialen Klimas wandelte sich ihr Lebensraum und ebenso ihre Lebensweise. Als die Herden aus der ungastlichen Dichte der Wälder flohen, verhungerten viele Stämme; manche folgten den wandernden Herden immer weiter nach Norden; anderen gelang es dank dem Anpassungstalent, das es der Spezies in der Vergangenheit ermöglicht hatte, andere Arten von Umwälzungen zu überleben, sich an den sich ändernden Lebensraum anzupassen.

Aus einer globalen historischen Perspektive könnten wir sagen, daß die bedeutendste Anpassung an das neue Klima die Form der neolithischen Revolution oder der Etablierung der Landwirtschaft als Lebensweise annahm. Dieser Wandel in der menschlichen Existenzweise hat der Rasse zwar viele Segnungen gebracht, aber anfangs bedeutete die neolithische Revolution für die Spezies Mensch eine tiefe Demütigung – eine hilflose Preisgabe an das Gesetz der Vegetation, die das Land mit Wäldern vollgestopft hatte und den Nomaden ihre frühere Bewegungsfreiheit raubte. Die Landwirtschaft war ein Mittel, das Gesetz der vegetativen Fülle, das die neue Klimaepoche kennzeichnete, zu kultivieren und zu kontrollieren oder besser zu zähmen. Als Ausgleich für zahlreiche Härten (die Plackerei der Landwirtschaft ist längst als das Gebrechen einer Erbsünde aufgefaßt worden) verlieh die postglaziale Epoche menschlichen Familien und Gemeinschaften »Wurzeln«. Zum ersten Mal siedelten sich Menschen auf dem Land an, pflanzten den Stammbaum der Familie an einem Ort und wohnten häuslich.

Genau wie die Landwirtschaft das Gesetz der Vegetation zähmte, zähmte sie auch diejenigen, die von ihr lebten. Aus *domus* (lateinisch »Wohnung«) wurde ein *ethos* (griechisch »Art des Wohnens«). Die menschliche Geschichte, ganz gleich, wie wir ihre Abgrenzung gegen die Vorgeschichte auffassen wollen, beruht letztlich auf dem häuslichen Ethos einer seßhaften Menschheit. Die neolithische Lebensweise hat die materielle Basis für Dorf und Stadt, für Nation und Reich, kurz, für Geschichte im größeren institutionellen Sinn geliefert. Ob die Geschichte jetzt in Molloys Graben gefallen ist; ob sie im geistigen oder ideologischen Sinn »zu Ende« ist; ob wir uns jetzt am Ende von Vicos Abfolge der Institutionen befinden oder am Anfang einer völlig neuen Ordnung – es besteht kaum ein Zweifel, daß wir bereits die Auflösung der Grundlage des häuslichen Ethos in den westlichen Gesellschaften erlebt haben. Während die mechanisierte Landwirtschaft uns weiter mit Lebensmitteln versorgt, ist das Wohnen auf dem Land als Lebensweise neuen Formen des Umherziehens gewichen. Die *domus* verliert ihre Grenzen, ihre Definition, ihren Sinn, und zum ersten Mal in der kulturellen Erinnerung ist ein wachsender Teil der Menschen in westlichen Gesellschaften nicht sicher, ob sie begraben werden oder wo sie begraben werden sollten oder gar, wo sie begraben werden möchten.

Diese Ungewißheit über den letzten Ort, an den man gehört, wäre noch vor einigen Generationen undenkbar gewesen. Molloy inszeniert seine Odyssee als Rückkehr zu seiner Mutter – an seinen Ursprungsort –, aber die Wahrheit ist, »Molloy konnte da bleiben, wo er war«. Sein Graben ist ein Grab, das überall sein könnte.

Die Distanzierung von der Vergangenheit, die wir als den Hauptzug der nachchristlichen Ära charakterisierten, gipfelt auf die eine oder andere Weise in Distanzierung von der Erde – »diese Erde ... diese Eichen«, um an Vicos Worte über die Giganten zu erinnern, die die ersten menschlichen Behausungen errichteten. Aus Gründen, die völlig im dunkeln bleiben, hat die westliche Zivilisation beschlossen, Institutionen der Verlagerung in jeder Dimension gesellschaftlicher und kultureller Existenz zu fördern. Die internationale Hegemonie dieser Institutionen – Metropole, Ökonomie, Medien, Ideologie – hat zu einer verschärften Verwirrung darüber geführt, was es bedeutet, auf der Erde zu wohnen. Diese Verwirrung wiederum hüllt sich in Vergessenheit. Wenn das »Ende der Geschichte« überhaupt etwas bedeutet, so dies, daß wir jetzt in Vergessenheit wohnen – in Vergessenheit des Sinns von Wohnen. Bis zu einem gewissen Grade ist dieses Vergessen nur natürlich, denn Wohnen bewahrt nicht seinen Sinn, indem es sich zu einem ausdrücklichen Problem macht; es bettet sich ein in Gewohnheit, Ritual und Wiederholung; aber wenn sein Sinn zerfallen ist oder seine Grundlage verloren hat, das heißt, wenn es fundamentale Traumen erlitten hat, dann wird Vergessen eher eine Kraft der Zerstörung als eine der Erhaltung.

In neuester Zeit haben ökologische Bewegungen, die sich auf die Erhaltung der Erde richten, bis zu einem gewissen Grade den Versuch unternommen, uns aus solchem Vergessen aufzurütteln, indem sie unsere zerstörerische Lebensweise in der Welt an diesem Punkt der Geschichte anprangern. Doch selbst hier bleiben die Grundfragen weitgehend ungeklärt oder unbegründet. Nehmen wir den Fall der Wälder, die so plötzlich zu einem zentralen Thema des ökologischen Aktivismus in aller Welt geworden sind. Neuerdings haben wir eine ganze Menge über die Ökologie von Wäldern gelernt. Wir wissen jetzt, daß Wälder erstaunliche Ökosysteme sind: Umwelten, in denen verschiedene Arten ihre »Nischen« errichten und in komplexen, integrierten Beziehungen zueinander existieren, wobei jede ihr Teil zu dem Netz beiträgt und jede wiederum von der zerbrechlichen Kohärenz des Netzes als ganzen abhängt. Die Ökologie als empirische Wissenschaft untersucht das Mosaik solcher Systeme und arbeitet die biologischen Bedingungen heraus, die das Leben in ihnen aufrechterhalten. Angesichts unseres gewachsenen Wissens über die vielen Interdependenzen, die solche Ökosysteme bilden, haben Wälder in der kulturellen Phantasie einen mächtigen symbolischen Status angenommen, so daß sie ein zwingendes Paradigma für die Auffassung von der Erde als einem einzigen, komplexen, integrierten Ökosystem liefern. Die ökologische Sorge um die Wälder geht über die Wälder allein insofern hinaus, als Wälder jetzt zu Metonymen für die Erde als ganze geworden sind. Was für das Ökosystem eines bestimmten Waldes gilt, gilt für die Gesamtheit der Biosphäre. Die Menschheit beginnt, in neuem Licht zu erscheinen: als eine Spezies, die in dem sensiblen und vielgestaltigen Gewebe einer waldähnlichen planetarischen Umwelt gefangen ist. Genauer gesagt, wir beginnen, uns als eine parasitäre Spezies vorzukommen, die den Wirtsorganismus als ganzen zu zerstören droht.

Durch die Betonung des Ausmaßes, in dem wir zum kosmischen Wald Erde gehören, neigen Ökologen dazu, den Wohnort der Menschheit global neu zu definieren. Der lokale Begriff »Hier« sieht sich auf eine unendliche Ausdehnung von »Dorts« projiziert, die die Gesamtheit der Biosphäre ausmachen. Ganz plötzlich offenbart sich unser Wohnort als wucherndes Beziehungsgeflecht. Doch an diesem Punkt läuft die Ökologie – als *Sache* und nicht als Wissenschaft – Gefahr, in Einstellungen zu verfallen, die naiv wirken. Daß die Menschheit von der Integrität der natürlichen Welt abhängt; daß Menschen dem größeren Geflecht der Artenvielfalt der Natur angehören; daß wir in einem Wald von Interdependenzen mit der planetarischen Umgebung gefangen sind; daß wir schließlich eine Spezies unter mehreren sind – all das beweist für sich allein nicht, daß die Menschheit in einer ontologischen Kontinuität zur Ordnung der Natur steht.

In der Vergangenheit wurde diese Diskontinuität oft in Begriffe humanistischer Lehren gefaßt, die die Menschheit in der Schöpfungsordnung privilegierten. Ob in seinen säkularen oder seinen theologischen Versionen, der Humanismus ist die naivste Lehre, wenn es darum geht, den Ort menschlichen Wohnens zu bestimmen. Auf die eine oder andere Weise definiert er diesen Ort als – die Stadt. Sei es die Stadt Gottes oder die Stadt des Menschen, es geht immer um einen künstlichen Raum. Für den Humanismus arbeitet sich die Menschheit an die ideale, sich selbst erhaltende Autonomie ihrer städtischen Institutionen heran. Ökologisch orientierte Lehren neigen dazu, diese Annahmen in Frage zu stellen, indem sie entweder den privilegierten Ort der Menschheit in der Schöpfungsordnung herabsetzen, oder aber, indem sie eine Art Super-Humanismus vertreten, der die Menschheit als Verwalter der Natur betrachtet. In beiden Fällen versäumen sie es, die Diskontinuität zwischen Menschheit und Natur radikal genug zu denken.

Diese Diskontinuität manifestiert sich in dem Phänomen der Sprache, das nicht zur Ordnung der Natur gehört. Die Sprache ist ein Unterscheidungsmerkmal, ein Außerhalb-der-Natur-Stehen, eine *Ekstase*, die in der Einfriedung der Natur einen Raum von Verständlichkeit öffnet. Nicht nur als die sprachliche Fähigkeit unserer überlegenen Intelligenz verstanden, sondern als die Transzendenz unserer Seinsweise, ist die Sprache der höchste »Ort« menschlichen Wohnens. Bevor wir an diesem oder jenem Ort, in dieser oder jener Provinz, in dieser oder jener Stadt oder Nation wohnen, wohnen wir im *logos*.

Das griechische Wort *logos* wird gewöhnlich mit »Sprache« übersetzt, aber seine ursprünglichere Bedeutung ist »Beziehung«. Der *logos* ist das, was bindet, sammelt oder in Beziehung setzt. Er bindet Menschen an die Natur im Modus von Offenheit und Differenz. Er ist das, worin wir wohnen und wodurch wir uns zu diesem oder jenem Ort in Beziehung setzen. Ohne *logos* gibt es keinen Ort, nur Wohngebiet; keine *domus*, nur Nische; keine Endlichkeit, nur den endlosen Reproduktionszyklus von Spezies-Sein; kein Wohnen, nur Am-Leben-Bleiben. Kurz, der *logos* ist das, was die menschliche Wohnung auf der Erde eröffnet.

Das Wort »Öko-logie« benennt diese Wohnung. Auf griechisch bedeutet *oikos* »Haus« oder »Wohnung« – das lateinische *domus*. In diesem Sinn gehören *oikos* und *logos* untrennbar zusammen, denn *logos* ist der *oikos* der Menschheit. Das Wort »Ökologie« benennt also weit mehr als die Wissenschaft, die Ökosysteme untersucht; sie benennt die universale menschliche Weise, in der Welt zu sein. Als eine Sache, die uns über das Ende der Geschichte hinausführt, kann die Ökologie hinsichtlich des tieferen Sinnes des Wortes, das ihre Berufung zusammenfaßt, nicht naiv bleiben. Wir wohnen nicht in der Natur, sondern in der Beziehung zur Natur. Wir bewohnen nicht die Erde, sondern wir wohnen in unserer Überschreitung der Erde. Wir wohnen nicht im Wald, sondern an einem Ort außerhalb seiner Einfriedung. Wir existieren nicht so sehr, als daß wir transzendieren. Mensch zu sein heißt, immer und von vornherein gewissermaßen außerhalb der Einschließung des Waldes zu stehen, insofern der Wald weiterhin auf unsere Ausschließung verweist.

Schon ganz am Anfang unserer Untersuchung, die mit der Antike begann und in Molloys Graben der historischen Lähmung anlangte, sahen wir, in wie vieler Hinsicht der Wald im Hinblick auf die Zivilisation eine Randzone des Äußeren ist. Wir haben sogar festgestellt, daß das Wort *foresta* selbst wörtlich »außen« bedeutet. Die gesamte Geschichte, die wir bisher dargestellt haben, ließe sich als die Geschichte der menschlichen Außenlage betrachten. Weil wir zuerst und vor allem *außerhalb unserer selbst* existieren, werden Wälder so etwas wie ein altes und bleibendes Korrelat unserer Transzendenz. Und weil unsere Phantasie ein Maß für unsere Ekstase ist, verwandelt sich die Geschichte von Wäldern in der abendländischen Phantasie in die Geschichte unserer Selbstenteignung.

Die Aufgabe, die für dieses Schlußkapitel verbleibt, ist, mit der radikalen Natur dieser Außenstellung fertig zu werden und festzustellen, auf welche Weise sie menschliches Wohnen auf der Erde begründet.

Im folgenden werden wir Wälder aus einer neuen Perspektive betrachten und strenger die *Beziehung* zwischen der menschlichen Wohnung und der Natur als solcher zu definieren suchen. Wir werden finden, daß die Beziehung die Wohnung *ist* und daß diese Beziehung eine bleibt, die durch Entfremdung von der Erde ebenso wie durch häusliche Vertrautheit mit ihr gekennzeichnet ist. Das wird uns dazu zwingen, die Frage zu stellen, was es bedeutet, auf der Erde in der Form der Entfremdung »zu Hause zu sein«.

Auch hier werden Wälder die wesentlichen Einsichten liefern, denn letztlich ist die Beziehung zwischen Wäldern und Zivilisation ein Beispiel des *logos*, von dem wir sprachen. Um es anders auszudrücken, die Geschichte, die wir in diesem Buch verfolgt haben, kulminiert schließlich in einer Anstrengung, aus dem Vergessen zu erwachen, das sich mit Zerstörung verbündet – Zerstörung nicht nur von Wäldern und Natur, sondern der menschlichen Wohnung, die sich in der Beziehung schafft.

Die Ulme

> Du lieber alter Baum sahst Zeitenwandel dräuen
> Doch Wandel rührte dich bis heute niemals an
> Die Zeit sah dich ja an als ihre heilige Mitgift
> Und die Natur hielt stets an dir als Hausbaum fest
> John Clare, »An eine gefallene Ulme«

Unser Thema hier bilden Wälder, *logos* und menschliches Wohnen. Der mittlere Begriff, *logos*, steht für die Beziehung zwischen den beiden. Wir übersetzten den Begriff mit Wörtern wie »Sprache«, »Beziehung«, »Sammlung«, »Bindung«. In der Bibel wird *logos* mit »Wort« übersetzt. Wenn *logos* in griechischen philosophischen Werken vorkommt, wird es gewöhnlich mit »Vernunft« oder »Wissenschaft« übersetzt. Im Kontext der griechischen Mathematik wiederum bedeutet es numerisches »Verhältnis«. *Logos* ist von der indoeuropäischen Wurzel *leg* abgeleitet, die vermutlich zusammenbringen oder sammeln bedeutete. So bedeutet *legere*, lesen, »Buchstaben oder Bedeutungen sammeln«; *ligare* »zusammenbinden«; *leges* »die Vorstellungen oder Regeln, die ein Volk zusammenbinden oder die zu Entscheiden gesammelt werden«; und *lignum* schließlich bedeutet Holz oder »das, was gesammelt wird«. Die semantischen Verbindungen zwischen den verschiedenen Formen lassen sich zwar nur vermuten, aber alles scheint auf eine Verwandtschaft zwischen dem griechischen *logos* und Vicos

John Constable, *Studie des Stammes einer Ulme* (ca. 1821)

Etymologie des lateinischen Wortes *lex* hinzudeuten, das seine »Wurzeln« im Wald hat (es muß »anfangs ›das Einsammeln von Eicheln‹ bedeutet haben ..., alsdann ... ›das Einsammeln von Hülsenfrüchten‹« usw. [240]).

Wenn man so viele Wörter braucht, um nur die wörtliche Bedeutung von *logos* zu übersetzen – und das noch unzureichend –, dann kann keine Menge von Wörtern adäquat sagen, was *logos* im Hinblick auf die

Beziehung zwischen Wäldern und menschlicher Wohnung bedeutet. In diesem Fall werden wir ein optisches Bild heranziehen, das uns die Arbeit abnehmen soll. Ein Bild steht für tausend Worte, sagt man, aber manchmal steht ein Kunstwerk für ein einziges Wort – das Wort *logos*. John Constables *Studie des Stammes einer Ulme* ist ein solches Kunstwerk. Die Datierung des Bildes (Öl auf Papier, 306 x 248 mm) ist unsicher. Aus Gründen, die mit Pinselstrichtechniken zu tun haben, datiert es Graham Reynolds, der Direktor der Constable-Sammlung im Victoria and Albert Museum in London, *um* 1821. Es ist keineswegs eines von Constables bekannten Werken; es ist vielmehr eine jener »Studien«, die Kunsthistoriker eher wegen ihres dokumentarischen als wegen ihres künstlerischen Wertes interessant finden. Wir werden nicht den Anspruch erheben, solche Wertfragen hier zu bestätigen oder in Frage zu stellen, denn wenn Constables *Studie des Stammes einer Ulme* ein einziges Wort wert ist, so ist das für uns mehr als genug. Bevor wir uns jedoch dem Werk zuwenden, sind einige Vorbemerkungen zu Constables Ästhetik angebracht.

Constable war einer der größten Himmelsmaler der Kunstgeschichte. In dem Bestreben, seine Landschaftsbilder mit der inneren »Naturempfindung«, wie er es nannte, zu erfüllen, richtete er besondere Aufmerksamkeit auf die »Atmosphäre«, die die Natur in Schleier der Stimmung, des Tons und des Temperaments hüllt. Atmosphäre kommt vom Himmel oder von den Luftphänomenen, die auf die Landschaft eine charakteristische Harmonie des Lichts übertragen. In einem berühmten Brief an seinen Freund John Fisher denkt Constable über die Bedeutung des Himmels für seine Ästhetik nach:

> Mir ist oft geraten worden, meinen Himmel als ein *weißes Blatt, das hinter den Objekten aufgespannt ist*, zu betrachten. Sicher, wenn der Himmel *aufdringlich* ist – (wie sie es bei mir sind), so ist das schlecht, aber wenn man ihnen *ausweicht* (wie es bei mir nicht der Fall ist), so ist das noch schlechter, sie müssen und sollen bei mir immer einen wirksamen Teil der Komposition ausmachen. Es wird schwerfallen, eine Sorte von Landschaften zu nennen, bei der der Himmel nicht der *Grundton*, der *Standard des Maßstabs* und das hauptsächliche *Organ der Empfindung* ist. Sie können sich also denken, was ein *weißes Blatt* mir nützen würde, der ich so von diesen Auffassungen angefüllt bin, und sie können nicht irrig sein. Der Himmel ist die *Quelle des Lichts* in der Natur – und beherrscht alles. Selbst unsere alltäglichen Beobachtungen über das Wet-

ter jedes Tages werden davon angeregt, aber es kommt uns nicht in den Sinn. Ihre Schwierigkeit beim Malen sowohl für die Komposition als auch für die Ausführung ist sehr groß, denn bei all ihrer Brillanz und Wichtigkeit sollten sie in einem Bild nicht hervortreten oder kaum bedacht werden – nicht mehr, als es mit sehr großen Entfernungen geschieht.

Doch diese Bemerkungen beziehen sich nicht auf *Phänomen* [sic] – oder was Maler als *Nebeneffekte des Himmels* bezeichnen – denn sie sind immer besonders anziehend. (Constable, *Correspondence*, Bd. 6, S. 76f.)

Der Brief wurde im Oktober 1821 geschrieben, etwa zu der Zeit, als Constable vermutlich seine *Studie des Stammes einer Ulme* malte. Was uns an seinen Bemerkungen interessiert, ist der Begriff der Luftphänomene. Constable verwirft die Technik des »weißen Blattes« in der Landschaftsmalerei, die den Himmel auf einen neutralen Hintergrund reduziert, von dem sich die Gegenstände abheben. Wenn man glaubt, daß »malen nur ein anderes Wort für fühlen ist« – eine berühmte Aussage Constables in demselben Brief –, dann bleibt man an den Himmel als die Quelle der »Musik« gebunden, die die Harmonien von Ton, Atmosphäre und Empfindung in der Natur beherrscht. Constable räumt ein, daß, auch wenn die »Brillanz und Wichtigkeit« des Himmels »in einem Bild nicht hervortreten oder kaum bedacht werden« sollten, die Luftphänomene, die die »Lichtquelle« in ihren Nebeneffekten offenbart, in all ihrer auffälligen Anziehungskraft hervortreten *müssen*. Diese Phänomene werden von Constable in seinen Bildern übermäßig in den Vordergrund gerückt. Ausgedehnte Wolkenmassen hängen mit schwerem Gewicht über der Erde oder treiben leicht vorbei, wobei sie eine bestimmte Stimmung über die Landschaft als ganze breiten, so sehr, daß Himmel und Erde in eine einzige Membran des atmosphärischen Geistes eingehüllt zu sein scheinen. Die Luftphänomene füllen den Raum des »weißen Blattes« aus und lassen so die sonst neutrale »Brillanz und Wichtigkeit« des Himmels in Erscheinung treten. Man könnte daher sagen, daß Constable nicht so sehr ein Himmelsmaler war als ein Maler der Erdatmosphäre, in deren relativer Undurchsichtigkeit die Lichtquelle aufscheint.

Auch wenn diese ästhetischen Auffassungen platonische Begriffe von einem übersinnlichen Reich heraufzubeschwören scheinen, das im sinnlichen Strahlen des Phänomens aufleuchtet, ist das Problem doch schwerer zu fassen. Constable sprach nicht in Gedanken an eine Dichotomie zwischen dem Sinnlichen und dem Übersinnlichen.

Er sprach statt dessen von dem »Chiaroscuro der Natur«, ein Begriff, den er aus dem Bereich der künstlerischen Technik befreite und der Natur selbst zuschrieb. Das Chiaroscuro der Natur bezieht sich nicht auf getrennte Ordnungen des Seins – Hell und Dunkel –, die in dem ästhetischen Phänomen irgendwie zusammengebracht werden. Es bezieht sich vielmehr auf die Bedingungen der Erscheinung selbst. Das Phänomen erscheint in dem Chiaroscuro der Natur und durch es hindurch. Anstatt ein Reich jenseits seiner selbst anzudeuten, offenbart das Phänomen die »leichte Erscheinung, die die Natur immer hat« (ebd.) – was vor jeder Dichotomie liegt. Mit anderen Worten, es gibt keinen reinen Bereich eines transzendenten Lichtes (oder weißen Blattes), der die Dinge erscheinen läßt; sie erscheinen immer und einzig in den relativen Schattierungen des Chiaroscuro selbst.

Vielleicht ist dies der Grund, weshalb Constable, der Maler, der den Himmel liebte, im Grunde mehr ein Freund von Schatten als von Brillanz war. »Ich lebe von Schatten«, erklärte er Fisher, »für mich sind Schatten Wirklichkeiten.« Diese Aussage, die in ihrem Sinn so unplatonisch ist, besagt, daß Licht seine Wirklichkeit nur in Abstufungen von Dunkelheit gewinnt. Sie besagt auch, daß Dunkelheit und Beleuchtung unzertrennlich sind oder sich nicht auf eine Dichotomie reduzieren lassen und daß es jenseits des Chiaroscuro der Natur keine »Wirklichkeit« gibt.

Wenn wir uns jetzt Constables *Studie des Stammes einer Ulme* zuwenden, können wir ganz unmittelbar und dramatisch sehen, daß die Ulme in dem Chiaroscuro der Natur als ursprüngliche Erscheinung auftritt. Sie steht dort in ihrer Prachtentfaltung -- massiv, undurchsichtig, auffallend. Das Auge richtet sich zuerst auf die zerfurchte Rinde der Ulme, die auf dem Bild stärker hervorgehoben wird als alle anderen Züge. Die Rinde ist nicht wegen ihres »fotografischen Realismus«, wie Reynolds es formuliert, beeindruckend, sondern weil sie ein so kraftvolles Beispiel für das Chiaroscuro der Natur als ganzes darstellt. Ihre zerfurchte Oberfläche rekapituliert das Chiaroscuro der umgebenden Szene, vor allem im unteren Teil der Stammitte, der den Blick auf seine intensivere Beleuchtung und seine abgründigeren Klüfte der Dunkelheit zieht.

Doch wie auffallend auch die Ulme auf dem Bild in den Vordergrund gerückt ist, sie kontrastiert nicht zu ihrer Umgebung. Im Gegenteil, sie scheint ganz eng zu ihrer Umgebung zu gehören oder zu dem Wald, zu dem sie ihre Zweige in einer verwandtschaftlichen Umarmung ausstreckt. Sie steht vom Wald losgelöst, aber nicht von ihm entfremdet. Auf Grund der Losgelöstheit der Ulme erscheint der

Wald im Hintergrund als der Ort, an den sie um so unzweifelhafter gehört. Der untere Teil der Stammitte, der stärker beleuchtet ist als der Rest, ist an seinen Außenkanten von den dunklen, grundlosen Regionen des Waldes begrenzt, besonders rechts vom Stamm, wo der Wald in tiefes Dunkel zurückweicht. Zu diesem Waldabgrund scheinen die Zweige des Baumes zu streben, als wollten sie andeuten, daß die Ulme aus der Tiefe seines Schoßes aufsteigt.

Doch genau über dieser dunklen Tiefe wird die Decke des Waldes aufgebrochen, so daß das Himmelslicht auf die Lichtung strömen kann. In der gedämpften Beleuchtung der Lichtung erscheint die Ulme in ihrer ganzen massiven Gegenwart und suggeriert dem Auge ihre Abhängigkeit von dem Licht, das in den Wald eindringt. Infolgedessen muß man sich fragen, ob die Zweige nicht tatsächlich zu der Öffnung in der Walddecke hinstreben könnten und nicht zu den dunkleren Tiefen des darunterliegenden Waldes. Die Zweige scheinen einem Punkt hinter dem Stamm zuzustreben und eine Entsprechung zu dem kreisförmigen Lichtfleck am Boden zu bilden. Der Anschein – eine optische Täuschung – ist, daß die Zweige eine Art Linse bilden, durch die das Licht des Himmels auf die Lichtung fällt. Gleichzeitig gibt es ein seltsames Spiel mit Volumina, das im Widerspruch zu normalen Erwartungen perspektivischer Tiefe steht – daß der Raum im oberen Teil der Leinwand zurücktritt. Hier tritt er in der *Mitte* zurück. Im oberen Teil der Leinwand, wo eine traditionelle Landschaft in dunklem Himmel verschwinden würde, spielt das Bild grenzenlose Tiefe und begrenzte, mittlere Tiefe im linken und rechten Halbkreis der Zweige gegeneinander aus. Kurz, Himmel und Wald wetteifern miteinander in ihren Ansprüchen auf den Vorrang.

Dieses Wetteifern ist nichts anderes als das Chiaroscuro der Natur, das im Kunstwerk seine Unerklärlichkeit offenbart. Gerade weil dieses Kunstwerk so radikal in die Erscheinungsweise der Natur eindringt, ist es eine »Studie« – das heißt eine Studie des Wesens des Chiaroscuro. Wenn wir nun die Chiaroscuro-Effekte in der unteren Hälfte des Bildes untersuchen, indem wir es in zwei Ebenen aufteilen, sehen wir, daß die Ebene, die durch den beleuchteten Fleck auf dem Boden hinter dem Baum definiert ist, den Stamm genau entlang der Linie schneidet, wo die Beleuchtung des Stammes der dunkleren Dichte an seinem Fuß weicht. Und gerade wo das Band der Dunkelheit des umgebenden Waldes den unteren Teil der Stammitte schneidet, leuchtet die zerklüftete Rinde des Stammes am stärksten auf. Wir können diesen Chiaroscuro-Effekt nicht als »Gegensatz« bezeichnen. Wir müssen ihn, wie Constable es tat, »Chiaroscuro der Natur« nennen – die Erscheinungsform der Natur selbst, der der Künstler hier eine »Studie« widmete.

Andererseits können wir nicht von einem Gegensatz zwischen Himmel und Wald im Hintergrundbereich des Bildes sprechen, der das Auge und die Zweige des Baumes in seine zurückweichenden Tiefen zu ziehen scheint. Der schmale Kanal des offenen Himmels fällt von links nach rechts direkt in den dunkelsten Fleck des Waldes, als wolle er am Begegnungspunkt die ursprüngliche Einheit des Chiaroscuro etablieren. Das Ergebnis ist, daß die Lichtung ebenso als Teil des Waldes erscheint wie die dunkleren Flächen der darunterliegenden Einfriedung. Genauso ist der Himmel auf diesen Bild kein »weißes Blatt, das hinter den Objekten aufgespannt ist« und den Baum vor seinem Hintergrund hervortreten läßt. Er ist zwar eine »Lichtquelle«, aber nur deshalb, weil ihm die Dunkelheit der Waldumgebung die »Wirklichkeit« von Schatten verleiht. Daher offenbart der Baum in seiner Gegenwart das Chiaroscuro der Natur als das Element der Erscheinung, während er ausgreift, um sowohl den umgebenden Wald als auch den offenen Himmel, der durch seine Decke bricht, zu umfangen.

Es ist natürlich das Kunstwerk, welches das Chiaroscuro auf diese Weise zur Geltung bringt. Der Künstler gibt die Erscheinungsweise der Natur nicht in sogenannten objektiven Begriffen wieder oder kann dies nicht, denn die Natur offenbart sich dem Künstler, der die »Empfindung der Natur« in sich trägt, *auf diese oder jene Weise*. Die Natur erscheint immer schon in ihrer Beziehung zu Menschen. Constable glaubte an die natürliche Entsprechung zwischen den Stimmungen der Natur (oder ihren Offenbarungsweisen) und den inneren Zuständen der menschlichen Seele, und aus diesem Grund stellen seine Landschaften eine Art geistiges Zeugnis oder persönliches Bekenntnis dar. Doch sein Beharren auf den geistigen Assoziationen zwischen Landschaft und Seele wirft eine allgemeine theoretische Frage auf: Wie bringt die menschliche Gegenwart in der Welt das Sein der Natur ans Licht? Was hat die menschliche Gegenwart mit der Art und Weise zu tun, in der die Natur erscheint oder zur Erscheinung gelangt?

Constables Studie sieht auf den ersten Blick nicht so aus, als gäbe sie darauf eine Antwort. Anders als in seinen meisten anderen Werken gibt es auf dem Bild keine klaren Hinweise auf menschliche Anwesenheit. Dennoch weist die eingeschlossene Offenheit, in der der Baum Stellung bezieht und dem Raum eine Grenze gibt, auf die unerklärliche Beziehung des Bildes als ganzen zur menschlichen Gegenwart, die sich in seiner Reichweite befindet. Diese Beziehung ist nicht die eines Objekts, das einem Subjekt der Wiedergabe gegenübersteht, selbst wenn sich der Künstler vor den Baum stellen mußte, um ihn zu malen, und selbst wenn wir als ästhetische Beobachter in einer Galerie vor seinem Kunstwerk stehen. Wie massiv und aufdringlich der Stamm der Ulme auch im Kunstwerk erscheinen mag, er ist kein Objekt als solches. Er steht da als Verkörperung von etwas, das zur Erscheinung gekommen ist, das aus der Erde aufgestiegen ist, das sich irgendwie in sich gibt, bevor es sich wiedergeben läßt. Der Baum und der ihn umgebende Wald, der Streifen offenen Himmels und sein Beleuchtungskreis auf dem Boden der Lichtung erscheinen in Constables Studie in einer Weise, die man als ihre Vorgegebenheit bezeichnen könnte. Das Phänomen ist immer vorgegeben, und menschliche Gegenwart ist das Gegenüber, dem es gegeben ist. Anders ausgedrückt, das Phänomen bezieht Stellung in einer fundamentalen Relation oder Korrelation, die das menschliche Wesen und die Selbstenthüllung des Phänomens zusammenbindet. Diese Relation ist der *logos*. *Logos* ist das »Wort«, das in diesem Kunstwerk Schweigen bewahrt, indem es in die Gegenwart des Phänomens verschwindet.

Wir müssen weiter gehen und sagen, daß diese fundamentale Korrelation der Entsprechung zwischen Seele und Landschaft zugrunde liegt, die Constables Bilder zu schildern bestrebt sind. Constables Hingabe an das Licht, den Ton und die Atmosphäre, die eine Landschaft durchdringen und sie mit einer Stimmung erfüllen, die wie eine Verschmelzung zwischen menschlichem Gefühl und Naturerscheinung ist – diese Hingabe an die emotionalen Modalitäten des Chiaroscuro deuten das Ausmaß an, in dem für Constable menschliche Gegenwart in der Welt ganz eng zur Seinsweise der Natur gehört. »Malen ist nur ein anderes Wort für fühlen«, erklärte er, und fühlen ist nur ein anderes Wort für die relationale Bindung – den *logos* –, durch die die Natur im Phänomen zur Erscheinung kommt.

Eine andere Art und Weise, von dieser relationalen Bindung zu sprechen, ist, daß man sie als Hochzeit von Geschichte und Natur auffaßt, wobei mit Geschichte nicht die großen Ereignisse der Vergangenheit gemeint sind, sondern vielmehr der Vorgang, in dem sich der Mensch die Erde als Wohnort aneignet. Constable weigerte sich, »historische« Themen zu malen, bei denen die Landschaft nur als Hintergrunddekor für die Wiedergabe der Größe oder Tragik narrativer Episoden diente. Er malte statt dessen die Landschaften seiner Heimat, zu denen er eine enge historische Beziehung hatte und die seine Gegenwart schon einschlossen. Im wesentlichen malte Constable den Ort persönlicher Zugehörigkeit. Daher seine Verachtung für die Wanderkünstler, welche Landschaften malten, zu denen sie keine persönliche oder historische Beziehung hatten – die »Londoner« zum Beispiel, die, wie er an Fisher schrieb, »bei all ihrer Erfindungsgabe als Künstler nichts von der Empfindung eines Landlebens (das Wesen der Landschaftsmalerei) wissen – ebensowenig wie ein Droschkenpferd etwas von Weide weiß« (*Correspondence*, Bd. 6, S. 65).

In diesem Sinne war Constables Pendant unter den englischen Dichtern nicht William Wordsworth, dessen Name so oft mit dem seinen in Verbindung gebracht wird, sondern John Clare (dessen Name bis auf den heutigen Tag immer noch viel zu unbekannt ist). Dieser »Bauerndichter« aus Northamptonshire gehörte einer anderen Gesellschaftsklasse an als Constable, hatte aber dieselbe Disposition wie dieser. Er wagte sich selten über die »Sicherheit« seines heimatlichen Gesichtskreises hinaus und gehörte völlig zu dem Land, über das er in seinen Gedichten schrieb. Wir werden uns mit John Clares Fall im folgenden Abschnitt beschäftigen.

Anders als Wordsworth und Coleridge war Constable von den wilden Landschaften des Lake District nicht angerührt. Nachdem er 1806 einen Ausflug in die Gegend unternommen hatte, kam er zu einer fundamentalen Einsicht, die ihn davon überzeugte, daß er in Zukunft nur noch die vertrauten Landschaften seiner Heimat malen sollte. Er verlor das Interesse am Lake District nicht nur deshalb, weil ihm persönliche Erinnerungen und Assoziationen mangelten, sondern auch, weil es dort keine Gegenwart menschlichen Wohnens gab. Die Natur wurde für Constable vor allem in ihrer Beziehung zum Wohnen wirklich. Selbst in seinen Bildern des Stour Valley, das man auch »Constable Country« genannt hat, fehlt in den Naturszenen selten die Anwesenheit menschlicher Siedlung: Hütten, Felder, Mühlen, Kirchen, Heuwagen, Schleusen und ähnliches. Die Weite der Natur verschwindet in Constables Bildern nicht. Der Himmel ist immer noch unendlich, ob er nun herunterhängt oder über das Land treibt, aber dank seiner Aneignung durch Menschen, durch die, die dort wohnen, rafft das Land die endlose Ausdehnung des Raumes zusammen und begrenzt sie in der Intimität des *Ortes*.

Constable war mehr als ein Landschaftsmaler. Er war im wesentlichen ein Maler von Orten. Es ist nicht der jeweilige Ortsname im Titel eines Bildes, der eine bestimmte Landschaft situiert. Es ist die Art und Weise, in der die Gegenwart von etwas Menschengemachtem die Natur um sich sammelt, sei es die Barke auf dem Stour, der Kirchturm von Salisbury auf der Wiese, die Brücke im Helmingham Park, der zerbrochene Turm von Hadleigh Castle auf der Heide oder die Windmühle bei Brighton, um nur einige derartige Gegenwarten zu nennen. In seiner Laufbahn als Landschaftsmaler strebte Constable danach, die »Orthaftigkeit« des Ortes einzufangen.

Was ist die Orthaftigkeit des Ortes, und wie erscheint sie in Constables Werk? Nehmen wir ein typisches Bild von Constable, *Bäume in Hampstead: der Weg zur Kirche* (1821. Öl auf Leinwand, 914x724mm). Es stellt eine Gruppe hoher Bäume dar, hinter und über denen sich ein großartiger Wolkenhimmel erhebt. Doch es ist die wunderbar zurückhaltende Gegenwart eines Holzzauns und eines Fußwegs am äußersten unteren Rand im rechten Teil des Bildes, die die Naturlandschaft in einen Ort verwandelt. Zaun und Weg dienen dazu, seine Grenzen zu definieren, ihn als Wohnort zu etablieren. Der Weg verschwindet um die Baumreihe in einer umkreisenden Geste der Begrenzung oder, wie man sagen könnte, »Verortung«. Diese kreisende Geste ist ganz subtil, aber ihre Wirkung ist nicht zu übersehen, denn am äußersten linken Rand der Leinwand erscheint die Kirche, auf die der verschwindende Weg zuführt, ganz schwach in der Ferne, und das umschreibt den Raum, in dem die Bäume Stellung beziehen. Das aufragende Gebäude der Kirche entspricht symbolisch den aufragenden Bäumen, die von dem Pfad umkreist werden, der zur Kirche führt. Diese Kirche erscheint winzig in weiter Entfernung, aber in Wahrheit ist die Szene als ganze Teil der Kirche und umgekehrt. Die Natur ist hier zu einem Tempel geworden. Sie ist sakralisiert worden. Menschliche Aneignung hat diesen Ort in die Grenzen der Zugehörigkeit eingeschlossen.

Selbst der Himmel ist bei all seiner Unermeßlichkeit kein weißes Blatt, das hinter den Bäumen aufgespannt ist, sondern er hat eine innere Zugehörigkeit zu diesem Ort. Auch er ist dadurch, daß sich Menschen hier das Land angeeignet haben und ihrerseits von ihm angeeignet worden sind, in die Grenzen des Ortes geführt worden. Doch noch einmal, ohne die Gegenwart des Zauns oder des Wanderwegs, der zur Kirche führt, könnte man diese Landschaft nicht eigentlich als Ort bezeichnen, selbst wenn das Bild seinen Ortsnamen behielte. Der Ortsname »Hampstead«, der die Landschaft empirisch identifiziert, ist für die Orthaftigkeit, die das Kunstwerk in seiner Komposition vermittelt, weitgehend bedeutungslos.

Wir bemerkten bereits, daß in der *Studie des Stammes einer Ulme* die menschliche Gegenwart zu fehlen scheint, die sonst in Constables Landschaften das Element des Ortes einführt. Doch sehen wir uns das Bild noch einmal an. Zunächst einmal scheint dieser massive Baum, der mitten auf einer engen Lichtung wächst, mit seiner anthropomorphen Geste einer Umarmung des umgebenden Waldes und des Himmels, der durch das Blätterdach des Waldes bricht, dieser Baum, der fest im Boden verwurzelt ist, mit seinen umfassenden Ästen Raum um sich zu sammeln und diese Stätte zu einem Ort der Zugehörigkeit zu machen. Das Naturempfinden, das in seine Darstellung einging, hat der Ulme eine sinnträchtige Kraft der Analogie verliehen. Die Geste der Aneignung, mit der die Ulme ihre Zweige ausstreckt, leugnet weder den Wald, noch verschwindet sie in seine Umfriedung, und sie leugnet auch nicht den Himmel oder glorifiziert seine Lichtung. Durch die Tatsache seiner Gegenwart ruft der Baum einfach das Chiaroscuro rings um sich zusammen und verortet die Naturszene. Wir könnten also sagen, daß das Kunstwerk als Ganzes die relationale Bindung oder den *logos* symbolisiert, durch den das Reich der Natur als Ort des Wohnens enthüllt wird.

Doch sehen wir uns die Studie genauer an, denn wenn wir nicht genau genug hinsehen, werden wir nicht wahrnehmen, daß sich gerade an der Stelle, an der sich Himmel und Wald rechts vom Baumstamm schneiden, die schwache Andeutung eines Hauses offenbart. Es ist zunächst schwer zu erkennen, denn es bleibt durch die entscheidende Konvergenz des Chiaroscuro verdunkelt, wo die Natur am »klarsten« und zugleich am »obskursten« erscheint. Hier ist also das verborgene Element der Verortung – ein Haus, das vom Blattwerk und den Lichtreflexen verborgen ist. Sobald wir die Gegenwart des Hauses wahrgenommen haben, sehen wir die Ulme mit anderen Augen. In ihrer aneignenden Geste erscheint sie jetzt durch die Lage des Hauses bestimmt, denn zum Haus streben ihre Zweige. Ja, der Baum gewinnt jetzt eine machtvolle Entsprechung zum *oikos*, zum Haus. Baum und Haus entsprechen einander, als wollten sie zu erkennen geben, daß ihre Korrelation das phänomenale Reich selbst offenbart. Diese Korrelation ist so »natürlich«, daß das Holz, das in den Bau des Hauses einging (wir entdecken es in seinem Dach) zum Wald gehört, in dem es den Ort des Wohnens öffnet.

Zum Schluß bemerken wir, daß Constables Ulme in dem Kunstwerk als Phänomen erscheint, dessen Gegenwart von einer Öffnung im Kern der Einfriedung der Natur gegeben wird. Diese Öffnung ist mehr als die Lichtung des Waldes. Sie ist die menschliche Gegenwart selbst, die in dem Haus wohnt. Alles, was den Baum umgibt, und alles, was seinerseits von seinen Zweigen umgeben wird, verbündet sich mit der Gegenwart des Baumes auf der Lichtung. Diese Gegenwart wird der Korrelation ausgeliefert, die das Phänomen an die Menschheit, die Natur an die Geschichte, den Baum an das Haus bindet – und umgekehrt. Nichts garantiert, daß diese Korrelation nicht zur bloßen Subjekt-Objekt-Dichotomie moderner Metaphysik entarten kann, die ein Subjekt der Wiedergabe postuliert, das seine Erfahrungsobjekte konstituiert und organisiert. Doch ein Kunstwerk von der Art, wie wir es behandelt haben, repräsentiert nie bloß Objekte, genau wie Constables Himmel nie bloß ein weißes Blatt aufspannt, von dem sich die Objekte abheben. Constables *Studie des Stammes einer Ulme* und seine Landschaftsmalerei als ganze binden die Korrelation in ihrer grundlosen Ursprünglichkeit, sie geben der Ulme ihre Vorgegebenheit als Phänomen zurück und erinnern die Menschheit an ihre entsprechende Verpflichtung.

London gegen Epping Forest

Wälder kann man nicht besitzen, man kann sie durch das Recht auf Besitz nur verwüsten. Wälder gehören zum Ort – zur Orthaftigkeit des Ortes –, und der Ort wiederum gehört keinem einzelnen. Er ist frei. Natürlich kann nichts garantieren, daß die Freiheit eines Ortes oder auch seine Wälder nicht verletzt oder mißachtet, ja verwüstet werden. Im Gegenteil, diese natürliche Freiheit der Orthaftigkeit ist das allerverletzlichste Element in der häuslichen Beziehung, die wir *logos* nannten.

Bei gewissen seltenen Gelegenheiten findet diese unscheinbare Freiheit der Orthaftigkeit eine Stimme, zum Beispiel in den Gedichten John Clares, dessen Namen wir in Zusammenhang mit Constable erwähnten. Nehmen wir uns hier die Zeit, auf sie zu hören. Die Notwendigkeit, zuvor eine kurze Biographie John Clares zu geben, entspringt nicht nur einer skandalösen Unterbewertung dieses großen Dichters im englischen literarischen Kanon (man kann keine Vorkenntnisse über Clare voraussetzen), sondern auch den tiefen Wurzeln, die Clares Dichtung in seinem Geburtsort hat.

John Clare wurde 1793 in Helpstone geboren. Er hatte nur ganz geringe Schulbildung und bildete sich weitgehend durch eigene Anstrengung. Die Regeln der Grammatik und Zeichensetzung beherrschte er nie ganz und verzichtete in seinen Gedichten lieber auf die letztere. Er erlangte kurzlebige Berühmtheit als der »Northamptonshire-Bauerndichter«, aber sie bewahrte ihn nicht vor den unruhigen Zeiten in Englands ländlichen Gegenden, wo die Einhegung und der ländliche Kapitalismus mit seiner Politik des Aufkaufens von Land die Löhne senkten und viele Landarbeiter arbeitslos machten. Clare konnte seine ökonomische Unabhängigkeit weder als Dichter bewahren noch als Landarbeiter, der darum kämpft, Dichter zu bleiben.

1832 zog er mit seiner Familie in das benachbarte Dorf Northborough und bezog eine Hütte mit einem winzigen Stück Land. Doch so sehr war Clare seinem heimatlichen Gesichtskreis verhaftet, über den er sich selten hinausgewagt hatte, daß dieser Umzug in einen fünf Kilometer von Helpstone entfernten Ort zu einem verstärkten Gefühl der Desorientierung und Entwurzelung führte. Seine geistige Gesundheit begann nachzulassen. Als er fünf Jahre später in sein erstes Irrenhaus kam, nahm er nur den ärmlichen Besitz seiner Stimme mit.

Clare war wirklich arm, ärmer, als es ein Dichter erwarten konnte. Wenn er den Verstand verlor, so war das nur eine der Formen der Enteignung, die seine Dichtung als das Schicksal der Armut identifiziert. Das einzige, was Clare nie verlor, war seine dichterische Stimme. Sie ist bis auf den heutigen Tag die echteste und unveräußerlichste Stimme der modernen Literatur. Bis ganz ans Ende seines Lebens schrieb er weiter Gedichte, und einige seiner besten Gedichte schrieb er während der 30 Jahre, die er in verschiedenen Anstalten verbrachte. Wie einer seiner Ärzte 1840 bemerkte: »Nie war er in der Lage, im Gespräch oder selbst beim Schreiben von Prosa auch nur zwei Minuten oder zwei Zeilen lang den Anschein von klarem Verstand aufrechtzuerhalten, und doch gibt es in keinem seiner Gedichte den geringsten Hinweis auf Geisteskrankheit« (Clare, S. 12). Diese Stimme war tatsächlich gesund und frei. Doch genau aus diesem Grund war es Clare von Anfang an bestimmt, den Verstand zu verlieren.

Zunächst einmal war es die Stimme der Armut – der Armut im Gegensatz zu Eigentum. Für Clare bedeutete Eigentum zunächst und vor allem die »Tyrannei« des Privateigentums oder der Einhegung, die die ländlichen Gebiete Englands in individuelle, durch Hecken oder Zäune voneinander abgegrenzte Landstücke aufteilte. Schilder, die zur Warnung für Gesetzesbrecher aufgehängt wurden, erinnerten die Armen an ihre zunehmende Erniedrigung und Ausbeutung, an den Verlust früherer Freiheiten (beispielsweise auf Gemeindeland Vieh zu weiden) und an die pauschale Entwurzelung ihrer ländlichen Wohngebiete zugunsten von Ertragsmaximierung. Armut dagegen bedeutete für Clare den Zustand der Schutzlosigkeit gegen die Kräfte des Überfalls und der Enteignung. Sie bedeutete nicht Elend, zumindest nicht innerlich, und deshalb erscheint das Land selbst in Clares Gedichten als das allerärmste Ding. Die Armut des Landes kam aus seiner Machtlosigkeit, sich gegen die Tyrannei der Eigentümer zu verteidigen – aus seiner Machtlosigkeit, den Pflug daran zu hindern, seine Freiheit und natürliche Großzügigkeit zu plündern.

Die ersten Verse von Clares Gedicht »Die Moore«, das irgendwann zwischen 1821 und 1834 verfaßt ist, geben uns eine Einführung in diese Stimme:

Weithin erstreckt der sumpf'ge Grund sich, überdeckt
Von Binsen, als ein ew'ges Grün, ein flaches Land,
Das nie gespürt des unbedachten Pfluges Wut,
Wie lange es auch Frühlingsblumenkränze trug,
Ein Meer von Ebenen, das weithin sich erstreckt
In ungebrochnen Tönen grün und braun und grau.
Es herrschte grenzenlose Freiheit hier im Land,
Und keine Zäune von Besitzern war'n im Weg,
Dem freien Auge zu verstellen seinen Blick,
Der keine Fessel kannte als das Himmelszelt.
Nur eine mächt'ge Fläche, nicht beschwert von Busch und Baum,
Dehnte ihr mattes Schattenbild unendlich aus,
Verlor sich dann, als schöb sie ihre Grenzen fort,
Im blauen Dunstkreis, den der Horizont umschließt.
Doch dieses liebe Bild aus meiner Knabenzeit,
Wie Frühlingsblumen frei, wie Sommerblumen wild,
Ist ganz verblaßt – die Hoffnung, die hier blühte frei
Und einst gewesen ist, soll jetzt nie mehr bestehn.
Einhegung kam, zertrampelte das Grab des Rechts
Der Landarbeiter, ließ den Armen Sklave sein.

Das Gedicht geht noch etwa 80 Verse weiter. Sein Schluß beschwört erneut den Protest, der am Anfang zum Ausdruck gebracht wurde:

Ein jeder Kleintyrann mit seinem kleinen Schild
Zeigt: nicht mehr glüht die Erde, wo der Mensch sie rafft.
Auf Pfaden in die Freiheit und in Kinderzeit
Hängt eine Tafel jetzt und warnt: »Hier ist kein Weg.«
Und an den Baum, um den sich dicht der Efeu rankt,
Wird von gemeinem Sinn das ekle Schild gehängt,
Als sollten selbst die Vögel in der Luft verstehn:
Wenn sie hier sind, dann dürfen sie nicht weitergehn.
Voll Angst sprach Freiheit zu den Armen: lebet wohl,
Und weh war ihnen sehr um ihr bedrängtes Herz,
Und alle Vögel, Bäume, Blumen namenlos
Beklagten rechtlos Recht, das Einhegung genannt.
Und wenn ein Traum auf Raub sinnt, Aufruhrpläne hegt,
So zeigt sich nur zu klar: es war nichts als ein Traum.

Clare war seinem Temperament nach kein Protestdichter. Protest war in seinem Fall nur eine Abwandlung poetischen Lobes, das sich gewöhnlich in Staunen ausdrückte. Die Aufmerksamkeit, mit der der Dichter die örtlich begrenzten, winzigen Wunder der Natur beobachtete, trug seine konkreten poetischen Schilderungen ihrer unwahrscheinlichen Seinsweisen. Die wesenhafte Armut der natürlichen Welt – ihre verletzliche und angreifbare Freiheit – machte ihren unerschöpflichen Reichtum für Clare um so wunderbarer. Was Clare bis zum Tage seines Todes nie verstehen konnte, war, warum alles, was auf diese wunderbare Weise arm war, notwendig zugrunde ging oder unter Belagerung durch die Kräfte der Enteignung geriet.

Sein letztes Gedicht, das wenige Monate vor seinem Tode entstand, handelt von einem Vogelnest. Sein ganzes Leben lang hatte er von Nestern geschrieben – »Das Teichhuhnnest«, »Das Rotkehlchennest«, »Das Drosselnest«, »Das Nachtigallennest«, »Das Goldammernest«, »Das Grasmückennest«, »Wildbienennest«, »Das Mausenest«, »Wildentennest«, »Spechtnest«, »Das Grünspechtnest«, »Das Falkennest« und so weiter. Nester waren für Clare kleine Wunder. Sie waren Orte der Sicherheit, der »Eigenheit«, aber auch der Verletzlichkeit und Gefährdung. Nester wurden immer wieder von Menschen geplündert oder, schlimmer noch, vom gedankenlosen Pflug zerstört. Clare stellte sich auf die Seite von allem, das auf diese Weise im Grunde frei und wehrlos war – ob es der Igel war, der in seinem Bau von den Hunden des Jägers aufgestöbert wurde, oder der Dachs, der auf den Straßen eines Dorfes gequält wurde, die Füchsin, der Fuchs, der Marder, das Tier- und Pflanzenreich allgemein, die alle nicht sicher vor Störung durch Menschen sein konnten.

Die größte Bedrohung für die Freiheit war die Bedrohung des Lebensraums. In dem Gedicht »Swordy Wells Klage« spricht das Land selbst in der ersten Person von den verschiedenen Umwälzungen, die es fast unkenntlich gemacht haben. Während Swordy Well einst ein großzügiges Ökosystem war, das verschiedene Geschöpfe und Arten beherbergte, spricht es in dem Gedicht als Sklave der Einhegung, der sein »Eigen« nicht gegen die Ansprüche des Privatbesitzes verteidigen kann. Dieser hat ihn zu einer bloßen Getreideproduktionsmaschine gemacht, die nicht mehr Bienen, Fliegen, Hasen, Zigeuner, Landarbeiter oder einen von den »Armen« willkommen heißen kann, die die Stätte einst besuchten oder dort wohnten. Einige Strophen des Gedichtes geben uns eine Vorstellung von seinem Schicksal:

Kaum einen Winkel nenn ich mein
Für das, was kreucht und fleucht.
Der Käfer unter seinem Stein
Soll lieber weiterziehn.
Vieh weidet ab mich jeden Tag
So kahl wie einen Fels.
Im Wege ist er ganz bestimmt,
Wenn er ins Freie geht. [...]

Nach Hügeln hier greift gier'ge Hand
Und mehr als gier'ger Geist,
Will eben machen meinen Grund,
Daß kein Halm mehr gedeiht.
In Sommern einst erblüht ich stolz;
Von weit kam Volk, zu schaun
Die Blumen, die sonst nirgends blühn,
Wollt' kaum den Augen traun. [...]

Wohl bin ich arm wie viele noch,
Doch auch der Arme lebt.
Von weit her kamen viele einst,
Und ich beschenkte sie.
Doch seit der Stadt ich angehör,
Seufzt man und geht vorbei;
Kaum hab ich Platz für einen Gast,
Und so verläßt man mich. [...]

Errette seiner Lordschaft Wald,
Der von Gefahr nichts weiß;
Ich bin der allerletzte Ort,
Der sich noch wiederkennt.
Doch teils durch Graben in dem Stein,
Teils auch durch Krämerstreit
Wird bald mein Name alles sein,
Was Swordy Well noch bleibt.

Diese Entleerung des Wesens des Ortes – seine fast totale Entfremdung und Enteignung – läßt schließlich nur noch einen Namen zurück: Swordy Well. Der Dichter, der seine Stimme mit solcher Armut verband, teilte in seinem eigenen Leben das Schicksal von Swordy Well. Gegen Ende seines Lebens, während er in einer Anstalt war, erhielt

Clare einen Brief von einem mitfühlenden Fremden, der sich nach seiner Gesundheit erkundigte. Seine Antwort auf den Brief, die zugleich äußerst hellsichtig und äußerst verrückt ist, offenbart, daß der Name »John Clare« das einzige war, das sich noch der Außenwelt mitteilen konnte:

> 8. März 1860
>
> GEEHRTER HERR
> Ich bin in einem Irrenhaus und weiß überhaupt nicht mehr Ihren Namen oder wer Sie sind Sie müssen mir verzeihen denn ich habe nichts mitzuteilen oder zu erzählen und weshalb ich eingeschlossen bin weiß ich nicht ich habe nichts zu sagen so verbleibe ich
>
> Ihr ergebener
> JOHN CLARE

In der letzten Strophe des Gedichts »Swordy Wells Klage«, die oben zitiert wurde, betet der Ort, der in dem Gedicht spricht, um die Erhaltung der Wälder, die noch stehengeblieben sind. Das ist ein bedenklicher Schluß, denn er gibt dem Zustand der Armut eine breite, fast universelle Ausdehnung auf die Natur als ganze. Im Anschluß an 25 Strophen, die die Verwandlung von Swordy Well beschreiben, verleiht er die greifbarste Sorte von Verletzlichkeit den Wäldern, für deren Überdauern er betet. Swordy Well spricht als Opfer dieses Tages der Gefahr, und er nimmt den Status des Vorbilds für das an, was die umliegenden Wälder erwartet.

Unter den Armen, die einst die Gastfreundschaft von Swordy Well suchten, waren die Zigeuner. Clare kannte sie gut. In seiner Jugend verbrachte er manche Zeit an ihren Lagerfeuern, lernte ihre Lieder und hörte sich ihre Geschichten an (vgl. »Das Zigeunerlager«, 1819–21). Wenn die Bauern arm waren und ärmer wurden, so waren die Zigeuner noch ärmer, denn sie verdienten keinen Lohn und waren von freiem Zugang zu Orten wie Swordy Well abhängig; der Ort erklärt in dem Gedicht im Hinblick auf die Zeit vor der Einhegung: »Zigeuner waren furchtlos hier / Ich macht' ihr Wohnen frei.« Dies ist die Art von stiller Freiheit, für die wir von einem Dichter wie William Wordsworth mehr Mitgefühl hätten erwarten können, aber wie Merryn und Raymond Williams feststellen, offenbart nichts den Unterschied zwischen Clare und anderen »Naturdichtern« der damaligen Zeit so deutlich wie der Kontrast zwischen Wordsworths Gedicht »Zigeuner« (1807) und Clares »Das Zigeunerlager« (1840–41). Wordsworth bringt in seinem Gedicht moralistische Empörung darüber zum Ausdruck, daß sich eine Gruppe von Zigeunern, während er zu Pferde über das Land streifte und die Natur bewunderte, nicht aus ihrem Lager gerührt hat, da ihnen der aufgehende Mond offenbar gleichgültig ist. Er wiederholt in seinem Gedicht ein konventionelles, tiefverwurzeltes Ressentiment gegen das Zigeunervolk. Der Schluß des Gedichtes spricht beredt von Wordsworths Vorurteil:

Schau auf den mächt'gen Mond! hierher
Blickt er, als wie auf sie – doch sie,
Sie sehn ihn nicht: – oh besser Haß und Streit
(Die rasch vergehn) als diese stumpfe Welt;
Ein Sein, selbst Sternen tadelnswert,
Die schweigend nachgehn ihrer Pflicht!
Doch, was sich regt in Luft und Land, erschaun!
Verächtlich sprech ich nicht; – denn durch Geburt
Und durch Erziehung sind sie so;
Ein wildes Außenseitervolk!

Wordsworths Klage dreht sich um die Passivität der Zigeuner. Er sieht bei ihnen kein Anzeichen des großen romantischen Auges, das die Welt in verzückter Bewunderung anschaut. Was aber kann das romantische Auge wirklich sehen? Was kann es wirklich von der Beziehung des Zigeuners zur Natur wahrnehmen? Als hätten jene verachteten Zigeuner nicht schon teil an Geheimnissen der Natur, an denen der Romantiker nur im Sattel seines Pferdes vorbeireitet; als wäre ihre »Stumpfheit« nicht nur ein Verfall ihrer wandernden Unruhe; als wäre der »mächt'ge Mond«, den die Zigeuner nicht »sehen«, nicht ein papierenes Bild im Vergleich zu der sagenhaften Verrücktheit der Zigeunernacht; als bewahrte schließlich die Außenseiterweisheit der Zigeuner nicht ein Wissen vom Wald, das in alte Zeiten zurückreicht, ein Wissen, von dem die romantische Erinnerung nicht einmal träumte. Wordsworths teilnahmslose Zigeuner – und irgendwo in seinem Innern muß der Dichter das gespürt haben – sind bereits von dem besessen, was die entfremdete romantische Seele bei ihren Ausflügen in die Natur zu besitzen strebt.

Clares Gedicht dagegen bringt das ärmliche Milieu der Außenseiter von innen heraus zur Sprache:

Der Schnee fällt dicht; der Wald liegt einsam da:
Nach seinem Farn eilt der Zigeunerknab,
Denkt dann ans Feuer und kehrt eilig um;

Er reibt die Hände sich und schlägt sie ein;
Sein schmutz'ges Lager liegt im Schnee versteckt
Unter der Eiche, die den Wind abhält,
Im dichten Buschwerk, eingehüllt in Schnee,
Wo Hammel stinkend auf den Kohlen brät.
Ganz nah zum Feuer drängt sich hin der Hund,
Dann wird ihm allzu heiß, er trollt sich fort.
Er paßt gut auf, doch keiner hat zuviel,
Vergeblich wartet er auf einen Rest:
So leben sie – ein Schauspiel für den Ort;
Ein stilles Volk, stibitzend, ungeschützt.

Das Gedicht hat seinen Platz neben Clares Nestgedichten, denn das Zigeunerlager ist ein Nest im Wald, das ebenso zusammengesammelt und verletzlich ist wie das Nest der Grasmücke am Rande einer offenen Straße (vgl. »Das Grasmückennest«: »Oft fand durch Zufall ihre Nester ich / Wenn müßig durch den dichten Wald ich schritt / Doch niemals hätte ich bis heut geträumt / Sie würd sich solchen Ort zum Heim erwähln«). Die Zigeuner gehören zur Armut von allem, was im Bereich der Natur ungeschützt bleibt, und das sind vor allem die düsteren Wälder, die solche Nistplätze für die Verfolgten bereitstellen, seien es die Zigeuner, der Fuchs oder das schwangere Rotkehlchen.

1837, im Alter von 44 Jahren, zog Clare mit seiner Stimme des Lobes und des Protestes in den Wald von Epping. Dort begab er sich freiwillig in seine erste Irrenanstalt, in der er vier Jahre blieb. Kurz bevor er aus der Anstalt floh und zu Fuß nach Hause zurückkehrte, verfaßte er das folgende Gedicht:

London gegen Epping Forest

Im Frühling sproßt der Farn wie Hirschgeweih,
Deckt zu den Fuchsbau, das Kaninchenloch,
Erfüllt den Wald an jedem Ort,
In Buchenwäldern und in Heidekraut,
Platz hat auch noch, wer geht und Blumen pflückt;
Blick auf sodann und sieh die Höhn von Kent.
Groß ist an guten Tagen die Natur,
Sie läßt des Weltlaufs Größe hinter sich.
So liegt wie eine Staude im Gebirg
London versteckt, von Buschwerk überragt.
Nicht könnt' ich sehen, wie der scharfe Pflug

Den Wald entwurzelt und den Armen stiehlt,
Doch laßt in Freiheit alles, was sie liebt,
Den Wald, den jeder Mensch genießt und liebt!

Im Frühling wächst im Walde dichtes Farnkraut, das die Kaninchenlöcher und die Fuchsbauten schützt, in denen die verletzlichen Jungen zur Welt gekommen sind. Stechpalmen und Buchen blühen, aber so bescheiden, daß noch Raum genug bleibt, zu gehen und Blumen zu pflücken oder aufzublicken und jenseits der Blätter »die Höhn von Kent« zu sehen. Der Wald teilt allen ein angemessenes Maß zu, und er gibt keinem auf Kosten des anderen. Dieser Wald gehört den Armen oder allem, was in der Freiheit dessen lebt, was keinen Besitz kennt außer seiner ureigensten Freiheit, zu existieren. Die Freiheit aller, zu existieren, ist das, was den Wald gegenüber der »Größe« Londons definiert.

Aus demselben Grund ist seine Armut extrem. Der Pflug stiehlt den Armen den Wald. Weil Clare es nicht ertragen konnte, überall die Enteignung der Freiheit zu sehen, hörte er selbst in seinem Wahnsinn niemals auf, die Bitte auszusprechen: »Doch laßt in Freiheit alles, was sie liebt, / Den Wald, den jeder Mensch genießt und liebt!« Dieses »jeder Mensch« ist der ärmste Gattungsbegriff in der modernen Dichtung. Darin liegt ein Aufruf an die Londoner oder die »Reichen«, die wesentliche Armut der Freiheit zu lernen – sich »jedem Menschen« anzuschließen. Dieses »jeder Mensch« ruft aus dem Wald der Freiheit nach London.

In einer Zeit, die sich um den Ruf »Freiheit« scharte, die Freiheit als Befreiung oder als Revolution oder als Versprechen einer säkularen Erlösung auffaßte, kurz, als Freiheit *von etwas* – in einer solchen Zeit also siedelte Clare die Freiheit anderswo an: in etwas, das bereits aus eigenem Recht existierte, das durch den Trieb nach Gewinn nicht gewonnen, sondern nur verloren werden konnte, in »jedem Menschen« des Waldes gegenüber »jedem Menschen« der Stadt oder ganz einfach im Gegebenen und nicht im Erworbenen. Clare wußte, daß er ein armer Narr war, wenn er Achtung für diese Art von Freiheit forderte. »Ich bin ein Narr«, schrieb er im Hinblick auf seinen Kummer über das Fällen einer vertrauten Ulme, »wenn alle Menschen fühlten wie ich, könnte die Welt nicht weitergehen« (Clare, S. 219). Mit anderen Worten, wenn alle Menschen Dichter wären, würde »jeder Mensch« sein Eigenes behaupten. Doch Clare wußte, daß er forderte, was nicht in Frage kam. Wenn auf seine Stimme gehört würde, könnte die Welt nicht weitergehen. Doch noch einmal, es ist nicht Sache der

Dichter, der Welt dabei zu helfen, mit ihren Geschäften weiterzumachen. Ihre Sache ist es, die Stimme der Freiheit nicht zu verlieren, ohne Rücksicht auf die Kosten, ohne Rücksicht auf Verluste.

Die Wälder von Walden

Wir leben in einer Welt, die mit Gerüchten handelt. Von Prophet zu Jünger, von Nachbar zu Nachbar, von Nation zu Nation kreist das Wort in Geflüster oder in Predigten und bindet die Lebenden in Ketten der Überredung an die Toten und die Toten an die noch Ungeborenen. Die Gesellschaft hängt von unserer natürlichen Neigung ab, das anzunehmen, was man uns erzählt: daß die Götter so und so beschaffen sind, daß das »Gute« in dieser oder jener Richtung liegt, daß wir auf der Welt sind, um bestimmte Verpflichtungen zu erfüllen. Wir feiern oder hungern an der Tafel der Gesetze als Gläubige. Manchmal glauben wir sogar an die »Freiheit«. Auch die Freiheit ist ein Gerücht, solange man nur daran glaubt. Die Pilger, die nach Amerika aufbrachen, suchten in der Trennung vom europäischen Heimatland einen Spielraum der Freiheit von den alten Tyranneien und Vorurteilen der Tradition. Sie kamen auf einen bewaldeten Kontinent, in ein »gut bewaldetes Land«, und stellten ein Experiment in Unabhängigkeit an. Wozu führte es? Zu immer eingeengteren Bezirken des Vorhergesagten und Vorhersagbaren. Konkret gesprochen, zu einer noch hinterhältigeren Versklavung durch Souveränität, Eigentum, Ökonomie, Industrie, Schauspiel und die monströse Gerüchteinstitution, die man Presse nennt.

Als Henry David Thoreau seine Wohnung »im Walde, eine Meile weit vom nächsten Nachbarn«, aufschlug, war das kollektive Experiment der amerikanischen Freiheit vorüber. Die Nachbarn waren schon zu Bett. Es traf sich, so Thoreau, nur »zufällig«, daß er am Unabhängigkeitstag des Jahres 1845 nach Walden ging, um dort zu wohnen. In dem Zufall lag kein Zusammentreffen zwischen der persönlichen und der nationalen Unabhängigkeitserklärung, denn, wie Stanley Cavell in seinem Kommentar zu *Walden* erklärt:

> Amerikas Revolution hat nie stattgefunden. Sicher, die Siedler führten einen Krieg gegen England, und sie gewannen ihn. Doch es war kein Unabhängigkeitskrieg, der gewonnen wurde, weil wir nicht frei sind; und das Ergebnis war auch noch nicht einmal Sezession, weil wir uns nicht von den

> Bedingungen entfernt haben, unter denen England lebt, weder in unserer Literatur noch in unserem politischen und wirtschaftlichen Leben. (Cavell, *Senses of Walden*, S. 7)

Vielleicht bleibt Thoreau gerade in seinem Wissen, daß er im nationalen Schicksal seines Landes nicht den Sinn dessen finden konnte, was es heißt, Amerikaner zu sein, auf radikalste Weise Amerikaner. Ein Amerikaner ist eigentlich eine Ausnahme. In Amerika liegt die Freiheit direkt hinter den Grenzen der institutionellen Ordnung – eine Meile von jedem Nachbarn entfernt, in den benachbarten Wäldern von Walden, wo Wälder den Lärm von Concord zum Schweigen bringen und es einem ermöglichen, Amerika an und für sich zu entdecken. Selbst auf dem amerikanischen Kontinent müssen die, die Amerika entdekken möchten, die ursprüngliche Geste der Abreise wiederholen und die Ufer des Waldenteichs aufsuchen.

Thoreau geht in den Wald nicht wie mittelalterliche christliche Heilige, die sich eine Extremsituation suchten, in der sich ihnen eine von vornherein feststehende Wahrheit mit größerer Strenge aufdrängen konnte, sondern als jemand, der erproben möchte, was es heißt, auf der Erde zu sein. Das Leben ist ein Experiment mit seinem Sinn, und die Freiheit besteht in der Chance, das Experiment im »Land der Gelegenheit« für sich zu unternehmen. Wie die meisten Experimente war Thoreaus Ausflug nach Walden darauf gerichtet, Tatsachen festzustellen:

> Ich zog in den Wald, weil ich den Wunsch hatte, mit Überlegung zu leben, dem eigentlichen, wirklichen Leben näherzutreten, zu sehen, ob ich nicht lernen konnte, was es zu lehren hatte, damit ich nicht, wenn es zum Sterben ginge, einsehen müßte, daß ich nicht gelebt hatte. Ich wollte nicht *das* leben, was nicht Leben war; das Leben ist so kostbar. Auch wollte ich keine Entsagung üben, außer es wurde unumgänglich notwendig. Ich wollte tief leben, alles Mark des Lebens aussaugen, so hart und spartanisch leben, daß alles, was nicht Leben war, in die Flucht geschlagen wurde. Ich wollte einen breiten Schwaden dicht am Boden mähen, das Leben in die Enge treiben und auf seine einfachste Formel reduzieren; und wenn es sich gemein erwiese, dann wollte ich seiner ganzen unverfälschten Niedrigkeit auf den Grund kommen und sie der Welt verkünden. War es aber erhaben, so wollte ich dies durch eigene Erfahrung erkennen und imstande sein, bei mei-

> nem nächsten Ausflug Rechenschaft darüber abzulegen. Denn die meisten Menschen scheinen mir in einer sonderbaren Ungewißheit darüber zu leben, ob es vom Teufel oder von Gott ist, und so haben sie *einigermaßen übereilt* geschlossen, daß der Hauptzweck des Menschen hier auf Erden sei: »Gott in Ewigkeit zu loben und zu preisen.« (S. 98)

Die Wälder enthalten nicht das Wissen, um dessentwillen Thoreau dort hingeht; sie enthüllen jedoch die üblichen Verstecke des Ich und lassen es den Tatsachen des Lebens ausgesetzt, welche immer das sein mögen. In seiner Ausgesetztheit macht sich Thoreau daran, seine unerklärliche Beziehung zur Natur zu entdecken. Was er entdeckt, ist, daß diese Beziehung undurchsichtig bleibt. Wir stehen in Beziehung zur Natur, weil wir nicht in der Natur sind. Wir gehören der natürlichen Ordnung nicht im Innern an (täten wir es, brauchten wir die Tatsachen des Lebens nicht zu entdecken), aber wir finden in unserer Beziehung die Bedingungen unseres Schicksals als Ausflügler auf der Erde. Thoreaus Anspielung auf einen »nächsten Ausflug« besagt, daß das Experiment in Walden ebenso wie das Leben in seinem eigentlichen Wesen ebenfalls aus Ausflügen besteht – aus Ausflügen in eine Welt, in der wir zugleich entfremdet und lebendig sind oder besser, lebendig in unserer Entfremdung. Wer nie in die Wälder gegangen ist, um »mit Überlegung zu leben«, oder wer nur auf dem Strom der institutionellen Geschichte dahinschwimmt, dringt nie zum Grunde dessen vor, was das Leben ist (und *Walden* behauptet, daß das Leben einen Grund *hat*). Im Netz sozialer Beziehungen gefangen, sind diese Menschen zu einer »sonderbaren Ungewißheit« über das Leben verdammt, denn da sie nie ihr eigenes Leben in einer Wirklichkeitsprüfung versucht haben, hören sie nur vage und widersprüchliche Berichte darüber, wie über ein fremdes Land.

Thoreaus Ausflug in die Wälder von Walden zielt also darauf, das Leben auf die Wesentlichkeit seiner Tatsachen zu reduzieren, mit anderen Worten, das Leben auf die Tatsache des Todes zu reduzieren. Eine Lebenstatsache ist nicht so sehr etwas, womit man leben kann, sondern vielmehr etwas, womit man sterben kann. Sie ist eine Selbsterkenntnis, die entweder in einem ist oder nicht in einem ist, wenn es »zum Sterben geht«, je nachdem, ob man sich, solange man lebte, dafür entschieden hat, das, was Leben ist, zu leben oder nicht zu leben. Anders als eine Tatsache der Wissenschaft ist sie nicht übertragbar und nicht wiederholbar. Sie entzieht sich dem Strom des Gerüchts. Man kann sie nicht kaufen oder von jemandem erben, denn in der Ökonomie des Lebens ist eine Lebenstatsache das Maß der eigenen Solvenz im Tode. Niemand anders kann für einen die Fähigkeit zu sterben leben, und das Leben nimmt nicht den Status einer Tatsache an, bis man in sich diese innerste Fähigkeit entdeckt. In diesem Sinne ist eine Lebenstatsache gleichbedeutend mit persönlichem Geschick:

> Wenn du eine Tatsache von Auge zu Auge in Augenschein nimmst, so siehst du die Sonne an ihren beiden Oberflächen wie auf einem Schwerte schimmern, fühlst, wie seine süße Schärfe dir durch Herz und Mark dringt, und wirst auf diese Weise glücklich deine irdische Laufbahn zu Ende führen. Sei es Leben oder Tod, wir schmachten nur nach Wahrheit. (S. 105)

Walden ist ein schriftliches Zeugnis für das Schmachten nach Wahrheit. Es ist in einem persönlichen Stil geschrieben, der eine Identifizierung zwischen Leser und Autor letztlich unmöglich macht. Die Wälder, die Thoreau von seinen Nachbarn isolieren, umgeben auch die dichte, rätselhafte Prosa, durch die diese »irdische Laufbahn« spricht. Die Worte des Autors verweilen in Schatten, brechen dann in eine blendende Beleuchtung aus; bevor sich die Augen des Lesers klären, sind sie schon wieder anderswo. Diese Stimme entzieht sich uns, die wir von ihr abwechselnd angezogen und verwirrt werden. (»Es ist eine lächerliche Forderung Englands und Amerikas, man solle so sprechen, daß man von ihnen verstanden wird. ... Was ich hauptsächlich fürchte, ist, daß meine Ausdrucksweise nicht *extra-vagant* genug ist – nicht weit genug über die engen Grenzen meiner täglichen Erfahrung hinauswandert, um der Wahrheit zu entsprechen, von der ich überzeugt wurde« [S. 314f.].)

Ist Thoreau ein Weiser, ein Querkopf, ein »krasser Individualist« oder bloß ein Neurotiker? Alles, was wir mit Sicherheit wissen, ist, daß er kein Pfarrer oder Presseagent ist. *Walden* fügt den Gerüchten über das Leben nicht bloß ein weiteres hinzu, sondern liefert eine präzise Darstellung, wie der Autor des Werkes daranging, selbst zu überprüfen, was an seinem Aufenthalt auf der Erde wirklich ist und was nicht. Um zu dieser Grenze der Endlichkeit zu gelangen, an der eine Entscheidung darüber möglich wird, was am Leben wirklich ist, ist eine persönliche Entfremdung erforderlich, die *Walden* als Werk der amerikanischen Literatur im Leser nur anregen, nicht bewirken kann.

Mit anderen Worten, *Walden* wird zu bloß einem weiteren Gerücht in dem Moment, in dem wir Thoreau beim Wort nehmen, wenn er erklärt, daß der Waldenteich annähernd 107 Fuß tief ist. Der Boden des Waldenteichs ist der Grund, den wir nach Belieben entweder selbst ausloten oder aber bodenlos lassen können. Ich, der Autor des *Walden*, habe ihn ausgelotet. Wirst du es auch tun? Die Unbilden der Freiheit. In einer Passage, die zugleich wörtlich und allegorisch ist und die sein Experiment eines Lebens in den Wäldern zusammenfaßt, beschreibt Thoreau, wie er im Winter 1846 daranging, die Tiefe seines Teiches auszuloten. Er hatte ein besonderes Interesse an dieser Tatsache, denn mittlerweile war der Waldenteich zu seinem Leben geworden:

> Da ich den langverlorenen Boden des Waldenteichs wiederzufinden wünschte, untersuchte ich ihn im Vorfrühling 1846, ehe das Eis brüchig wurde, sorgfältig mit Kompaß, Kette und Senkblei. Es waren eine Menge Erzählungen über den Seegrund – oder vielmehr seine Unergründlichkeit im Umlauf, die jedenfalls selbst des Grundes entbehrten. Es ist merkwürdig, wie lang die Menschen an die bodenlose Tiefe eines Sees zu glauben pflegen, ohne sich die Mühe zu machen, ihn zu messen. Ich konnte hier in der Umgegend bei einem Spaziergang zwei solch »bodenloser« Teiche besuchen. Viele glaubten, daß der Walden durchgehe bis zur andern Seite der Erdkugel. Andere, welche lange Zeit der Länge nach auf dem Eise gelegen waren und durch dies täuschende Medium hinabgeblickt hatten, möglicherweise auch noch mit wässerigen Augen, und die sich durch die Furcht vor einer Erkältung der Brust zu übereilten Schlußfolgerungen verleiten ließen, sahen da unten Löcher, »so groß, daß ein Heuwagen hineingefahren werden könnte«, wenn jemand da wäre, ihn zu fahren – Löcher, die zweifellos die Quelle des Styx und für diese Gegend der Eingang zu den höllischen Regionen waren. Andere marschierten vom Dorf ab mit einem sechsundfünfzig Pfund schweren Gewicht und einer Wagenladung Meßschnur – und konnten doch den Grund nicht finden; denn während das Gewicht längst auf dem Grunde ruhte, ließen sie die Schnur hinunter in dem vergeblichen Versuch, ihre wirklich bodenlose Befähigung zu Wunderglauben zu ergründen. Ich kann jedoch meinen Lesern versichern, daß der Walden einen ganz vernünftigen, soliden Grund in nicht unvernünftiger, wenn auch ungewöhnlicher Tiefe besitzt. Ich nahm die Tiefenmessung mühelos mit Bindfaden und einem ungefähr

> anderthalb Pfund schweren Stein vor; dabei konnte ich genau sagen, wann der Stein den Grund verließ, weil ich dann um so fester anziehen mußte, ehe das Wasser darunterfloß, mir zu helfen. Die größte Tiefe betrug genau einhundertzwei Fuß, mit den fünf Fuß, um welche das Wasser seither gestiegen ist, einhundertsieben. Dies ist für ein so kleines Gebiet eine erstaunliche Tiefe; doch kann die Phantasie keinen Zoll davon entbehren. Müßte es nicht auf die Gemüter der Menschen seine Wirkung haben, wenn alle Seen seicht wären? Ich bin dankbar dafür, daß dieser Teich, als ein Symbol, tief und klar geschaffen wurde. Solange die Menschen an das Unendliche glauben, wird es Seen geben, die für bodenlos gehalten werden. (S. 280f.)

Ein bodenloser Teich hat keine Tiefe. Ein Leben ohne Grund hat keine Wirklichkeit. Die Phantasie entdeckt ihre wirkliche Freiheit in der gemessenen Endlichkeit dessen, was der Fall ist, und davon kann man keinen Zoll entbehren. Die, die zu »übereilten Schlußfolgerungen« über den Waldenteich gekommen sind, sind diejenigen, die »*einigermaßen übereilt* geschlossen« haben, daß wir auf Erden sind, um den Himmel zu preisen. Die Auslotung des Teiches oder das Erwägen des Lebens in seiner Tiefe geht direkt an die Basis der Erde als Lebensgrund.

Augustinus hatte in seinen *Bekenntnissen* erklärt: »Meine Schwere ist meine Liebe.« Er nannte diese Lehre *pondus amoris*, Schwere der Liebe. Ein Stein (der, sagen wir, ein Kilo wiegt), strebt abwärts zur Erde, denn das Gewicht seiner Liebe treibt ihn zu seinem eigenen richtigen Element oder Heimatort. Feuer dagegen, das weniger schwer ist als Erde, Wasser oder Luft, steigt in die höheren kosmischen Sphären auf:

> Einen Körper zieht sein eigenes Gewicht nach seinem Ort; aber nicht nur nach der Tiefe geht der Zug der Schwere, sondern nach dem Ruhepunkt des Körpers: nach oben strebt das Feuer, nach unten der Stein; je von ihrem Eigengewicht bewegt, suchen sie ihren Ruheort. Öl, unter Wasser gegossen, hebt sich über das Wasser, Wasser, auf Öl gegossen, sinkt unter das Öl: kraft ihres Eigengewichts kommen sie in Bewegung, suchen ihren Ruheort. Was nicht in seiner gehörigen Ordnung ist, ist in Unruhe; kommt es in seine Ordnung, so kommt es zu seiner Ruhe. Meine Schwere ist meine Liebe; sie

> zieht mich, wohin immer es mich zieht. An deiner »Gabe« fangen wir Feuer und dringen nach der Höhe; wir entbrennen, und schon sind wir in Bewegung. (*Bekenntnisse* XIII, 9, S. 767)

Thoreau dagegen findet sein *pondus amoris* in dem Stein, mit dem er den Walden auslotet. Und in der kosmischen Levitation der Elemente ist die Erde schwerer als Wasser.

Wie tief leben wir? Wie grundsätzlich leben wir? Einst bot Amerika, auf der anderen Seite des großen Stroms Atlantik gelegen, die Verheißung eines Landes, auf das sich ein neues *ethos* oder eine neue Form des Wohnens auf der Erde gründen läßt. Damit war es nichts. Die Ozeane, die trennen, einen auch, und Thoreaus Nation als ganze schwimmt jetzt in den Strömen von Meinung, Täuschung und alter Lebensweise. Thoreau ist die amerikanische Ausnahme, die unter der Anschwemmung, die selbst sein Land verschlingt, nach dem Grund des Lebens suchen muß.

> Laßt uns unsern Tag mit soviel Überlegung verleben wie die Natur. ... Wir wollen uns niedersetzen und arbeiten und durch den Schlamm und Kot der Meinungen, der Vorurteile, der Tradition, der Täuschung und des Scheines, der Anschwemmung, welche die Erdkugel bedeckt, durch Paris und London, durch New York, Boston und Concord, durch Kirche und Staat, durch Poesie, Philosophie und Religion hindurch unsere Füße wetzen und reiben, bis wir auf harten Boden und Felsen an einen Ort gelangen, den wir Wirklichkeit nennen und von dem wir sagen können: »Das *ist*, das ist kein Irrtum.« Und jetzt fange dein Werk an, nachdem du unter Schlamm, Eis und Feuer einen Stützpunkt gefunden hast, einen Platz, auf dem du eine Mauer oder einen Staat errichten oder in dem du einen Laternenpfahl oder vielleicht einen Pegel einrammen kannst, kein Nilometer, sondern ein Realometer, damit die künftigen Geschlechter sehen können, wie hoch der Schlamm des Betruges und Scheines von Zeit zu Zeit angeschwemmt wurde. (S. 104f.)

Der harte Boden der Wirklichkeit ist ein Fundament, auf dem man eine Mauer oder vielleicht ein Haus bauen kann. Thoreau baute sich in Walden solch ein Haus nach dem wesentlichen Maß des Lebens – ein kleines Blockhaus aus dem, was der Wald bot. In einem der ersten Abschnitte von *Walden* weist er darauf hin, daß das einzige andere Haus, das er vorher besessen hatte, ein Boot war. »Aber das Boot ist, nachdem es von Hand zu Hand gegangen war, auf dem Strom der Zeit von dannen getrieben worden« (S. 93). Die meisten Häuser sind derartige Boote, die von einer Generation an die nächste weitergegeben oder auf dem kunterbunten Immobilienmarkt gekauft und verkauft werden. Solche Häuser als »Immobilie« zu bezeichnen, ist in der allegorischen Ökonomie von *Walden* natürlich eine falsche Benennung, denn was ihnen fehlt, ist gerade ein Fundament in der Wirklichkeit. Solche Boot-Häuser beherbergen nur unsere Grundlosigkeit. Sie beherbergen unsere Schulden bei der Bank, bei den Vorfahren und bei den noch Ungeborenen. Sie verewigen unsere Flucht vor der Wirklichkeit in Arbeit und vertrauen dem Strom der Zeit unsere Insolvenz im Tode an.

Das Waldenhaus war von anderer Art. Es war eine Wohnung auf der Erde, ein Rahmen, dessen Grenzen den Wald zu seiner Erweiterung werden ließen. »Der so leicht gefügte Holzbau«, schreibt Thoreau, »war wie eine Art Kristallbildung für mich« (S. 93). Das Waldenhaus war mehr ein Außenraum als ein Innenraum. »Ich saß weniger innerhalb der Türen als hinter der Türe, selbst im regnerischsten Wetter« (ebd.). Thoreaus Haus war die Grundlage für sein Leben in Walden, das er zum größten Teil damit verbrachte, auf die Töne des Waldes zu lauschen, das Leben seiner Tiere zu beobachten, sich mit den Tatsachen der Nachbarschaft vertraut zu machen, sich mit Besuchern zu unterhalten, zu lesen und zu schreiben. Es war kein Boot-Haus in dem Maße, daß es den Innenraum und den Außenraum ineinander verwandelte. In einer der eindrucksvollsten Passagen von *Walden* beschreibt Thoreau eine solche Verwandlung:

> Hausarbeit war ein angenehmer Zeitvertreib. Wenn mein Fußboden schmutzig war, so stand ich früh auf, und nachdem ich meine ganze Einrichtung hinaus auf das Gras gestellt hatte, wobei Bett und Bettstatt nur *eine* Last ausmachten, spritzte ich Wasser auf den Fußboden, bestreute ihn mit weißem Sand aus dem Teich und bürstete ihn rein und weiß. Um die Zeit, in der die Stadtleute sich zum Frühstück setzten, hatte die Morgensonne mein Haus schon genügend getrocknet, so daß ich wieder einziehen und meine Betrachtungen ununterbrochen fortsetzen konnte. Es tat mir wohl, all meine Hausgeräte auf dem Gras zu sehen, wo sie einen kleinen Haufen bildeten, wie ein Zigeunerbündel. Daneben stand mein dreibeiniger Tisch, von dem ich Bücher, Federn und Tinte

nicht entfernte, zwischen den Fichten und Nußbäumen. Alles sah aus, als ob es froh wäre, hinausgekommen zu sein und sich nur ungern zurückbringen ließe. Manchmal kam ich in Versuchung, ein Segeltuch darüberzuspannen und mich draußen niederzulassen. Es war der Mühe wert, die Sonne auf die Sachen scheinen zu sehen und den freien Wind sie anwehen zu hören; so viel interessanter sahen die gewohnten Gegenstände da außen als in dem Hause aus. Ein Vogel sitzt auf dem nächsten Ast, Immergrün wächst unter dem Tisch, Brombeerranken schlingen sich um seine Füße; Tannenzapfen, Kastanienschalen und Erdbeerblätter sind auf dem Boden verstreut. Man gewinnt den Eindruck, als ob auf solche Weise diese Formen auf unsere Möbel, auf Tische, Stühle und Bettstätten deshalb übertragen worden wären – weil sie einst in ihrer Mitte gestanden hatten. (S. 118f.)

Die Verschiebung des Haushalts aus seinem Inneren in sein Äußeres, diese Verlegung des Wohnorts nach draußen in den Wald selbst, wo die vertraute Anordnung der Möbel ihre Beziehung zu ihrer Umgebung offenbart, fassen die innerste Berufung von *Walden* als Werk der amerikanischen Literatur zusammen. Wie der Ausflug der Möbel des Autors aus seinem Haus auf die offene Lichtung will *Walden* das *ethos* Amerikas erneut der Natur seiner Verheißung öffnen oder der Verheißung seiner Natur. Ökonomie, Industrie, Produktion – worauf sind die Projekte der Nation gegründet, daß sie nicht aufhören, ihre Bürger in die »sonderbare Ungewißheit« über das Leben einzuschließen? Alles, was man über das, was wirklich ist und was nicht, lernen kann, liegt in dem Außenraum unseres inneren Lebens.

Die Natur ist der Schauplatz dieses Außenraums, und sei es nur deshalb, weil sie dasjenige ist, zu dem wir äußerlich bleiben. Nur in unserer Beziehung zu dem, was wir nicht sind, kann das, was wir sind, schließlich der Grund unseres Wohnens werden. Die Natur ist der Ort, an den wir gehen, um uns zu verirren, damit wir wieder das finden, was in uns unwiderruflich ist: »Erst bis wir uns ganz verirrt oder umgedreht haben – denn der Mensch braucht nur einmal in dieser Welt mit geschlossenen Augen herumgedreht zu werden, um verirrt zu sein –, lernen wir die Weite und Fremdartigkeit der Natur schätzen. … Nicht eher, als bis wir verloren sind – mit andern Worten: bis wir die Welt verloren haben –, fangen wir an, uns selbst zu finden und gewahr zu werden, wo wir sind und wie endlos ausgedehnt unsere Verbindungen sind« (S. 174).

Die Lektion von *Walden* liegt in dieser Pädagogik der Entfremdung. In dem Maße, wie die Natur uns zu unserer Entfremdung zurückruft, lehrt sie uns auch, daß sie keine Verantwortung für die menschliche Existenz übernehmen kann. Wir »wenden uns um« zur Natur und sehen uns inmitten von etwas Absolutem, das wir nicht besitzen und das sich seinerseits weigert, uns zu besitzen. Auf diese Weise eignen wir uns die Natur als Wohnort an. Die Natur empfängt unsere Besuche, erinnert uns aber auch daran, daß wir einen Weg finden müssen, unseren Ausflug zu vollenden, indem wir Abschied nehmen. Kurz, die Natur lehrt uns Ökonomie. Die Verwaltung unseres Hauses – oder der *nomos* unseres *oikos* – liegt darin, daß wir die Natur selbst überwinden. »Die Natur ist schwer zu überwinden, und doch muß sie überwunden werden«, schreibt Thoreau (S. 220). Diese Aussage erhält bei Cavell ihr volles Gewicht:

> Unsere Natur muß überwunden werden. (Die Gesellschaft braucht nicht überwunden zu werden, ihr muß man den Gehorsam verweigern; aber was das heißt, kommt später.) Zugleich ist die Natur die letzte Lehrerin, die mächtig genug ist, uns Überwinden zu zeigen. Sie ist, könnte der neue Romantiker sagen, meine Antagonistin, deren Unterricht ich erringen muß. Von den Tageszeiten und den Jahreszeiten sprechen meine Instinkte nicht; die Natur ist nicht mein Lebensraum, sondern mein Vorbild, mein Traum einer Wohnstatt. Im neuesten Testament mag die Natur meine Erlösung veranlassen und segnen; aber sie nimmt sie nicht für mich vor. Was ich bewerkstelligen muß, ist immer noch mein Heil ... (Cavell, S. 43f.)

Was die Natur nicht bereitstellen kann, ist ein Bild für das Sehnen, das die menschliche Endlichkeit durchzieht. Es ist dieses Sehnen, das eine Statt auf der Erde sucht, aber das einzige, das es beherbergen kann, sind die Wörter, in denen es seine Sehnsucht nach Einschließung bekennt. Deshalb hat der Ausflug zum Walden seinen Schluß im Schreiben von *Walden*, einem Zeugnis des Abschiednehmens.

Der zeitgenössische amerikanische »Naturdichter« A.R. Ammons ist ein Mann, der weiß, was es heißt, ein Buch wie *Walden* zu schreiben. Als einer der wenigen Amerikaner, die Amerika nach Thoreau neu entdeckt haben, hat Ammons ein Leben in der Natur auf der Suche nach einem Schluß seiner irdischen Laufbahn verbracht. In einem seiner Gedichte spricht er von dem, was ihn dazu nötigt, überhaupt zu sprechen:

Ich ging auf den Gipfel und stand in der hohen Nacktheit:
der Wind zerrte hier
hin und dort in Verwirrung und seine Rede konnte nicht
bis zu mir dringen und ich konnte ihn auch nicht ansprechen:
doch ich sagte wie zu dem Fremden in mir
  Ich spreche jetzt nicht zum Wind:
dafür daß ich von der Natur so weit geführt wurde bin ich
aus der Natur herausgeführt worden
und nichts hier zeigt mir das Bild meiner selbst:
für das Wort *Baum* ist mir ein Baum gezeigt worden
und für das Wort *Fels* ist mir ein Fels gezeigt worden,
für Fluß, für Wolke, für Stern
dieser Ort hat feste Bedeutung und Antwort geliefert
  aber wo ist hier das Bild für *Sehnsucht*:
so berührte ich die Felsen, ihre interessanten Oberflächen:
ich schälte die Rinde der Krüppelfichte:
ich schaute in den Raum und in die Sonne
und nichts antwortete meinem Wort *Sehnsucht*;
  leb wohl, sagte ich, leb wohl, Natur so groß und
verschwiegen, deine Zungen sind verheilt in ihr Element
und da du verstummt bist hast du mich ausgeschlossen: ich
bin
ebenso fremd hier als wäre ich gelandet, als Besucher:
so ging ich zurück hinab und sammelte Schlamm
und mit den Händen machte ich ein Bild für *Sehnsucht*:
  ich trug das Bild auf den Gipfel: zuerst
stellte ich es hierhin, auf den Gipfelfelsen, aber es
vervollständigte
nichts: dann stellte ich es dorthin zwischen die kleinen Tannen
aber es paßte nicht:
so kehrte ich in die Stadt zurück und baute ein Haus um das
Bild hineinzustellen
und Menschen kamen in mein Haus und sagten
  das ist ein Bild für Sehnsucht
und nichts wird je wieder dasselbe sein

Ein Haus ist ein Ort, an den man ein Bild stellt. Dieses Bild ist aus Schlamm, aus der Erde, aber es ist das Bild von etwas, das die Erde nicht fassen kann. Es ist das Bild ... eines Wortes. Nicht eines sprachlichen Wortes, sondern des *logos* menschlicher Transzendenz. Nicht umsonst bedeutet *logos* im Griechischen Beziehung, Sammeln, Binden, bevor es Sprache bedeutet. In Ammons' Gedicht ist der *logos* das, was sich sehnt. In seinem Sehnen greift er aus oder spricht unsere menschliche Natur zu der Welt, aber die Natur antwortet nicht auf den Ruf. Wir Menschen sprechen nicht die Sprache der Selbsteinbeziehung der Natur, sondern eine des außenstehenden Zuviel. Unser *logos* ist das Außen von Dingen – eine Grenze der Endlichkeit, an der wir verirrt sind, die uns aber dafür befähigt, überhaupt Wörter zu äußern. Die Wörter »Baum« und »Fels« lassen sich aussprechen, weil *logos* in seiner Sehnsucht uns jenseits der Einschließung von Bäumen, Felsen, Wind und Wäldern projiziert. Als Zuviel der Erde wohnen wir in Sehnsucht wie in einem Haus, das von innen nach außen gekehrt ist. Ob die Wörter, die wir aussprechen, ein Gegenstück in der Welt (Baum oder Fels) haben oder nicht, die Tatsache, daß wir sie aussprechen, bedeutet, daß wir die Einschließung der Natur schon hinter uns gelassen haben. Diese Bewegung über die Dinge selbst hinaus in die Dimension ihrer »Bedeutung« ist der *logos*. Wir sehnen uns nach der Einschließung der Bedeutung, aber nur in unserem Sehnen hat die Menschenwelt einen »Sinn«. Sinn ist die Offenheit des *oikos* – die Ökologie der Sehnsucht selbst.

Dieses selbstgemachte Bild der Sehnsucht beherbergt der Dichter im Gedicht. Als Bild unserer selbst sitzt es in seinem Haus – oder in dem Gedicht – als das Maß unseres Zuviel. Die Natur selbst kann es nicht unterbringen, aber Männer und Frauen können in sein Haus kommen und sagen, »das ist ein Bild für Sehnsucht«. Mensch zu sein bedeutet, auf der Grundlage dieser Tatsache zusammengebunden zu sein. Die Menschen sprechen zueinander, sie erkennen ihre Verwandtschaft, nur weil jeder von ihnen die Sehnsucht bewohnt, deren Bild der Dichter in dem Gedicht beherbergt hat. In dieser Art Amerikanertum liegt kein »krasser Individualismus«. Die menschliche Sprache ist in jedem Fall ein Bekenntnis der Sehnsucht und Endlichkeit, ganz gleich was sie sagt oder nicht sagt oder auch nicht sagen kann. Wir sprechen zueinander unseren Tod. Wir schaffen füreinander in der Sprache ein Bild aus Erde und Lehm: den *logos*. Dieser *logos* wiederum bindet, sobald er den Boden des Waldenteichs gefunden hat, die Menschen in Endlichkeit zusammen.

Was kann sie also heißen, die Phrase »Rückkehr zur Natur«? Thoreau geht in die Natur hinein, um aus der Natur herausgeführt zu werden. Er geht in die Wälder von Walden, um zu lernen, wie er vorübergehend dort sein kann. Genau wie er nie daran dachte, seine Möbel ständig im Freien zu lassen, dachte er auch nie daran, daß sein Aufenthalt in den Wäldern von Walden als ständiges Modell für Wohnen dienen könnte.

Es gibt keine ständigen Modelle. Der Zweck des Ausflugs war, sein Leben unvertraut zu machen, um zu dem unerklärlichen Verlust in seinem Kern zurückzukehren:

> Vor langen Jahren verlor ich einen Jagdhund, ein braunes Pferd und eine Turteltaube, und immer bin ich danach auf der Suche. Mit vielen Wanderern, die mir begegneten, sprach ich darüber, beschrieb ihnen die Spuren, die Verlorenen und auf welchen Ruf sie hörten. Einige hatten das Bellen des Hundes und den Hufschlag des Pferdes gehört, hatten selbst die Taube hinter einer Wolke verschwinden sehen, und sie zeigten sich so begierig, sie wieder einzufangen, als ob sie selbst sie verloren hätten. (S. 29)

Wir brauchen nicht genau zu wissen, was diese verlorenen Geschöpfe in ihrem spezifischen Symbolismus bedeuten könnten. Das, worauf es ankommt, ist, daß sie in ihrer Abwesenheit den Verlust als »Lebenstatsache« in Thoreaus Sinn etablieren. Verlust ist das, womit wir beginnen. Er ist der Zustand, in dem Thoreau nach Walden geht, ebenso wie die Lebenstatsache, die er dort entdeckt. Wir können den Verlust mythologisch definieren, als Fall aus dem Garten Eden, und Eden wiederum können wir mit diesem oder jenem Traum von verlorener Fülle identifizieren. Auf die eine oder andere Weise ist Sehnsucht der Verlust des Lebens und Verlust das Leben der Sehnsucht. Sprich zu anderen von einem Jagdhund, einem braunen Pferd und einer Turteltaube, und sie werden wissen, was du meinst; erinnere sie an Verlust, und auch sie werden bemüht werden, das, was du allein verloren hast, wiederzufinden. Der Verlust ist das tiefste Fundament des Gemeinschaftlichen.

Walden ist nichts Geringeres als die Erinnerung daran. Verlust als Tatsache zu leben bedeutet, poetisch zu leben, in dem Wissen, daß wir gerade deshalb nicht die Besitzer der Welt sind, in der wir wohnen, weil wir den Jagdhund noch nicht gefunden haben. Wo anders als in der Natur lernen wir, die Natur zu überwinden und auf diesem Wege unser Menschsein zu werden – unsere endliche, unabgeschlossene Transzendenz? Thoreau spricht davon, »mit Überlegung zu leben«, zu leben, was Leben ist, und nicht, was nicht Leben ist. Das erfordert, daß »du eine Tatsache von Auge zu Auge in Augenschein nimmst« und so »deine irdische Laufbahn zu Ende führst«. Der Schluß einer irdischen Laufbahn kommt nicht am Ende dieser Laufbahn, sondern beansprucht sie schon im voraus als Ganzes. Ein solcher Schluß gehört nicht zur Klasse der »übereilten Schlußfolgerungen« derer, die sich einbilden, daß der Waldenteich bodenlos ist, oder die in ihrer Ungewißheit annehmen, daß es unser Hauptziel auf Erden sei, eine andere Welt zu preisen. Er ist das Wissen, daß man schon alles verloren hat, was zu verlieren ist, und daß das Leben daher umsonst gegeben, oder ver-geben, ist.

Wenn eine Lebenstatsache eine irdische Laufbahn beschließt, macht sie deutlich, daß es etwas gibt und nicht vielmehr nichts, daß die Natur *ist*, ohne menschlichen Grund für ihr Sein, und daß wir in der Gegebenheit des Verlustes wohnen. Diese Erkenntnis, diese Selbsterkenntnis allein, ist Freiheit.

War es aber nicht gerade eine poetische Freiheit dieser Art, die Amerika denen versprach, die sich bereitwillig über die Meere der Abreise hinweg verirrten? Wurde Amerika nicht gerade in der Erwartung von Ver-gebenheit entdeckt? Aus irgendeinem Grund war es das Schicksal Amerikas, nicht es selbst zu werden, nicht sein Haus auf dem Fundament eines Verlustes aufzubauen, für den kein Wiederfinden möglich war. Sein Schicksal war vielmehr, seine Freiheit der Souveränität zu opfern, die Sucht nach Besitz zu wiederholen und zu verschärfen und in den wässrigen Schlamm dessen zu verfallen, was nicht Leben ist. Anstelle einer Nation von Dichtern wurde es eine Nation von Schuldnern, Grundbesitzern, Krämern, Zuschauern, Klatschmäulern, Verbreitern von Gerüchten, Vorurteilen und Informationen – Kapitalisten, die in ihrer sonderbaren Ungewißheit über das Leben mit ihrer Aneignung von allem die Illusionen des Wiederfindens verfolgen. In seiner fortwährenden Flucht vor den Schlüssen einer irdischen Laufbahn wurde Amerika nicht das *caput mundi* poetischer Freiheit, sondern das *caput mortuum* der Moderne – zum Totenkopf gewordener Kapitalismus. Amerika wird für immer sein, was es nicht wurde, und *Walden* wird sein leeres Haus bleiben.

Fallingwater

In einem Wald in Pennsylvania liegt, in anderen Jahreszeiten als dem Winter durch die Blätter hindurch kaum zu erkennen, ein Haus, das auf dem Gesims eines Wasserfalls erbaut ist. Seine Berühmtheit als Meisterstück des architektonischen Entwurfs scheint in seltsamem Widerspruch zu der Qualität zu stehen, für die es berühmt ist, nämlich seine Zurückhaltung. Es »verschmilzt« nicht direkt mit dem Wald, denn es ruht auf einer Reihe horizontaler Ebenen, die das senkrechte

Frank Lloyd Wright, *Fallingwater*

Aufstreben der Bäume auffällig schneiden; doch der umgebende Wald scheint sich um die seitliche Ausdehnung des Hauses zu sammeln und in seiner Gegenwart mehr er selbst zu werden, so als habe das Haus irgendwie die Erde auf die Höhe der Blätter gehoben, um ihre Wirklichkeit als Grundlage, die sowohl Wald als auch Haus trägt, zu dramatisieren. Die dünnen, mehrfachen Schichten Eisenbeton, die die Struktur des Hauses hervorheben, entsprechen der Geologie der Zeit, die in den Felsen des Flußbetts und der zerklüfteten Felskante sichtbar ist, über die das Wasser in stetigem Fall hinabfließt. Die Unauffälligkeit von Frank Lloyd Wrights Fallingwater rührt daher, daß das Haus in seiner Umgebung nicht nur zur Ruhe kommt, sondern auch eine Erweiterung des Fundaments verkörpert, auf dem es steht.

Es ist schwer zu glauben, daß Wright nicht an *Walden* dachte, als er in den dreißiger Jahren das »Haus über dem Wasserfall« entwarf. Die bewaldete Landschaft dieser Gegend hätte im Geist eines Amerikaners wie Wright ganz zwanglos die Wälder von Walden heraufbeschworen, aber was am meisten an *Walden* erinnert, ist die Art und Weise, in der sich das Haus die dynamische Beziehung zwischen fließendem Wasser und festen Fundamenten zunutze macht. Thoreau wollte nicht im Strom der Konventionen mitschwimmen. Er wollte nicht in einem Boot-Haus wohnen, sondern in einem Haus, das auf den Fundamenten der Wirklichkeit erbaut war, auf der Erde. Der überwältigende Eindruck, den Fallingwater trotz seines utopischen Charakters erzeugt, kommt genau aus solcher Wirklichkeit. Kurz, das Haus ist ein Meisterstück an Stabilität: es hat eine Solidität, die die verschiedenen Elemente der Umgebung durch ihr Ruhen auf der Erde stabilisiert.

Ein solches Haus macht aus seinem Wohnort den Raum von Freiheit. Das Ruhen von Gebäuden auf waagerechten Ebenen war für Wright ein Gegenstand architektonischen Ehrgeizes ebenso wie die Substanz der Freiheit selbst: »Ich sehe diese verlängerte waagerechte Linie als die wahre Erdlinie des menschlichen Lebens, die auf Freiheit verweist. Immer.« Diese Aussage aus Wrights Autobiographie bietet viel Stoff zum Nachdenken, besonders in ihrem letzten Wort. In demselben Text lesen wir: »Die breite ausgedehnte Ebene ist die horizontale Ebene, in unendlicher Erweiterung. Darin liegt für den Menschen auf der Erde alle Freiheit, die er sein eigen nennen kann« (Wright, S. 61). Die Suche nach Freiheit in Horizontalität und nicht in den himmlischen Nostalgien der vertikalen Erhebung macht Wright zu einem Amerikaner im außergewöhnlichen, Thoreauschen Sinne. Alle Freiheit, die wir unser eigen nennen können, ist auf der Erde zu finden, deren Oberfläche nur aus einer Perspektive außerhalb der Erde rund ist. Für die, die auf der Erde stehen, erstreckt sich ihre Oberfläche horizontal, das heißt sie bildet einen Horizont. Ein Haus ist das, was den Horizont um sich sammelt. Wright: »Ich hatte eine Idee (sie scheint mir immer noch zu gehören), daß sich die parallel zur Erde verlaufenden Ebenen in Gebäuden mit dem Erdboden identifizieren, daß sie am meisten dazu beitragen, die Gebäude dem Erdboden zugehörig zu machen« (ebd.). Wenn Gebäude auf diese Weise zum Boden gehören, sind sie zugleich Zuflucht und Öffnung zur Natur hin. Das Konzept von Zuflucht wird von Wright neu definiert, und zwar mehr unter dem Gesichtspunkt von Offenheit als von Einschließung, eben weil wir unsere Zuflucht von der Erde beziehen, nicht von dem Haus, das sie ausschließt. Die Zuflucht kommt von der Verortung des Hauses:

> Eine Idee (wahrscheinlich tief im Instinkt verwurzelt), daß *Schutz* der wesentliche Eindruck jedes Wohngebäudes sein sollte, setzte das tiefe ausladende Dach, das Flachdach oder Walmdach oder das niedrige Giebeldach mit weit ausladenden Traufen über das Ganze. Ich fing an, ein Gebäude primär nicht als Höhle zu sehen, sondern als einen breiten Schutzraum im Freien, in Beziehung zur Aussicht; Aussicht außen

> und Aussicht innen. An diesen verschiedenen Empfindungen, die alle in dieselbe Richtung gehen, kann man erkennen, daß ich als Amerikaner geboren bin, als Kind des Bodens und des Raumes. (S. 61)

Der einzige wahre Schutzraum auf der Erde ist die Erde selbst. Die Erde vermag Schutz zu bieten, weil sie paradoxerweise eine natürliche Tendenz hat, sich in ihre absolute Einschließung zurückzuziehen. Wenn sie diesen Schutz bieten soll, muß die Erde vom Haus aus ihrer Einschließung herausgezogen werden, oder besser, ihre Einschließung muß rings um das Haus vollständig hervorkommen. Der Wald zum Beispiel ist eine geschlossene Umgebung, doch es gibt im Wald für Menschen keinen Schutz ohne eine Wohnung, die seinen Schutz hervorruft. Die Wohnung schafft keinen Schutzraum, der nicht schon da gewesen wäre; sie schützt nicht, indem sie sich abschließt, sondern vielmehr, indem sie die Einschließung um sich herum aufruft. Sie tut das, indem sie sich auf die Erde in ihrer Offenheit stellt. Ein Haus ist eine Anlage des Äußeren, definiert nicht so sehr durch seine Wände als durch seine Fenster und Türen, seine Veranda, seine poröse Offenheit zur Erde.

Fallingwater ist in diesem Sinne ein Meta-Haus. Sein utopisches Beispiel macht eine Aussage darüber, was es heißt, ein Haus zu sein. Frank Lloyd Wright lehrte durch Beispiel, daß Schutzraum auf dem Prinzip architektonischer Offenheit und nicht Einschließung beruht. Immer wieder beharrt er darauf, daß sich Freiheit und Demokratie auf die natürliche Offenheit des Wohnens gründen müssen:

> Wenn eine sich *entfaltende* Architektur im Gegensatz zu einer *einhüllenden* Architektur nach Amerika kommt, wird die Wahrheit des Aussehens mit der Wahrheit des Seins verbunden sein: Individualität, verwirklicht als edles Attribut des *Seins. Das* ist das Wesen, das die Architektur der Demokratie annehmen wird, und wahrscheinlich wird diese Architektur, wenn wir sie analysieren, ein Ausdruck der höchsten Form der Aristokratie sein, die sich die Welt erdacht hat. (S. 256)

Dies könnten wir Wrights konkrete Version einer »Fundamentalontologie« nennen. Die Wahrheit des Aussehens und die Wahrheit des Seins sind miteinander durch das verbunden, was wir in anderen Kontexten *logos* genannt haben. Diese Beziehung wiederum dient dazu, die Demokratie zu begründen, denn im Grunde ist die Demokratie für

Wright die »wahrhaftige« Art und Weise, auf der Welt zu sein. Aus diesem Grund muß sie ihre Basis in der Architektur haben. Wir leben nicht in Ideen, Werten, politischen Systemen oder Ideologien; wir leben im wesentlichen in Häusern. Die Demokratie ist eine besondere Art von Zuflucht, die sich auf die Erde gründet.

Wright erinnert uns daran, daß die Erde dazu neigt, sich in sich zu verschließen oder sich in ihre Einschließung zurückzuziehen, und daß die Erde kein Schutzraum werden kann, wenn sie nicht durch menschliche Aneignung *entfaltet* oder enthüllt wird. Mittlerweile ist klar geworden, daß Aneignung nicht Besitznahme durch Erwerb bedeutet, sondern die Enthüllung von Freiheit im Raum des Wohnens. Die Freiheit beruht auf der Entscheidung, zu sein oder nicht zu sein, was wir bereits sind, nämlich Bewohner der Erde. Für Wright wird die politische Entscheidung der Freiheit von der Architektur einer Nation getroffen. Wenn die Architektur die fundamentale Kraft der demokratischen Freiheit bleibt, so deshalb, weil sie als die »Mutterkunst« fungiert, durch die sich ein Volk auf dem Land, das die Nation selbst gründet, häuslich machen kann. In der Macht der Architektur steht die Entscheidung, ob das Volk frei sein wird oder nicht, ob die Menschen in der »breiten Offenheit der Zuflucht« zu Hause sein werden oder in Kästen entfremdet, die den *logos* abschließen und ihn der Vergessenheit überantworten. Die Menschen sind nur frei, wenn sie behaust sind; und behaust sind sie nur, wenn sich ihre Wohnung *entfaltet* und nicht *einhüllt*. Wenn also Wright von einer »sich entfaltenden Architektur« sprach, die er in Verknüpfung mit der »Wahrheit des Seins« sah, forderte er seine Nation dazu auf, auf der untersten Ebene Verantwortung für die Freiheit zu übernehmen. Eine solche Verantwortung beginnt mit der Einsicht, daß die Freiheit in »dieser verlängerten waagerechten Linie als der wahren Erdlinie des menschlichen Lebens [liegt], die auf Freiheit verweist. Immer.«

Eine Regierung, die die Rechte eines Menschen garantiert, garantiert dadurch noch nicht seine Freiheit, denn seine Freiheit wird zuerst und zunächst durch ein Haus geschützt, das den Schutz der Erde um sich sammelt. Nur die »Mutterkunst« kann den Grund für solche Freiheit legen. Zu Wrights Begriff von Freiheit gehörte eine Befreiung von der Tyrannei des Internationalen Stils in der Architektur:

> Organische Architektur glaubt an die Vernichtung dessen, was der sogenannte Internationale Stil als den Kasten verfochten hat. Wir hatten das Gefühl, daß es, da die Natur des modernen Lebens durch sein Bekenntnis zur Freiheit gekenn-

> zeichnet war, im Bauen einen freien Ausdruck geben sollte. Der Kasten war nur eine Behinderung und ein Zwang. Die ganze Architektur war der Kasten gewesen – ein dekorierter Kasten oder ein Kasten mit übertriebenem Deckel oder ein Kasten mit Pilastern, aber immer ein Kasten ... Was horizontal geschehen konnte, konnte auch mit der Vertikalen passieren. Die wesentliche Natur des Kastens konnte beseitigt werden. Wände konnten voneinander unabhängige Schirme sein; der offene Plan erschien zwanglos; die Beziehung der Bewohner zum Außenraum wurde enger; Landschaft und Gebäude wurden eins, wurden harmonischer; und anstelle eines separaten Dinges, das unabhängig von Landschaft und Gelände hingestellt wurde, wurde das Gebäude mit Landschaft und Gelände unvermeidlich eins. So wurde das Leben des Individuums von dem neuen Architekturkonzept, von Licht und Freiheit des Raumes, erweitert und bereichert. (S. 83f.)

Halten wir hier einen Augenblick inne und sprechen von einem Brief, den Jimmy Carter vor kurzem an Hunderttausende, wenn nicht Millionen amerikanischer Familien versandt hat (eine Botschaft, die selbst schon bestätigt, daß eine Wohnung und eine Adresse völlig verschiedene Phänomene sind). Der Brief erklärt, warum sich Jimmy und Rosalyn entschlossen haben, die Arbeit von »Habitat for Humanity« zu unterstützen; diese Organisation bemüht sich um Hilfe für »Hunderttausende von Familien mitten in Amerika, die in den bedauernswertesten Wohnverhältnissen leben, die man sich vorstellen kann: Wohnungen in Ghettos voller Schaben und Ratten; verfallene landwirtschaftliche Schuppen; heruntergekommene baufällige alte Etagenwohnungen«. Um die Notlage solcher aus ihren Wohnungen vertriebenen Familien persönlich und mitleiderregend darzustellen, beschreibt Carter die Lebensbedingungen einer bestimmten Familie, der Bohannons aus Cartersville, Georgia. Er erzählt von Sara, Lonnie und ihren beiden Kindern Tony und Carolyn, »die sich abmühen, in zwei Lagerschuppen aus Wellblech (von der Art, in der Sie und ich vielleicht einen Rasenmäher unterstellen würden) über die Runden zu kommen! ... Sie hatten kein fließendes Wasser, keine Toilette und nicht viel Hoffnung. ... Doch Sara und Lonnie waren sehr stolz und weigerten sich, Almosen in irgendeiner Form anzunehmen.« Durch einen umlaufenden Kreditfonds und das Engagement von über 100000 Freiwilligen hat »Habitat for Humanity« die Bohannons in die Lage versetzt, ein preiswertes Haus zinslos zu kaufen. Die Organisation hofft, mit Hilfe von uns allen, die wir vermutlich Rasenmäher besitzen, Gleiches noch für viele Tausende von Familien im ganzen Land zu tun.

Wir wissen nicht, was für eine Art von »Habitat« die Bohannons zurückließen, denn in dem Brief steht nicht,. ob ihr Schuppen auf die Erde hinausging, auf einen Wald, einen Fluß, ein Feld oder nur einen städtischen Slum. Wir können jedoch sicher sein, daß ihr neues »Heim« im wesentlichen ein Kasten ist. »Oh, es ist nichts Ausgefallenes, zumindest nach den Maßstäben der meisten von uns«, schreibt Carter über ihre neuen Wohnverhältnise, »aber das Haus hat Schlafzimmer ... und sanitäre Anlagen ... und sichere elektrische Leitungen.« Was können wir von diesem Happy-End halten? Was für ein Konzept von Heim liegt hier zugrunde? Können sichere Leitungen und fließendes Wasser für sich allein die Entfremdung, in einem Kasten zu leben, heilen?

Wie jetzt? Sollen wir alle Menschen in einem von Frank Lloyd Wright entworfenen Heim unterbringen? Was können Projekte für »erschwingliches Bauen« mehr für die Enteigneten tun, als ihnen einen Kasten zu bieten? Bei der Beschäftigung mit solchen Fragen wollen wir uns zunächst hüten, nach Art der Politiker zu erklären, es gebe keine einfachen Antworten. Fallingwater ist weniger ein Haus als eine Aussage über das Wesen eines Hauses. Wright betrachtete den Hausbau als die Grundlage der amerikanischen Demokratie, nicht als das Privileg der Reichen. Aus diesem Grund verbrachte er so viel Zeit damit, Modelle für die sogenannten »usonischen Häuser« zu entwickeln – das sind preiswerte Einfamilienhäuser ebenso wie Komplexe mit mehreren Wohneinheiten. Diese Modelle verkörpern das extreme Konzept des »erschwinglichen Hausbaus«, aber sie zeigen uns einen Weg aus dem Kasten heraus. In der wunderbaren Einfachheit des usonischen Hauses wohnt man in der Entfaltung des Raums, im Außenraum seines »weiten offenen Schutzes«, in der Freiheit des Raumes als solchen. Wenn »Architektur Dichtung ist«, wie Wright behauptete, warum dann diese unleserliche Prosa des Städtischen? Warum wird der Hausbau immer noch von unerträglichen Modellen beherrscht, wenn Dichter bis hin zum letzten greifbaren Detail gezeigt haben, wie man selbst das bescheidenste Wohngebäude in Übereinstimmung mit dem Sinn des Wohnens bauen kann?

Frank Lloyd Wright war kein einsamer Träumer, der in den Wäldern, eine Meile von jedem Nachbarn entfernt, Gedichte auswalzte. Er war ein Mann, der Häuser baute, der Gebäude entwarf, der Städte plante und der uns Schritt für Schritt zeigte, wie man die weite offene Zuflucht der Freiheit in die moderne Metropole bringen kann. Er war der Dichter der Technik ebenso wie der konkrete Architekt der abstrakten Visionen eines Visionärs wie Thoreau. Sein Werk und seine Pläne demonstrierten konkret, in einer Weise, die zu Nachahmung und Fortsetzung ermutigte, wie man auf dem tiefsten Fundament der Freiheit in Übereinstimmung mit dem Sinn des Wohnens eine Welt bauen kann. Seine gesamte Laufbahn bestätigt, daß sich poetische Vision in eine Praxis übersetzen läßt, die auf festem Boden, unmittelbar an der Basis der Dinge, beginnt. Diese Karriere ist ein Beweis für Verwirklichung; ein Beweis, daß ein Zeugnis wie *Walden* nicht die Privatsprache eines einsamen Dichters zu bleiben braucht, sondern zur Basis eines öffentlichen Glaubensbekenntnisses werden kann.

Es genügt, wenn man ein Modell des usonischen Hauses mit dem vergleicht, was heute unter die Rubrik »erschwinglicher Hausbau« fällt, um sich die Frage zu stellen, warum die Nation als ganze durchgängig und systematisch ihre Dichter ignoriert. Die Folgen solcher Vernachlässigung sind unermeßlich, denn wenn eine Nation ihre Dichter verliert, verliert sie den Zugang zum Sinn des Wohnens. Wenn sie den Sinn des Wohnens verliert, verliert sie die Mittel zum Bauen. Und wenn sie die Mittel zum Bauen verliert, dann verliert nach derselben Logik das Wohnen selbst seinen Sinn. Auch noch so viel fließendes Wasser oder sichere Leitungen können für sich allein aus einem Haus kein Heim machen, denn wenn eine Nation ihre Dichter ignoriert, wird sie eine Nation der Heimlosen.

Andrea Zanzotto

Sofern die menschliche Gesellschaft in der Zwischenzeit nicht ihr Gedächtnis verliert, werden die letzten Jahrzehnte des 20. Jahrhunderts später einmal als ein Zeitraum in Erinnerung bleiben, der zu den kritischsten Epochen der Geschichte gehört – als eine Phase, in der die gesamte Menschheit gewaltsam in ein neues, überaus abweichendes Jahrhundert geschleudert wurde. Das Ausmaß der Veränderungen, die wir heute erleben, ist in Natur- wie in Kulturgeschichte ohne Beispiel. Die weltweite Entwurzelung sowohl der Natur als auch der Menschheit macht jeden einzelnen von uns in gewisser Weise zum Flüchtling. Wie lange wir Flüchtlinge auf der Erde bleiben werden, kann niemand sagen, aber die Tatsache der Unbehaustheit ist mittlerweile selbst für die privilegiertesten oder geschütztesten Mitglieder der menschlichen Familie offenkundig geworden.

Was für uns überhaupt nicht offenkundig ist, sind dagegen die potentiell rettenden Kräfte, die vielleicht eines Tages gegen die Strömung des Nihilismus aufstehen. Es kann durchaus sein, daß man sich künftig an diese Jahrzehnte vor allem wegen der unwahrscheinlichen Existenz einer Handvoll von Dichtern erinnert, die die alten Hausgötter in ein Versteck schafften. Aus unserer gegenwärtigen Perspektive scheint für den augenblicklichen Aufruhr der Geschichte nichts überflüssiger zu sein als Dichter, doch unsere gegenwärtige Perspektive kann sich als das Überflüssigste herausstellen, was es gibt. Mit anderen Worten, es kann sich als eine der erlösenden Tatsachen unserer Zeit erweisen, daß ein Dichter wie A.R. Ammons existierte, daß seine Stimme von einem Ort jenseits der Grenze des heutigen Nihilismus sprach und daß seine Gedichte der geheimnisvollen entwicklungsgeschichtlichen Verbindung Asyl boten, die die menschliche Historizität mit der Natur verknüpft. Soviel ist sicher: in einer Zeit, in der die Götter keine andere Wahl haben, als aus der zusammenbrechenden Stadt des Menschen zu fliehen, sind es nur die Dichter, die sie in sicheren Gewahrsam nehmen können.

Es ist also möglich und sogar wahrscheinlich, daß man sich an unsere Zeit nicht nur wegen ihrer ekstatischen Zerstörung all dessen erinnern wird, was kulturell und historisch authentisch war, sondern auch wegen der rettenden Bemühungen ihrer wenigen – sehr wenigen – wachsamen Dichter. Zu diesen ganz wenigen gehört ein italienischer Dichter, dessen Initialen unser Alphabet umschließen – Andrea Zanzotto. Von ihm war im Vorwort zu diesem Buch die Rede, und jetzt, am Ende der Geschichte, die wir verfolgt haben, ist die Zeit gekommen, um seinen Namen erneut zu nennen. Andrea Zanzotto.

Zanzottos Biographie ist unauffällig. Er wurde 1921 in der Kleinstadt Pieve di Soligo geboren, die nördlich von Treviso am Fuße der Voralpen in der Region Veneto liegt. Ähnlich wie John Clare ist er selten über die Grenzen seines heimatlichen Horizonts hinaus gereist. Er mißtraut den »vielen Versprechungen« von Reisen. Er stellt fest, und das zu Recht, daß eine wahre Reise nur selten und nur von sehr wenigen Menschen verwirklicht wird. So bleibt Zanzotto, um mit Heidegger zu sprechen, »in der Provinz«, wo er als Lehrer in seiner Geburtsstadt tätig ist. Er hat Gedichte in seinem Provinzdialekt verfaßt, doch der größte Teil seines dichterischen Werks ist auf italienisch geschrieben. Er hat beträchtliche Anerkennung nicht nur in Italien, sondern auch in den Vereinigten Staaten gefunden, wo eine Auswahl seiner

Gedichte 1975 ins Englische übersetzt wurde und danach dann auch wissenschaftliche Abhandlungen, Dissertationen und Zeitschriftenartikel über ihn erschienen; doch es wird wahrscheinlich noch zehn oder zwanzig Jahre dauern, bis seine Leistung voll anerkannt ist.

Der italienische Kritiker Gianfranco Contini sagte einmal von ihm, er verberge sich in seiner Heimatstadt wie in einer Katakombe. Zanzotto erkennt an, daß an diesem Vergleich etwas Wahres ist. Er lebt bewußt im verborgenen. Seine provinzielle Isolation, wie er sie versteht, gibt ihm einen Spielraum der Distanz zu den metropolitanen Zentren der Geschichte, und aus diesem Spielraum kann er »hinter die Erscheinungsformen« der Geschichte auf die geheimnisvollen Kräfte blicken, die sie motivieren, gestalten oder deformieren. Eine solche Isolation schützt ihn außerdem vor der »negativen Radioaktivität«, die von diesen Zentren ausgeht. Zanzotto findet Continis Vergleich mit einem Wohnen in den Katakomben besonders passend, denn wie er bemerkt, sind Katakomben nicht nur Zufluchtsstätten für die Verfolgten, sie sind auch Orte, an denen neue Religionen geboren werden. Und nichts wird in diesem Augenblick der Geschichte vielleicht dringender gebraucht als das Kommen einer neuen Religion, wie alt ihre Ursprünge auch sein mögen.

Es ist nicht die Aufgabe des Dichters, eine neue Religion hervorzubringen, und es steht auch nicht in seiner Macht. Allenfalls kann er bei seiner einsamen Nachtwache den Raum oder die Möglichkeit für eine neue Offenbarung offenhalten. Wie es zu ihr kommen könnte – warum, wann, wo und vor allem *ob* –, bleibt unabschätzbar, aber es besteht kaum ein Zweifel, daß dies im gegenwärtigen Zeitalter nur in einem Katakombenraum geschehen könnte.

In die Katakomben hinabzusteigen heißt für Zanzotto, hinter die Erscheinungsformen von Natur und Geschichte auf die entwicklungsgeschichtliche Quelle beider zu blicken. Da dies eine Quelle ist, die hinter den Erscheinungen verschwindet – tatsächlich nennt sie Zanzotto das *richissimo nihil*, das reiche Nichts –, bedarf es einer besonderen Betrachtungsweise, um hinter die Erscheinungen zu sehen. Mit anderen Worten, in gewissem platonischen Sinne kommen wir nie über die Erscheinungen hinaus. Natur und Geschichte in ihrer rätselhaften Verbindung zeigen sich Zanzotto vor allem in der Landschaft, die Pieve di Soligo umgibt. Er verbirgt sich in seiner Heimatstadt, weil er nur auf der Grundlage seiner Verwandtschaft zu seiner Heimatlandschaft darangehen kann, die Geheimnisse zu erkunden, die *Dietro il paesaggio* – »Hinter der Landschaft«, wie der Titel seiner ersten Gedichtsammlung lautet – liegen.

Dadurch, daß er in seiner Heimatstadt bleibt, entscheidet sich der Dichter auch dafür, in das vielfältige und heterogene Gewebe der Sprache verstrickt zu bleiben. Sein lokaler Dialekt ist eine ausgeprägte Sprachform innerhalb eines regionalen Dialekts, der sich im Veneto von Stadt zu Stadt deutlich ändert. Neben diesem gesprochenen Dialekt steht die italienische Nationalsprache, zu der Zanzotto eine ganz andere Beziehung hat. Französisch und Deutsch sind in seiner Nordprovinz ebenfalls offensichtlich gegenwärtig. Eine weitere Dimension des sprachlichen Erbes ist das ritualisierte Latein der Messe. Und in den letzten Jahren ist Pieve di Soligo dem Invasionsdruck des Englischen ausgesetzt gewesen, das sich auf barbarische Weise selbst in die entlegensten Provinzen gedrängt hat (»Snackbar«, »Supermarkt«, »Blue Jeans« – solche Wörter finden sogar den Weg in einige seiner Gedichte). Für Zanzotto führt diese sprachliche Vielfalt oder diese Vermehrung von Codes zu der alten, aber immer noch verwirrenden Frage nach den – willkürlichen oder natürlichen – Banden, die die Sprache mit der Wirklichkeit verbinden. Was sagt ein Wort wirklich? Was ist seine Herkunft? Was an dem Ding benennt es? Kurz, wie sind die Sprache und die Realitäten, die sie benennt, ursprünglich gegeben? Letztlich eine Frage nach dem *logos*.

Die Landschaft in der Umgebung von Pieve di Soligo wirft Fragen auf, die denen ähneln, die von der Vielfalt sprachlicher Codes gestellt werden. Die traditionelle Verflochtenheit von Natur und Kultur in der Landschaft – ein reichhaltiges, historisch geprägtes Gewebe, das unter Zanzottos Augen verschwindet, vernichtet durch die Zerstörungskräfte des Jahrtausends, von denen oben die Rede war –, diese Verflochtenheit verweist auf die rätselhafte zugrundeliegende Beziehung zwischen beiden. Wenn Natur und Kultur aus einem gemeinsamen Ursprung hervorgehen, was für einer ist es dann? Was liegt hinter der Landschaft, die sowohl die Formen der Natur als auch die Formen der Kultur hervorbringt? Wird diese erzeugende Quelle zusammen mit dem, was sie langsam im Laufe der Jahrhunderte hervorgebracht hat, ebenfalls vernichtet werden? Eine weitere Frage nach dem *logos*.

Der Grund, weshalb wir uns am Ende der Geschichte, die wir in diesem Buch verfolgt haben, Zanzotto zuwenden, ist der, daß in seiner gesamten Dichtung das allgegenwärtigste und bevorzugte Sinnbild für die schaffenden Kräfte von Natur wie Kultur der Wald ist. Genauer gesagt, es sind die Reste der *selva antica*, des alten Waldes auf dem Montello bei Pieve di Soligo, wo die Italiener 1918 einen entscheidenden Sieg über Österreich-Ungarn errangen. Über den Montello verstreut liegen mitten in den alten und jungen Wäldern Gräber aus dem Ersten

Weltkrieg. Schon das macht den Wald zu einem Ort, an dem sich Geschichte und Natur überschneiden. In der *selva antica* sucht und findet Zanzotto Spuren der Fähigkeit der Natur zu unerhörter Vielfalt und Spezifizierung, das heißt, er findet zahllose *Zeichen*, die auf die schöpferische Quelle all dessen verweisen, was ist. Doch im Kern dieser Fülle findet er auch Spuren der Zerstörung, die darauf hinweisen, daß auch die Zerstörung ihre Motivation aus derselben Quelle bezieht. Auf solche Weise erscheint also der Wald in Zanzottos Dichtung als das typische Phänomen, das aus dem Ursprung von Natur wie Kultur hervorgeht, und dies so sehr, daß wir sagen könnten, Zanzotto erscheine als der Dichter der Genese des Waldes. Sein Wald wiederum erscheint als Synekdoche für die Totalität dessen, was ins Sein tritt und aus ihm wieder heraustritt.

Die erzeugende Quelle selbst bleibt unaussprechlich, denn sie beansprucht schon im voraus menschliche Sprache. Sie liegt zwar hinter der Landschaft, doch nicht wie ein Gesicht, das sich unter einer Maske verbirgt. Sie ist nichts anderes als die Landschaft in ihrer unerklärlichen Gegenwart. Während sie sich hinter die Erscheinungen zurückzieht, hinterläßt sie an ihrer Stelle eine Landschaft, das heißt einen Wald von Phänomenen, zu dem Sprache und Geschichte ihrem inneren Wesen nach gehören.

Diesen Wald, der gänzlich von Naturgeschichte wie von Kulturgeschichte umschrieben wird, plündert das gegenwärtige Zeitalter. Die Gründe für solche Verwüstung bleiben im dunkeln, doch wie oben angedeutet, sieht es so aus, als hätten sie teil an demselben Ursprung wie die schöpferischen Kräfte. Auf die eine oder andere Weise führt die Suche nach diesem Ursprung – seine Fragwürdigkeit sozusagen – Zanzotto zurück zur Faktizität des *logos*, den wir mittels der unwandelbaren Beziehung des Menschen zur Natur definiert haben. Letztlich ist es diese Beziehung, die die Welt gibt. In ihrem Abgrund – und es ist ein Abgrund, insofern die Beziehung grundlos ist – tritt die Welt erstmals in Erscheinung. Ohne *logos* gibt es weder Natur noch Geschichte, was soviel heißt wie, daß es keine »Landschaft« gibt (die immer beides enthält). Mit anderen Worten, es ist die Beziehung zwischen Natur und Geschichte, die jeder von beiden ihre spezifischen Seinsdimensionen verleiht. Natur ohne Geschichte hat kein Sein. Ganz gleich, was uns Naturwissenschaftler über das galaktische Alter des Universums erzählen mögen, außerhalb der Sphäre des *logos* hat die Natur kein Sein – sie *ist* nicht. Der *logos* ist es, der es dem Ursprung überhaupt erst ermöglicht, etwas hervorzubringen. Dies, und dies vor allem, ist die unwandelbare Tatsache, für die die Geschichte jetzt die volle Verantwortung übernehmen muß, doch genau in dieser Hinsicht bleibt unsere gegenwärtige Unverantwortlichkeit außerordentlich.

Ein Dichter wie Zanzotto übernimmt solche Verantwortung auf die radikalste Weise, die es gibt, indem er nämlich das entwicklungsgeschichtliche Geheimnis des *logos* im dichterischen Wort auslotet, nicht um es zu beherrschen oder zu decodieren – das wäre ohnehin unmöglich –, sondern vielmehr, um die Dimension seiner Unergründlichkeit offenzuhalten. Seine Dichtung nimmt den *logos* sozusagen in ihre Obhut; sie spricht aus der grundlosen Faktizität der Beziehung heraus; oder besser gesagt, sie wird von dem gesprochen, was Rede überhaupt erst möglich macht. Solche Dichtung ist allerdings schwer zu lesen, eben weil sie katakombenhaft – waldartig – ist.

Es ist nicht unsere Absicht, uns auf eine kritische Analyse der Dichtung selbst einzulassen, eine Bemühung, deren Ergebnisse zu diesem Zeitpunkt nur zweifelhaft sein könnten. Wir haben noch nicht gelernt, uns auf kritische Analysen einzulassen, ohne das Schweigen solcher Dichtung in der Sprache der Reflexion zu ertränken. Vielleicht werden wir in Zukunft einen Weg finden, über die Sprache der Reflexion hinauszugelangen. In einer solchen Zukunft wird sich die Tatsache, daß es einst einen Andrea Zanzotto gab, vielleicht als eines der bedeutsameren historischen Ereignisse unserer Zeit erweisen, denn wir können nicht im voraus wissen, was eines Tages aus den Katakomben der Dichtung herauskommen wird – ein neuer Gott, eine neue Ökologie, eine neue *selva antica*. Hören wir inzwischen auf eines von Zanzottos frühen Gedichten aus der Sammlung *Dietro il paesaggio:*

Versammlung

Noch zögert die Erscheinung
der wilden Soldaten
an den Türen, und feindliche
Flaggen hißt auf den Festungen
der Abend, ruft Piazzas zusammen.

Ein verbrannter Stern hat diese Erde zerstört
tief in Brunnen und Höhlen
stürzt sich der Schatten des Sommers
aus Gassen und von Söllern
und aus den zerbrochenen Theatern.

Im Muster der Pflasterungen,
in den Rissen der Kasernen,
in den Klausuren der Turnhallen
glüht eine Krankheit,
das Glas Same des Eises entartet,
Wein und Gold verwelken auf den Tischen.

Aber, Stolz der Welt,
entstellte Erinnerung an andere Jahreszeiten,
der Wald bleibt bestehen.

Epilog

Die Ökologie der Endlichkeit

Wir begannen dieses Buch mit einem Motto aus Vicos *Neuer Wissenschaft:* »Die Ordnung der menschlichen Dinge schritt so vorwärts: zunächst gab es die Wälder, dann die Hütten, darauf die Dörfer, später die Städte und schließlich die Akademien.« Jedes Stadium der Ordnung steht für eine Weise des Wohnens. Die Ordnung kommt in Gang, als sich die Giganten auf der Lichtung niederlassen, eine Wohnung für ihre Entfremdung errichten, sich den Boden der gefallenen Eicheln durch das Gesetz des Sammelns oder die *lex* aneignen. Das anfängliche Staunen der Giganten – ihre Furcht unter dem Himmel – bindet sie an die Erde, der sie ihre Toten anvertrauen. Das Begräbnis der Toten domestiziert den Ort des Wohnens, da der *logos* die Offenheit, den Schrecken und die Unergründlichkeit der Endlichkeit zu einem *oikos* macht.

In dem Maße, wie die Ordnung der menschlichen Dinge ihren Lauf nimmt oder wie die Hütten erst Dörfern, dann Städten und schließlich kosmopolitischen Akademien weichen, rücken die Wälder immer weiter fort vom Mittelpunkt der Lichtungen. Im Mittelpunkt vergißt man schließlich, daß man auf einer Lichtung wohnt. Der Mittelpunkt wird utopisch. Je größer der Kreis der Lichtung, desto mehr ist der Mittelpunkt nirgends und desto mehr wird der *logos* reflektierend, abstrakt, universalistisch, im Wesen ironisch. Doch wie weit auch der Kreis durch die Trägheit der städtischen Expansion werden mag, er behält vermutlich einen Rand der Undurchsichtigkeit, an dem die Geschichte auf die Erde trifft, an dem die menschliche Wohnung ihre Grenzen erreicht und der *logos* seine angestammte Begründung bewahrt. Dieser Rand heißt allgemein Provinz. Nur die Provinz sichert den Zusammenhalt des Mittelpunktes.

Wenn man aufhört, in einer Provinz zu wohnen, oder wenn die Provinz von der Mitte überholt wird, findet man sich im zerstreuten Utopia von Städten und Akademien wieder. Der Provinzbewohner weiß, wenn man einen Felsen aus dem Boden zieht und ihn umdreht, wird man auf seiner Unterseite wahrscheinlich eine verborgene Welt von

Erde, Würmern und Insekten finden. Jemand, der nicht in der Provinz wohnt, ahnt so etwas nicht, oder aber er neigt dazu, es zu vergessen, denn die Steine, aus denen seine Stadt besteht, sind schon vom Boden abstrahiert, gesäubert und nach Maß angefertigt. Eine Provinz ist, mit anderen Worten, ein Ort, an dem Steine zwei Seiten haben.

Die einseitigsten Steine von allen sind vielleicht die, aus denen die Mauern der Akademie bestehen. In dem Augenblick, in dem das Denken in diesen Mauern Zuflucht sucht und die Provinzen des Geistes, der Nation oder des Reiches verläßt, kann es nicht mehr radikal bleiben. Allenfalls kann es eine Form der »Metaphysik« werden, die auf den Lichtungen der Aufklärung nach kosmischen Fundamenten sucht. Die fundamentalste Art des Denkens ist ausnahmslos provinziell, in der einen oder anderen Form. Daher die berühmte Anekdote über Heraklit, die Aristoteles berichtet: er spricht davon, »wie Heraklitus zu seinen Gästen gesagt haben soll, die ihn besuchen wollten, diese sahen ihn nämlich, als sie eintraten, ganz erhitzt am Kamine, und blieben deshalb stehen, er aber hieß sie nur ungescheut eintreten, indem er hinzufügte: auch hier sind die Götter« (*De partibus animalium*, I,5,645a 17). Die Besucher konnten sich nicht vorstellen, daß der Philosoph aus Ephesus ein Provinzler sein könnte, und noch weniger, daß die Götter des Schicksals in einem gewöhnlichen Haushalt anwesend sein könnten. Schließlich liegt die Heimat der Götter in den himmlischen Sphären oder zumindest doch auf hohen Berggipfeln. Heraklit aber erinnert seine Besucher daran, daß die Götter überall gegenwärtig sind, wo sich menschliche Entfremdung eine Wohnung auf der Erde gemacht hat.

Aus der Anekdote geht jedoch nicht hervor, weshalb eigentlich diese Besucher erstaunt waren, als sie sahen, wie sich Heraklit an einem häuslichen Herd wärmte. Vielleicht waren sie Provinzler, die nach Ephesus gereist waren, um die Wunder der Metropole zu schauen, zu denen auch der berühmte Philosoph gehörte. Provinzler lassen sich so leicht verblüffen – und das ist der Grund, weshalb sie es oft so eilig haben, die Provinzen zu verlassen –, aber nichts könnte sie so sehr verblüffen wie der Anblick eines Denkers, der sich mit Göttern bespricht, die ihnen von ihrem eigenen Herd her vertraut sind.

Wir haben bereits die Fähigkeit verloren, uns durch eine solche Anekdote verblüffen zu lassen, denn wir haben kaum noch eine Vorstellung von dem, was eine Provinz ist. Wie eine der traditionellen Definitionen Gottes es formuliert, ist die Mitte jetzt überall und der Umfang nirgends. (Der so definierte Gott war zweifellos kein häuslicher, sondern ein städtischer Gott.) Dieser allmähliche Verlust eines Randes der Undurchsichtigkeit, an der die menschliche Wohnung ihre

Grenzen auf der Erde findet, ist Teil der globalen Geschichte des städtischen Expansionismus. Im Abendland waren sein erstes und letztes Opfer die Wälder. Wie wir in zahlreichen Versionen im Verlauf dieser Untersuchung deutlich zu machen versucht haben, markieren Wälder den provinziellen Rand der abendländischen Zivilisation, im konkreten wie im imaginativen Bereich. Obwohl sie schon früh unter die Jurisdiktion öffentlicher Institutionen (königliche Gehege, Forstverwaltung, Ökologie und so fort) gebracht worden sind, haben sie dennoch bis auf den heutigen Tag ihre alten Assoziationen in der kulturellen Phantasie bewahrt. Ihre Priorität und Außenstellung hinsichtlich der institutionellen Ordnung hat sich in unserem Geist nicht wirklich geändert. Was sich neuerdings geändert hat, ist unsere Besorgnis über den Verlust eines Außenrandes.

Das globale Problem der Entwaldung ruft dieser Tage unter Stadtbewohnern unwahrscheinliche Reaktionen der Besorgnis hervor, nicht nur wegen der Ungeheuerlichkeit des Maßstabs, sondern auch deshalb, weil in den Tiefen des kulturellen Gedächtnisses Wälder immer noch das Korrelat menschlicher Transzendenz sind. Wir nennen es Verlust der Natur oder Verlust des Lebensraums für wilde Tiere oder Verlust der Artenvielfalt, aber das, was der ökologischen Besorgnis zugrunde liegt, ist vielleicht eine viel tiefere Vorahnung über das Verschwinden von Grenzen, ohne die die menschliche Wohnung ihr Fundament verliert. Irgendwo spüren wir noch – wer weiß, wie lange noch? –, daß wir uns nur in unserer Entfremdung oder im *logos* des Endlichen häuslich machen. Im kulturellen Gedächtnis des Abendlandes »entsprechen« Wälder der Außenstellung des *logos*. Die Geächteten, die Helden, die Wanderer, die Liebenden, die Heiligen, die Verfolgten, die Außenseiter, die Verwirrten, die Ekstatischen – sie alle gehören zu denen, die in der Geschichte, die wir in diesem Buch verfolgt haben, das Asyl des Waldes gesucht haben. Ohne solche Außenbereiche gibt es kein Innen, in dem wir wohnen können.

Wer zu Hause bleibt, wer strikt innerhalb des gerodeten Raums der institutionellen Ordnung wohnt, bleibt heimatlos ohne die Eindämmung der Provinz. Noch wesentlicher, er bleibt heimatlos in dem Augenblick, in dem er ohne einen provinziellen Gesandten ist, der das Heimatland verläßt und aus der Ferne mit einer Botschaft der Entfremdung zurückkehrt. Ein solcher Gesandter ist nicht jemand, der die Provinz verläßt, um in die Hauptstädte der Welt zu ziehen, und der mit Berichten von den Wundern der Metropole zurückkehrt, sondern vielmehr der Dichter, der sich in die entgegengesetzte Richtung aufmacht – über die Grenzen der Provinz hinaus und in die Unterwelt des Waldes. Diese Unterwelt ist die Erde in ihrer rätselhaften Fatalität.

Georg Trakl, der 1914 verstorbene österreichische Dichter, spricht von einer Seele, die aufgerufen wird, »unterzugehen« oder ihrer natürlichen Entfremdung auf der Erde zu folgen. Als diese Seele auf den Ruf antwortet, geht sie in den Wald. In dem Gedicht »Am Mönchsberg« hört die wandernde Seele eine Stimme, als sie eine Brücke überquert:

> Wo im Schatten herbstlicher Ulmen der verfallene Pfad hinabsinkt,
> Ferne den Hütten von Laub, schlafenden Hirten,
> Immer folgt dem Wandrer die dunkle Gestalt der Kühle
>
> Über knöchernen Steg, die hyazinthene Stimme des Knaben,
> Leise sagend die vergessene Legende des Walds,
> Sanfter ein Krankes nun die wilde Klage des Bruders.
>
> Also rührt ein spärliches Grün die Knie des Fremdlings,
> Das versteinerte Haupt;
> Näher rauscht der blaue Quell die Klage der Frauen.

Der Knabe mit der hyazinthenen Stimme ist einer, der »früh gestorben« ist. In seinem frühen Tod bewahrt er eine alte Erinnerung an die Legende des Waldes. In dem Augenblick, in dem der Wanderer den »knöchernen Steg« überquert, wird die Legende erneut in der Stimme des Knaben gehört, die aus dem Totenreich aufsteigt. Diese Legende hat zahllose Versionen in der abendländischen Phantasie (wir haben in diesem Buch nur einige von ihnen verfolgt). Sie ist inzwischen vergessen, denn in den »Hütten von Laub« schlafen die Hirten. Wir wohnen in einem Vergessen, aus dem uns nur Dichter erwecken können, wenn sie von Zeit zu Zeit wieder die hyazinthene Stimme des Knaben hören. Doch wie die Wälder verschwinden, so verschwindet auch die Legende in den Altertümern der Erinnerung. Und was bleibt Dichtern dann noch zu vernehmen?

Der irische Dichter Desmond O'Grady hat kürzlich erklärt: »Ich bin noch nicht tot.« Paradoxerweise würde das besagen, daß der Tod noch »lebendig« ist, wie unwahrscheinlich auch immer, und daß in gewissen Abständen die Ökologie der Endlichkeit im Dichterwort zum Vorschein kommt. Im Nordosten wandert zwar A.R. Ammons noch in den Wäldern, eine Meile von jedem Nachbarn entfernt. In den Vorgebirgen der Alpen weiß der italienische Provinzler Andrea Zanzotto, wo es Überreste der *selva antica*, des alten Waldes, auf dem Montello gibt, und er erinnert uns in seinem *Galateo in bosco* oder »Manierenbuch der Wälder«, daß wir im Modus der Ausschließung von dem existieren, was entweder verschwunden ist oder direkt unter unseren Augen verschwindet. Von Zeit zu Zeit bringt das Dichterwort noch *logos* zur Sprache, doch wir verlieren die Fähigkeit, ihn uns wieder anzueignen. Warum? Vielleicht, weil solche Sprache nichts »mitteilt«. Sie erinnert nur daran, daß der *logos* unser Wohnen an unseren Tod bindet; daß Sprache auf unserer Fähigkeit zu sterben beruht; daß jeder authentische Aussageakt kein Satz von der Form »S ist P« ist, sondern ein Eingeständnis, daß unsere Endlichkeit der *logos ist*, der S und P zusammenbindet. Als Menschen, die vor allem in Entfremdung wohnen, sprechen wir nicht bloß Sinn zur Welt, sondern wir »sprechen unseren Tod« zur Welt.

Gerade weil uns die Endlichkeit in der Sprache übergeben ist, verlieren wir das instinktive Wissen vom Sterben. Die Natur weiß zu sterben, aber Menschen wissen meist zu töten, und das ist ein Weg, auf dem es ihnen nicht gelingt, ihre Ökologie zu werden. Da wir allein den *logos* bewohnen, müssen wir allein die Lektion des Sterbens immer wieder lernen. Doch wir allein versagen beim Lernen. Und letztlich scheint nur so viel sicher: wenn wir nicht unseren Tod zur Welt sprechen, sprechen wir Tod zur Welt. Und wenn wir Tod zur Welt sprechen, verstummt die Legende des Waldes.

Danksagung

Dieses Buch ist Michel Serres gewidmet, aber es gibt eine Reihe von Menschen, denen seine Verwirklichung viel zu verdanken hat. Zu ihnen gehört vor allem Tyrus Miller, dessen Hilfe während der Überarbeitung des Textes unschätzbar war und dessen zahlreiche schöpferischen Anregungen daraus ein besseres Buch machten. Thomas Sheehan war in den früheren und späteren Stadien der Abfassung eine bedeutende Hilfe, sowohl mit seiner Kritik als auch mit seiner moralischen Unterstützung. Ebenso war es für mich eine großzügige Quelle der Inspiration und Ermutigung, daß Pierre Saint-Amand fast das gesamte Manuskript in verschiedenen Bearbeitungszuständen las. Peter Pierson danke ich für unsere Waldgespräche im MacArthur-Park-Restaurant in Palo Alto und spezieller noch für seine kritische Lektüre der ersten beiden Kapitel. Seth Lerers Vorschläge zum zweiten Kapitel waren mir besonders willkommen. Meine Schwester Sandra Harrison diente mir während des ganzen Schreibvorgangs als ideale Leserin. Von meinem Bruder Thomas Harrison erhielt ich entscheidende kritische Ratschläge. Giuseppe Mazzotta bleibe ich für seinen prägenden Einfluß auf meine gesamte intellektuelle Arbeit zu Dank verpflichtet.

Aufrichtigen Dank sage ich auch folgenden Personen für ihre direkte oder indirekte Unterstützung: A. R. Ammons, Daniel Herwitz, Arnold Davidson, Stanley Cavell, Stefano Velotti, Rachel Jacoff, René Girard, Jeffrey Schnapp, Jean-Marie Apostolides, James Winchell, Andrea Nightingale und Katie Gibson. Besonderer Dank gebührt auch Alan Thomas von der University of Chicago Press für seine Begeisterung über mein Vorhaben und für seine ausgezeichnete Arbeit als Lektor.

Ich danke der Stanford University für ihre beständige Großzügigkeit und dem Stanford Humanities Center dafür, daß ich dort das Jahr 1990–91 als Fellow verbringen und in dieser Zeit das Buch abschließen konnte.

Tiefempfundenen Dank sage ich Molly und Stewart Agras dafür, daß sie so angenehme Nachbarn waren und mir in ihrer Nähe eine ideale Arbeitsumgebung boten. Mein tiefster Dank schließlich geht an Antonia, ohne deren Kameradschaft ich dieses Buch nicht hätte schreiben können.

Anmerkungen und Literatur

Für jeden Kapitelabschnitt sind gesonderte Literaturverweise gegeben. Um die Bibliographie auf ein absolutes Minimum zu beschränken, habe ich hier nur diejenige Sekundärliteratur aufgeführt, die für mich im Laufe meiner Forschungen unmittelbar relevant, nützlich oder anregend war. Ein Teil der Interpretationen, die ich in diesem Buch gebe, ist möglicherweise schon von anderen Literaturwissenschaftlern vorgeschlagen worden, aber sofern nichts anderes angegeben ist, bin ich selbständig zu ihnen gelangt.

Zuerst die Wälder

Einen der beredtesten und umfassendsten Berichte über Wälder und die prähistorische Landschaft des Abendlands aus ökologischer und geographischer Perspektive, die ich kenne, enthält ein Klassiker des 19. Jahrhunderts, George Marshs *Man and Nature* (S. 128–329). Lewis Mumford hat dieses Buch zu Recht als »die Quelle der Naturschutzbewegung« bezeichnet (Caufield, S. 52). Andere empirische Darstellungen, die mir nützlich waren, sind Karl W. Butzers *Environment and Archaeology from an Ecological Perspective* (S. 62–78), William Russells *Man, Nature and History* (S. 35–46) und David Attenboroughs *Das erste Eden* (S. 1–60).

Das Zitat aus der *Äneis* entstammt der Übersetzung von E. Staiger.

Vicos Giganten

Denen, die vielleicht Vicos *Neue Wissenschaft* zum ersten Male lesen möchten, mache ich folgenden Vorschlag: das Buch rückwärts zu lesen und mit dem Schluß zu beginnen. Ich bin davon überzeugt, daß Vico wegen der dunklen und weitgehend unlesbaren Einleitung zu seiner *Neuen Wissenschaft,* die den Titel »Idee des Werkes« trägt, bis in neueste Zeit verhältnismäßig unbeachtet geblieben ist. Der Titel ist irreführend, denn diese Einleitung ist nur für denjenigen verständlich, der bereits eine gute Vorstellung davon hat, worum es bei der *Neuen Wissenschaft* geht. Diese Einleitung ist ein so verwirrender Ausgangspunkt, daß viele neugierige Leser nie darüber hinausgelangen, selbst Leser, die viel von der *Neuen Wissenschaft* zu gewinnen gehabt hätten: Montesquieu zum Beispiel oder Goethe, Herder, Hamann und so viele andere (selbst Rousseau vielleicht), die möglicherweise wirklich versucht haben, das Werk zu lesen, von denen sich aber ein großer Teil wahrscheinlich in den barocken Schatten seiner Einleitung verirrte.

Ein unentbehrliches Begleitbuch zur *Neuen Wissenschaft* ist meiner Ansicht nach *Der antike Staat* von Fustel de Coulanges. Abgesehen von seinem eigenen, autonomen Wert rekonstruiert dieses französische Meisterwerk die häuslichen Religionen der Antike, deren Kenntnis Vico bei seinen Lesern allzu oft voraussetzt. (Fustel de Coulanges wird in seinem Verhältnis zu Vico im zweiten Abschnitt des Kapitels »Wälder der Nostalgie« behandelt.)

Wertvolle Einführungen in Vicos Leben und Denken für Leser, die mit diesem Autor nicht vertraut sind, bieten Peter Burkes *Vico,* Bergins und Fischs Einleitung zu ihrer englischen Übersetzung von Vicos Autobiographie (S. 1–107), Benedetto Croces inzwischen klassisches Werk *Die Philosophie Giambattista Vicos* sowie die beiden von Giorgio Tagliacozzo herausgegebenen Sammelbände *Giambattista Vico's Science of Humanity* und *Vico and Contemporary Thought*.

Der Autor, der am genausten mit Vicos genetischer Psychologie zurechtkommt, ist meiner Ansicht nach Donald Verene (*Vicos Wissenschaft der Imagination*). In dieser Hinsicht habe ich auch von Giuseppe Mazzottas Aufsatz über Vicos kreative Philologie, »Vico's Encyclopedia«, gelernt. Hayden White bietet eine schöne Analyse der »tropologischen« Natur der Poetischen Weisheit in seinem Artikel »The Tropics of History: The Deep Structure of the *New Science*«, in: H. W., *Tropics of Discourse*, S. 197–217.

Die Vermutung schließlich, daß Wälder dem Konzept des Kreises und des Rades zugrunde liegen, stammt aus Roland Bechmanns *Des arbres et des hommes*, wo wir lesen: »Denn das Rad kam ohne jeden Zweifel aus dem Wald: es ist der Baum, der, in konzentrischen Ringen wachsend, die Kreisform in die Natur einführte, die sich der Mensch dann in so großem Umfang zunutze machte, als er die Eigenschaften des Kreismittelpunkts entdeckt und die Achse mit dem Rad verbunden hatte« (S. 258).

Der Dämon Gilgameschs

Kramers Übersetzung des sumerischen Texts »Gilgamesch und das Land der Lebenden« ist enthalten in Pritchards *Ancient Near Eastern Texts Relating to the Old Testament* (S. 47–50). Kursive Wörter finden sich im Original.

Bei meiner Erörterung des historischen Hintergrundes des Epos bin ich Gesprächen mit Maureen Gallery Kovacs verpflichtet, die vor kurzem eine neue Übersetzung der akkadischen Version des Gilgamesch-Zyklus veröffentlicht hat. Ihre Ausgabe enthält eine wertvolle Einleitung und einen Abschnitt über die Chronologie des Gilgamesch-Epos. Kramers Buch *The Sumerians: Their History, Culture and Character* ist eine klassische Untersuchung über die Geschichte der sumerischen Zivilisation. Man vergleiche auch Kramers neueres Werk *Geschichte beginnt mit Sumer*.

Zum historischen und auch literarischen Hintergrund von Gilgameschs Waldfahrt als solcher habe ich Aaron Shaffers Aufsatz »Gilgamesh, The Cedar Forest and Mesopotamian History« herangezogen, der sich größtenteils auf das Motiv der Sororats-Ehen in der altbabylonischen Periode konzentriert (Gilgamesch überlistet Huwawa, indem er dem Dämonen seine Schwester zur Ehe anbietet), der aber auch auf die provozierenden Parallelen zwischen der Gilgamesch-Geschichte und dem Mythos vom *Rex nemorensis* verweist, der Frazer zu seinem *Goldenen Zweig* inspirierte. Diese Parallelen haben mit einem heiligen Hain, seinem paranoiden Wächter und dem Abreißen des Zweiges zu tun. Shaffer informiert uns auch, daß »das Zedernwaldmotiv in der mesopotamischen historischen Literatur von der altakkadischen Periode an in Form des rituellen Anspruchs von Königen erhalten bleibt, zum Zedernberg gegangen zu sein und die Zedern dort gefällt zu haben« (S. 307, Anm.). Er verbindet das Motiv auch mit Jesaja 37,24, wo sich Sanherib damit brüstet, die Zedern gefällt zu haben (ebd.).

Eine Kritik der herrschenden Ideologie des Gilgamesch-Epos bietet William Irwin Thompson in seinem Buch *Der Fall in die Zeit*, wo er unter anderem bemerkt, daß dieses Epos immer noch »das Fundament der abendländischen Literatur [ist], denn was wir hier vor uns haben, wird das Muster für alle künftige hebräische und griechische Literatur abgeben« (S. 198). Ganz gleich, ob das Epos einen direkten Einfluß auf die homerischen Epen ausgeübt hat (das ist unter Fachleuten umstritten), die Bemerkung trifft dennoch zu.

Zur Frage der Zivilisation und der Leugnung des Todes ist eines der unbestreitbar guten Bücher Ernest Beckers *Dynamik des Todes*.

Die jungfräuliche Göttin

Bei meiner Erörterung der großen Muttergöttin haben mir vor allem vier Bücher, eines immer bemerkenswerter als das andere, genützt. Rachel Levys *The Gate of Horn* ist ein Klassiker, der die universellen Symbole der Göttin (die Stierhörner beispielsweise) durch verschiedene Kulturen des Altertums verfolgt. Die ersten Kapitel von Vincent Scullys *The Earth, the Temple and the Gods* sind ein gewandter und informativer Beitrag zum Thema der Vorgeschichte der Göttin in Griechenland. William Irwin Thompsons *Der Fall in die Zeit* erzählt die Geschichte der patriarchalen Revolutionen, die die Göttin nicht nur aus ihrer alten Vorherrschaft vertrieben, sondern sich auch in neuen religiösen Kontexten ihre traditionellen Kräfte und Funktionen anzueignen suchten. Das Buch *The Great Cosmic Mother* von Monica Sjöö und Barbara Mor ist ein bemerkenswertes Beispiel historischer, kultureller und symbolischer Analyse – vielleicht das vollständigste und anregendste Werk zu diesem Thema. Meine Bemerkungen über die Tötung von Inannas Stier durch Gilgamesch gehen in gewisser Weise auf ihre Interpretation des sumerischen Helden zurück (siehe S. 246).

Zum Thema von Labyrinthen, Wäldern und dem Raum des Heiligen bin ich von Angus Fletchers Darstellung in *The Prophetic Moment* (S. 14–34) und von Penelope Doobs *The Idea of the Labyrinth* (vor allem S. 11–16 u. 78f.) angeregt worden.

Zur Geschichte der Artemis in historischer griechischer Zeit habe ich mich größtenteils auf Walter Burkerts *Griechische Religion* (S. 233–237) gestützt. Burkert neigt dazu, die Idee einer universellen Muttergöttin in der griechischen Vorgeschichte abzulehnen, aber die Beweise für die Vorgeschichte der Artemis als Erdgöttin scheinen unbezweifelbar zu sein. Zur Geschichte der Artemis von Ephesus habe ich mich auf Herbert Mullers *Asia minor* (S. 175–212) verlassen. Durch dieses Buch wurde meine Aufmerksamkeit erstmals auf die Verbindung zwischen Artemis und Maria gelenkt. Zu einem Bericht über die neueren Funde im Zusammenhang mit der berühmten Statue der Artemis von Ephesus siehe Attenborough (S. 105–108).

Die Übersetzung des Anaximander-Fragments stammt von Nietzsche und wird von Heidegger in seinem Aufsatz »Der Spruch des Anaximander« (S. 296) zitiert, der einen gewichtigen Kommentar zu diesem Fragment enthält.

In seiner Freiburger Vorlesung aus dem Jahre 1940 analysierte Heidegger mit großer Tiefe und Klarheit die von mir erörterte Passage aus Buch II von Aristoteles' *Physik*. Heideggers Kommentar, der mir sehr nützlich war, trägt den Titel: »Vom Wesen und Begriff der Physis. Aristoteles' Physik B, 1«.

Zur sprachlichen Herkunft des griechischen Wortes *hyle* stütze ich mich auf Liddell und Scott, *A Greek-English Lexicon*; die archaische Verbindung des Wortes mit dem lateinischen *silva* wird von Lewis und Short, *A Latin Dictionary*, behauptet. Zur etymologischen Wurzel der Wörter *materia* und *mater* siehe das Stichwort

»mater« in: *The American Heritage Dictionary of Indo-European Roots*, herausgegeben von Watkins (S. 39).

Die Verse von Dylan Thomas schließlich, die in diesem Abschnitt zitiert sind, stammen aus seinem Gedicht »Die Kraft, die Blumen durch die grüne Zündschnur treibt«, übersetzt von Karl Heinz Berger in: *Und dem Tod soll kein Reich mehr bleiben* (S. 36f.).

Dionysos

Mein Gedanke einer verdeckten, aber wesentlichen Verwandtschaft zwischen Dionysos und Artemis war ursprünglich nicht mehr als eine Intuition, und ich war daher froh, in Burkerts *Griechischer Religion* substantielle Belege für kultische Verbindungen zwischen den beiden Gottheiten zu finden. Was meine Auffassung von Dionysos als Gott der Auflösung und originären Unbestimmtheit angeht, so geht sie im wesentlichen auf Nietzsche zurück. Die Nietzschesche Auffassung wird in bedeutsamer Weise von Marcel Detiennes *Dionysos à ciel ouvert* erweitert, der Walter Ottos Einsicht unterstützt, daß Dionysos seiner Natur nach der Gott ist, der aus der Ferne kommt. Detienne betont das Motiv von Dionysos als Fremdling – »étranger de l'intérieure«, wie er es formuliert – und als Gott der Vielfalt und Zweideutigkeit. Verwandte Arbeiten, die mir ebenfalls nützlich waren, sind Maria Darakis *Dionysos* und Mihai Spariosus *Dionysos Reborn*.

Eine schöne Darstellung der Rolle des Dionysos in den Bakchen bietet Martha Nussbaum in ihrer Einleitung zu C.K. Williams' neuer englischer Übersetzung des Stücks (*The Bacchae of Euripides*). Nussbaums Bemerkungen über die Affinität des Gottes zur Tierwelt sind für mein Thema besonders relevant (S. XVI–XX). Zur Beziehung zwischen Dionysos und den Tieren siehe auch Walter Ottos *Dionysus*.

Generell zum Thema von Dionysos als Gott der Tragödie berufe ich mich größtenteils auf Nietzsches These in *Die Geburt der Tragödie*. Neuere Untersuchungen, die ich interessant fand, sind Oddone Longos »The Theater of the *Polis*« (S. 12–19) und John J. Winklers »The Ephebes' Song: *Tragoidia* and *Polis*« (S. 20–62), beide in dem von Winkler herausgegebenen Sammelband *Nothing To Do With Dionysos?*. Meine Interpretation der Rolle des Sokrates in der Entwicklung der griechischen Kultur lehnt sich im wesentlichen an Nietzsche an, meine Interpretation von Platons *Gastmahl* ist jedoch selbständig.

Im Hintergrund eines Teils meiner Erörterung von Nietzsches *Zarathustra* steht Heideggers *Was heißt Denken?* (besonders S. 60–78). Zu Perspektiven über Zarathustras Beziehung zu seinen Tieren, die von den meinen abweichen, siehe Heideggers *Nietzsche* (II, Bd. 1, S. 298–302) und David L. Millers Aufsatz »Nietzsche's Horse and Other Tracings of the Gods«, in: *Nietzsche in Italy* (S. 159–170). Heidegger erörtert Nietzsches »Vom Gesicht und Rätsel« in *Nietzsche* (II, Bd. 1, S. 289–297), aber aus einer Perspektive, die nur indirekt mit der meinen zusammenhängt.

Die Übersetzung der »Hymne an Dionysos« stammt von A. Weiher (*Homerische Hymnen*, S. 125).

Die Leiden Rhea Silvias

Meine Überlegungen zu den Gründungsmythen Roms sind stark von Michel Serres' Buch *Rome: Le livre des fondations* angeregt, das eine ausgedehnte literarische, kulturelle und philosophische Meditation über Buch I von Livius' *Römischer Geschichte* bietet.

Außerdem habe ich Jacques Poucets gelehrte Erörterung der Beziehung zwischen Geschichte und Sage in den Gründungsmythen Roms (*Les origines de Rome*, S. 35–70) herangezogen. Poucet verfolgt auch die Geschichte und den Hintergrund der Erzählung von Euander (S. 128–135). Zu den Geschichten von Silvius und von Romulus habe ich *Storia di Roma* von Ettore Pais (S. 219–224, 299–320) herangezogen.

Über den Mythos von Arkadien in der römischen Literatur habe ich vor allem von Kapitel 12 (»Arkadien, die Entdeckung einer geistigen Landschaft«, S. 268–293) in Bruno Snells Buch *Die Entdeckung des Geistes* gelernt, das mit dem berühmten Satz beginnt: »Arkadien wurde entdeckt im Jahre 42 oder 41 v. Chr.«; ebenso von Charles Segals *Poetry and Myth in Ancient Pastoral* und David Halperins *Before Pastoral*.

Meine Bemerkungen über die *res nullius* und die Verbindung zwischen *nemus* und *nemo* gehen auf Bechmann (*Des arbres*, S. 25f.) zurück.

Zu einer schönen Behandlung des stygischen Waldes, der den Eingang zur Unterwelt umgibt, siehe Penelope Doobs *The Idea of the Labyrinth* (S. 238–240).

Meine etwas kryptischen Anspielungen auf das Nachleben Roms in moderner Zeit schließlich werden aus einer anderen Perspektive von William Appleman Williams in seinem Buch *Empire as a Way of Life* bestätigt.

Von mythischen Ursprüngen zur Entwaldung

Zum Thema der Entwaldung des Mittelmeergebiets in der Antike habe ich mich vor allem auf folgende Arbeiten gestützt: J. V. Thirgoods *Man and the Mediterranean Forest* (S. 19–45), Attenboroughs *Das erste Eden* (S. 114–118) sowie Bruce Browns und Lane Morgans Werk *The Miracle Planet* (S. 220–224). Das letztgenannte Buch berichtet von den Ergebnissen der neuesten wissenschaftlichen Analysen antiker Pollenproben aus dem Gebiet um die Stadt Ephesus (S. 222).

Schatten des Gesetzes

Eine der besten Darstellungen von Wäldern in der mittelalterlichen christlichen Phantasie, die ich kenne, ist Jacques Le Goffs Aufsatz »Die Waldwüste im mittelalterlichen Abendland«, in: *Phantasie und Realität des Mittelalters* (S. 81–97). Er vergleicht und kontrastiert die Wüsten des Judentums und die Wälder des Christentums als parallele Räume der Transzendenz; er enthält auch eine schöne Analyse der Frage, wie der Wald in Bérouls *Tristan* als wilde, aber wohltätige Zuflucht für die Liebenden Tristan und Isolde fungiert (S. 91–93). Eine weniger inspirierte Behandlung des Themas ist Paolo Golinellis Artikel »Tra realtà e metafora: il bosco nell'immaginario letterario medievale« in dem von Bruno Andreolli herausgegebenen Sammelband *Il bosco nel medioevo*. Ich habe viel von Richard Bernheimers *Wild Men of the Middle Ages* gelernt, einer Untersuchung, die wertvoll ist, wenn es um die Beziehung des Waldes zum städtischen Raum in der mittelalterlichen Periode geht (bes. S. 1–48). Zum Wald als Ort der Irrfahrten im mittelalterlichen Roman siehe Doobs *The Idea of the Labyrinth* (S. 177–181).

Als empirische Arbeiten über Wälder im mittelalterlichen Europa sollte ich folgende Untersuchungen erwähnen: *Il bosco nel medioevo* (darin wird größtenteils

Italien behandelt; siehe aber allgemeiner S. 15–34 und 83–96), Bechmanns *Des arbres* (bes. S. 99–136) und Charles Higounets »Les forêts de l'Europe occidentale du V au XI siècle« (S. 343–398).

Zum Thema der moralischen Allegorisierung des Waldes im Christentum vergleiche man beispielsweise den folgenden Ausspruch des Augustinus bezüglich seines Lebens in Sünde und Verderbtheit vor seiner Bekehrung zum Christentum: »In diesem ungeheuerlichen Walde [*immensa silva*] voll lauernder Gefahr – sieh, schon mag ich manchen Hieb getan, manches aus meinem Herzen herausgeworfen haben« (*Bekenntnisse* X,35; S. 575). Zur theologischen Verknüpfung von Wäldern mit Urmaterie (Chalcidius übersetzte das griechische *hyle* mit *silva*) siehe Eugenio Garins *Studi sul platonismo medievale* (S. 58–62). Jules Michelets *Hexe* schließlich war eine Quelle der Inspiration für meine Reflexionen über die christliche ideologische Revolution im Hinblick auf Wälder und Natur im allgemeinen.

Mein Begriff der Komödie ist zum Teil von Giorgio Agambens Untersuchung »Comedìa: la svolta comica di Dante e la concezione della colpa« beeinflußt. Ich habe zu diesem Thema auch anderswo etwas veröffentlicht (siehe R. Harrison, »Comedy and Modernity: Dante's Hell«).

Das Abenteuer des Ritters

Zum Thema der Wilden Männer und Ritter habe ich am meisten von Bernheimers *Wild Men of the Middle Ages* gelernt. Herangezogen habe ich auch das Kapitel »The Unholy and Holy Wild Man« in Penelope Doobs Buch *Nebuchadnezzar's Children* (S. 134–207).

Der von Jacques Le Goff und Vidal Nacquet gemeinsam verfaßte Aufsatz »Lévi-Strauss in Brocéliande« (in: Le Goff, *Phantasie*, S. 171–300) bietet eine detaillierte Analyse der Szene in Chrétien de Troyes' *Yvain*, in der der Ritter den Verstand verliert. Ausgehend von dieser Szene zeichnen die Autoren ein faszinierendes Bild der ländlichen Gegenden im Mittelalter, und sie schildern mit dokumentarischer Genauigkeit die topographische Beziehung zwischen Hof, dörflicher Landschaft und Wildnis. Seth Lerers eleganter Essay »Artifice and Artistry in *Sir Orfeo*«, der für das mittelenglische Gedicht *Sir Orfeo* ähnliche Fragen zum Verhältnis von Hof und Wildnis, König und Wildem Mann, Natur und Kunstfertigkeit behandelt, war mir für meine Meditation in diesem Abschnitt ebenfalls hilfreich.

Forstrecht

Zu den Ursprüngen und der Geschichte des Wortes *foresta* habe ich mich auf das *Latin Dictionary* von Lewis und Short sowie auf die Diskussion bei Le Goff in »Die Waldwüste« (in: Le Goff, *Phantasie*, S. 87f.) gestützt.

Eine klassische Arbeit über die königlichen Wälder in England ist J. C. Cox' *The Royal Forests of England*. E.P. Thompsons Buch *Whigs and Hunters* enthält eine schöne Darstellung der Geschichte der Forstgesetze in England (S. 27–113). Ich habe auch das erste Kapitel von Cyril Harts *Royal Forest* herangezogen, das eine knappe Zusammenfassung der frühen Geschichte des Forstrechts in England enthält (S. 1–20).

Es gibt sehr wenig Sekundärliteratur zu John Manwoods *Treatise of the Forest Laws*, aber Richard Marienstras erörtert dieses Werk in seinem bemerkenswerten Shakespeare-Buch *Le proche et le lointain* (S. 30–63) unter Gesichtspunkten, die mit meinen verwandt sind. Marienstras analysiert die Abhandlung, um sie zu seinen Deutungen moralischer Wildheit in Shakespeares Stücken in Beziehung zu setzen. Er macht einsichtige Bemerkungen über die Parallelen zwischen Manwoods Auffassung vom Wald als Schutzgebiet für wilde Tiere und der Zuflucht, die die Kirche Geächteten oder Flüchtlingen bietet, die ihr Gebiet betreten (siehe bes. S. 36–44). Über Manwoods Abhandlung in ihrem historischen Zusammenhang bemerkt Marienstras: »Im Mittelalter hatte der Kampf der Barone gegen den König das Ziel, die königlichen Privilegien, die als übermäßig betrachtet wurden, einzuschränken. Man mußte die Menschen vor dem königlichen Wald schützen. Die Aussage wird hier [bei Manwood] umgekehrt: man muß den Wald vor den Menschen schützen, zunächst, damit er sich erhält, und dann, damit er nicht aufhört, den Tieren als Zuflucht zu dienen« (S. 35).

Geächtete

Eine der hilfreichsten Sekundärquellen bei meiner Forschung für diesen Abschnitt war Maurice Keens *Outlaws of Medieval Legend*. Zur normannischen Invasion in England habe ich das Buch *Wilhelm der Eroberer* von David C. Douglas herangezogen.

Ich bin Seth Lerer für wertvolle Anmerkungen zu einer früheren Fassung dieses Abschnitts dankbar. Zur *Chronik von Peterborough*, die das Gedicht mit der Zeile enthält, in der es heißt, Wilhelm habe die Hirsche so sehr geliebt, »als ob er ihr Vater wär«, schickte mir Lerer die folgende Notiz:

> Was ich an diesen Eintragungen in der *Chronik* faszinierend finde, ist die Art und Weise, in der der angelsächsische Chronist (der in Spätaltenglisch schreibt) die fremden, kontinentalen Aspekte von Wilhelms Herrschaft hervorhebt. Die erste Zeile des Gedichts in der *Chronik* lautet: »Castelas he let wyrcean« – er ließ Burgen bauen. Die Angelsachsen bauten nicht massiv in Stein (sie bauten in Holz oder Feuerstein). Burgen, *castles*, sind den Engländern sowohl als Wort wie auch als Bauform fremd, und indem der Dichter das Gedicht mit dieser Aussage beginnt, macht er die unmittelbare Einwirkung des normannischen Lebens auf englischem Boden deutlich. Der Punkt, der der Hervorhebung bedarf, ist, daß diese Chronik im wesentlichen das Werk einer englischen Gemeinschaft ist, die unter Invasion steht: sie ist aus der Zeit nach 1080 die einzige *auf englisch* geschriebene Prosaurkunde, die erhalten ist (die Chronik geht bis 1154; bis zum späten 13. Jahrhundert gibt es kein fortlaufendes historisches Dokument in Prosa, das ursprünglich auf englisch geschrieben wäre). Sie stellt daher eine Kritik und ebenso auch eine Aufzeichnung von Wilhelms Handlungen dar, und ihre Bemerkungen über den Wald, über die Jagd und über Bauvorhaben stellen eine Art kulturellen Nachruf auf die angelsächsische Landschaft in Gestalt eines förmlichen Nachrufs auf den Eroberer dar. Unter Berücksichtigung dieses Kontextes glaube ich, daß die Zeile über Wilhelm, der die Hirsche liebt, als sei er ihr Vater, einen ironischen und kritischen Unterton annimmt. Die Zeile, in der es heißt, er habe die Hirsche wie ein Vater geliebt, besagt natürlich, daß er sein Volk *nicht* wie ein Vater liebte.

Dantes Irrtumslinie

Die Übersetzungen aus Dantes *Göttlicher Komödie* stammen von I. und W. v. Wartburg. Sekundärquellen, die für meine Dante-Deutung unmittelbar von Nutzen waren, sind: John Frecceros Aufsatz »The Prologue Scene« (S. 1–28), der den Wald in *Inferno* 1 und das irdische Paradies im *Purgatorio* nebeneinanderstellt; sein Aufsatz »The Firm Foot on a Journey without a Guide« (S. 29–54), der wichtige Beobachtungen über den »Irrtum« von Dantes Absicht enthält, den Weg intellektueller Transzendenz zu verfolgen, ohne den Willen in Übereinstimmung mit dem Intellekt zu bringen; und schließlich Giuseppe Mazzottas *Dante: Poet of the Desert*, der in meinen Augen eine der besten Behandlungen der poetischen Theologie bietet, die ich in den Wald- und Wüstenallegorien der *Komödie* am Werk sehe (besonders S. 227–274).

Schatten der Liebe

Die Novelle Boccaccios, die ich in diesem Abschnitt behandle, hat keine Sekundärliteratur hervorgebracht, die mir von besonderem Nutzen gewesen wäre, aber mein Verständnis von Boccaccio im allgemeinen ist von Giuseppe Mazzotta beeinflußt worden, dessen Seminare über das *Dekameron* an der Cornell University (1981) und dessen Buch *The World at Play in Boccaccio's »Decameron«* dazu beigetragen haben, mich davon zu überzeugen, daß Boccaccio bei weitem der interessanteste Autor des italienischen literarischen Kanons ist.

Das menschliche Zeitalter

Die Übersetzungen von Ariosts *Orlando* stammen von Alfons Kissner. Über den Aufstieg des italienischen Humanismus habe ich am meisten von Eugenio Garins Büchern *Umanesimo italiano* und *Ritratti di umanisti* gelernt. Im Hintergrund meiner Erörterung des Humanismus im allgemeinen steht Heideggers »Brief über den ›Humanismus‹« und seine Diskussion des Mottos »Der Mensch ist das Maß aller Dinge« in seinem *Nietzsche* (IV, Bd. 2, S. 135–147).

Zu der sich wandelnden natürlichen Landschaft in dieser Zeit habe ich Lewis Mumfords *Die Stadt* und Keith Thomas' *Man and the Natural World* herangezogen; das letztgenannte Buch behandelt vorwiegend England. Meine Darstellung des Beitrags der Republik Venedig zur Entwaldung des Mittelmeergebiets im 15. und 16. Jahrhundert stützt sich größtenteils auf die Informationen, die J. V. Thirgood in *Man and the Mediterranean Forest* (S. 46–54) und Attenborough in *Das erste Eden* (S. 166–173) bieten. Zur Unterrichtung über parallele Entwicklungen in Spanien habe ich auch Peter Piersons *Philip II of Spain* herangezogen.

Mazzottas Aufsatz über Petrarcas *canzone* »Chiare, fresche e dolci acque« (»Petrarch's Song 126«) war hilfreich für meine Erörterung des Gedichts in diesem Abschnitt. Ich habe Petrarcas *canzone* in einem anderen Zusammenhang und aus einer anderen Perspektive in *The Body of Beatrice* (S. 102–105) erörtert.

Von der Sekundärliteratur zu Ariost habe ich Albert Ascolis Buch *Ariosto's Bitter Harmony* (darin zu Orlandos Wahnsinn S. 304–331) und Robert Durlings *The Figure of the Poet in Renaissance Epic* herangezogen. Durlings Seminar über Ariost an der Cornell University im Jahre 1981 hat zweifellos einige meiner Bemerkungen in diesem Abschnitt angeregt.

Macbeths Schluß

Zur Veränderung der englischen Landschaft in dieser Epoche und zum Verfall der englischen Wälder siehe Keith Thomas, *Man and the Natural World*. Ich bin Seth Lerer dankbar für seine Vorschläge, wie ich meine Deutung von *Macbeth* weiter führen könnte, als ich es in einem früheren Entwurf dieses Schlusses getan hatte.

Aufklärung

Die Wege der Methode

Im allgemeinen, wenn auch nicht im einzelnen, ist mein Zugang zu Descartes in diesem Abschnitt von Heidegger, besonders vom vierten Teil seines *Nietzsche*, beeinflußt, der eine ausgedehnte Analyse der Begründung der neuzeitlichen Metaphysik durch Descartes enthält (IV, Bd. 2, S. 141–199). Ich habe auch Jean-Luc Nancys Buch *Ego sum* benutzt, das der ontologischen Deutung Heideggers eine mehr literarische Deutung des *Diskurs über die Methode* zur Seite stellt. Zu einer Interpretation des »Fabel«-Aspekts von Descartes' *Diskurs*, die von der meinen abweicht, siehe die Erörterung bei Nancy (S. 97–127).

Zum Thema der algebraischen Geometrie als Basis der Descartesschen Methode zur Erzielung unfehlbarer wissenschaftlicher Wahrheit habe ich viel von Michel Serres' *Le système de Leibniz* (2, S. 450–455) gelernt.

In seinem Buch *Death of the Soul: From Descartes to the Computer* (S. 3–10) interpretiert William Barrett die kopernikanische Revolution von einem Standpunkt aus, der indirekt mit meinem verwandt ist. Meine Behauptung, daß die kopernikanische Revolution im wesentlichen eine Revolution in Ironie war, ist jedoch Pirandello verpflichtet, der von Kopernikus als dem größten »Humoristen« der modernen Zeit spricht. In seinem Aufsatz über »umorismo« bemerkt Pirandello, daß sich nach Kopernikus die Welt nur im Scherz nehmen läßt.

Auf Krautheimers Buch über die Umgestaltung Roms durch Papst Alexander VII. und ihre analoge Beziehung zur Waldszene in Descartes' *Diskurs über die Methode* wurde ich von meinem Freund Thomas Sheehan aufmerksam gemacht, der eine frühere Fassung dieses Abschnitts las, was mir eine große Hilfe war.

Was ist Aufklärung? Eine Frage für Förster

Meine Auffassung von der Aufklärung hat offensichtliche Gemeinsamkeiten mit den kritischen Anschauungen, die Horkheimer und Adorno in ihrer *Dialektik der Aufklärung* vertreten. Noch größer sind die Übereinstimmungen jedoch mit Italo Calvino, dessen Roman *Der Baron auf den Bäumen* (der im 18. Jahrhundert spielt) eine poetische Kritik der humanistischen Ideologie der Aufklärung enthält. Calvinos Baron, mit Namen Cosimo, verbringt sein Leben auf den Bäumen. Er erlangt bei den französischen *philosophes* (Voltaire, Diderot usw.) Berühmtheit wegen gewisser »politisch korrekter« Abhandlungen, die er über Themen wie republikanische Verfassungen und Gesellschaftsverträge schreibt. Cosimo verfaßt jedoch eine Abhandlung, die aus irgendeinem Grund von den Intellektuellen der damaligen Zeit ignoriert wurde. Angesichts ihres Titels ist es kein Geheimnis, weshalb sie keine aufgeklärte Aufmerksamkeit auf sich zog: *Entwurf einer Verfassung für ein republikanisches Staatswesen mit Erklärung der Menschenrechte, der Rechte der Frauen, der*

Kinder, der Haustiere und der wilden Tiere, einschließlich der Vögel, Fische und Insekten, sowie der Bäume, Gemüse und Gräser. Cosimos Bruder, der Erzähler des *Barons auf den Bäumen*, bemerkt: »Es war eine sehr schöne Arbeit, die allen Regierungen als Richtschnur hätte dienen können; statt dessen schenkte ihr niemand Beachtung, und so blieb alles auf dem Papier« (S. 272).

Cosimos Abhandlung wurde ignoriert, weil die Zeit nur an der Deklaration der Menschenrechte interessiert war – der Rechte der menschlichen Subjekte, nicht der Objekte oder Arten der Natur. Heute erleben wir die Konsequenzen dieser einseitigen Deklarationen des Rechts einer einzigen Spezies, die natürlichen Rechte aller anderen Spezies zu mißachten. In diesem Sinne war Cosimos Abhandlung ihrer Zeit voraus – unserer Zeit voraus, was das betrifft –, aber wenn man eine Vorstellung von dem gewinnen will, was sie im Sinne einer Deklaration von Rechten für Objekte ebenso wie für Subjekte vorgeschlagen haben mag, könnte man das kürzlich erschienene Buch *Le contrat naturel* von Michel Serres lesen, ein Manifest für einen »Naturvertrag«, der über die bloßen Gesellschaftsverträge der Aufklärung hinausgeht.

Zu Le Roys Stichwort *forêt* in der *Encyclopédie* möchte ich hier bemerken, daß der Gedanke, wonach die Religion in der Vergangenheit Wälder weihte, um sie für das »öffentliche Interesse« zu schützen, nicht originell ist. Fast ein halbes Jahrhundert früher hatte der italienische Naturforscher Giovanni Maria Lancisi (1654–1720) denselben Gedanken geäußert: »Das sind die Hauptgründe, die sich meiner Ansicht nach als klarer Beweis für die Nützlichkeit anführen lassen, die solche Wälder für uns haben; auf daß diese nicht abgehauen oder niedergebrannt würden, wurden sie von unseren Vorfahren einer Gottheit geweiht, damit sie durch die Religion geschützt würden, wo menschliche Gesetze allein nicht hinreichten, sie zu verteidigen« (»Il taglio delle selve«, S. 707).

Zum Aufstieg der Naturwissenschaften im Zeitalter der Aufklärung habe ich von Ernst Cassirers *Philosophie der Aufklärung* (S. 48–122) und Michel Foucaults *Ordnung der Dinge* (besonders S. 168–173 und 203–210) gelernt. Vor allem das letztgenannte Buch ist eine Quelle der Inspiration für jeden, der mit dem Zeitalter der Vernunft zu tun hat. Für den Aufstieg der Forstverwaltung als exakter mathematischer Wissenschaft habe ich mich größtenteils auf den zitierten Aufsatz von Henry Lowood gestützt, aber ich habe auch aus Thomas Cox' Buch *This Well-Wooded Land* das Kapitel herangezogen, das die Einführung von Forstverwaltungstechniken in den Vereinigten Staaten um die Jahrhundertwende behandelt (S. 191–214).

Eine ausgezeichnete Arbeit über die Geschichte der Forstverwaltung in Frankreich vom 18. bis zum 20. Jahrhundert ist Andrée Corvols *L'Homme aux bois*. Ihre Argumentation ist insoweit provozierend, als sie behauptet, daß der zeitgenössische ökologische Aktivismus ebenso wie eine Regierungspolitik, die bestrebt ist, Wälder vor den Bauern zu schützen, die sie seit Jahrhunderten kultiviert haben, nichts anderes darstellt als metropolitane Ignoranz im Hinblick auf die traditionellen Praktiken und empirischen Realitäten der Forstverwaltung. Sie argumentiert überzeugend, daß die Bauernschaft die natürliche Verwalterin der Wälder ist.

Der klarste, informativste und durchdachteste Bericht, den ich zur aktuellen Diskussion über die gefleckte Eule und die Altwälder des pazifischen Nordwestens gelesen habe, ist Catherine Caufields »The Ancient Forest«.

Schließlich danke ich Henry Lowood nicht nur dafür, daß er mir seinen Artikel vor dessen Veröffentlichung zugänglich machte, sondern auch für die informativen Gespräche, die wir über dieses Thema geführt haben.

Rousseau

Meine Analyse Rousseaus ist im wesentlichen selbständig, aber ich sollte Jean Starobinskis Erörterung des Verhältnisses zwischen poetischer Vision und Geschichte in *Rousseau: Eine Welt von Widerständen* (S. 27f.) erwähnen. Der Anhang zu diesem Buch enthält auch einen schönen Aufsatz, der etwas mit meinem Thema zusammenhängt und den Titel trägt: »Rousseau und die Suche nach den Ursprüngen« (S. 403–416). In Arthur M. Melzers *The Natural Goodness of Man: On the System of Rousseau's Thought* fand ich auch einen klaren Kommentar zu dem, was er die »introspektiven und psychologischen Argumente« Rousseaus nennt (S. 29–48). Außerdem habe ich John Stephenson Spinks Analyse der lexikalischen Geschichte und des maßgeblichen Begriffs des Wortes »sentiment« in Rousseaus Diskurs herangezogen (siehe »Rousseau et la morale du sentiment« [S. 239–250]). Schließlich danke ich Pierre Saint-Amand dafür, daß er mich auf die Passage aus Rousseaus *Projet de constitution pour la Corse* aufmerksam machte, die die korsischen Wälder behandelt.

Conrads brütende Düsternis

Im Hintergrund meiner Behandlung von Conrads Verhältnis zum 20. Jahrhundert steht Ian Watts *Conrad in the Nineteenth Century*. Watt hebt hervor, daß Kurtz und seinen europäischen Landsleuten in Afrika die moralische Qualität fehlt, die die afrikanischen Eingeborenen besitzen, nämlich Zurückhaltung (S. 226–228). Dorothy Van Ghent vermittelte mir in ihrer schönen Analyse der tragischen Ironie von Jims Schicksal die Einsicht, wie dicht und bewußt der Symbolismus von Jims Berg ist, der die Wälder von Patusan überragt (*The English Novel: Form and Function* [S. 236–239]). Über Conrads impressionistischen Symbolismus als Schriftsteller – seine Fähigkeit, den Leser aktiv in die psychologischen Verwicklungen von Charakter und Umständen einzubeziehen – habe ich vor allem von Albert J. Guerards *Conrad the Novelist* gelernt (zu *Lord Jim* siehe vor allem S. 125–134). Fredric Jameson interpretiert Conrads Technik, die moderne Stadt impressionistisch, aus der Distanz, zu beschreiben, als eine Form der Unterdrückung von politischem Bewußtsein über die brutalen historischen Realitäten des westlichen Kapitalismus und Kolonialismus. Jameson bezieht sich auf eine Passage in *Lord Jim*, aber aus irgendeinem Grund bezieht er sich nicht auf die auffallend ähnliche Beschreibung Londons in der Anfangsszene von *Herz der Finsternis* (vielleicht weil es in dem früheren Werk nichts »Unbewußtes« an Conrads Konfrontation mit ebendiesen Realitäten gibt; siehe Jameson, *Das politische Unbewußte*, S. 205ff.).

Wüste Länder

An verschiedenen Stellen in *Was heißt Denken?* erörtert Heidegger den Satz Nietzsches: »Die Wüste wächst. Weh dem, der Wüsten birgt.« Einige von Heideggers Bemerkungen müssen hier angeführt werden:

> Das will sagen: die Verwüstung breitet sich aus. ... Verwüstung ist unheimlicher als Vernichtung. Die Zerstörung beseitigt nur das bisher

> Gewachsene und Gebaute; die Verwüstung aber unterbindet künftiges Wachstum und verwehrt jedes Bauen. ... Die Sahara in Afrika ist nur eine Art der Wüste. Die Verwüstung der Erde kann mit der Erzielung eines höchsten Lebensstandards des Menschen ebenso zusammengehen wie mit der Organisation eines gleichförmigen Glückszustandes aller Menschen. Die Verwüstung kann mit beiden das Selbe sein und auf die unheimlichste Weise überall umgehen, nämlich dadurch, daß sie sich verbirgt. Die Verwüstung ist kein bloßes Versanden. Die Verwüstung ist die auf hohen Touren laufende Vertreibung der Mnemosyne. (S. 11)

Das, worum es mir in diesem Abschnitt geht, ist, daß die übertragene und die wörtliche Bedeutung von »Wüste« sich gegenseitig spiegeln – oder daß Desertifikation im wörtlichen Sinne das »objektive Korrelat« der verschiedenen bildlichen Wüsten der modernistischen Literatur ist. In diesem Sinne führe ich zu einem offenkundigen Extrem, was Stanley Cavell in seinem Aufsatz »Ending the Waiting Game: A Reading of Beckett's *Endgame*« die »verborgene Wörtlichkeit« der Worte nennt, die Becketts Gestalten in *Endspiel* reden (Cavell, *Must We Mean What We Say?*, S. 118).

Zu T.S. Eliots Theorie des objektiven Korrelats siehe seinen Aufsatz »Hamlet and His Problems«, in: *T.S. Eliot's Selected Essays*, S. 121–126.

Wälder der Nostalgie

Zu der Logik, dem Pathos und der Psychologie der Nostalgie als solcher sollte ich zwei Bücher mit diametral entgegengesetzten Auffassungen erwähnen, Ralph Harpers *Nostalgia* und Susan Stewarts *On Longing*. Das erste vertritt die Auffassung, daß Nostalgie eine grundlegende Voraussetzung von Anwesenheit ist, während das zweite sie als Textualität der Abwesenheit sieht. Beide Auffassungen sind, glaube ich, auf die eine oder andere Weise in diesem Kapitel wirksam.

Wald und Welt in Wordsworths Gedicht

Meine Deutung Wordsworths ist weitgehend eigenständig, aber die folgenden Arbeiten haben mir dabei geholfen, mich zu orientieren: Leslie Brismans *Romantic Origins* (S. 276–361), David Ferrys *Wordsworth*, das Kapitel über Wordsworth in Harold Blooms *The Visionary Company* (S. 120–191) sowie Paul De Mans Aufsätze »Wordsworth and Hölderlin« (S. 47–66) und »Symbolic Landscape in Wordsworth and Yeats« (S. 125–144), beide in *The Rhetoric of Romanticism*. Zur Frage von Wordsworths Beziehung zur modernen Stadt habe ich das Kapitel über Wordsworth in William Sharpes Buch *Unreal Cities* (S. 16–38) herangezogen.

Die Brüder Grimm

In diesem Abschnitt bin ich vor allem dem ausgezeichneten Buch *The Brothers Grimm: From Enchanted Forests to the Modern World* von Jack Zipes verpflichtet. Ich habe aber auch viel aus John Ellis' kritischerem Buch *One Fairy Story Too Many: The Brothers Grimm and Their Tales* gelernt, das den Brüdern Grimm bei ihrer Darstellung des Ursprungs der Märchen und ihres Vorgehens bei der Sammlung bewußte Täuschung vorwirft. Ellis' Anklage erstreckt sich auch auf diejenigen deutschen

Wissenschaftler, die, selbst nachdem die Beweise offensichtlich wurden, sich gegen das Eingeständnis sträubten, daß die »germanischen« Ursprünge der Märchen zum größten Teil ein von den Brüdern erfundenes Märchen waren.

Der Zusammenhang, den ich zwischen den Brüdern Grimm und Vico herstelle, ist neu. Meines Wissens hat ihn bisher niemand behauptet. Zu Savignys Einfluß auf die Grimms siehe Zipes, S. 31–35 und 51.

Wälder von Symbolen

Meine Informationen über Baumheiligtümer im alten Griechenland stammen größtenteils aus Walter Burkerts Werk *Griechische Religion* (S. 61). Doch zum Thema heilige Haine und Baumverehrung in antiken Religionen der ganzen Welt findet sich die beste Darstellung immer noch in Sir James Frazers Werk *Der goldene Zweig* (S. 159–175), das für viele andere Meditationen in meinem Buch eine Quelle der Inspiration dargestellt hat. Ein weiteres ausgezeichnetes Buch zu diesem Thema ist Jacques Brosses *Mythologie der Bäume*.

Zu den Ursprüngen und dem religiösen Symbolismus des archaischen griechischen Tempels bin ich vor allem von Vincent Scullys *The Earth, the Temple and the Gods* inspiriert worden. Scully verknüpft zwar den griechischen Tempel nicht speziell mit Wäldern, und das tut meines Wissens auch kein anderer Gelehrter. Doch es war sein Buch, das als erstes bei mir den Verdacht aufkommen ließ, daß es tatsächlich eine obskure symbolische Entsprechung zwischen ihnen geben könnte.

Meine Behandlung von Baudelaires Theorie der Entsprechungen ist in vieler Hinsicht durch Walter Benjamins Aufsatz »Über einige Motive bei Baudelaire« angeregt, in dem es unter anderem heißt: »Die *correspondances* sind die Data des Eingedenkens. Sie sind keine historischen, sondern Data der Vorgeschichte« (S. 228). Gelernt habe ich auch von Paul De Mans Aufsatz »Anthropomorphism and Trope in the Lyric« in: *The Rhetoric of Romanticism* (bes. S. 243–252).

Zum Thema Symbolismus möchte ich auch Angus Fletchers Buch *Allegory: The Theory of a Symbolic Mode* erwähnen, das mich dazu anregte, radikaler über den Unterschied zwischen hierarchischer Differenzierung und unbestimmter Entsprechung nachzudenken (vgl. vor allem S. 1–24 u. 112f.). Mein Denken über diese Frage wurde zusätzlich durch Reiner Schürmanns bemerkenswerte heideggerianische Analyse des Symbolismus in seinem Aufsatz »La différence symbolique« angeregt.

Die Aussage Mallarmés über den Schrecken des Waldes wird aus einer im engeren Sinne literarischen Perspektive von Leo Bersani in seinem Buch *The Death of Stéphane Mallarmé* (S. 4f.) behandelt.

Zu einer ausgedehnten Erörterung von Musils Begriff der »noch unbeschriebenen Beziehungen des Lebens« aus einer anderen Perspektive siehe Thomas Harrisons *Essayism*.

Warten auf Dionysos

Leopardis Liebe zu *il vago* behandelt Italo Calvino aus einer anderen, eigenwilligen Perspektive im dritten Vorschlag seines Buches *Sechs Vorschläge für das nächste Jahrtausend* (S. 85–94).

Hintergrundinformationen zu meinen Bemerkungen über Klimaepochen und die neolithische Revolution verdanke ich folgenden Arbeiten: Karl Butzers *Environment and Archaeology* (zu Eiszeiten siehe S. 13–28 u. 101–125, zu Wäldern S. 62–78); Grahame Clarkes *World Prehistory* (zu Umweltveränderungen S. 10–17, zur neolithischen Revolution S. 39–47); Robert J. Wenkes *Patterns in Prehistory* (zu Domestizierung, Landwirtschaft und seßhaften Gemeinschaften S. 155–197); Stuart Piggotts u. Grahame Clarkes *Prehistoric Societies*.

Die Ulme

Die Etymologie des Wortes *logos* im ersten Absatz dieses Abschnitts entstammt dem *American Heritage Dictionary of Indo-European Roots* (Stichwort *leg*, S. 35).

In seinem Buch *Constable and His Influence in Landscape Painting* (S. 243) datierte C.J. Holmes Constables *Studie des Stammes einer Ulme* um 1815, aber Graham Reynolds' Analyse von Constables Pinseltechnik auf dem Bild veranlaßte ihn zu einer Datierung auf etwa 1821 (*Catalogue of the Constable Collection*, S. 146).

Zum Thema der Luftästhetik bei Constable habe ich von Kurt Badts Studie *John Constable's Clouds* gelernt. Zu Constables Theorie des »Chiaroscuro der Natur« habe ich von Basil Taylor gelernt, von dem ich auch den Kommentar beziehe, daß Constables Landschaftsbilder in gewisser Weise ein geistiges Bekenntnis darstellen. In seiner Einleitung zu *Constable: Paintings, Drawings and Watercolors* schreibt Taylor: »Die drei Aspekte des Chiaroscuro – als Naturphänomen, als malerischer Kunstgriff und als Metapher für die Skala der menschlichen Emotionen – sollten schließlich von Constable in solchen Werken wie *Hedleigh Castle* so instinktiv verbunden werden, daß die Landschaftsmalerei für ihn in beispiellosem Maße zu einem Instrument des Bekenntnisses wurde« (S. 27). Zur Frage von Constables Ausflug in den Lake District und seiner nachfolgenden Bekehrung habe ich mich auf Michael Rosenthals Darstellung in seinem Buch *Constable* (S. 47–96), auf Graham Reynolds (S. 14–16) und auf Basil Taylor (S. 23f.) gestützt.

Interessant ist schließlich die Feststellung, daß Constable die Gegenwart eines Hauses in anderen Studien derselben Periode abschwächt. Gerade das trug dazu bei, Reynolds davon zu überzeugen, daß die *Studie des Stammes einer Ulme* um 1821 entstanden sein mußte: »Die Behandlung der Blätter und der Blick auf das Haus dahinter erinnern an ähnliche Züge bei den Nrn. 222 und 226 [*Studie von Himmel und Bäumen mit rotem Haus in Hampstead* und *Studie von Himmel und Bäumen in Hampstead*], und dementsprechend ist die Studie hier unter dem Jahr 1821 aufgeführt« (*Catalogue*, S. 146).

London gegen Epping Forest

Sekundärquellen, die mir für meinen Aufsatz über Clare hilfreich waren, sind unter anderem die Einleitung und der kritische Kommentar in der Ausgabe *John Clare: Selected Poetry and Prose* von Merryn u. Raymond Williams (S. 1–20 u. 201–222), John Barrells *The Idea of Landscape and the Sense of Place, 1730–1840: An Approach to the Poetry of John Clare* und Elizabeth Helsingers ausgezeichneter Aufsatz »Clare and the Place of the Peasant Poet«. Letzterer bietet unter anderem eine gründliche Hintergrunddarstellung der vom ländlichen Kapitalismus verfochtenen Politik der Einhegung und des Aufkaufens von Land – ein Hintergrund, vor dem Clares Weigerung, in seinen Gedichten eine Zeichensetzung zu verwenden, einen wirklich provozierenden Sinn erhält.

Man vergleiche den außerordentlichen Aufsatz »Style and the Extreme Situation« von Angus Fletcher, der in seiner Analyse von Clares Brief an Hipkins aus der Anstalt Saint Andrew's zum Kern dessen vorstößt, was er als Clares »paradoxen Anfall von Seltsamkeit« bezeichnet (S. 294).

Der Kontrast zwischen Wordsworths Gedicht »Zigeuner« und Clares »Das Zigeunerlager« wird von Merryn und Raymond Williams in ihrem kritischen Kommentar (S. 210–213) herausgearbeitet.

Die Wälder von Walden

Meine Meditation über *Walden* ist von Stanley Cavells Buch *The Senses of Walden* angeregt, das eines der bemerkenswertesten literaturkritischen Werke ist, die ich kenne.

Barbara Johnsons Reflexionen über Thoreaus Verwendung bildlicher Sprache waren für mein Nachdenken über dasselbe Problem hilfreich (siehe *A World of Difference*, S. 49–56). Was Johnson zu Thoreaus stilistischer Unklarheit sagt, ist erhellend, läßt aber einen Widerspruch ungelöst. Einerseits vertritt sie die Auffassung, daß Thoreaus Symbole Jagdhund, Pferd und Taube keine faktischen Referenten haben, sondern auf die Unmöglichkeit der Gewinnung einer derartigen Referenz referieren. Andererseits aber erklärt sie, wir sollten Thoreaus Ausflug nach Walden so verstehen, als sei der Autor »faktisch in eben die Parabel eingetreten, die er gerade schreibt, wo *die Wirklichkeit selbst* der Hintergrund und zugleich das Bild ... geworden ist« (S. 56). Ich bevorzuge den letztgenannten Gedanken eines Verschwimmens von Faktischem und Bildlichem gegenüber dem Gedanken an eine aporetische Trennung. (Er ist sicher eine *gefährlichere* Vorstellung.)

Meine Gedanken über A. R. Ammons wurden von unserer engen Freundschaft in Ithaca zwischen 1980 und 1985 angeregt. Ammons' Verhältnis zur amerikanischen Tradition ist ein Thema, das Harold Bloom eingehend behandelt hat: in seinem kurzen Aufsatz »Emerson and Ammons: A Coda«, in seiner Einleitung zu *A. R. Ammons* (S. 1–31) und in seinem Artikel »The Breaking of the Vessels« in demselben Band (S. 151–168). Siehe hierzu auch Helen Vendlers Aufsatz »Ammons« in demselben, von Bloom herausgegebenen Band (S. 73–80)

Fallingwater

Im Hintergrund meiner Behandlung Frank Lloyd Wrights und der Frage des Wohnens steht Heideggers »Brief über den ›Humanismus‹«, besonders seine Bemerkung: »Die Rede vom Haus des Seins ist keine Übertragung des Bildes vom ›Haus‹ auf das Sein, sondern aus dem sachgemäß gedachten Wesen des Seins werden wir eines Tages eher denken können, was ›Haus‹ und ›wohnen‹ sind« (S. 358).

Ebenfalls im Hintergrund meiner Darstellung steht ein Versuch, eine Unterscheidung zu überwinden, die Stanley Cavell am Ende seines Aufsatzes »Thinking of Emerson« macht, wo er schreibt:

> Der wesentliche Widerspruch zu Heidegger, den Emerson und Thoreau miteinander teilen, ist, daß die Gewinnung des Menschlichen nicht

> Bewohnen und Niederlassung erfordert, sondern Aufgeben, Verlassen. Dann hängt alles davon ab, wie man das Aufgeben verwirklicht. Denn die Bedeutung des Verlassens liegt in seiner Entdeckung, daß man etwas etabliert hat, daß man enthusiastisch empfunden hat, was es gibt, an das man sich verlieren kann, daß man die anderen dort als die behandeln kann, denen das Bewohnen der Welt jetzt überlassen werden kann. (S. 138)

In meinem Verständnis ist Heideggers Idee des Wohnens mit dem verwandt, was Cavell mit »Aufgeben« meint und was Wright unter »Entfalten« versteht – im Gegensatz zu einer »einschließenden« Architektur. Heideggers frühes Wort für das, was Cavells Begriff des »Bewohnens« besagt, ist »Unechtheit«. Im wesentlichen liegt das Problem bei dem Wort »Bewohnen«. Ich habe versucht, in diesem Kapitel immer wieder deutlich zu machen, daß wir nicht die Erde im geschlossenen Sinn »bewohnen« (*inhabit*), daß wir vielmehr »wohnen« (*dwell*). Ich liebe das Wort *dwell*, weil seine Etymologie den Begriff des Aufgebens enthält. Im Altenglischen bedeutet *dwellan* genau »in die Irre führen oder gehen«, wie in einem Wald. Mit anderen Worten, wir bewohnen unsere Entfremdung, unser »Aufgeben«, selbst wenn wir an einem bestimmten Ort verharren – so lange jedenfalls, wie wir uns nicht dem fremden Element verschließen, das unsere Endlichkeit bewohnt.

Andrea Zanzotto

Ich bin Beverly Allen dafür dankbar, daß sie mir die Gelegenheit verschaffte, Zanzotto kennenzulernen und mit ihm die Wälder auf dem Montello zu besuchen. Ihr Buch *Andrea Zanzotto: The Language of Beauty's Apprentice* ist eine der wenigen englischsprachigen Monographien über Zanzotto, es behandelt allerdings nicht seine späteren Arbeiten. Ein weiteres Buch ist *The Poetry of Andrea Zanzotto* von John P. Welle, das überwiegend auf Zanzottos *Il galateo in bosco* eingeht. Hilfreich für meine Meditation in diesem Abschnitt waren mir unter anderem Thomas J. Harrisons Aufsatz »Andrea Zanzotto: From the Language of the World to the World of Language« und der Artikel »In Darkness, in Snow: Figures beyond Language in the Poetry of Andrea Zanzotto« von Tyrus Miller. Ich habe über Zanzotto bereits früher, in meinem Aufsatz »The Italian Silence«, geschrieben.

Zitierte Werke

Äschylus, *Agamemnon*. In: Ä., *Tragödien und Fragmente* (griech. u. dt.). Hrsg. u. übers. v. O. Werner. München 1959

Agamben, Giorgio, »Comedìa: la svolta comica di Dante e la concezione della colpa«, in: *Paragone* 346 (Dez. 1978), S. 3–27

Allen, Beverly, *Andrea Zanzotto: The Language of Beauty's Apprentice*. Berkeley, Los Angeles 1988

Ammons, A.R., »To Harold Bloom«, in: A.R. A., *Sphere*. New York 1974

Andreolli, Bruno (ed.), *Il bosco nel medioevo*. Bologna 1988

Ariosto, Ludovico, *Orlando furioso*. Ed. E. Bigi. Vol. 1.2. Mailand 1982. (Deutsch: *Der rasende Roland*. In: L. A., *Sämtliche poetischen Werke*. Übertr. v. A. Kissner. Bd. 1-3. Berlin 1922.)

Aristoteles, *Physik*. In: A., *Werke* (griech. u. dt.). Bd. 1. Aalen 1978. (Neudr. d. Ausg. Leipzig 1854–1879.)

–, *De partibus animalium*. In: A., *Werke* ... (s. o.). Bd. 5

Ascoli, Albert R., *Ariosto's Bitter Harmony*. Princeton, N.J. 1987

Attenborough, David, *Das erste Eden ... oder das verschenkte Paradies: Der Mittelmeerraum und der Mensch*. Dt. v. R. Hermstein. Hamburg 1988

Augustinus, Aurelius, *Confessiones* (lat. u. dt.). Eingel., übers. u. erl. v. J. Bernhart. Darmstadt 1984

Badt, Kurt, *John Constable's Clouds*. London 1950

Barrell, John, *The Idea of Landscape and the Sense of Place, 1730–1840: An Approach to the Poetry of John Clare*. Cambridge, Mass. 1983

Barrett, William, *Death of the Soul: From Descartes to the Computer*. Garden City, N.Y. 1985

Baudelaire, Charles, *Art in Paris 1845–1862: Salons and Other Exhibitions*. Tr., ed. Jonathan Mayne. London 1965

–, *Entsprechungen*. In: C. B., *Sämtliche Werke, Briefe*. Bd. 3: *Die Blumen des Bösen*. München 1975, S. 69

–, *Der Maler des modernen Lebens*. In: C. B., *Sämtliche Werke, Briefe*. Bd. 5: *Aufsätze zu Literatur und Kunst*. München 1989, S. 213–258

Bechmann, Roland, *Des arbres et des hommes*. Paris 1984

Becker, Ernest, *Dynamik des Todes*. Olten, Freiburg i. Br. 1976

Beckett, Samuel, *Endspiel*. In: S. B., *Endspiel und Alle, die da fallen*. Deutsch v. E. Tophoven u. E. Schöningh. Berlin, Frankfurt a.M. 1957

–, *Molloy*. In: S. B., *Drei Romane. Molloy. Malone stirbt. Der Namenlose*. Frankfurt a.M. 1969

Benjamin, Walter, »Über einige Motive bei Baudelaire«, in: *Illuminationen*. Frankfurt a.M. 1961, S. 201–245

Bernheimer, Richard, *Wild Men of the Middle Ages*. Cambridge, Mass. 1952

Bersani, Leo, *The Death of Stéphane Mallarmé*. Cambridge 1982

Bloom, Harold (ed.), *A.R. Ammons*. New York 1981

–, »Emerson and Ammons: A Coda«, in: *Diacritics* 3 (1973), S. 45–46

–, *The Visionary Company: A Reading of English Romantic Poetry.* Ithaca, N.Y. 1961
Boccaccio, Giovanni, *Der Decamerone.* Bd. 1–5. Dt. v. H. Conrad. Berlin 1923
Brisman, Leslie, *Romantic Origins.* Ithaca, N.Y. 1978
Brosse, Jacques, *Mythologie der Bäume.* Dt. v. M. Jacober. Olten, Freiburg i.Br. 1990
Brown, Bruce; Morgan, Lane, *The Miracle Planet.* New York 1990. (Deutsch: *Wunderbarer Planet.* Übers. v. H.-U. Schmincke. Köln ^{4}1990.)
Burke, Peter, *Vico: Philosoph, Historiker, Denker einer neuen Wissenschaft.* Übers. v. W. Heuss. Berlin 1987
Burkert, Walter, *Ancient Mystery Cults.* Cambridge, Mass. 1987
–, *Griechische Religion der archaischen und klassischen Epoche.* Stuttgart etc. 1977. (Die Religionen der Menschheit. 15.)
Butzer, Karl W., *Environment and Archaeology.* Chicago 1971

Calvino, Italo, *Sechs Vorschläge für das nächste Jahrtausend.* Übers. v. B. Kroeber. München 1991
–, *Der Baron auf den Bäumen.* München 1984
Cassirer, Ernst, *Die Philosophie der Aufklärung.* Tübingen ^{3}1973
Caufield, Catherine, »The Ancient Forest«, in: *The New Yorker,* 14. Mai 1990, S. 46–84
Cavell, Stanley, »Ending the Waiting Game: A Reading of Beckett's *Endgame*«, in: S. C., *Must We Mean What We Say?* New York 1969, S. 115–162
–, *The Senses of Walden.* San Francisco 1981
–, »Thinking of Emerson«, in: S. C., *The Senses of Walden* (s.o.), S. 121–138
Clare, John, *Selected Poetry and Prose.* Eds. Merryn and Raymond Williams. London 1986
Clarke, John Grahame, *World Prehistory.* Cambridge 1977
Conrad, Joseph, *Herz der Finsternis.* In: J. C., *Jugend. Herz der Finsternis. Das Ende vom Lied.* Dt. v. F. Lorch. Frankfurt a.M. 1968
–, *Lord Jim.* Dt. v. F. Lorch. Frankfurt a.M. 1962
Constable, John, *John Constable's Correspondence.* Ed. R. B. Beckett. Vol. 1–6. Ipswitch 1962–70
Corvol, Andrée, *L'homme aux bois.* Paris 1987
Cox, John C., *The Royal Forests of England.* London 1905
Cox, Thomas R., et al., *This Well-Wooded Land.* Lincoln, Nebr. 1985
Croce, Benedetto, *Die Philosophie Giambattista Vicos.* Nach d. 2. Aufl. übers. v. E. Auerbach u. Th. Lücke. Tübingen 1930. (B. C., *Ges. philos. Schriften in dt. Übertragung.* 2.1.)

Dante, *La Divina Commedia secondo l'antica vulgata.* Ed. G. Petrocchi. Vol. 1–4. Mailand 1966–67. (Deutsch: *Die göttliche Komödie.* Übertr. v. I. u. W. v. Wartburg. Zürich 1980.)
Daraki, Maria, *Dionysos.* Paris 1985
De Man, Paul, *The Rhetoric of Romanticism.* New York 1984
–, »The Rhetoric of Temporality«, in: *Interpretation: Theory and Practice.* Ed. Charles S. Singleton. Baltimore, Md. 1969, S. 190–210
Descartes, René, *Discours de la méthode* (frz. u. dt.). Übers. u. hrsg. v. L. Gäbe. Hamburg 1960

Detienne, Marcel, *Dionysos à ciel ouvert*. Paris 1986
De Troyes, Chrétien, *Yvain*. Übers. u. eingel. v. I. Nolting-Hauff. München 1962
Diderot, Denis, »Encyclopédie«, in: *Encyclopédie ou dictionnaire raisonné des sciences, des arts et des métiers*. Publ. par D. Diderot et Jean le Rond d'Alembert. Nouv. impr. en facs. de la 1ère éd. de 1751–1780. Stuttgart-Bad Cannstadt 1966. Bd. 5, S. 635–648
Doob, Penelope R., *Nebuchadnezzar's Children*. New Haven, Conn. 1974
–, *The Idea of the Labyrinth from Classical Antiquity through the Middle Ages*. Ithaca, N.Y. 1990
Douglas, David C., *Wilhelm der Eroberer*. Stuttgart 1966
Durling, Robert, *The Figure of the Poet in Renaissance Epic*. Cambridge, Mass. 1967

Eliot, T.S., *T.S. Eliot's Selected Essays*. New York 1950
–, *Gesammelte Gedichte*. 1909–1962. Hrsg. u. mit e. Nachw. v. E. Hesse. Frankfurt a.M. 1972
Ellis, John, *One Fairy Story Too Many: The Brothers Grimm and Their Tales*. Chicago 1983
Euripides, *Die Bakchen*. In: E., *Werke in drei Bänden*. Bd. 3. Berlin, Weimar 1966
–, *Hippolytos*. In: E., *Werke* ... (s.o.). Bd. 1
–, *Iphigenie im Lande der Taurer*. In: E., *Werke* ... (s.o.). Bd. 2
Evans, Arthur, *The God of Ecstasy*. New York 1988
Evans, Sir Arthur, »Mycenaean Tree and Pillar Cult«, in: *Journal of Hellenistic Studies* 21 (1901), S. 1–103
Evelyn, John, *Sylva: Or a Discourse of Forest-Trees and the Propagation of Timber*. London 1664

Ferry, David, *Wordsworth*. Selected, with an introd. and notes, by D.F. New York 1959
Fletcher, Angus, *Allegory: The Theory of a Symbolic Mode*. Ithaca, N.Y. 1964
–, »Style and the Extreme Situation«, in: Caws, Mary Ann (ed.), *Textual Analysis: Some Readers Reading*. New York 1986
–, *The Prophetic Moment: An Essay on Spencer*. Chicago 1971
Foucault, Michel, *Die Ordnung der Dinge*. Frankfurt a.M. 1974
Frazer, Sir James, *Der goldene Zweig*. Übers. v. H. v. Bauer. Leipzig 1928
Freccero, John, *Dante: The Poetics of Conversion*. Ed. Rachel Jacoff. Cambridge, Mass. 1986
Fustel de Coulanges, Numa Denis, *Der antike Staat*. Stuttgart 1981

Galassi, Peter, *Before Photography*. New York 1981
Garin, Eugenio, *Ritratti di umanisti*. Florenz 1967
–, *Studi sul platonismo medievale*. Florenz 1958
–, *Umanesimo italiano*. Florenz 1961
–, *Umanisti, artisti, scienzati*. Rom 1989
Grimm, Jacob u. Wilhelm, *Kinder- und Hausmärchen*. Bd. 1–3. Stuttgart 1980. (Nachdr. d. Ausg. letzter Hand Göttingen 1856–57.)
Guerard, Albert J., *Conrad the Novelist*. Cambridge, Mass. 1958

Halperin, David, *Before Pastoral: Theocritus and the Ancient Tradition of Bucolic Poetry.* Princeton, N.J. 1981

Harper, Ralph, *Nostalgia.* Cleveland, Ohio 1966

Harrison, Robert, »Comedy and Modernity: Dante's Hell«, in: *Modern Language Notes* 103 (1987), S. 219–229

–, *The Body of Beatrice.* Baltimore, Md. 1989

–, »The Italian Silence«, in: *Critical Inquiry* 13 (1986), S. 81–99

Harrison, Thomas, *Essayism: Conrad, Musil and Pirandello.* Baltimore, Md. 1991

–, »Andrea Zanzotto: From the Language of the World to the World of Language«, in: *Poesis* 5 (1984), No. 3, S. 68–85

Hart, Cyril E., *Royal Forest.* Oxford 1966

Hartman, Geoffrey, *Wordsworth's Poetry,* 1787–1814. New Haven, Conn. 1964

Heidegger, Martin, »Der Spruch des Anaximander«, in: M. H., *Holzwege.* Frankfurt a.M. 1950, S. 296–345

–, »Brief über den ›Humanismus‹«, in M. H., *Gesamtausgabe.* Bd. 9. *Wegmarken.* Frankfurt a.M. 1976, S. 313–364

–, *Nietzsche.* Bd. 1.2. Pfullingen 1961

–, »Vom Wesen und Begriff der Physis. Aristoteles' Physik B, 1«, in: M. H., *Gesamtausgabe.* Bd. 9. *Wegmarken.* Frankfurt a.M. 1976, S. 239–301

–, *Was heißt Denken?* Tübingen [3]1971

Helsinger, Elizabeth, »Clare and the Place of the Peasant Poet«, in: *Critical Inquiry* 13 (1987), S. 509–531

Higounet, Charles, »Les forêts de l'Europe occidentale du V au XI siècle«, in: *Agricoltura e mondo rurale in Occidente nell'alto medioevo.* Spoleto: XIIIa Settimana di studio del centro italiano di studi sull'alto medioevo. 1966

Holmes, Charles J., *Constable and His Influence in Landscape Painting.* Westminster 1902

Homer, *Homerische Hymnen* (griech. u. dt.). Hrsg. v. A. Weiher. München [3]1970

–, *Ilias* (griech. u. dt.). Übers. v. J.H. Voss. Berlin, Darmstadt 1956

–, *Odyssee* (griech. u. dt.). Übertr. v. A. Weiher. München 1955

Horkheimer, Max; Adorno, Theodor, *Dialektik der Aufklärung.* Frankfurt a.M. 1969

Jameson, Fredric, *Das politische Unbewußte: Literatur als Symbol sozialen Handelns.* Übers. v. U. Bauer. Reinbek 1988

Johnson, Barbara, *A World of Difference.* Baltimore, Md. 1987

Kant, Immanuel, »Beantwortung der Frage: Was ist Aufklärung?«, in: I. K., *Gesammelte Schriften.* 1. Abt. *Werke.* Bd. 8. Berlin 1912, S. 33–42

Keen, Maurice, *Outlaws of Medieval Legend.* Rev. ed. London 1977

Kovacs, Maureen Gallery (ed., tr.), *The Epic of Gilgamesh.* Stanford, Calif. 1989

Kramer, Samuel Noah, *Geschichte beginnt mit Sumer.* Übers. v. P. Baudisch. München 1959

–, *The Sumerians: Their History, Culture and Character.* Chicago, Ill. 1963

Krautheimer, Richard, *Roma Alessandrina: The Remapping of Rome Under Alexander VII.* New York 1982

Lancisi, Giovanni Maria, »Il taglio delle selve«, in: Falqui, Enrico (ed.), *Antologia della prosa scientifica italiana del seicento*. Vol. 2. Florenz 1943, S. 705–715

Le Goff, Jacques, *Phantasie und Realität des Mittelalters*. Übers. v. R. Höner. Stuttgart 1990

Leopardi, Giacomo, *Canzonen*. Übertr., eingel. u. erl. v. E. Schaffran. Bremen 1963

–, *Zibaldone di pensieri*. Ed. Anna Maria Moroni. Vol. 1.2. Mailand 1937

Lerer, Seth, »Artifice and Artistry in *Sir Orfeo*«, in: *Speculum* 60 (1985), S. 92–109

Le Roy, »Forêt«, in: *Encyclopédie* ... (vgl. D. Diderot). Bd. 7, S. 129–132

Levy, Rachel G., *The Gate of Horn*. London 1948. Neuausg. u. d. Titel: *Religious Conceptions of the Stone Age, and Their Influence Upon European Thought*. New York 1963

Lewis, Charlton T.; Short, Charles, *A Latin Dictionary*. Oxford 1969

Lichtenberg, Georg Christoph, *Gesammelte Werke*. Frankfurt a.M. 1949

Liddel, Henry G.; Scott, Robert, *A Greek-English Lexicon*. New York 1897

Littré, Emile, *Dictionnaire de la langue française*. Paris 1956

Livius, *Römische Geschichte*. Lat. u. dt. Bd. 1–11. München 1987ff

Lowood, Henry, »The Calculating Forester: Quantification, Cameral Science, And the Emergence of Scientific Forestry Management in Germany«, in: *The Quantifying Spirit of the Eighteenth Century*. Berkeley, Calif. 1991, S. 315–342

Mallarmé, Stéphane, »Crise de vers«, in: *Œuvres complètes*. Paris 1945, S. 360–368

Manwood, John, *Manwood's Treatise of the Forest Laws*. Ed. William Nelson. 4th corr. and enl. ed. London 1717

Marienstras, Richard, *Le proche et le lointain*. Paris 1981

Marsh, George, *Man and Nature: Or Physical Geography*. New York 1865

Marx, Karl, »Verhandlungen des 6. Rheinischen Landtags. Dritter Artikel: Debatten über das Holzdiebstahlsgesetz«, in: Karl Marx, Friedrich Engels, *Werke*. Bd. 1. Berlin 1970, S. 109–147

Mazzotta, Giuseppe, *Dante: Poet of the Desert*. Princeton, N.J. 1981

–, »Petrarch's Song 126«, in: Caws, Mary Ann (ed.), *Textual Analysis: Some Readers Reading*. New York 1986, S. 121–131

–, *The World at Play in Boccaccio's »Decameron«*. Princeton, N.J. 1986

–, »Vico's Encyclopedia«, in: *Yale Journal of Criticism* 1 (1988), S. 65–79

Melzer, Arthur M., *The Natural Goodness of Man: On the System of Rousseau's Thought*. Chicago, Ill. 1990

Michelet, Jules, *Die Hexe*. Leipzig 1863

–, *Bibel der Menschheit*. Prag 1865

Miller, David L., »Nietzsche's Horse and Other Tracings of the Gods«, in: Harrison, Thomas (ed.), *Nietzsche in Italy*. Stanford, Calif. 1987

Miller, Tyrus, »In Darkness, in Snow: Figures beyond Language in the Poetry of Andrea Zanzotto«, in: *Stanford Italian Review* 9 (1990), No. 1, S. 211–228

Muller, Herbert Joseph, *Asia minor, Wiege Europas*. Übers. v. A. Dohm. Hamburg 1963

Mumford, Lewis, *Die Stadt: Geschichte und Ausblick*. Köln, Berlin 1963

Musil, Robert, *Die Verwirrungen des Zöglings Törleß*. Reinbek 1962

Nancy, Jean-Luc, *Ego sum*. Paris 1979
Nietzsche, Friedrich, *Zur Genealogie der Moral*. In: F. N., *Werke in drei Bänden*. Hrsg. v. K. Schlechta. München 1956, Bd. 2, S. 761–900
–, *Die Geburt der Tragödie*. In: F. N., *Werke* ... (s.o.), Bd. 1, S. 21–134
–, *Die fröhliche Wissenschaft*. In: F. N., *Werke* ... (s.o.), Bd. 2, S. 7–274
–, *Also sprach Zarathustra*. In: F. N., *Werke* ... (s.o.), Bd. 2, S. 275–561
Nussbaum, Martha, »Introduction«, in: *The Bacchae of Euripides*. Tr. C. K. Williams. New York 1990, S. VII–XLIV

Otto, Walter F., *Dionysus: Mythos und Kultus*. Frankfurt a.M. 1933
Ovid, *Metamorphosen*. In: O., *Werke in zwei Bänden*. Bd. 1. Berlin, Weimar 1973

Pais, Ettore, *Storia di Roma: Dalle origini all'initio delle guerre puniche*. Vol. 1–5. Rom 1926
Petrarca, Francesco, *Das lyrische Werk*. Übers. v. B. Geiger. Darmstadt etc. 1958
Pierson, Peter, *Philip II of Spain*. London 1975
Piggott, Stuart; Clarke, John Grahame, *Prehistoric Societies*. New York 1965
Pirandello, Luigi, *Umorismo*. Mailand 1986
Platon, *Kritias*. In: P., *Werke in acht Bänden* (griech. u. dt.). Hrsg. v. G. Eigler. Bd. 7. Darmstadt 1977
–, *Symposium*. In: P., *Werke* ... (s.o.), Bd. 3
Poucet, Jacques, *Les origines de Rome: Tradition et histoire*. Brüssel 1985
Pound, Ezra, *Letzte Texte: Entwürfe und Fragmente*. Hrsg. u. dt. v. E. Hesse. Zürich 1975
Pritchard, James Bennett, *Ancient Near Eastern Texts Relating to the Old Testament*. Princeton, N.J. 1969

Reynolds, Graham, *Catalogue of the Constable Collection in the Victoria and Albert Museum*. London 1960; ²1973
Riehl, Wilhelm H., *Die Naturgeschichte des Volkes als Grundlage einer deutschen Sozial-Politik. 1. Land und Leute*. Stuttgart ⁶1867
Rimbaud, Arthur, *Sämtliche Dichtungen* (frz. u. dt.). Übertr. v. W. Küchler. Heidelberg ³1960
Rosenthal, Michael, *Constable*. London 1987
Rositzke, Harry A. (ed., tr.), *The Peterborough Chronicle*. New York 1951
Rousseau, Jean-Jacques, *Bekenntnisse*. Übertr. v. E. Hardt. Frankfurt a.M. 1971
–, *Diskurs über die Ungleichheit*. Mit sämtl. Fragm. ... neu ed., übers. u. komm. v. Heinrich Meier. Paderborn 1984
–, *Projet de constitution pour la Corse*. In: J.-J. R., *Œuvres complètes*. Vol. 3. Paris 1964, S. 901–950
Russell, William M. S., *Man, Nature and History*. Garden City, N.Y. 1969

Sartre, Jean-Paul, *Ist der Existentialismus ein Humanismus?* Zürich 1947
–, *Der Ekel*. Aus d. Frz. v. H. Wallfisch. Stuttgart etc. 1950
Schürmann, Reiner, »La différence symbolique«, in: *Cahiers Internationaux de Symbolisme* 21 (1975), S. 51–77
Scully, Vincent, *The Earth, the Temple and the Gods*. New Haven, Conn. 1979

Segal, Charles, *Poetry and Myth in Ancient Pastoral*. Princeton, N.J. 1981
Serres, Michel, *Le contrat naturel*. Paris 1990
–, *Le système de Leibniz*. Vol. 1.2. Paris 1968
–, *Rome: Le livre des fondations*. Paris 1983
Shaffer, Aaron, »Gilgamesh, The Cedar Forest and Mesopotamian History«, in: *Journal of the American Oriental Society* 103 (1983), S. 307–313
Shakespeare, William, *König Lear*. Dt. v. L. Tieck. Berlin, Leipzig o.J.
–, *Macbeth*. Dt. v. L. Tieck. Berlin, Leipzig o.J
Sharpe, William, *Unreal Cities*. Baltimore, Md. 1990
Shelley, Percy B., *Ausgewählte Dichtungen*. Übers. v. A. Strodtmann. Leipzig (um 1866)
Sjöö, Monica; Mor, Barbara, *The Great Cosmic Mother: Rediscovering the Religion of the Earth*. San Francisco 1987
Slavin, Arthur, *The Way of the West*. Vol. 1. Lexington 1972
Snell, Bruno, *Die Entdeckung des Geistes: Studien zur Entstehung des europäischen Denkens bei den Griechen*. Hamburg [2]1948
Spariosu, Mihai, *Dionysus Reborn*. Ithaca, N.Y. 1989
Spink, John Stephenson, »Rousseau et la morale du sentiment«, in: *Rousseau After 200 Years: Proceedings of the Cambridge Bicentennial Colloquium*. Ed. R.A. Leigh. Cambridge 1982, S. 239–250
Starobinski, Jean, *Rousseau: Eine Welt von Widerständen*. Übers. v. U. Raulff. München 1988
Stewart, Susan, *On Longing*. Baltimore, Md. 1984

Tacitus, *Germania*. In: T., *Die historischen Versuche ...* Übers. u. hrsg. v. K. Büchner. Stuttgart [2]1963, S. 149–179
Tagliacozzo, Giorgio (ed.), *Giambattista Vico's Science of Humanity*. Baltimore, Md. 1976
–, *Vico and Contemporary Thought*. Atlantic Highlands, N.J. 1979
Taylor, Basil, *Constable: Paintings, Drawings and Watercolors*. London 1973
Thirgood, J.V., *Man and the Mediterranean Forest: A History of Resource Depletion*. London 1981
Thomas, Dylan, *Und dem Tod soll kein Reich mehr bleiben* (Ged. engl. u. dt.). Hrsg. u. mit e. Nachw. vers. v. K.H. Berger. Berlin 1984
Thomas, Keith, *Man and the Natural World*. London 1983
Thompson, Edward P., *Whigs and Hunters: The Origins of the Black Art*. New York 1975
Thompson, William Irwin, *Der Fall in die Zeit: Mythologie, Sexualität und der Ursprung der Kultur*. Stuttgart 1985
Thoreau, Henry David, *Walden oder Leben in den Wäldern*. Übers. v. E. Emmerich u. T. Fischer. Zürich 1971
Thukydides, *Geschichte des Peloponnesischen Krieges*. Leipzig 1882
Trakl, Georg, *Die Dichtungen*. 12. Aufl. Salzburg o.J.

Van Ghent, Dorothy, *The English Novel: Form and Function*. New York 1953
Vendler, Helen, »Ammons«, in: Bloom, Harold (ed.), *A.R. Ammons*. New York 1981, S. 73–80

Verene, Donald, *Vicos Wissenschaft der Imagination*. Aus d. Amerikan. v. E. Hora. München 1987

Vergil, *Äneis*. Dt. v. E. Staiger. Zürich, München 1981

Vico, Giambattista, *Prinzipien einer neuen Wissenschaft über die gemeinsame Natur der Völker*. Übers. v. V. Hösle u. C. Jermann. Mit e. Einl. ... v. V. Hösle. Bd. 1.2. Hamburg 1990

–, *Autobiographie*. Zürich, Brüssel 1948

Walker, John, *John Constable*. New York 1978

Watkins, Calvert (ed.), *The American Heritage Dictionary of Indo-European Roots*. Boston, Mass. 1985

Watt, Ian, *Conrad in the Nineteenth Century*. Berkeley, Calif. 1979

Welle, John P., *The Poetry of Andrea Zanzotto: A Critical Study of »Il galateo in bosco«*. Rom 1987

Wenke, Robert J., *Patterns in Prehistory*. New York [2]1984

White, Hayden, *The Tropics of Discourse: Essays in Cultural Criticism*. Baltimore, Md. 1978

Williams, William Appleman, *Empire as a Way of Life*. New York 1980

Winkler, John J. (ed.), *Nothing To Do With Dionysos?* Princeton, N.J. 1990

Wordsworth, William, *Ausgewählte Gedichte*. In: W., W., *Gedichte;* Coleridge, Samuel T., *Der alte Seemann* und *Kubla Khan*. Dt. v. W. Breitwieser. Heidelberg 1959

–, *Gedichte*. Dt. v. L. Goldscheider. Wien 1924

Wright, Frank Lloyd, *An American Architecture*. Ed. Edgar Kaufmann. New York 1955

Zanzotto, Andrea, *Dietro il paesaggio*. Mailand, Verona 1951

–, *Il galateo in bosco*. Mailand 1978

–, *The Selected Poetry of Andrea Zanzotto*. Ed. and tr. by R. Feldman and B. Swann. Princeton, N.J. 1975

Zipes, Jack, *The Brothers Grimm: From Enchanted Forests to the Modern World*. New York 1988

Bildnachweis

Giambattista Vico, *La scienza nuova*, nach der Ausgabe von 1744, Bari 1911–16: S. 14.
Bilderberg (Foto: Klaus D. Francke): S. 38
© Michael Kenna: S. 132
Museum für Kunst und Kulturgeschichte der Stadt Dortmund: S. 186
Victoria & Albert Museum, London (Fotos: V. & A. Picture Library: S. 234, 241
Artemis & Winkler: S. 274

Bei Fragen zur Produktsicherheit wenden
Sie sich bitte an den Carl Hanser Verlag:
Vilshofener Straße 10, 81679 München
info@hanser.de